# 体制転換後の中東欧およびロシア 主なできごと (1989年〜1995年)

| | |
|---|---|
| 1989.2 | ポーランドで体制転換の契機となる「円卓会議」開催 |
| 1989.3 | ソ連人民代議員大会の初の複数候補者による選挙の実施 |
| 1989.6 | ポーランドで議会の準自由選挙実施,「連帯」側が圧勝 |
| | ハンガリーがオーストリアとの国境を開放 |
| 1989.8 | バルト3国の首都を結ぶ「人間の鎖」運動 |
| | ハンガリー西部の都市ショプロンでの政治集会の際, これに参加した数百人の東ドイツ市民がハンガリー, オーストリアを経由して西ドイツに移動(「汎ヨーロッパ・ピクニック」事件) |
| 1989.9 | ポーランドでマゾヴィエツキが首相に就任し, 非統一労働者党系の内閣が成立 |
| 1989.11 | ベルリンの壁崩壊 |
| | チェコスロヴァキアのビロード革命開始 |
| | ブルガリアでジフコフ共産党書記長が辞任, これを契機にブルガリアの体制転換が始まる |
| 1989.12 | ルーマニアのティミショアラでの牧師連行事件を契機として, ルーマニア革命が発生, チャウシェスク大統領が妻のエレナとともに銃殺される |
| 1990.3 | ハンガリーで中東欧諸国で初の議会の自由選挙実施, 以後各国で自由選挙が実施される |
| | リトアニア最高会議が独立回復を宣言 |
| | エストニア最高会議が国家の地位に関する決議を行う(独立回復への移行期であることを宣言) |
| | ロシアで自由競争による人民代議員選挙, 連邦に対する自律性強まる |
| 1990.5 | ラトヴィア最高会議が国家の地位に関する決議を行う(独立回復への移行期であることを宣言) |
| 1990.10 | 東西ドイツ統一 |
| 1990.12 | ポーランドの大統領選挙でヴァウェンサ(ワレサ)が当選 |
| 1991.1 | リトアニアの首都ヴィリニュスにソ連が武力介入, 抵抗した市民が犠牲に(血の日曜日事件), 翌週にはラトヴィアの首都リーガでも, ソ連軍との衝突で市民が犠牲となる |
| 1991.6 | ロシアの大統領選挙でエリツィンが当選 |
| | スロヴェニアが独立を宣言, その後「10日間戦争」が発生 |
| | クロアチアが独立を宣言, その後クロアチア紛争につながる, クロアチア警察軍と国内のセルビア系住民の間の対立が激化 |
| 1991.8 | ロシアで保守派によるクーデターが失敗 |
| | ウクライナ, エストニア, ラトヴィアで最高会議が独立回復を宣言 |
| 1991.9 | ソ連国家評議会がバルト3国の独立を承認 |
| | ユーゴスラヴィア連邦軍がクロアチアの首都ザグレブを攻撃, 以後クロアチア紛争が本格化 |
| | マケドニアが独立を宣言 |
| 1991.12 | ウクライナの大統領選挙でクラフチュクが当選 |
| | エリツィン大統領, クラフチュク大統領, およびシュシケヴィチ最高会議議長(ベラルーシ)がソヴィエト連邦の解体と独立国家共同体の設立を宣言(ベロヴェーシ合意) |
| 1992.1 | エリツィンを大統領としてロシア連邦が正式に成立 |
| 1992.3 | ボスニア・ヘルツェゴビナが独立を宣言, この直後からボスニア・ヘルツェゴビナ紛争が始まる |
| 1993.1 | チェコスロヴァキア連邦共和国が解体 |
| 1994.7 | ウクライナの大統領選挙でクチマが当選 |
| 1994.12 | 第1次チェチェン紛争(1996.5まで) |
| 1995.11 | ポーランドの大統領選挙でクファシニェフスキが当選 |
| 1995.12 | デイトン合意により, ボスニア・ヘルツェゴビナ紛争が一応の終結 |

スラブ・ユーラシア叢書 9

# ポスト社会主義期の政治と経済
――旧ソ連・中東欧の比較

仙石 学・林 忠行［編著］

北海道大学出版会

## はしがき

　1989年にポーランドとハンガリーを起点として始まった体制変動の波は，その年のうちに東欧地域全体を覆い，さらにはソ連へも波及した。各国では，民主化と市場化という体制転換の過程が始まった。この体制転換の過程で，この地域の3つの連邦国家，ソ連，ユーゴスラヴィア，チェコスロヴァキアが解体し，そこでは国家の枠組みの再編という過程も進行した。この一連の変動が始まった1989年から数えると，20年余の歳月が過ぎた。その間，旧ソ連・東欧諸国での体制転換については，世界中でおびただしい数の研究が発表されてきた。我が国においても，旧ソ連・東欧諸国を専門とする研究者たちの手による著作や論文が当該地域の変動と同時進行で次々と出版されてきた。その中には国際的な水準で見て優れた内容の研究も少なくない。

　我が国の旧ソ連・東欧地域研究は歴史研究の蓄積を基礎とし，そこから学際的な地域研究が成長してきたといえる。手前味噌にはなるが，スラブ・ユーラシア地域研究の推進を掲げて幅広い共同研究を組織し，広範な資料収集を継続してきた北海道大学スラブ研究センターがそこで果たした役割は小さなものではなかった。

　しかし，同センターで研究を続けてきた私が，これまでの我が国の旧ソ連・東欧地域に関する研究について――そこには自分自身の研究も含まれるのであるが――不満に感じていたことは，比較という視点の弱さであった。比較研究とは，その理解の仕方は多様であるが，やはり複数の事例の異同を比較しながら，それらの異同をもたらす諸要因を理論研究との接続を意識しながら考究するというものであろう。研究対象の「唯一無比」の固有性に深く入り込もうとする姿勢は地域研究の王道ではあるが，やはりそれだけでは独りよがりの研究となるおそれがある。その研究対象となる事例をさまざまな方法で他と比較することは，地域研究が各専門領域（ディシプリン）の理論研究に寄与する上で重要な作業といえる。旧ソ連・東欧研究においてそのよ

うな意味での比較研究は極めて少なかった。

　こうした問題を乗り越える方法のひとつとして，科学研究費補助金・基盤研究(A)「旧ソ連・東欧地域における体制転換の総合的比較研究」(2005-2008年度，研究代表：林忠行)による研究プロジェクトを立ち上げた。問題意識を共有する全国の同僚たちと，4年間にわたって旧ソ連と東欧地域を対象とし，この地域での体制転換を政治と経済の両面から比較研究する研究会を継続してきた。その成果はすでに，学会報告や個別論文という形で数多く発表されている。また，この科研プロジェクトが主催した研究会での報告をもとにした論文集(林・大串 2007；Hayashi and Ogushi, eds. 2009)もすでに出版されている。本書はこれらの研究蓄積の上に編まれたものである。

　私個人にかかわる事柄であるが，この研究会が始まってから1年後に，大学の役員に任ぜられ，研究活動に割ける時間は極めて限られたものになってしまった。それでも，なんとか研究会を最後まで継続し，この論文集をまとめることができたのは，当初の想定よりもはるかに多くの仕事を引き受けてくれた共同研究者で本書の共編者である仙石学の存在があったからである。この研究の出発点には，地域研究と比較政治学の関係を論じた仙石論文(2006)があったので，仙石はこの研究会の理論的な支柱ではあったが，本来は私が担わなければならなかった研究会の組織や本書の編集についても大きな部分を肩代わりしてくれた。

　この科研プロジェクトは，多くの他の研究プロジェクトと共同で研究会を開催し，実り豊かな成果を取り込むことができた。その中には，スラブ研究センターを中心とする共同研究プロジェクトである21世紀COEプログラム「スラブ・ユーラシア学の構築——中域圏の形成と地球化」(2002-2007年度，拠点リーダー：家田修)，新学術領域研究「ユーラシア地域大国の比較研究」(2008-2012年度，研究代表者：田畑伸一郎)，京都大学地域研究統合情報センターの研究プロジェクト「スラブ・ユーラシアの比較政治経済学——体制転換とその後」(2006-2008年度，研究代表者：林忠行，帯谷知可)，科研プロジェクト「EU加盟後の中東欧諸国の政策変容の比較分析」(2006-2008年度，研究代表者：仙石学)などが含まれる。

この研究プロジェクトの実施期間中に，北海道大学スラブ研究センターに籍を置いていた福田宏，藤森信吉，大串敦，青島陽子らの若手研究員諸氏にはさまざまな協力をいただいた。また，北海道大学出版会の今中智佳子氏には本書の編集で大変お世話になった。ここに感謝を申し上げる。

　本書の学問的な位置づけは序章と終章で詳しく論じているので，ここではそれについては触れない。旧ソ連・東欧地域を研究対象とする比較研究が，それ以外の地域を研究対象とする比較研究とさまざまな形で接合しながら，新たな発展を遂げるための第一歩として本書が位置づけられることを期待しつつ，その内容を世に問うものである。

　2010年3月

林　忠　行

参 考 文 献

Hayashi, Tadayuki and Atsushi Ogushi, eds. (2009), *Post-Communist Transformations: The Countries of Central and Eastern Europe and Russia in Comparative Perspective*, Sapporo: Slavic Research Center, Hokkaido University.

仙石学(2006)「中東欧研究と比較政治学——いわゆるディシプリン指向の中での地域研究のあり方の考察」『スラヴ研究』第53号，1-25頁。

林忠行・大串敦編(2007)『体制転換後のロシア内政の展開』(21世紀COEプログラム研究報告集 No. 22)，北海道大学スラブ研究センター。

# 目　次

　　はしがき　　　　　　　　　　　　　　　　　　　　　　　林　　忠　行

## 序　章　体制転換を理解する
　　　　　　──政治比較の視点から──　………仙石　　学・林　　忠　行……1

　1.　体制転換を研究する意義──なぜ今「体制転換研究」なのか　1
　2.　体制転換を研究する視点──体制転換の「政治比較」を軸として　6
　3.　各章の構成　9

## 第1部　制度構築・再編の比較分析

## 第1章　「歴史の遺産」とその影響
　　　　　　──旧東欧諸国における政治発展と制度選択・デモクラシー──
　　　　　　　…………………………………………………………平田　　武……19

　1.　移行論から政治発展論へ　19
　2.　旧東欧諸国の政治発展と民主化　23
　　2.1.　第一次世界大戦以前　23
　　2.2.　戦　間　期　25
　　2.3.　第二次世界大戦後　29
　　2.4.　共産主義体制　31
　3.　移行様式と制度選択　32
　　3.1.　選挙制度　33
　　3.2.　大統領の権限　36
　4.　デモクラシーの固定化と歴史の遺産　40

## 第2章　ポスト共産期の東中欧諸国の地方制度改革
　　　　　　──広域自治体設置問題をめぐって──　………林　　忠　行……49

1. 体制転換における広域自治体設置問題の位置　49
2. 東中欧諸国の地方制度改革の概観　53
   - 2.1. ポーランド　53
   - 2.2. チェコ　54
   - 2.3. スロヴァキア　56
   - 2.4. ハンガリー　57
3. EUの条件設定　59
4. 政党政治と地方制度改革　66
5. おわりに　72

## 第3章　ソ連共産党中央委員会からロシア大統領府へ
　　　──ロシアにおける半大統領制の発展──　……………大串　敦……79

1. 旧ソ連諸国の半大統領制と現代ロシアの二頭制　79
2. ソ連・旧ソ連諸国の大統領制の設立　80
3. ロシアの大統領制の成立過程　85
4. ロシア大統領府の組織・機能とロシア官僚制　87
5. 大統領権力の発展の一解釈
   ──エリツィンからプーチン，メドヴェージェフへ　93
6. むすび　98

# 第2部　政党システム形成の比較分析

## 第4章　政党戦略と政党間競合
　　　──東中欧政党システムにおける二極競合化？──
　　　……………………………………………………………中田瑞穂……109

1. 政党システムにおける政党間競合構造　109
2. チェコ共和国の2006年選挙に見られる政党のリンケージ戦略と政党間競合　112
   - 2.1. 綱領リンケージ戦略と政党間競合　113
   - 2.2. カリスマ的リーダーシップと政党間競合　119
   - 2.3. 属性帰属意識や政党帰属意識に基づく競争性の低いモード　120
3. スロヴァキアの2006年選挙に見られる政党のリンケージ戦略と政党間競合　121

3.1.　綱領リンケージをめぐる競合　122
　　3.2.　カリスマ的リーダーシップをめぐる競合　126
　　3.3.　属性帰属意識や政党帰属意識に基づく競争性の低いモード　127
　4.　チェコとスロヴァキアの2006年選挙に見られる政党間競合構造　127
　　4.1.　チェコの政党間競合構造　128
　　4.2.　スロヴァキアの政党間競合構造　133
　5.　結　論　136

## 第5章　旧ユーゴスラビア諸国の政党システム
　　　　──専門家サーベイの結果に基づく政党の「政策位置」の測定──
　　　　　　　　　　　　　　　　　　　　　　　　　　　久保慶一……145

　1.　政党システムをどう比較するか──政党の政策位置という視座　145
　2.　専門家サーベイの方法　146
　3.　政党の「政策位置」　149
　4.　旧ユーゴ地域全体の「政策空間」と政党ファミリー　159
　5.　旧ユーゴ諸国の収斂？──セルビアとモンテネグロの近年の変容　171
　6.　お わ り に　172

## 第6章　政党システムの分岐点
　　　　──ロシア，ウクライナにおける政治エリートの
　　　　　連合再編過程の比較分析──　　　　　　　　　溝口修平……177

　1.　類似から相違へ──ロシアとウクライナの発展経路の違い　177
　2.　1990年代の選挙と政党システム　180
　3.　政党システムの変容──「統一ロシア」結成と「オレンジ革命」　183
　　3.1.　大統領の交代をめぐるエリートの連合再編　184
　　3.2.　巨大与党の成立と政党間競合の激化　189
　4.　結　論　194

## 第7章　エストニアとラトヴィアの政党政治比較
　　　　──歴史的要因としてのロシア語系住民問題を軸に──
　　　　　　　　　　　　　　　　　　　　　　　　　　小森宏美……203

　1.　共通性の中の相違──エストニアとラトヴィアの比較から　203

2. ロシア語系住民問題の「表出」
　　——ペレストロイカ期から独立回復まで　205
　2.1. エストニアにおけるロシア語系住民をめぐる政治過程　205
　2.2. ラトヴィアにおけるロシア語系住民をめぐる政治過程　207

3. 体制転換後のロシア語系住民の国籍問題と政治参加　210
　3.1. エストニアの国籍法と国籍取得状況　210
　3.2. エストニアにおけるロシア語系政党と政治参加　212
　3.3. ラトヴィアの国籍法と国籍取得状況　213
　3.4. ラトヴィアにおけるロシア語系政党と政治参加　214
　3.5. ロシア語系住民の現状の違い　215

4. エストニアとラトヴィアの政党政治——選挙と組閣を軸に　217
　4.1. 政治的争点の変遷と政党配置　217
　4.2. エストニアにおける選挙と組閣　220
　4.3. ラトヴィアにおける選挙と組閣　223

5. 中道右派政権の継続とロシア語系住民　225

# 第3部　比較政治経済の視点から

## 第8章　東欧における経済的後進性について
　　——ルーマニアおよびブルガリアを例として——
　　　　　　　　　　　　　　　　　　　　　　　　上垣　彰……235

1. 経済的後進性　235
　1.1. 経済的後進性論の意義　235
　1.2. ガーシェンクロン　236

2. ルーマニアとブルガリアの経済的後進性　238
　2.1. 東欧の後進性，バルカンの後進性　238
　2.2. ルーマニアおよびブルガリアにおける「社会主義的工業化」　244

3. ルーマニアおよびブルガリアにおける市場経済移行と経済的後進性
　　——民営化を例にして　249
　3.1. ルーマニアの民営化　249
　3.2. ブルガリアの民営化　251
　3.3. 「後進国型民営化」　252

4. おわりに　255

目　次　ix

## 第9章　ポスト社会主義の中東欧諸国における福祉制度の多様性
　　　　――あるいは「体制転換研究」と「福祉政治研究」の架橋の試み――
　　　　………………………………………………………………仙 石　　学……263

1. 福祉政治研究と体制転換
　　――福祉政治の理論は中東欧諸国に適用できるか　263
2. 多様な資本主義論と中東欧諸国　266
3. 権力資源論と中東欧諸国　274
4. 多様な資本主義論と権力資源論の接合
　　――分析枠組みの拡張可能性を考える　281
5. さらなる比較のために　289

## 第10章　ロシア財政制度の資本主義化　………………田畑伸一郎……301

1. 財政制度の資本主義化の課題　301
　1.1. 体制転換開始時の課題　301
　1.2. 財政の安定化　302
　1.3. 資本主義的財政制度の導入　303
　1.4. 安定的成長のための財政制度の確立　304
2. 財政の安定化　305
　2.1. ショック療法の適用とその失敗　305
　2.2. 1998年までの状況　306
3. 資本主義的財政制度の導入　308
　3.1. 歳入構造の変化　308
　3.2. 歳出構造の変化　310
4. 安定的成長のための財政制度の確立　312
　4.1. 税収の増大　312
　4.2. 財政黒字の積み立て　314

## 終　章　体制転換研究の意義
　　　　――研究の成果と残された課題――　………………仙 石　　学……319

1. 体制転換研究を進めるために――本書の知見から　319
2. 残された課題――あるいは「中東欧と旧ソ連は比較可能か？」　323

付表　本書で取り上げた国の主要政党一覧表　　331

索　　引　341

執筆者紹介　　345

# 序　章　体制転換を理解する
## ——政治比較の視点から——

仙石　学・林　忠行

## 1. 体制転換を研究する意義——なぜ今「体制転換研究」なのか

　1989年に始まる東欧諸国での共産党支配の崩壊は，1991年のソ連およびユーゴスラヴィアの解体を経て，歴史的に類を見ない規模の体制転換をもたらすこととなった。本書は，このおよそ20年間にわたる旧ソ連および東欧諸国における体制転換について，「政治」を軸とした「比較」分析により，その特質を明らかにすることを目的としている[1]。

　ここで「体制転換」とは，旧ソ連および東欧諸国における，政治面での共産党の一党独裁と経済面での中央集権型計画経済を軸とする社会主義体制の解体に始まり，選挙を通した複数政党の競争と資本主義市場経済に依拠する新しい体制の確立に至るまでの，政治・経済の根本的な変革をさすものとする。もちろんここで，旧ソ連および東欧諸国において新しい体制が「確立した」といえるかどうかについては，議論の余地は残されている。だが本書においては以下の理由から，少なくとも東欧諸国および旧ソ連諸国の中のバルト3国とロシア，ウクライナの両国については，社会主義体制に代わる新たな体制が一応は確立したと判断している。

　まず欧州連合(EU)に加盟した中東欧諸国(ブルガリア，チェコ，エストニア，ハンガリー，ラトヴィア，リトアニア，ポーランド，ルーマニア，スロヴァキア，スロヴェニア)，および加盟候補国となっている諸国(クロアチア，マケドニア)については，EUへの加盟に際して民主主義および市場経済の

確立とEU法の受容という，いわゆる「コペンハーゲン3基準」を充足することが求められていることを考慮すると，これらの諸国については，EUへの加盟(ないし加盟交渉の開始)をもって，ひとまず社会主義体制とは一線を画する体制が構築されたと見なすのが妥当であろう(cf. 仙石 2004, pp. 213-215)。

他方で今なお EU の外にある旧ユーゴスラヴィア諸国(ボスニア・ヘルツェゴビナ，セルビア，モンテネグロ，コソボ)，およびロシアとウクライナについては，EU加盟(候補)国のように目に見える形で新しい体制の定着を規定することは難しい。だがそれでも，これらの諸国においても，政治面で実質的な競争を伴う定期的な選挙の実施とそれに基づく政権の交代が実現されていること[2]，および経済に関しても EU に加盟した諸国に比べて国家の関与の程度は大きいものの，資本主義市場経済を前提とした経済運営が一応は機能していることを考慮するならば，少なくとも一党独裁と計画経済に基づく，かつての社会主義体制とは異なる体制を構築していると見なしても差し支えはないと考えられる。

ではなぜ現在，この旧ソ連および東欧諸国の体制転換を，ここで研究の題材として取り上げるのか。それには以下の3つの理由がある。第1の理由として，社会主義体制から新たな体制への転換という事象そのものが，これまでの政治学や歴史学において議論されてきた「革命」や「政治変動」とは異質のものとして認識されるようになったことで，これを独自の現象として分析する必要が生じたということ，第2の理由として，体制転換から約20年を経て新しい体制が一応確立しつつあることで，体制転換の「結果」を視野に入れた議論を展開できるようになったこと，そして第3の理由として，体制転換の研究を通して，従来の社会科学の方法論に関して問題提起を行い，その新たな発展の方向性を議論することが可能となりつつあるということがある。

体制転換直後の時期には，特に政治学や経済学の領域において，旧社会主義国における変化は政治学や経済学の一般的な分析手法をそのまま利用して分析することが可能であると考えられていた。これまで社会主義体制を一般的な方法により分析することができなかったのは，政治過程を分析するため

に必要となる資料や，経済動向を分析するための信頼に値するデータが公表されていなかったためで，そのために従来の社会主義体制の分析に際しては，公表されている情報をもとに実情を推測するいわゆる「クレムリノロジー」的な手法や，あるいは入手可能な資料に基づいて事実の発見と再構成を行う歴史学的な手法が一般的にとられていた (Geddes 2002, pp. 343-349；仙石 2006, pp. 3-5)。だが体制転換の後は，情報の入手に関する障害が少なくなり，政治過程や経済状況についても信頼できるデータが入手できるようになったことで，旧社会主義国も，他の地域の諸国と同じように分析することが可能となったという見方が広まっていった。加えて旧ソ連および東欧諸国で体制転換が生じた 1980 年代末から 1990 年代初頭という時期は，ちょうど政治学において「民主化論」や「移行論」といった一般的な理論が流行していた時期とも重なっていて，社会主義体制の解体もこの「民主化」の議論の中に位置づけられるものと見なす風潮が強く表れていた (cf. O'Donnell and Schmitter 1986; Huntington 1991; Przeworski 1991; Schmitter with Karl 1994)。

　だがその後，旧社会主義圏における政治・経済システムの変革が進み，またその変化についての分析が蓄積されてくるにつれて，それまで汎用性が高いと考えられていた民主化論や移行論のような議論を，体制転換の分析に対して機械的に適用することはできないという見方が提起されるようになってきた (Bönker, et al. 2002a)。その理由としては，体制転換の進展に伴い，旧社会主義国の間での「相違」もしくは「多様性」の存在が注目されるようになってきたということがある。同じ社会主義体制という共通の歴史的経験を有し，かつ旧体制の解体から新しい体制への転換を，冷戦後の流動的な国際政治および経済状況という共通の外部環境の下で進めてきたという点で，他の諸国と比べて共通する部分が多いにもかかわらず，旧体制の崩壊以降これらの諸国において構築されてきた政治および経済の枠組みには，明確な相違が存在している。例として表 0-1 には，中東欧および旧ソ連諸国の執政のタイプ，フリーダムハウスの民主化・自由化指標，トランスパレンシー・インターナショナルによる腐敗化指標，および欧州復興開発銀行 (EBRD) による経済改革指標を挙げているが，これらの指標からも現在の旧社会主義国の間

表0-1 ポスト社会主義国の政治・経済の多様性に関する比較

| | 執政のシステム | フリーダムハウス指標(2008) ||| 腐敗化指標(2008)(括弧内は順位) | 経済改革指標(2007) |||
| | | 政治的自由 | 市民的自由 | 評価 | | 民間部門比率(対GDP%) | 価格自由化指標 | 競争政策と利子率自由化 |
|---|---|---|---|---|---|---|---|---|
| アルバニア | 議会制 | 3 | 3 | Partly Free | 3.4 (85) | 75 | 4+ | 2 |
| ベラルーシ | 大統領・議会制 | 7 | 6 | Not Free | 2.0 (151) | 25 | 3− | 2 |
| ボスニア・ヘルツェゴビナ | 首相・大統領制 | 4 | 3 | Partly Free | 3.2 (92) | 60 | 4 | 2 |
| ブルガリア | 首相・大統領制 | 1 | 2 | Free | 3.6 (72) | 75 | 4+ | 3− |
| クロアチア | 首相・大統領制 | 2 | 2 | Free | 4.4 (62) | 70 | 4 | 3− |
| チェコ | 議会制 | 1 | 1 | Free | 5.2 (45) | 80 | 4+ | 3 |
| エストニア | 議会制 | 1 | 1 | Free | 6.6 (27) | 80 | 4+ | 4− |
| マケドニア | 首相・大統領制 | 3 | 3 | Partly Free | 3.6 (72) | 65 | 4+ | 2+ |
| ハンガリー | 議会制 | 1 | 1 | Free | 5.1 (47) | 80 | 4+ | 3+ |
| ラトヴィア | 議会制 | 2 | 2 | Free | 5.0 (52) | 70 | 4+ | 3 |
| リトアニア | 首相・大統領制 | 1 | 1 | Free | 4.6 (58) | 75 | 4+ | 3+ |
| モルドヴァ | 首相・大統領制 | 3 | 4 | Partly Free | 2.9 (109) | 65 | 4 | 2+ |
| モンテネグロ | 議会制 | 3 | 3 | Partly Free | 3.4 (85) | 65 | 4 | 2− |
| ポーランド | 首相・大統領制 | 1 | 1 | Free | 4.6 (58) | 75 | 4+ | 3+ |
| ルーマニア | 首相・大統領制 | 2 | 2 | Free | 3.8 (70) | 70 | 4+ | 3− |
| ロシア | 大統領・議会制 | 6 | 5 | Not Free | 2.1 (147) | 65 | 4 | 2+ |
| セルビア | 首相・大統領制 | 3 | 2 | Free | 3.4 (85) | 55 | 4 | 2 |
| スロヴァキア | 議会制 | 1 | 1 | Free | 5.0 (52) | 75 | 4+ | 4− |
| スロヴェニア | 議会制 | 1 | 1 | Free | 6.7 (26) | 70 | 4 | 3− |
| ウクライナ | 首相・大統領制 | 3 | 2 | Free | 2.5 (134) | 65 | 4 | 2+ |

出典) 執政のシステムはWolczuk (2007, p. 241) によるが、一部の国についてはSchlager and Weisblatt, eds. (2006) の記述から判断している。フリーダムハウス指標はフリーダムハウスのホームページ (http://www.freedomhouse.org/)、腐敗化指標はトランスパレンシー・インターナショナルのホームページ (http://www.transparency.org/)、経済改革指標はもともとはShugartとCareyの分類によるもので、議会制は大統領が実質的な政治上の権限を有していないもの、首相・大統領制は大統領・議会制はいずれも大統領が一定の政治的権限を有しているが、首相・大統領制での大統領の権限は、大統領・議会制における大統領の権限にくらべて制限されている。フリーダムハウス指標は各国の自由度を1から7の数値で表すもので、1が最も自由度が高く、7が最も低い。腐敗化指標はトランスパレンシー・インターナショナルの調査による各国の腐敗度認識の平均値で、10が腐敗がもっとも少なく、0が最も腐敗が進んでいる状態。経済改革指標は欧州復興開発銀行によるもので、いずれも4+が最も改革が進んでいて、1が最も遅れていることを表す。

には，明確な違いがあることを確認することができる。

　民主化論や移行論は，民主主義体制の確立や安定をめぐる問題に関心を向けていたが，形成される民主主義の「かたち」に相違があるということは想定していなかった。そのためこれらの議論では，現実の体制転換過程において生じた，中東欧諸国と旧ソ連諸国の間，あるいは中東欧諸国の相互の間の相違を説明することはできなかった[3]。そこから旧ソ連および東欧諸国の体制転換については，これを従来の権威主義体制の解体や民主化とは異なる現象として捉え，今までとは異なる方法によりその特質を把握することが追求されるようになる。

　この新しい流れとしては，政治学や経済学，あるいは社会学などのディシプリンを複合的に用いることで体制転換の特質を明らかにすることを試みる学際的な研究や，あるいは社会主義体制の特質とその制度遺産や転換の経路依存性に着目する研究などがある（前者については Hausner, et al. eds. 1995 や Bönker, et al. eds. 2002b など，後者に関しては Elster, et al. 1998 や Lane, ed. 2002, Ekiert and Hanson, eds. 2003 など）。ただこれらの研究に関しては，初期の一般的な方法論の機械的な適用による問題点を認識し，これを克服しようとはしているものの，学際性を強調する議論は逆に一貫した視点での体系的な分析が難しく，個別のディシプリンの視点をこえた議論を提起することが難しいという問題があり，歴史性や経路依存性を重視する議論では体制転換の特殊性のみが強調され，これを他の事例と隔絶したものとして取り扱う傾向を強めてしまうという問題がある。そのため体制転換については，いまだに「定番」として参照すべき研究がほとんどない状態にある[4]。

　このような体制転換研究の流れを踏まえるならば，本書の意義が明確になる。まず旧ソ連および東欧諸国における体制転換は，従来の政治・経済の変動とは異なる現象であるにもかかわらず，これまでその変化を正面から取り上げた研究は必ずしも多くはない。本書はこの研究上の空白を埋めることに寄与するものとなる。また体制転換の開始から20年を経た現在の視点から，体制転換の帰結や従来の分析の限界をも視野に入れた成果をまとめることが可能となる。さらに加えて，体制転換という新しい現象を分析することを通

して，今までの社会科学の方法論についての見直しを行うことも可能になる。このような理由から，今「体制転換」を研究することには，大きな意味があると考えられる。

## 2. 体制転換を研究する視点——体制転換の「政治比較」を軸として

では具体的には，いかなる手法により体制転換を分析していくのか。この点については，これまでのところその確立した方法が提起されていない以上，当面は適切な手法を見出すために，さまざまな視点から試行錯誤を続けるしかないと考えている。そのような試行錯誤の試みのひとつとして本書では，政治学，経済学，および地域研究を専門とする複数の執筆者がそれぞれの視点から体制転換を分析し，そこで得られた知見から体制転換の分析のあり方を考えていくという手法をとることとした。この理由により本書は，体制転換について統一的な視点や見解を提示するものではなく，むしろ執筆者の間で手法や視点，あるいは分析の結果に相違があることを前提とした論文集となっている。

ただし，本書は従来の研究のように，特定の方針のないままに個別の事例分析を集積したものではない。本書が個別事例の分析の集積をこえて，「体制転換」を研究するための有益な指針を導き出せるものとなるために，本書の編者はすべての章の執筆者に対して，体制転換期における政治ないし政治経済の変動を対象とした分析を行うこと，および体制転換に関連する事例を他の事例との比較の視点から位置づけることという2つの点を，論文の執筆に際して要求した。この「政治」と「比較」という2つのコンセプトを全体の軸とすることで，本書はこれまでに出版された体制転換に関する論文集と比べて，多様な事例分析を取り上げながらも全体として一定の統一性を保ち，また異なるディシプリンの研究者による共同作業でありながら，方法論においても一定の寄与が期待できる内容となっている。

まず本書は，「政治」を分析の主要な題材としている。体制転換という現象が基本的には政治体制の崩壊とその再編のプロセスをさすものである以上

は，それは当然のことといえる。ただこれまでの体制転換の政治分析は，アクター間の（戦略的）関係に焦点を当てて，変化の過程そのものを分析するか，もしくは民主化を可能とする初期条件ないし制度的遺産に焦点を当てて，過去の要素が現在の状況にもたらした作用を分析するものがほとんどであり，体制転換によって何がどのように変化したのかという重要な論点に焦点を当てた研究はほとんど存在していない。この状況を踏まえて本書は，以下の3つの領域を対象として，体制転換を通して「何がどのように変化したのか」ということについて，具体的に把握することを試みている。

1) 政治制度の変化――社会主義体制の解体の後構築された政治制度はいかなるものか，またはそれはどのような形で構築されたのか
2) 新しい政党システムの形成―― 一党独裁の終焉は，いかなる形の政治的競争をもたらしたのか，またそれは各国の政治にいかなる影響を与えているのか
3) 政治と経済の連関――計画経済から市場経済への移行は，政治と経済の関係をどのように変化させたのか

これらの領域については，いずれの領域でも個別研究では優れたものがすでに存在している。だが本書では，これら3つの領域の分析を，断片的にではなく同じコンセプトの下で行うことにより，各領域を通して見出すことができる体制転換の共通の特質を明らかにすることを目指している。

次に「比較」という視点をとる理由は，同じような状況の下に置かれていた各国の間で，体制転換の過程を経て異なる状況が生じた理由を明らかにするためには，比較という手法をとることが有益であることによる。もちろん比較を行うためには，特定の事例について分析を行うことが前提として必要である。だが体系的な視点のない事例分析を並べただけでは，体制転換の全体像，あるいはその多様性の問題を考えることは不可能に近い。事例分析においては時に，各国固有の要素が過度に強調され，そこから比較は不可能である，あるいはその地域に根ざしていない分析手法での比較は意味がないといった議論がなされることもある。だがそもそも，そこで主張されるような「地域固有の要素」の存在は他者との比較においてのみ認識可能となるもの

であり,「固有」であるから「比較不能」であるという議論は,そもそも成り立ちえないはずである。むしろ各国の固有性を強調する場合にこそ,比較の視点が不可欠となると考えられる[5]。

　比較の視点を用いることには,方法論的なメリットも存在している。体制転換を経験した事例の間での比較を行うことにより,それぞれの事例の特質を明らかにすると同時に,それぞれの事例の特殊性を相対化することができるならば,そこから体制転換を他の地域の政治変動と比較し,これを他の地域における議論と接合することも可能となるはずである。このように,下位レベルの事例の比較からより高い段階の比較を導く議論のひとつとして,政治学者のピアソン(Paul Pierson)が提起した「コンテクスト化された比較(Contextualized comparison)」という方法がある(Pierson 2003)。ピアソンは,政治におけるアクターの認識や行動は,合理的選択論のように社会的なコンテクストを抜きにした少数の条件のみで規定されるものではなく,それぞれの事例に固有の社会的コンテクストの中に「埋め込まれた(embedded)」形で規定されているのが一般的であるとした上で,異なる事例の比較を行う際には,まず共通のコンテクストを有している(そしてそのために,他の変数をある程度コントロールできる)一定の時間的・空間的条件の中で有効な仮説を構築しかつこれを検証し,次にその仮説・説明は他の地域の問題に対しても適用可能なものか,またそうであるならばどのような点が適用可能なのかを検討していくという,二段階の手続きを行うのが有効であるという議論を提起した。この手続きを踏むことで,一般的な方法論が抱えるコンテクスト軽視という問題と,事例研究が抱える一般化への視点の欠如という問題の両方が回避され,バランスのとれた分析が行えるようになると,ピアソンは指摘している[6]。

　このような形で,「政治現象の比較」という視点から体制転換について検討することが,本書の基本的な方向性となっている[7]。

## 3. 各章の構成

　本書に所収の各論文は，体制転換にかかわる政治もしくは政治経済を題材として，かつ何らかの形で比較を行うという条件以外では，分析の射程や方法論，あるいは体制転換に関する見解について，各執筆者を拘束してはいない。例えばしばしば議論の対象になる「過去の制度的遺産」や「経路依存性」についても，これを重視する論文がある一方で，これらの要因の作用は限定的であることを指摘する論文もある。だがそれぞれが異なる形での比較の作業を行いながら，全体としては体制転換を分析するために必要となる視点および方法について，有益な議論を提起しているはずである。

　本書は，先に示した3つのテーマに従う形の3部構成をとっている。第1部「制度構築・再編の比較分析」は，政治制度の再編を対象とした3つの論文からなる。第1章「『歴史の遺産』とその影響——旧東欧諸国における政治発展と制度選択・デモクラシー」(平田武)は，社会主義以前の体制から社会主義体制，そして体制転換に至る一連の歴史過程についての比較分析を行っている。ここでは，先行体制の性格や移行様式の違いは，体制転換時の諸勢力間の資源配分を通して初期の制度選択に影響を与えるが，それは体制転換後の政治体制の特質そのものを規定するものではないこと，ただしこのことは歴史的要因の意義を減じるものではなく，むしろ歴史的要因を適切に踏まえることで，文化的相違や経済発展度の相違に現在の民主化の程度の相違を結びつけるような単純な議論が回避できること——例えば歴史的に民主化を阻害してきた要因が除去されたことで，現在の民主化が可能となっていること——が，説得的な材料とともに整理されている。第2章「ポスト共産期の東中欧諸国の地方制度改革——広域自治体設置問題をめぐって」(林忠行)は，ヴィシェグラード4カ国における中層自治体の導入をめぐる政党政治を比較している。この章では，4カ国における中層自治体の整備はEU加盟に伴う制度整備の必要がその契機となり，かつEU加盟のためのタイムスケジュールが政党間の妥協を促したという点で，外部要因であるいわゆる

「欧州化」の作用は存在しているが，改革のプロセスおよび結果として導入された制度は，各国における歴史的遺産や体制転換期の経路依存などの国内要因に規定されていて，「欧州化」論が想定していたような「収斂」は生じていないことが明らかにされている。第3章「ソ連共産党中央委員会からロシア大統領府へ——ロシアにおける半大統領制の発展」(大串敦) は，現在のロシアにおける半大統領制を，前体制との連続性および他の旧ソ連諸国との比較という視点から検討している。ロシアの半大統領制は，旧ソ連の共産党中央委員会と閣僚会議の二頭制が経路依存的に発展して形成されたものであるが，これが安定した制度となったのには，旧ソ連解体後の新しい制度形成の過程で統治エリートが政府の中央集権化と政府党の育成に成功したことが作用していることを，制度の安定化に失敗した他の旧ソ連諸国の事例との比較も踏まえて明らかにしている。

第2部の「政党システム形成の比較分析」は，共産党の一党独裁から競争的な政治制度への移行に伴って形成された，新しい政党システムについての比較分析を行った4つの論文を収めている。第4章「政党戦略と政党間競合——東中欧政党システムにおける二極競合化？」(中田瑞穂) はチェコとスロヴァキアとの比較から，政党間競合の「二極化」に関する議論を行っている。この章では，西欧諸国に見られるような政党間競合の二極競合は現在のチェコとスロヴァキアの両国にも現れ始めていること，ただし両国においては体制転換の過程で形成されてきた選挙民の配置や，二極競合から距離を置いた政党の存在により，当面はこの二極競合が安定する可能性は低いということが，西欧諸国における二極競合化との比較から議論されている。第5章「旧ユーゴスラビア諸国の政党システム——専門家サーベイの結果に基づく政党の『政策位置』の測定」(久保慶一) は，専門家サーベイに基づいてスロヴェニアを除く旧ユーゴスラヴィア諸国の政党配置に関する比較分析を行っている。この章では国ごとの政党配置の違いをもとに，クロアチア，ボスニア，マケドニアとセルビア，モンテネグロの間では政党の対立関係に相違があること，およびその相違は，体制転換の際に旧共産党が選択した路線——旧共産党が改革路線を選択したか，あるいは民族主義的共産主義を選択したか

——と連関していることを，説得的な計量データとともに提示している。第6章「政党システムの分岐点——ロシア，ウクライナにおける政治エリートの連合再編過程の比較分析」(溝口修平)は，ロシアとウクライナの政党システムの発展経路を比較している。この章では，当初は同じように破片化状態にあった両国の政党システムが，現職の大統領からの権力継承の際に生じたエリートの再編過程の中で，一方のロシアでは「統一ロシア」がヘゲモニー的立場となる安定的な政党システムが形成されたのに対して，他方のウクライナでは3政党の鼎立に基づく不安定な政党システムが導かれたという違いが生じた理由を，両国における地方・中央の制度的関係の違いに由来するエリートの構造の相違から説明している。第7章「エストニアとラトヴィアの政党政治比較——歴史的要因としてのロシア語系住民問題を軸に」(小森宏美)は，エストニアとラトヴィアにおける(再)独立後のロシア語系住民の扱いをめぐる政治過程の比較を通して，両国における政党システムに相違が生じた理由を説明することを試みている。この章では，ラトヴィアとエストニアの間では社会主義期からペレストロイカ期にかけての政治過程に違いがあり，これが独立後の両国の間でのロシア語系住民の立場に相違をもたらしたこと，およびこの違いが現在の政党システムの違いとも連関していることが，少数派の立場を軸として整理されている。

　第3部「比較政治経済の視点から」の各章は，経済学と政治学それぞれの立場から，ポスト社会主義国における政治と経済の連関を描き出すことを試みている。第8章「東欧における経済的後進性について——ルーマニアおよびブルガリアを例として」(上垣彰)は「経済的後進性」の概念を軸に，ルーマニアとブルガリアの体制転換後の経済政策の比較を行っている。ここでは，工業化の遅れていたルーマニアとブルガリアでは社会主義期に先進国とは異なる「いびつな工業化」が推進されたが，そのことが体制転換後の市場経済のあり方に影響を与えていること，具体的には，社会主義期に重工業化が他の案件より優先され住民に対する社会サービスの提供が十分になされなかった結果，社会の側の立場が弱いものとなり，これが逆説的ながら自己保身を求める旧エリートと労働者の連合に基づく保守的な経済政策の実施に結びつ

いたことが，具体的なデータとともに提示されている。第9章「ポスト社会主義の中東欧諸国における福祉制度の多様性——あるいは『体制転換研究』と『福祉政治研究』の架橋の試み」(仙石学)は，中東欧諸国におけるポスト社会主義期の福祉枠組みについて，これをこれまでの福祉政治に関する議論と関連させながら説明することを試みている。ここでは中東欧諸国の現在の福祉枠組みに国ごとに違いが生じた理由については，これまでの福祉政治研究で提起されてきた議論によって説明できるものではないこと，ただし既存の議論を中東欧の事例に適用することで，中東欧の事例に関する分析と従来の議論の発展の両方を実現することが可能となることがまとめられている。第10章「ロシア財政制度の資本主義化」(田畑伸一郎)はロシアの財政制度の展開を，旧ソ連および東欧諸国の事例との比較から位置づけることを試みている。ここでは，国際機関が推奨する普遍的な制度と各国が引き継いだ固有の産業の間の対抗関係が各国の財政制度のあり方を規定していることが示された上で，ロシアに関しては1998年の通貨・金融危機以後，政府がIMFの勧告に反して輸出関税の復活をはじめとする独自の税制改革を進めたことが，逆説的ながらロシアの財政安定化に寄与していることが整理されている。

　これらの比較分析からは，現在の政治および経済のあり方には，社会主義期，あるいはそれ以前からの歴史的経緯や経路依存性に由来する要因と，体制転換の過程に作用する要因とが，多様な形で連関していることが明らかにされる。以上の論考を踏まえた終章「体制転換研究の意義——研究の成果と残された課題」(仙石学)では，全体を通して明らかにされた体制転換を分析するために必要となる視点があらためて整理されるとともに，本書では十分に論じられていない問題として，体制転換に関して中東欧地域と旧ソ連地域とを比較するということについても，その可能性および妥当性についての検討が行われている。

　本書における議論は必ずしも完成されたものではないが，ここにまとめられた分析からは「体制転換」という現象について理解を深めると同時に，これまでの社会科学のものの見方を再検討するためにも，有益な指針を得ることが可能であると考えられる。旧ソ連や中東欧に直接関心を有していない読

者にも，広く本書が読まれることを期待したい。

1) 「東欧」や「中東欧」といった地域名称の用法には，さまざまな議論が伴う。本書においてはひとまず，旧ソ連諸国以外でかつて社会主義体制が存在していた欧州諸国を総称する場合は「東欧」(Eastern Europe)，その「東欧」諸国の中で，かつてのハプスブルク帝国の版図を引き継ぎ，またカトリックが多数派を占める諸国を示す場合は「東中欧」(East Central Europe，ポーランド，チェコ，スロヴァキア，ハンガリー，スロヴェニア，クロアチアが含まれる，このうち前4カ国については「ヴィシェグラード4カ国」という呼称も用いる)，またEUに加盟した諸国ないし加盟候補国を総称する場合は「中東欧」(Central and Eastern Europe)という用語を用いている。なお「東欧」という領域をめぐる近年の議論については，Comisso and Gutierrez (2005，特に pp. 263-274)，および林(2008)を参照のこと。
2) もちろんこの場合における選挙や政権交代の実質については，別に考える必要がある。本書所収の大串論文(第3章)および溝口論文(第6章)を参照。
3) 基本的には移行論や民主化論は，一定の条件が整えば自動的に民主主義が機能すると想定している点で楽観的な議論であり，また民主主義への移行を「望ましいもの」と想定している点で規範的な議論であるが，まさにこのために，この議論は旧社会主義地域の多様性を説明することに失敗したと考えられる。
4) ここで示した体制転換の分析方法をめぐる議論の流れについてより詳しくは，Kopecký and Mudde (2000), Bernhard (2000), Bönker, et al. (2002a), Wiarda (2001), Comisso and Gutierrez (2005), 仙石(2004；2006)などを参照のこと。
5) さらにいえば，ある視点からは固有の要素と考えられているものも，視点を変えれば他の事例と共通しているということもまれではない。例えば仙石が中東欧諸国の事例比較を通して明らかにしているように(第9章参照)，政治経済のシステム的にはいわゆるリベラル型市場経済を構築しているエストニアと，調整型市場経済に近いシステムが形成されているスロヴェニアとはしばしば対称的な事例として取り上げられるが，福祉枠組みの特質から見ると両国の制度には共通性も多く，両国を一概に対称的な事例と扱うことはできないことがわかる。
6) これと同様の議論として，社会主義体制の解体過程の相違を比較するためにブンスが提起した，「段階的比較(Cascading comparison)」という手法もある(Bunce 1999)。
7) 現在では特に中東欧諸国に関しては，他のヨーロッパ諸国と比較可能な政治・経済の枠組みが構築されていることから，これまでの西欧研究の分析の蓄積を活用し，それをポスト社会主義国の分析に活用すること，あるいは逆に，ポスト社会主義の地域研究を通してより一般的な議論を提起することも可能となっている。だが反面でそのような議論は，体制転換研究を含めた「ポスト社会主義研究」というカテゴリーの意義そのものを失わせる可能性もある(Comisso and Gutierrez 2005, pp. 289-303)。こ

のような中で，体制転換という現象をわざわざ取り上げて議論するには，そのような議論にも一定の意味があることを体制転換研究の側が明らかにすることも必要となる (cf. King 2000, 詳しくは終章を参照)。当然ながら本書は，このような試みのひとつでもある。

## 参 考 文 献

Bernhard, Michael (2000), "Institutional choice after Communism: a critique of theory-building in an empirical wasteland," *East European Politics and Societies*, Vol. 14, No. 2, pp. 316-347.

Bönker, Frank, Klaus Müller and Andreas Pickel (2002a), "Cross-disciplinary approaches to postcommunist transformation: context and agenda," in Frank Bönker, Klaus Müller and Andreas Pickel, eds., *Postcommunist transformation and the social science: cross-disciplinary approaches*, Lanham: Rowman and Littlefield Publishers, Inc., pp. 1-37.

Bönker, Frank, Klaus Müller and Andreas Pickel, eds. (2002b), *Postcommunist transformation and the social science: cross-disciplinary approaches*, Lanham: Rowman and Littlefield Publishers, Inc.

Bunce, Valerie (1999), *Subversive institutions: the design and the destruction of socialism and the state*, Cambridge: Cambridge University Press.

Comisso, Ellen and Brad Gutierrez (2005), "Eastern Europe or Central Europe?: exploring a distinct regional identity," in David Szanton, ed., *The politics of knowledge: area studies and the disciplines*, Berkeley: University of California, pp. 262-313.

Ekiert, Grzegorz and Stephen E. Hanson, eds. (2003), *Capitalism and democracy in Central and Eastern Europe: assessing the legacy of Communist rule*, Cambridge: Cambridge University Press.

Elster, Jon, Claus Offe and Ulrich K. Preuss (1998), *Institutional design in postcommunist societies: rebuilding the ship at sea*, Cambridge: Cambridge University Press.

Geddes, Barbara (2002), "The great transformation in the study of politics in developing countries," in Ira Katznelson and Helen V. Milner, eds., *Political science: state of the discipline*, New York: W. W. Norton and Company, pp. 342-370.

Hausner, Jerzy, Bob Jessop and Klaus Nielsen, eds. (1995), *Strategic choice and path-dependency in post-socialism: institutional dynamics in the transformation process*, Aldershot: Edward Elgar.

Huntington, Samuel P. (1991), *The third wave: democratization in the late twentieth century*, Norman: University of Oklahoma Press.

King, Charles (2000), "Post-postcommunism: transition, comparison, and the end of 'Eastern Europe'," *World Politics*, Vol. 53, No. 1, pp. 143-172.

Kopecký, Petr and Cas Mudde (2000), "What has Eastern Europe taught us about the democratization literature (and vise versa)?" *European Journal of Political Research*, Vol. 37, No. 4, pp. 517-539.

Lane, David, ed. (2002), *The legacy of state socialism and the future of transformation*, Lanham: Rowman and Littlefield Publishers, Inc.

O'Donnell, Guillermo and Philippe C. Schmitter (1986), *Transitions from authoritarian rule: tentative conclusions about uncertain democracies*, Baltimore: Johns Hopkins University Press.

Pierson, Paul (2003), "Epilogue: from area studies to contextualized comparisons," in Grzegorz Ekiert and Stephen E. Hanson, eds., *Capitalism and democracy in Central and Eastern Europe: assessing the legacy of Communist rule*, Cambridge: Cambridge University Press, pp. 353-366.

Przeworski, Adam (1991), *Democracy and the market: political and economic reforms in Eastern Europe and Latin America*, Cambridge: Cambridge University Press.

Schlager, Neil and Jayne Weisblatt, eds. (2006), *World encyclopedia of political systems and parties* (4th edition), New York: Facts On File, Inc.

Schmitter, Philippe C., with Terry Lynn Karl (1994), "The conceptual travels of transitologists and consolidologists: how far to the East should they attempt to go?" *Slavic Review*, Vol. 53, No. 1, pp. 173-185.

Wiarda, Howard J. (2001), "Southern Europe, Eastern Europe, and comparative politics: 'Transitology' and the need for new theory," *East European Politics and Societies*, Vol. 15, No. 3, pp. 485-501.

Wolczuk, Kataryna (2007), "Constitutional politics," in Stephen White, Judy Batt and Paul G. Lewis, eds., *Developments in Central and Eastern European Politics 4*, Durham: Duke University Press, pp. 229-244.

仙石学(2004)「ポーランド——『ポスト社会主義国』から『欧州の一員』へ？」小川有美・岩崎正洋編『地域研究Ⅱ：先進デモクラシーの再構築』日本経済評論社，213-236頁。

仙石学(2006)「中東欧研究と比較政治学——いわゆるディシプリン指向の中での地域研究のあり方の考察」『スラヴ研究』第53号，1-25頁。

林忠行(2008)「戦略としての地域——世界戦争と東欧認識をめぐって」家田修編『開かれた地域研究へ——中域圏と地球化(講座　スラブ・ユーラシア学　第1巻)』講談社，91-118頁。

# 第 1 部

制度構築・再編の比較分析

# 第1章 「歴史の遺産」とその影響
―― 旧東欧諸国における政治発展と制度選択・デモクラシー ――

平　田　　武

## 1. 移行論から政治発展論へ

　旧東欧諸国が経験した 1980 年代末の体制変動のおそらく最も顕著な特徴は，短期間のうちに集中して生起した並行な現象が，にもかかわらず明瞭な対照性を示した点にあったといってよい[1]。体制変動の出発点となったポーランドでは，すでに長く組織的な反対派運動と対峙していた体制側が反対派勢力との円卓会議に臨み，経済改革への協力の見返りとして，（強力な大統領職と議会における体制側多数派とが取り囲む）一定の限度内で反対派勢力の選挙参加を容認したことが，1989 年 6 月議会選挙の自由選挙部分における完敗という思わぬ事態に結びついた。同様にハンガリーの体制側は，ポーランドと比較すれば組織的にははるかに脆弱な反対派側との交渉の過程で，大統領職の確保と完全自由選挙の実施とを取引したことが，後に国民投票による大統領選挙の延期を経て議会の完全自由選挙のみが確定するという結果に結びついた。いずれのケースでも，当事者の想定を覆す事態が発生したが，それでも両国における体制変動が体制側と反対派側との間の交渉を特徴としていたことに変わりはない。人々は，歴史的な記念日など，折に触れて街頭に姿を現したが，そのことが体制変動を引き起こしたわけではなかった。これに対して，それまで体制側が一切の妥協の姿勢を見せていなかった東ドイツとチェコスロヴァキアでは，ポーランド，ハンガリー両国での事態の推移を見た人々の街頭における圧倒的な動員を前にして，ソ連の軍事介入をあて

にできない治安機関が抑圧を拒絶し、体制の崩壊が引き起こされたのである。以上のいずれの事例においても、体制側は翌90年の選挙で権力を喪失した（ポーランドのみは1990年に大統領選挙、翌91年に議会選挙を行った）。これと比べると、こうした事態を見て、主として体制側が主導して政治体制改革に乗り出した、これらの地域よりも南の諸国においては、しばしば旧体制勢力が一定期間権力を維持し、このために移行の過程はより長期に及んだ。

　政治体制変動の過程における明瞭な相違は、観察者に強い印象を与えた。移行の時点を決定的な転機(critical juncture)として、この時点での相違がその後の選択肢の幅を狭め、各国の経路が分かれていくと想定する論者は、移行様式(mode of transition)の相違がもたらす経路依存性(path-dependence)を明らかにしようと試みた。移行の様式については、それ以前の南欧やラテン・アメリカの民主化の事例ともあわせていくつかの分類と多様な名称が提起されており、大別すると、交渉―協定型(negotiation, transaction, pacto)、崩壊―断絶型(collapse, ruptura)、撤退―先取り改革型(extrication, preemptive reform)といった様式が区別されてきた。こうした移行様式の相違が、その後に成立する政治体制の性格に影響を与えるのではないかというのが、移行様式論のいわば作業仮説であった(Karl and Schmitter 1991; Schmitter and Karl 1992)。実際に、体制変動初期の制度選択（選挙制度、大統領制度など）に関しては、移行の様式が影響を及ぼしていることが判明している。しかしこのことは、旧東欧諸国の間では、必ずしもその後に成立してくる政治体制の性格を大きく規定するには至っていない。旧東欧諸国の場合には、成立してくる政治体制がデモクラシーか否か、あるいはデモクラシーの下位類型のうちのどれが帰結するのかが、必ずしも移行様式の相違と対応していないのである（例えば、交渉型の移行は拒否権ポイントの多い制度をもたらすが、このことがコンセンサス指向の政権運営を帰結してはいない）。その後の研究の過程で明らかとなったように、移行様式と対応させることが容易なのは、実際には移行後の軌跡ではなくて、むしろ「体制変動に先行する政治体制の性格」に見られる相違の方であった。J. リンスとA. ステパンは、その共著の中で脱全体主義化の進行の度合いによって

東欧諸国を3つに類型化して，それを移行の様式と対応させた。かつてリンス自身が提起した，全体主義体制と権威主義体制とを区別した政治体制類型論をさらに細分化する形で，以前は権威主義体制の下位類型としていたポスト全体主義体制(post-totalitarian regime)を独自の体制類型とした上で，それをさらに脱全体主義化の進行の度合いによって3つに区分したのである。彼らは，脱全体主義化の最も進んでいたハンガリーを「成熟したポスト全体主義体制」(ちなみにポーランドは権威主義体制に分類されている)，脱全体主義化が途中で停滞していたチェコスロヴァキアや東ドイツを「凍結したポスト全体主義体制」，そもそも脱全体主義化の進行が遅く，かつ弱かったブルガリアを「初期的なポスト全体主義体制」と呼び，政治体制の3つの下位類型を，交渉型・崩壊型・「体制側統制下の移行」といったそれぞれの移行様式に対応させている(Linz and Stepan 1996)。これはいうなれば記述モデルにすぎず，なぜそうなったのかを説明するものではないのだが，こうした先行研究を踏まえて，歴史的な説明モデルを提示したのがH. キッチェルトである。

　キッチェルトは，戦間期の経済発展水準・政治的経験からこれらの諸国を3つにグループ分けし，そこから非スターリン化以降の共産主義体制の性格の相違，移行様式の相違を説明している。第1のグループに属するチェコとドイツは，戦間期にすでに中核工業国であり，組織労働者と都市中間層が政治動員を経験していて，戦後には労働組合や党官僚機構に支えられた強固な共産党支配が打ち立てられる。この強固な共産党支配を，彼はラテン・アメリカの官僚制権威主義体制から名称を転用して官僚制権威主義型(bureaucratic authoritarian)共産主義体制と呼んでいる。第2のグループに分類されたポーランドとハンガリーは，戦間期にはセミ=ペリフェリーの半工業国で，都市中間層と農民層が政治動員を経験しているが，労働者の政治動員は低かったと位置づけられ，したがって，戦後の共産党支配も確固たるものではなかったと評価される。これらの国々では，非スターリン化を契機に広範な国民の不満が爆発し，こうした不満に対する譲歩を余儀なくされた体制を彼は国民妥協型(national accommodative)と呼んでいる。最後が，ブルガ

リアに代表されるバルカン諸国である(キッチェルトは旧ソ連邦諸国の大部分もこのカテゴリーに含めている)。バルカン諸国は，戦間期にはペリフェリーに位置する農業国で，都市中間層以外の政治動員は低く，せいぜい貧農層の政治動員が見られるにすぎない。むしろ，共産党支配の下で初めて本格的に工業化・都市化を経験するので，新しく成立してくる都市的な諸階層は共産党支配のパトロネージのネットワークに取り込まれていき，こうした体制を彼は家産制型(patrimonial)と名付けている。以上に素描したように，戦前の政治動員の様態の相違が，戦後の(とりわけ非スターリン化以後の)共産主義体制の多様性を説明し，それが移行様式の相違を説明するのである。さらにキッチェルトは，こうした歴史的遺産が移行の際の政治諸勢力の資源配分を決定し，これが制度選択を介して政党システム(政党のタイプ──綱領型政党の普及の度合い──や，政党の配列)に影響すると主張している(Kitschelt, et al. 1999; Kitschelt 2001; 2002; 2003)。

　以上のような研究を踏まえて，本章では現在の政治体制の性格に「歴史の遺産」[2]がどのように影響したのかを見るために，第1に，共産主義体制の性格の相違や移行様式の相違を引き起こしたと考えられる歴史的な政治発展の軌跡を再構成する。その際には，歴史の各段階におけるデモクラシーの実現への道程を跡づけ，その抱えていた困難を確認する(第2節)。第2に，本書の全体としての関心との関連から，体制変動時の制度選択への「歴史の遺産」の影響を検討する。具体的な制度として本章で取り上げるのは，政治体制の性格をも左右しうる選挙制度と大統領制度である。結論を先取りして述べれば，先行体制の性格や移行様式の相違は初期の制度選択に影響するが，それは旧東欧諸国においては移行後の政治体制の性格を決定づけるほどの影響は持たなかった(第3節)。最後に，以上の検討を踏まえて，旧東欧諸国におけるデモクラシーの成立が抱えていた困難が段階的に解消されていく過程を歴史的展望の中に位置づけ，今後の研究課題を提起する(第4節)。

## 2. 旧東欧諸国の政治発展と民主化

　近現代ヨーロッパ諸国の政治発展を描いた，いわゆる比較歴史分析と呼ばれる一連の研究などを参考にしつつ[3]，以下では東中欧諸国を中心として旧東欧諸国の政治発展に関して，社会集団の政治参加・動員と関連づけながらラフなスケッチを描いてみよう。キッチェルトの東欧政治発展像は（すべてを発展度の相違に帰する単純な近代化論に陥る危険性をはらむものの）極めて示唆に富んでいるが，いくつかの問題も抱えており，ここではそれらを修正することを試みる。具体的には，諸地域の政治発展の間には，彼の類型論が示唆するよりも多くの類似性や，類型的であるよりもむしろ連続的な相違が見られることに，より多くの注意を払う必要がある。また，キッチェルトの議論は社会還元論的な性格を強く持っているが，単なる印象論にとどまらないためには，社会階級やセクターの間の連合を政治に媒介する政党や政党連合のあり方を跡づける必要がある(Luebbert 1991)。とりわけ，農村の政治動員のあり方については，社会階層の相違よりも，むしろ動員のタイプの相違に着目する必要があると思われる(Mouzelis 1986)。こうした修正を施しつつ，以下では旧東欧地域におけるデモクラシーの実現が歴史的に抱えていた困難を確認していく。これは，旧東欧地域での体制変動が(旧ソ連邦諸国の一部とは対照的に)デモクラシーを帰結したとするならば，こうした困難がいかに解消されたのかを検証する必要があると思われるからである。

### 2.1. 第一次世界大戦以前

　以下では，大衆政治段階において社会下層の政治動員が起こる前の寡頭政段階にまで遡って当該地域の政治発展を概観しよう。19世紀後半の東中欧地域においてナショナルな政治代表が認められていたのはハプスブルク君主国領域であり，そこにおける特徴は大土地所有と都市中間階級とに支えられた寡頭的政治勢力であった。彼らは，しばしば社会階層に沿って明瞭に分化することなく，ナショナルな政治代表を独占する政治勢力をなしていた。例

えば，ポーランド人にナショナルな政治活動の自由が認められていたのは，分割列強のうちでほぼハプスブルク君主国のみであるが，君主国西半分（シスライタニア）の代議機関である帝国議会におけるガリツィア選出議員の大多数を占めたポーランド人議員団(Koło Polska)は，内部に東部の保守的大土地所有者からクラクフの自由主義派までを含んでいた(Orton 1982)。同じ帝国議会で，ボヘミア・モラヴィア選出議員の枠を左派（ドイツ人自由主義派）と分け合っていた右派のチェコ人議員団(Český Klub)は，領邦の権利を主張する国権派の大土地所有者（第1クーリエ選出議員）とチェコ人自由主義派（それ以外のクーリエ選出議員，いわゆる老チェコ党）とをともに含んでいた。チェコ人自由主義派は老チェコ党から青年チェコ党へと政治代表の変遷を経験したが，両者はともに名望家政党である点で共通していた(Cohen 1979)。君主国西半分では，執行権が議会多数派に政治的責任を負わない（議会による信任を，あるいは不信任されないことを政権の存続要件としない），いわゆる二元的立憲制がとられており，官僚内閣の下で参政権の枠が最終的には男子普通選挙に至るまで拡大されていったために，20世紀初頭以降，寡頭的政治勢力の支配は崩れていく(平田2007)。これに対して，君主国東半分の代議機関であるハンガリー王国議会では，自由主義派がほぼ一貫して議会多数派を占め，責任内閣制の下で政府をも掌握していた。自由主義派が国内少数民族に対する警戒から選挙権の枠を狭く維持したために，ハンガリーでは寡頭的政治勢力の支配が第一次世界大戦まで継続する。他方，南東欧諸国では，通常2つの政治勢力が交代で政権を担当していたが，選挙結果に基づいて政権が交代するよりは，政権交代後に官僚機構の選挙介入を伴う与党選挙で政権支持多数派を議会内に創出する，典型的な寡頭的議会制(oligarchic parliamentarianism)が見られた。ルーマニアや，オブレノヴィチ朝セルビアにおける自由党と保守党（後者では進歩党と改称する）がこれに相当する。20世紀初頭以降のカラジョルジェヴィチ朝セルビアでは，2つの政党は急進党と独立急進党に席を譲ったが，むしろハンガリーに類似して，急進党が長期政権を担当した(Suster 1997)[4]。

　早い地域では20世紀初頭から，それ以外の地域でも第一次世界大戦以後，

こうした寡頭的政治勢力の支配が動揺し，大衆的支持基盤を持った政治勢力の分化が始まるが，その背景には，社会下層の政治動員の始まりという社会的な要因と，参政権の枠の拡大という制度的な要因とが働いていた。

社会下層の諸階層間での政治参加に向けた動員は，早い地域では世紀転換期以前に始まり，遅い地域でも第一次世界大戦を契機として急激な高まりを見せることになる。ただし，その際に政治動員が対等なメンバーによって構成される自発的団体のネットワークに支えられている場合と，むしろ旧来の社会的上下関係やパトロン＝クライアント関係を包含する共同体の上に覆い被さって，時にカリスマ的な政党指導者の下で実現した場合とを，理念上は区別することが可能である。実際には，両者の地理的な分布は連続的で，重なりを多く含んでいるが，ここでは前者のタイプの動員を N. ムーゼリスに倣って水平的，後者を垂直的と名付けておこう(Mouzelis 1986)。東中欧地域においては，都市労働者の間では労働組合のネットワークに基づく水平的な動員が見られ，また農村でも農民層の間における活発な団体活動に支えられた水平的な動員が一般的であった。ただし，ポーランドでは会議王国領や，ガリツィア東部のウクライナ人地域などで，またハンガリーにおいても，農村住民が共同体単位で参加する間歇的な政治動員を観察することができる。このような場合にも，普通は団体活動に支えられた継続的な政治動員の見られる中核的な地域が存在するが，その範囲をはるかに凌駕する爆発的な動員と，同様に急速な収縮とが農村における垂直的動員にしばしば見られる特徴であり，1905 年革命の波及した会議王国領ポーランドにおける農村の動員はこの典型的な事例である(Lewis 1986)。

2.2. 戦 間 期

参政権に関していえば，第一次世界大戦後に男女普選の導入されたポーランド，チェコスロヴァキア両国の議会では，戦前の寡頭的政治勢力はもはやごく少数派にすぎなくなっていた。例えば，チェコスロヴァキア議会において青年チェコ党を継承した国民民主党は小政党にすぎず，ポーランド議会ではすでに寡頭的政治勢力は主要な政治アクターではなくなっている。両国に

おいて，第一次世界大戦後に導入された議院内閣制の下で政権を担当するために議会多数派連合を構築する必要が生じたとき，戦間期における（ハンガリーを含めた）東中欧諸国の政治体制の帰趨をも決定づけたのが，農民層の水平的動員に支えられた農民政党の政治的行動であった。

　チェコスロヴァキアでは労働組合運動に支えられた左翼がほぼ恒常的に得票・議席の約35～40％（チェコスロヴァキア社会民主党とドイツ人社会民主党が約15～20％，共産党が約10％，この他にチェコ国民社会党が約10％）を占め，右翼には自由主義派とキリスト教政党が存在しており，両者の間に農業党が位置していた。かつこれらの政党は，住民の約4分の1を占めるドイツ人の間では別系列の政党をなしており，同様に約4分の1を占めるスロヴァキア人の間では，チェコ人との単一政党を支持する「チェコスロヴァキア」派（社会民主党や農業党）と，別個のキリスト教政党を立ち上げた分権・自治派とが対立していた。後者は，チェコ人とスロヴァキア人とを同一のネイションとする公式の「チェコスロヴァキア」国民観にも否定的な態度をとった。チェコスロヴァキア農業党はこの複雑な政党配列の中で，新生国家の領域的枠組みに忠誠な「チェコスロヴァキア人」政党連合，ついで社会経済的政策課題に応じて，右翼，左翼と，連合相手を組み替えつつ，代議制デモクラシーを安定的に運営することに大きく貢献した。農業党はドイツ人農業者同盟との提携を梃子として，右翼との連合にはスロヴァキア人・ドイツ人のキリスト教政党を，左翼との連合にはドイツ人社会民主党を引き込むことに成功し，ネイションの枠をこえて連合政治を展開する成果を上げたが，こうした連合政治への参加を肯定する「積極派」がスロヴァキア人・ドイツ人の間で少数派に転落していくことを食い止めることはできなかった（Kopeček 1996）。

　ポーランドでは，部分的には19世紀の貴族ロマン主義的蜂起に遡る革命運動や第一次世界大戦期の「軍団」の伝統を継承するが，実際には組織的な労働組合運動に支えられた社会党が左翼の主流をなし，これに対して同様に19世紀の市民的社会経済発展路線を継承する（実際には，その保守化した形態である分割三列強に対する三重忠誠主義への反逆として政治化した）

国民民主党(エンデツィア)が右翼の中心をなし，農民政党は右翼と提携するのを常とした中道のピャスト派と左翼に属する解放派とに分裂していたために，政策課題に応じた連合の組み替えによるデモクラシーの安定的運営には成功しなかった。左翼は議会では，社会党が議席の10〜15％，農民党解放派が10％，あわせて約4分の1を占めていたが，中道政党の他にさらに少数民族議員(ドイツ人・ユダヤ人と東部のスラヴ系)の支持をも得なければ議会多数派を構成することができず，後者の支持をあてにすることは戦間期のポーランドにおいては政治対立を昂進させる危険をはらんでいた。このことは，少数民族議員の支持を得たアド・ホックな議会多数派に基づいて選出された初代大統領が暗殺されたことに示されている。

また，農民政党の統合が実現できなかったのは，両党の連合パートナー選択の相違と土地改革において想定する主たる受益者の相違のためであり，連合パートナーにピャスト派は右翼を，解放派は左翼を選好しており，土地改革の受益者にピャスト派は土地所有農民層を，解放派は農業労働者層を想定していた。前者の相違には，両党の出身領域の相違が役割を演じており，戦前のガリツィア領邦議会・オーストリア帝国議会においてエンデツィアと議席を分け，農村の団体ネットワークに支えられていたピャスト派に対して，解放派は旧ロシア領において左翼とともに革命活動に従事し，知識人を中核としていたという相違があった。最終的には，議会多数派を占める右翼・中道と，社会党出身で第一次世界大戦中に「軍団」を率いたピウスツキ(Józef Klemens Piłsudski)との間で，軍の指揮系統・人事権をめぐる対立を妥協に導くことができなかったことが，後者による1926年のクーデターを招き，数段階の緩やかな過程を経て体制は権威主義化していく。

これに対して，ハンガリーでは戦前の寡頭的政治勢力と第一次世界大戦後に議会において主要な政治アクターとなった農民政党とが一体となって恒常的な議会多数派(統一党と通称される)を創出したために，外見的には戦前との連続性を示す。この議会多数派が，農村部における公開投票の復活のような選挙権の部分的な制限と官僚機構による選挙介入とを伴って維持されただけに戦前との類似性は一層明瞭である。しかし実際には，戦前と戦間期とで

は選挙権の枠が大幅に異なっており(戦前には総人口の6％，戦間期には制約された後も総人口の約30％)[5]，戦前には農村の団体ネットワークに支えられて地方議会では一定の影響力を持っていたが，議会では数名の議員を数えるにすぎなかった小農業者党が，第一次世界大戦後の選挙で最大政党の地位を占めたこと(二大政党のもう一方をなしたのはキリスト教政治勢力である)に見られるように，寡頭政段階からの相違は明らかである。ただし，この戦後直後の小農業者党の動員には，団体活動に支えられた水平的な動員を中心にしつつも，伝統的な共同体生活の上で間歇的な隆盛と衰退を繰り返す垂直的な動員の側面を示唆する部分もあり，同時期のブルガリアにおける農民同盟の一時的な議席の大幅な拡大とも共通する側面を持っていた。農民政党が政府党に組み込まれ，再編された政府党にその団体ネットワークによって社会的支持基盤を提供することになったのは，第一次世界大戦直後の革命の中で社会民主党内の左派が土地改革に対して示した反対姿勢が尾を引いたことと，革命敗北直後の議会選挙をボイコットして社会民主党が戦間期の議会に登場するタイミングが遅れたためであり，社会民主党は戦間期のハンガリー議会において5～10％の議席を占める恒常的な野党であった。

　東中欧諸国と比較すると，南東欧諸国では，水平的な都市労働者の動員が弱く，左翼の中心を社会民主党よりも，選挙への参加が認められた場合には共産党が占めること，農村では(一部は団体のネットワークに支えられつつも)ブルガリア農民同盟のスタムボリースキ(Aleksandŭr Stoimenov Stamboliĭski)やクロアチア農民党のラディチ(Stjepan Radič)のようなカリスマ的な指導者の下で，伝統的な農村共同体の上に垂直的な政治動員が行われ，前者の例では間歇的な盛衰を示すこと(Mouzelis 1976)，および戦間期の政治は全体として寡頭的政治勢力とポスト寡頭的政治勢力との間の対立に彩られることに，その特質を見ることができる。寡頭的政治勢力とポスト寡頭的政治勢力の間の対立は，ブルガリアの農民同盟の抑圧のように強権的な排除の形をとることもあれば(Whetstine 1988)，ユーゴスラヴィア(「セルビア人・クロアチア人・スロヴェニア人王国」)におけるように旧セルビア王国の寡頭的議会制を継承する急進党と民主党(旧独立急進党)とに対して，スロヴェニア

における人民党，クロアチアにおける農民党もが議会に進出し，伝統的な政治運営が齟齬をきたして，早くも1920年代末に国王独裁を誘発した場合もある。スロヴェニア人民党は，すでに戦前においてシスライタニアに位置する領邦議会の自由党支配を覆したキリスト教政党であり，クロアチア農民党は，ハンガリーに属していたクロアチア＝スラヴォニアの独自議会が制限選挙権に基づいていたために，選挙権の拡大した戦間期に初めて主要な政治勢力となるが，この両党が進出したユーゴスラヴィア議会では，セルビア人地域で与党選挙を展開しても，急進党や民主党は単独では議会多数派を構成できなかったのである(Fogelquist 1990)。ルーマニアでは，伝統的な二大政党の一方であった保守党が姿を消した代わりに，部分的には第一次世界大戦後の政治動員を反映する国民農民党が自由党と並ぶもう一方の政党の役割を継承し，政権交代の後に官僚機構の選挙介入を伴う与党選挙を経て議会の多数派を創出するという寡頭的議会制の慣行がプレミアム選挙制の導入によって人為的に補強された。しかしながら，ルーマニアの与党選挙による票の積み上げは，1920年代には実に全体の50％以上あったのに対して，1930年代にはこれが20％にまで落ち込み(Shapiro 1981)，プレミアム選挙制の採用にもかかわらず，1937年選挙では寡頭的議会制の衰退局面にしばしば見られる「多数派を欠く議会(hung parliament)」が現出して，国王独裁を招くのである(ユーゴスラヴィアとルーマニアでは，国王の政権操作が寡頭的政治勢力の破片化を招いていたことも議会制統治の崩壊を促進した要因である)。ハンガリーとルーマニアにおいては，農民政党の寡頭的政治勢力への統合や左翼の連合ゲームからの排除による政治的無能力化によって，第一次世界大戦後の政治動員が最終的に外見的には吸収されてしまうが，当該地域の中ではまさにこの2国において，体制に対する不満がファシズム運動に対する選挙での支持となって表面化したことは，おそらく偶然ではない(Payne 1995)。

## 2.3. 第二次世界大戦後

　第二次世界大戦後，ソ連圏に組み込まれる過程で，南東欧諸国とポーランドにおいては自由選挙に基づく連合政治の展開は許されなかったが，例外的

にチェコスロヴァキアとハンガリーにおいては比較的自由な選挙に基づく連合政治が，共産党の政権からの排除を認めないという制限の下で，一時期までは許容されていた(Gati 1986)。

　ポーランドでは，そのソ連邦にとっての戦略的重要性から政治的自由が当初から大きな制約を受けたが，国土の大幅な西方への移動と住民の強制的追放とによってナショナルな住民構成は戦間期と比べると大幅に同質化されることになった。チェコスロヴァキアでも，同様にドイツ人の強制追放によってナショナルな同質性が高まったが，戦後，ドイツ占領下での対独協力を根拠に農業党が政治参加を許容されなかったために，当初より連合政治は中央の要党を欠いた，左右への両極化を引き起こしやすいものとなった。同党がチェコとスロヴァキアの政党システムを結びつける代表的な存在であったことは(戦前の「チェコスロヴァキア人政党」)おそらく両地域の将来にとってさらに重要である。戦後の短期間の連合政権期にはすでにチェコとスロヴァキアとで，政党システムが共通の政党や対応する政党の存在するような対応関係を(共産党を例外として)失っていたからである。ハンガリーでは，右翼が当初の選挙への参加を拒絶されたことから，キリスト教政治勢力などの右翼をすべて含み込む形で小農業者党が議会多数派を単独でも構成しうる地位についたため，同様に安定的な連合政治の運営を確保することができなかった。最終的に両国でも，社会民主党を併呑した共産党が他の政党を排除・衛星政党化して，一党独裁を築き上げることになるのだが，ハンガリーでは連合政権期に行われた急進的な土地改革によって，第一次世界大戦以前から続く寡頭的政治勢力の権力基盤が最終的に失われたことは特筆すべきである。このことは，共産党支配がなくとも，それだけで同国に社会・政治面で巨大な変容を引き起こす事態であり，ハンガリーにおいて初めて農民政党と左翼との連合政治が展開される可能性を創出していたかもしれないのだが，この可能性が追求されることはなかった。住民構成におけるナショナルな同質性の向上(その是非は別として)，土地改革による寡頭的政治勢力の最終的な弱体化は，もしもこの地域で自由選挙に基づく連合政治の展開が許容されていれば，東中欧諸国におけるデモクラシーの可能性を大幅に向上させたはず

だったのである。

## 2.4. 共産主義体制

　以上のような前史を踏まえて，戦後の共産主義体制を，以下ではキッチェルトの整理に沿って特徴づけてみよう。

　東ドイツやチェコスロヴァキアのように，戦前以来の強力な組織的労働運動の伝統の上に打ち立てられた官僚制権威主義型共産主義体制の場合，非スターリン化以降も体制は抑圧的で，体制内部から改革派が分化することも短期的なエピソードにとどまるが，水平的な政治動員の経験を持つ諸階層の間で反対派の潜在的な支持基盤は大きい。体制内部が未分化で改革派がイニシアティヴをとることのできない状況で，体制移行に際しては，広範な反対派世論の街頭での動員に屈して，体制が崩壊することになる。

　ポーランドとハンガリーのように，戦間期に都市中間層や農民層の広範な水平的政治動員を経験しながら，脆弱な組織的労働運動の上に戦後になって植え付けられた共産党支配は確固としたものにはならない。これらの国々では，1956年の非スターリン化を契機に広範な国民諸階層の不満が爆発し，共産圏では他に例のない，下からのイニシアティヴで指導部の交代が引き起こされたのである。新指導部は，国民の不満への譲歩を余儀なくされ，こうした国民妥協型共産主義体制の下では，体制内で国民諸階層への譲歩を主導する改革派が強硬派から分化し，体制の反対派への抑圧も低下して，移行は体制内改革派と反対派の間の交渉を経て実現する。

　最後に南東欧諸国(や旧ソ連邦諸国の大部分)のように，それ以前には農村の垂直的動員しか経験していない地域において，共産党支配の下で初めて本格的に工業化・都市化を経験し，成立してくる都市的な諸階層が共産党支配の垂直的なパトロネージのネットワークに取り込まれた家産制型共産主義体制では，政治的反対派の支持基盤は狭く，東中欧諸国の事例を見て体制側が一体として政治改革を先取りする形で実施して，旧体制派が一定期間実権を保持(旧ソ連邦諸国の一部では，この間に権威主義体制を制度化)する(Kitschelt 2001)。

キッチェルトの議論には，戦間期における民主的諸潮流を共産主義体制下における体制への反対と直接結びつけているかのように読める部分があるが，ハンガリーの56年革命などを別として，前者と非スターリン化以降のいわゆる異論派との間には少なくとも政治潮流に関する限り直接の連続性は措定できない。むしろ彼の類型論は，共産主義体制以前の（水平的な）政治動員の経験が，共産主義体制後の体制変動期における体制側と反対派側の潜在的な支持基盤の相違に影響していることを示唆する。ドイツやチェコにおける強固な組織的労働運動の伝統は，ポーランドやハンガリーのような保守派を切り捨てた旧共産党改革派ではなく，保守派を大きく内包したままの旧共産党が野党として生き残りえたことに，また，一部の南東欧諸国における水平的な政治動員経験の全般的な薄弱さは，体制変動期において旧共産党勢力が一時的に政権を維持できたことに，説明を与える要因であるだろう。

キッチェルトはほとんど論じないが，共産主義体制下では反対派（異論派）が各国の過去の歴史を相対化し，人権，法の支配，デモクラシーなどの普遍的な価値を受容する言説を展開する場合と，むしろ過去の歴史を称揚しナショナリズムを中心とする言説を展開する場合とがある（ただし，反対派の構成する第2の公共圏において，両者はしばしば重複して存在し，前者のタイプの言説においてもナショナルなシンボルは重要な要素をなしている）。主として前者の普遍的な言説が展開された地域として，ポーランド，チェコ，ハンガリーの他にスロヴェニアを挙げることができるが，ハンガリーではナショナリスティックな言説も有力である。後者のナショナリスティックな言説が支配的であった地域として，スロヴァキアと南東欧諸国を挙げることができる (Arato 1993, Bernik 1999; 2004, Cohen 1999)。両者の反対派の間の相違は，体制転換後の政治の展開に影を落とすことになる。

## 3. 移行様式と制度選択

以上のように，先行体制の性格に応じて移行の様式が異なったことが，移行に際しての政治勢力の間における資源配分の相違を生み，移行期における

制度選択の帰趨を大きく規定することになる。東欧諸国においてはどの移行様式においても形式的にはいわゆる円卓会議が開かれることが多かったのだが，その内実は移行の様式に応じて多様であり，参加者の範囲，アジェンダの設定，情報へのアクセス，決定権限などの点で，体制側と反対派側の間の資源配分が異なっていた。おおざっぱにいえば，移行期の制度選択を決定する資源の配分は，官僚制権威主義型の体制が経験した崩壊型の移行においては反対派に，家産制型の体制の下で行われる先取り的な改革においては体制側にとって有利であるが，国民妥協型の体制に続く体制側と反対派側との間の交渉型の移行においては両者のどちらかに決定的に有利な不均衡は存在しなかった(Elster, ed. 1996)。このような状況の下で移行期の制度選択はどのような結果を示したのかを，代議制デモクラシーのその後の展開にとって重要な影響を及ぼしうる選挙制度と大統領の権限との2点に絞って概観してみよう[6]。結論を先取りして述べれば，先行体制の性格や移行様式の相違は，体制変動時の諸勢力の資源配分を通して初期の制度選択に影響するが，その後の政治の展開は異なる力学に基づいていた。旧東欧諸国においては，「歴史の遺産」は体制変動過程における移行期間の長短に相違を生むものの，移行後の政治体制の性格を決定づけるほどの影響は持たなかったのである。

## 3.1. 選挙制度[7]

体制変動以前のソ連圏における選挙制度は個人選挙区(SMD)，すなわち小選挙区制を特徴としており，形式上は絶対多数の得票を必要とする2回投票制をとることが多いが，そもそも複数候補制を許容すること自体が多くはなかった。東中欧地域ではそれ以前には政党リストによる比例代表制(PR)が一般的で，ポーランドやチェコスロヴァキアでは戦間期からそうであり，ハンガリーでは戦後の自由選挙期にこれが導入されていた。体制変動期には，一般には反対派側が比例代表制を，体制側が多数代表制(個人選挙区)を選好していた。反対派側が比例代表制を支持するのは，直前の制度の正統性を否定し，より民主的と目される制度の採用を選好することに加えて，小さな選挙区レヴェルではなお強力な組織を維持する体制側を警戒するためである。

逆に体制側が個人選挙区を支持するのは，反対派側とのリスト間の一対一対決よりも，各選挙区における地区エリートの個人的声望に依拠すればより有利に選挙が進められると判断するためである。

　反対派側が制度設計を委ねられた崩壊型の移行の場合には，最初から比例代表制度の採用が実現し，これが定着した。チェコスロヴァキアでは，これは阻止条項を加えた以前の制度への復帰の形をとった。民主化後の政党政治の展開の中で，（元来は反対派出身の）大政党が多数代表制の導入を企図することはあったが，小政党の反対などによって実現していない。チェコでは（いずれも旧反対派に由来する）二大政党の社会民主党と市民民主党の議会レヴェルでの大連合が多数代表制に近い制度改革を試みたが，憲法裁判所に否定されて実現しなかった(林 2002)。

　これに対して，体制側と反対派側の間の交渉の過程で制度設計が行われた場合には，より複雑な経緯をたどった。ポーランドの1989年選挙では，経済改革への責任(非難)の分有を求めた体制側が，基本的に小選挙区制を維持して(少数の全国リストを伴う)，そのうちの多数派の議席を体制側に確保した上で，それ以外の部分(全体の35％)を反対派に開放し，他方で新設の上院では2人区2票制の下での自由な競争を許容した。しかしながら，体制側の計算は有権者の投票行動によって完全に覆されてしまう。下院の競争選挙区で敗北したのみでなく，下院の全国リスト上の体制側候補者も大部分が過半数の有権者によって抹消され，上院においても体制側は完全な敗北を被ったために，以後の地域全体の民主化の流れを加速させることになったのである。その後の経緯を簡単に記すと，新選挙法の制定をめぐっては，旧反対派大政党が並立制の導入を試みるが，旧体制側と旧反対派小政党とはむしろ比例代表制を支持し，さらに，反対派出身だが対決的な政治スタイルを持った新大統領ヴァウェンサ(Lech Wałęsa)と議会の間の対立などから，新選挙法の制定は二転三転し，最終的に1991年選挙では表面上は過去の選挙制度(中規模以上の政党に対するプレミアムを伴った比例代表制)への復帰が見られた。この過程で，大統領の主張した拘束名簿制と議会の選好していた非拘束名簿制との対立が象徴的な意味合いを帯びて，非拘束名簿制は現在に至るま

でポーランドの選挙制度の特徴となっている。しかし，議会内の小政党を排除しないよう阻止条項が付されなかったために1991年議会は極端な小党分立に見舞われた。議会多数派に基づかない不安定な政権運営を経て，与野党，旧体制側・旧反対派側を横断する大政党の議会レベルでの連合が小政党の反対を押し切って1993年選挙から阻止条項を導入し，政党システムの破片性は人為的に大きく削減されたのである(Chan 2001)[8]。

　ハンガリーでは，複数の政党からなる反対派側がむしろ体制側との対決色が鮮明になる小選挙区2回投票制の利点を認めていたため，当初から並立制を支持していたのに対して，体制側は当初は(部分的な全国リストを伴う)小選挙区制を支持していた。しかしながら，両者間の交渉の最中に行われた補充選挙や世論調査の結果を見て選挙結果に不安を覚えた体制側が，小選挙区・比例代表並立制，小選挙区における上位3候補による第2回投票，党指導部に議席を確保する全国リスト制(死票の再配分に基づく，いわゆる補償議席)の組み合わせに選好を変化させ，これに反対派側の要求した低い推薦数(小選挙区の立候補に必要とされる)，中程度の阻止条項(4%)を組み合わせた選挙制度が成立した。1990年選出議会では反対派側が主要2党を占め，与野党に分かれた両党は阻止条項を5%に引き上げる妥協を成立させたが，選挙制度が議会の3分の2の賛成を必要とする特別多数決法に位置づけられたために，その後は大きな制度変更が困難となり(2010年選挙で旧反対派ナショナリスト政党の率いる選挙連合が3分の2議席を獲得するまで)，当該地域でも最も複雑とされる選挙制度が固定化した(Schiemann 2002)。

　体制側がアジェンダを握っていた先取り型の改革では，共産主義時代の小選挙区制が当初は維持されたユーゴスラヴィア(とソ連邦の大部分)の連邦構成共和国の場合と，旧体制側が明らかに小選挙区制を選好しているにもかかわらず脆弱な反対派への大幅な譲歩が行われた場合とがある。後者は，予想される経済改革への国際的支援に対する配慮から民主的な正統性(野党の存在を許容すること)を確保する必要や，経済改革に対する責任(非難)の分有への指向から譲歩が行われた場合であり，ルーマニアでは旧体制を実質的に継承した救国戦線が比例代表制の導入を受け入れ，ブルガリアでは共産党

(社会党)が制憲議会選挙への並立制, ついで議会選挙への比例代表制の導入を譲歩した。両国では, 旧体制を継承する勢力が, その後, 多数代表制へ向けた制度改革を指向したが, いずれも実現しておらず(ルーマニアでは2008年に, ブルガリアでは2009年に小選挙区制を一部導入する並立制への制度改革が行われたが), むしろ旧ユーゴスラヴィア諸国でも比例代表制か比例代表制を加味した並立制の選挙制度が採用されるに至っている。

選挙制度がその後の政党システムの形成にとって大きな影響を及ぼす要因であることは言を俟たない。旧東欧諸国における選挙制度選択は, 当初は体制変動過程における体制側・反対派側アクターの(しばしば予測の誤った)戦略的意図に基づいており, 両アクター間の資源配分の相違に応じて異なる制度が選択された。しかし, その後の制度改革の経緯はむしろ大政党と小政党の対立関係(より正確にいえば, 両者は議会外政党に対しては共謀関係にもある)に規定されており, 比例性を大きく犠牲にする改革は大政党間の協働関係が実現したポーランドのような例外的な場合にしか成功していない(チェコではこの場合でも失敗した)。結果として, 旧ユーゴスラヴィア諸国も含めて, 旧東欧地域では単独政党の議会多数派掌握を容易にする多数代表制(小選挙区制)がそのまま維持された事例は存在せず, むしろ(東中欧諸国では歴史的にもより正統で)より民主的と考えられている比例代表制と, 政党システムの破片化を防止する阻止条項の組み合わせが一般化したのである(Birch 2001)。各国の採用する選挙制度の特質はその国の政党システムの性格を大きく左右する要因ではあるものの, 旧東欧地域に関する限り, 当初の体制側・反対派側間の資源配分の相違に基づく制度選択の相違は, その後の制度の変遷を経てみると, (旧ソ連邦諸国の一部で見られる, 恒常的な与党支配を可能にする場合のような)政治体制の性格を左右するほどの大きな要因とはならなかったといえよう[9]。

### 3.2. 大統領の権限[10]

他方で, 体制変動後に成立する政治体制の性格にも影響を与えた重要な制度選択が執行権の構成であり, 大統領と内閣(首相)との間の権限配分である。

共産主義体制下では，多くの場合に形式上の集団的国家元首制（幹部会制）の下で（大統領制をとるチェコスロヴァキアとルーマニアが例外をなす），実際の権限は党書記長の手に握られていたのだが，歴史的には，戦間期の東中欧諸国は比較的弱い大統領権限を伴う議院内閣制として出発し，南東欧諸国は戦後に共産主義体制が成立するまでは王政であり，国王が不在で摂政が置かれていたハンガリーも戦間期までは形式上は王政であった。体制変動期には，体制側が強力な大統領職を創出して，議会選挙に先立ってこの職を党書記長などに確保しようと試みるのに対して，反対派側はこれを阻止して，大統領権限を制限し，大統領の選出を先延ばししようとした。

　反対派が制度設計を主導することになる崩壊型の場合から見ると，チェコスロヴァキアでは議会選挙にも先立って大統領に反対派のリーダーが就任し，反対派の構想に従って憲法では議会選出の比較的弱い大統領職が導入され，両共和国の分離後も基本的にこの制度が継承された。しかしながらスロヴァキアでは，同じ反対派（暴力に反対する公衆，後の民主スロヴァキア運動）出身の首相メチアル（Vladimír Mečiar）と大統領とが激しく対立し，前者の側による後者の周辺やジャーナリストへの誘拐・政治的暗殺・爆破事件までをも引き起こした。さらに，任期の切れた大統領ポストが，議会の特別多数決を要するために埋められなかったことを好機として，首相（と国会議長）が大統領を代行する異常事態に至り，民主スロヴァキア運動と連合パートナーである急進的ナショナリスト政党とに対する野党連合の1998年選挙での勝利を経て，1999年の憲法改正によって権限は比較的弱いままで公選制の大統領職が導入された。

　体制側が先取り的に改革を実施した場合には，議会選挙に先立って，したがって旧体制側の支配する議会によって共産党のリーダーを大統領に選出し，憲法でも彼に強力な権限を付与することが目指される。この強力な大統領職を梃子として，（旧ソ連邦諸国の一部で成功している）恒常的な政権与党を作り出すことが意図されていたのだが，旧東欧地域ではこの試みは必ずしも成功しなかった。ルーマニアでは，独裁者の追放・処刑の後に，実質的に旧体制勢力を継承した救国戦線が主導して，旧体制側の新しいリーダーのために

強力な公選大統領職を創出するのだが，その後，救国戦線はイリエスク(Ion Iliescu)大統領派とロマン(Petre Roman)首相派との間の激しい対立を経て2つに分裂した。大統領派は，野党に対しても，首相派に対しても，炭鉱労働者を動員して異論を封殺し，その後，急進的ナショナリスト政党と連合を組むなどしたが，1996年の同時選挙で大統領職と議会多数派とをともに喪失した。なおも司法の独立の不完全さに象徴される法の支配の不貫徹を示しながらも，ルーマニアではその後，選挙による政権交代が可能となったのである。ブルガリアでは，旧議会が大統領に選出した共産党書記長が体制変動の過程で，群衆の弾圧を示唆する発言が漏洩して辞任に追い込まれたために，社会党(旧共産党)が1990年選挙で制憲議会多数派を制したにもかかわらず，議会の特別多数決を要する大統領職には反対派出身者が選出されたが，このときの妥協の困難さに鑑みて新憲法では(大幅に権限を削減した)公選の大統領職が導入された。社会党は1991年議会選挙では少数派に回ったのだが，同じ反対派出身の大統領と首相の対立から旧反対派政党が下野し，キャスティング・ヴォートを握った少数民族政党とともに社会党が多数派連合を構成することで旧体制側が政府への発言権を回復し，1995年選挙で議会多数派を掌握するなど，ほぼ一貫して権力を保持したが，1997年の経済危機に端を発する街頭の抗議運動に屈し，解散総選挙によって政権を喪失した。旧ユーゴスラヴィア諸国では，まだ旧体制側の支配する連邦構成共和国議会の下で公選の大統領職が導入された。スロヴェニアでは，旧共産党指導者が大統領に選出されたために，反対派が多数派を掌握した議会は新憲法でその権限を大幅に削減し，主導権を確保した。大統領は就任後に党籍を離れて，党派的には中立的立場をとった。クロアチアでは，逆に反対派が大統領と議会多数派とを掌握して，強大な権限を持つ大統領職を設け，ツジマン(Franjo Tuđman)と彼の率いるクロアチア民主同盟の強権支配を可能にした。憲法が改正されて大統領権限が削減されるのは，2000年の議会・大統領選挙で同党が敗北してからである。

　これに対して，体制側と反対派側との交渉型の体制変動においては，体制側への譲歩として比較的強力な大統領職が設けられるが，その後，妥協が覆

されて旧体制側から旧反対派側に大統領職が移る経過をたどった。交渉の結果，ポーランドではソ連に対する地政学的な配慮から外交・軍事面での独自の権限を持ち，議会が覆すには特別多数決を要する拒否権を持つ強力な大統領職が設けられて，制限選挙下に選出された議会において共産党第一書記がこれに選出された。しかし，近隣諸国の体制変動を経て上記の妥協が意味を失い，旧反対派のヴァウェンサが大統領職を要求して，直接選挙によってこれを獲得した(Bernhard 1997)。ヴァウェンサは，同様に旧反対派からなる内閣(少数派内閣)を率いる首相との間で，ついで議会多数派に復帰した旧体制側出身の首相とのコアビタシオンの下で，憲法の規定をこえる権限の拡張を目指して激しい政治対立を繰り広げたが，1992年のいわゆる小憲法，1997年の新憲法を経て大統領権限は漸進的に削減され，明確化が図られた。1995年に選出された後任の，旧体制側出身(民主左派同盟)の大統領は，旧反対派内閣とのコアビタシオンを強いられたときには，むしろ憲法的手段に則り，旧東欧諸国で唯一覆すのに特別多数決を要する拒否権を用いて対抗した。

　ハンガリーでは，交渉の過程で，権限のやや曖昧な大統領職が創設されたが，反対派は議会選挙前に公選による体制側の大統領選出を許容するか否かで分裂し，許容しない一部の反対派が国民投票を組織して大統領選出の延期を勝ち取った。議会選挙では，旧反対派が二大政党の地位を占め，与野党に分かれた旧反対派は野党側から大統領を輩出することと引き替えに大統領を議会が選出することで合意した。ハンガリーの大統領職は議会によって選ばれるために比較的弱い大統領に分類されることが多いが，その権限は必ずしも弱くはないことが指摘されている。実際に，体制転換後の初代大統領は，同様に反対派出身の首相との間で，メディア政策をめぐって激しい権限争いを演じたのである(O'Neil 1993)。

　したがって，大統領職の創出に際しては，ほぼ体制変動時の体制側と反対派側との間の資源配分に応じて，大統領の権限が異なることになったが(ただし，ブルガリアのように偶発的な要因によって大統領権限が弱められた場合や，クロアチアのように逆に反対派主導で強力な大統領職が設けられた場合のような例外も少なくない)，その後の展開は，必ずしも制度創出時に主

導権を握っていた勢力の思惑どおりには進まず，しばしば出自を同じくする大統領と首相との間で激しい権限争いが戦われた。大統領と首相との間の，いわゆる執行権内対立は，大統領のパーソナリティにもよるが，両者の出自が異なるコアビタシオンの場合に限らず，少数派政権や，与党が派閥化して分裂の兆候を示す場合のような，首相の脆弱な議会基盤が誘発要因となることが指摘されている(Protsyk 2005)。強力な大統領権限がデモクラシーの展望にもたらす危険をめぐる政治学的論争は現在も進行中だが，旧東欧諸国の事例からは，民主化の進行がある期間それによって阻害されたと見なしうる事例(クロアチア，ルーマニア，場合によってはポーランドも含めうる)も，主としてそれ以外の要因によって阻害された事例(スロヴァキア，ブルガリア)も挙げることができる。

## 4. デモクラシーの固定化と歴史の遺産

前節で見たように，体制変動時の制度選択は，前体制の性格に応じた体制側・反対派側の間の資源配分の影響を受けるが，選択された制度をめぐる体制変動後の政治は，大政党対小政党，(しばしば出自を同じくする)大統領対首相の対立という，体制変動時とは異なる対立軸をめぐって展開した。いずれの場合でも，体制変動初期の制度選択の相違は，移行期間を経た後の政治体制の性格を左右するほどの大きな影響を及ぼしてはいないが[11]，スロヴァキアや一部の南東欧諸国ではデモクラシーの確立する時点に至るまでの移行期間が(民主的な制度の確立と並んで，デモクラシーのルールに対して反忠誠・準忠誠な態度を示す勢力の権力からの排除までを移行期間に含めた場合に，スロヴァキアでは1998年選挙による政権交代ないし1999年の公選大統領制の導入時点まで，クロアチアでは2000年選挙による政権交代と憲法改正まで，ルーマニア，ブルガリアでは1996/97年選挙による政権交代までを，ひとまずこの期間に算入できるだろう)他の東中欧諸国やスロヴェニアと比較して長期に及んだ。

「歴史の遺産」が体制変動後の政治に及ぼす影響をめぐる議論においても，

こうしたデモクラシーへの移行期間の長短，デモクラシーの固定化の進捗，成立してくるデモクラシーの質をめぐって，旧東欧地域の中では東中欧と南東欧との間に認められる差を歴史的要因が規定しているという指摘がある (cf. Pop-Eleches 2007)。前者の東中欧地域では旧体制勢力が最初の自由選挙で敗北し，下野した(ポーランドやハンガリーの旧共産党改革派を継承した社会民主主義政党の場合のように，野党時代にデモクラシーの手続きへの習熟が進み，政権復帰後も民主的なルールの下で行動する)のに対して，後者の南東欧地域のいくつかの事例では旧体制勢力がある時期まで大統領職や議会多数派を維持し，かつイデオロギー基盤を共産主義からナショナリズムに転換したことによって，民主化の進行を阻害したことから(これらの諸国でも，下野した旧体制勢力は選挙による政権交代を受け入れるようになっていくが)，体制変動時の資源配分の相違とその後の民主化の遅滞とを関連させることは一見すると容易に見える (Vachudová and Snyder 1997)。しかしながら，こうした議論においては，歴史的要因として，共産主義体制には同質化作用を割り当て，それ以前の相違を強調する場合でも，キッチェルトのように共産主義体制内部の相違に着目して，それを以前の政治動員の経験の歴史的な相違から説明する場合でも，旧東欧諸国内における歴史上の文化的相違や発展度の相違に今日の民主化の成否を帰責する単純な近代化論に陥る危険をはらんでいる。

　むしろ，この地域の民主化を阻んでいた阻害要因が除去された可能性に着目するならば，第2節において歴史的発展を概観した際に示唆したように，ポーランド，チェコ，ハンガリーにおける第二次世界大戦後のナショナルな同質化と急進的土地改革による寡頭勢力の最終的な権力基盤喪失や，共産主義体制下で反対派が展開した言説の相違といった事象が持っていた重要性が浮かび上がってくるだろう。最後の点を検証するには，東中欧地域と南東欧地域との間での例外的な事例に着目して，類似した歴史的条件を備えた対照事例との比較を行う必要がある。具体的には，東中欧諸国の中でも民主化の進行の遅れたスロヴァキアと，南東欧諸国の中では民主化の進行の早かったスロヴェニアの事例の説明を試みることである。両国と比較するのは，直近

の歴史を共有していたチェコやクロアチアが適しているだろう。チェコとスロヴァキアは官僚制権威主義型共産主義体制から崩壊型の移行を経て反対派が政治権力を掌握した点で共通し，スロヴェニアとクロアチアは家産制型共産主義体制から分離独立する過程で反対派が主導権を握った点で共通し，いずれの場合でも旧体制勢力は体制変動過程で権力を喪失したにもかかわらず，その後の経過が異なったのである。こうした相違を説明するためには，キッチェルトの類型論が示唆するようにこうした諸地域の政治動員の経験の歴史的な相違を遡って検証することで反対派の潜在的な社会基盤の範囲を推定するだけでなく，反対派の性格の相違を説明するために共産主義体制下に反対派（異論派）が展開した言説の相違に着目する必要があるように思われる[12]。普遍的な価値に重きを置かない歴史の捉え方（例えば，第二次世界大戦下の傀儡国家を独立国家の先例として，その負の側面を過小評価したり，過去におけるナショナルな対立に対する自省的な議論を欠く場合に）は，過去の民主化の試みを挫折させた要因を剔出して相対化する視座を閉ざすものだったのではないだろうか。

1) 本章が対象とするのは旧東欧諸国であるが，その中でも東中欧諸国，すなわち後のヴィシェグラード4国，ポーランド，ハンガリー，チェコとスロヴァキアを中心とし，南東欧諸国については限定的にしか取り上げることができない。これは，後者の領域をも等しく扱うことが筆者の能力を大幅にこえるためであり，ハンガリー研究者である本章筆者が専門的知識を持って某かを言明できるのはハンガリーのみである。
2) 「歴史の遺産」論に関しては，一方の極に「レーニン主義」の同質化作用を強調する Jowitt (1992), Crawford and Lijphart, eds. (1997) があり，他方の極にはむしろはるかに歴史を遡る文化的相違を強調する Janos (2000) などがある。近年のまとめとして，Pop-Eleches (2005) を参照。
3) ここで念頭に置いているのは，Stephens et al. (1992), Luebbert (1987; 1991), Ertman (1998; 1999), そしてとりわけ，ラテン・アメリカとバルカン諸国とを比較した Mouzelis (1986) である。比較歴史分析については Mahoney and Rueschemeyer, eds. (2003), 文献案内として拙稿（平田 2010）も参照されたい。
4) 野党時代の急進党が地方党組織建設と農民層の動員を試みたにせよ（Stokes 1990），同党はその政権就任がしばしば君主の交代と結びついていた伝統的な議会党派の性格を強く残していた。
5) 戦間期の東中欧諸国で男女普選がとられた場合の有権者の規模は総人口の約

45〜50％，南東欧諸国で男子普選がとられた場合のそれは約 20〜25％であった。
6) ここでは，それぞれを別個に取り上げるが，両者の制度設計を結びつけて論じる試みとして，Elster, Offe and Preuss (1998), Shugart (1998), cf. Shugart and Carey (1992)。
7) 旧東欧諸国の選挙制度に関する代表的な研究として，Ishiyama (1997), Bielasiak (2002), Birch (2001; 2003), Birch, et al. (2002)。制度変革に際して，ことに小選挙区・比例代表並立制や阻止条項などの個別の要素に対して，制度の知的起源を探る知識移転論研究も可能であろうが，制度変革の過程は全体として体制側・反対派側両者(後者は複数に分かれている場合もある)が既知の制度のレパートリーの中から自己に有利な(と想定する)制度を交渉に持ち込んだ上で資源配分に応じた妥協が図られ，結果としてしばしば独自な制度の組み合わせが実現することから，直接的な制度移転を想定することには慎重であるべきだろうと思われる。
8) 逆に 2001 年選挙に際しては，(地方制度改革に伴う選挙区の再編の機会を捉えて，)この選挙で大勝が予想されていた特定の政党に対して，他の諸政党が結束して大政党に過度に有利な部分の修正を行っている(選挙区規模の拡大，プレミアム議席廃止，等)。
9) 体制変動後の大政党による政権の恒常化を目指す制度変更の中では，かなりの規模のディアスポラ枠を設定したクロアチアの選挙制度が政治体制の性格までも左右しうる例外となる可能性があったが，ここでも政権交代を不可能とするまでには至らなかった。
10) 大統領権限をめぐっては，O'Neil (1993), Frye (1997), Taras, ed. (1997)。公選の大統領に関して，これを「半大統領制」概念で分析する研究として Elgie, ed. (1999), Elgie and Moestrup, eds. (2008) の他，本書所収の大串論文も参照。より細分化した類型化として Shugart (1996; 2005)。体制転換後の大統領と首相の間の，いわゆる執行権内対立については，Baylis (1996), Protsyk (2005)。大統領権限には複数の側面とそれに応じた多様な指標が存在し，一概にその強弱を論じることは困難だが，ここでは以下の指標類を参考に，概括的に捉えるにとどめる。旧東欧諸国の大統領権限の指標化として，McGregor (1994), Hellman (1996), Frye (1997), cf. Tsebelis and Rizova (2007) など。大統領の有する代表的な権限の比較に，仙石(2004) の付表も参照。
11) かつて移行後に成立するデモクラシーの類型化に意欲を見せていた Ph. シュミッターは，移行後ある期間を経た結果の類似性(equifinality)を指摘するに至っている(Schmitter 2005)。
12) Cf. Vachudová (2008)。スロヴァキアとクロアチアという，ともにかつてハプスブルク君主国に属した，カトリックが多数派を占める地域でデモクラシーの確立が遅れたことは，帝国の遺産や宗派の相違という比較的遠い歴史的要因を相対化するのに役立つだろう。ただし，チェコとスロヴァキア，スロヴェニアとクロアチアの間の相違は，社会経済的発展度，ナショナルな同質化の度合いにも見られるため，研究設計上

はケースの数が説明要因の数を下回るスモール n の問題を抱えている。旧東欧地域内での民主化過程の相違をこうした要因に帰責する研究として，共産主義体制以前の識字率水準に着目する Darden and Grzymała-Busse (2006)，ナショナルな住民構成を取り上げる Vachudová and Snyder (1997) がある。

**参 考 文 献**

Arato, Andrew (1993), *From Neo-Marxism to Democratic Theory: Essays on the Critical Theory of Soviet-Type Societies*, Armonk, N.Y.: M. E. Sharpe.

Baylis, Thomas A. (1996), "Presidents versus prime ministers: Shaping executive authority in Eastern Europe," *World Politics*, Vol. 48, No. 3, pp. 297-323.

Bernhard, Michael (1997), "Semipresidentialism, charisma, and democratic institutions in Poland," in Kurt von Mettenheim, ed., *Presidential Institutions and Democratic Politics: Comparing Regional and National Contexts*, Baltimore, Md.: Johns Hopkins University Press, pp. 177-203, 279-284.

Bernik, Ivan (1999), "From imagined to actually existing democracy: Intellectuals in Slovenia," in András Bozóki, ed., *Intellectuals and Politics in Central Europe*, Budapest: Central European University Press, pp. 101-117.

Bernik, Ivan (2004), "Slovenia," in Detlef Pollack and Jan Wielgohs, eds., *Dissent and Opposition in Communist Eastern Europe: Origins of Civil Society and Democratic Transition*, Aldershot: Ashgate, pp. 207-227.

Bielasiak, Jack (2002), "The institutionalization of electoral and party systems in postcommunist states," *Comparative Politics*, Vol. 34, No. 2, pp. 189-210.

Birch, Sarah (2001), "Electoral systems and party systems in Europe East and West," *Perspectives on European Politics and Society*, Vol. 2, No. 3, pp. 355-377.

Birch, Sarah (2003), *Electoral Systems and Political Transformation in Post-Communist Europe*, Basingstoke: Palgrave Macmillan.

Birch, Sarah, Frances Millard, Marina Popescu and Kieran Williams (2002), *Embodying Democracy: Electoral System Design in Post-Communist Europe*, Basingstoke: Palgrave Macmillan.

Chan, Kenneth Ka-Lok (2001), "Idealism versus realism in institutional choice: Explaining electoral reform in Poland," *West European Politics*, Vol. 24, No. 3, pp. 65-88.

Cohen, Gary B. (1979), "Recent research on Czech nation-building," *Journal of Modern History*, Vol. 51, No. 4, pp. 760-772.

Cohen, Shari J. (1999), *Politics without a Past: The Absence of History in Postcommunist Nationalism*, Durham, N.C.: Duke University Press.

Crawford, Beverly and Arend Lijphart, eds. (1997), *Liberalization and Leninist*

*Legacies: Comparative Perspectives on Democratic Transitions*, Berkeley, Cal.: International and Area Studies, University of California at Berkeley.

Darden, Keith and Anna Grzymała-Busse (2006), "The great divide: Literacy, nationalism, and the communist collapse," *World Politics*, Vol. 59, No. 1, pp. 83-115.

Elgie, Robert, ed. (1999), *Semi-Presidentialism in Europe*, Oxford: Oxford University Press.

Elgie, Robert and Sophia Moestrup, eds. (2008), *Semi-Presidentialism in Central and Eastern Europe*, Manchester: Manchester University Press.

Elster, John, ed. (1996), *The Roundtable Talks and the Breakdown of Communism*, Chicago, Ill.: University of Chicago Press.

Elster, John, Claus Offe and Urlich K. Preuss (1998), *Institutional Design in Post-Communist Societies: Rebuilding the Ship at Sea*, Cambridge: Cambridge University Press.

Ertman, Thomas (1998), "Democracy and dictatorship in interwar Western Europe revisited," *World Politics*, Vol. 50, No. 3, pp. 475-505.

Ertman, Thomas (1999), "Liberalization and democratization in nineteenth and twentieth century Germany in comparative perspective," in Carl Lankowski, ed., *Breakdown, Breakup, Breakthrough: Germany's Difficult Passage to Modernity*, New York・Oxford: Berghahn Books, pp. 34-50.

Fogelquist, Alan F. (1990), Politics and Economic Policy in Yugoslavia 1918-1929, unpublished Ph.D. Dissertation, University of California Los Angeles.

Frye, Timothy (1997), "A politics of institutional choice: Post-communist presidencies," *Comparative Political Studies*, Vol. 30, No. 5, pp. 523-552.

Gati, Charles (1986), *Hungary and the Soviet Bloc*, Durham, N.C.: Duke University Press.

Hellman, Joel (1996), "Constitutional and economic reform in the postcommunist transitions," *East European Constitutional Review*, Vol. 5, No. 1, pp. 46-56.

Ishiyama, John T. (1997), "Transitional electoral systems in post-communist Eastern Europe," *Political Science Quarterly*, Vol. 112, No. 1, pp. 95-115.

Janos, Andrew C. (2000), *East Central Europe in the Modern World: The Politics of the Borderlands from Pre- to Postcommunism*, Stanford, Cal.: Stanford University Press.

Jowitt, Ken (1992), *The New World Disorder: The Leninist Extinction*, Berkley, Cal.: University of California Press.

Karl, Terry Lynn and Philippe C. Schmitter (1991), "Modes of transition in Latin America, Southern and Eastern Europe," *International Social Science Journal*, No. 128, pp. 269-284.

Kitschelt, Herbert (2001), "Divergent paths of postcommunist democracies," in Larry Diamond and Richard Gunther, eds., *Political Parties and Democracy*, Baltimore, Md.: Johns Hopkins University Press, pp. 299-323.

Kitschelt, Herbert (2002), "Constraints and opportunities in the strategic conduct of post-communist successor parties: Regime legacies as causal argument," in András Bozóki and John T. Ishiyama, eds., *The Communist Successor Parties of Central and Eastern Europe*, Armonk, N.Y.: M. E. Sharpe, pp. 14-40.

Kitschelt, Herbert (2003), "Accounting for postcommunist regime diversity: What counts as a good cause?" in Grzegorz Ekiert and Stephen E. Hanson, eds., *Capitalism and Democracy in Central and Eastern Europe: Assessing the Legacy of Communist Rule*, Cambridge: Cambridge University Press, pp. 49-86.

Kitschelt, Herbert with Zdenka Mansfeldova, Radoslaw Markowski and Gábor Tóka (1999), *Post-Communist Party Systems: Competition, Representation, and Inter-Party Cooperation*, Cambridge: Cambridge University Press.

Kopeček, Herman (1996), "*Zusammenarbeit* and *spoluprace*: Sudeten German-Czech cooperation in interwar Czechoslovakia," *Nationalities Papers*, Vol. 24, No. 1, pp. 63-78.

Lewis, Richard D. (1986), "Revolution in the countryside: Russian Poland 1905-1906," *The Carl Beck Papers in Russian and East European Studies*, No. 506, Pittsburgh, Pa.: Center for Russian and East European Studies, University of Pittsburgh.

Linz, Juan J. and Alfred Stepan (1996), *Problems of Democratic Transition and Consolidation: Southern Europe, South America, and Post-Communist Europe*, Baltimore, Md.: Johns Hopkins University Press.

Luebbert, Gregory M. (1987), "Social foundations of political order in interwar Europe," *World Politics*, Vol. 23, No. 4, pp. 450-478.

Luebbert, Gregory M. (1991), *Liberalism, Fascism, or Social Democracy: Social Classes and the Political Origins of Regimes in Interwar Europe*, Oxford: Oxford University Press.

Mahoney, James and Dietrich Rueschemeyer, eds. (2003), *Comparative Historical Analysis in the Social Sciences*, Cambridge: Cambridge University Press.

McGregor, James (1994), "The presidency in East Central Europe," *RFE/RL Research Report*, Vol. 3, No. 2, 14 January 1994, pp. 23-31.

Mouzelis, Nicos (1976), "Greek and Bulgarian peasants: Aspects of their sociopolitical situation during the interwar period," *Comparative Studies in Society and History*, Vol. 18, No. 1, pp. 85-105.

Mouzelis, Nicos (1986), *Politics in the Semi-Periphery: Early Parliamentarism and Late Industrialisation in the Balkans and Latin America*, London: Macmillan

Press.
O'Neil, Patrick (1993), "Presidential power in post-communist Europe: The Hungarian case in comparative perspective," *Journal of Communist Studies*, Vol. 9, No. 3, pp. 177-201.
Orton, Lawrence D. (1982), "The *Stańczyk Portfolio* and the politics of Galician loyalism," *Polish Review*, Vol. 27, No. 1/2, pp. 55-64.
Payne, Stanley G. (1995), *A History of Fascism, 1914-1945*, Madison, Wis.: University of Wisconsin Press.
Pop-Eleches, Grigore (2005), "Which past matters? Communist and pre-communist legacies and post-communist regime change," Paper prepared for delivery at the 2005 annual meeting of the APSA, Washington D.C., September 1-4, 2005. http://www.allacademic.com/meta/p40464_index.html
Pop-Eleches, Grigore (2007), "Historical legacies and post-communist regime change," *Journal of Politics*, Vol. 69, No. 4, pp. 908-926.
Protsyk, Oleh (2005), "Politics of intraexecutive conflict in semipresidential regimes in Eastern Europe," *East European Politics and Societies*, Vol. 19, No. 2, pp. 135-160.
Schiemann, John W. (2002), "The negotiated origins of the Hungarian electoral system," in András Bozóki, ed., *The Roundtable Talks of 1989: The Genesis of Hungarian Democracy: Analysis and Documents*, Budapest - New York: Central European University Press, pp. 165-189.
Schmitter, Philippe C. (2005), "The ambiguous virtues of accountability," in Larry Diamond and Leonardo Morlino, eds., *Assessing the Quality of Democracy*, Baltimore, Md.: Johns Hopkins University Press, pp. 18-31.
Schmitter, Philippe C. and Terry Lynn Karl (1992), "The types of democracy emerging in Southern and Eastern Europe and South and Central America," in Peter M. E. Volten, ed., *Bound to Change: Consolidating Democracy in East Central Europe*, New York - Prague: Institute for EastWest Studies, pp. 42-68.
Shapiro, Paul A. (1981), "Romania's past as challenge for the future: A developmental approach to interwar politics," in Daniel N. Nelson, ed., *Romania in the 1980s*, Boulder, Colo.: Westview Press, pp. 17-67.
Shugart, Matthew Søberg (1996), "Executive-legislative relations in post-communist Europe," *Transition*, Vol. 2, No. 25, 13 December 1996, pp. 6-11.
Shugart, Matthew Søberg (1998), "The inverse relationship between party strength and executive strength: A theory of politicians' constitutional choices," *British Journal of Political Science*, Vol. 28, No. 1, pp. 1-29.
Shugart, Matthew Søberg (2005), "Semi-presidential systems: Dual executive and mixed authority patterns," *French Politics*, Vol. 3, No. 3, pp. 323-351.

Shugart, Matthew Søberg and John M. Carey (1992), *Presidents and Assemblies: Constitutional Design and Electoral Dynamics*, Cambridge: Cambridge University Press.

Stephens, John D., Evelyne Huber Stephens and Dietrich Rueschemeyer (1992), *Capitalist Development and Democracy*, Cambridge: Polity Press.

Stokes, Gale (1990), *Politics as Development: The Emergence of Political Parties in Nineteenth-Century Serbia*, Durham, N.C.: Duke University Press.

Suster, Zeljan E. (1997), "Development of political democracy and political party pluralism in Serbia 1903-1914," *East European Quarterly*, Vol. 31, No. 4, pp. 435-448.

Taras, Ray, ed. (1997), *Postcommunist Presidents*, Cambridge: Cambridge University Press.

Tsebelis, George and Tatiana P. Rizova (2007), "Presidential conditional agenda setting in the former communist countries," *Comparative Political Studies*, Vol. 40, No. 10, pp. 1155-1182.

Vachudová, Milada Anna (2008), "Center-right parties and political outcomes in East Central Europe," *Party Politics*, Vol. 14, No. 4, pp. 387-405.

Vachudová, Milada Anna and Tim Snyder (1997), "Are transitions transitory? Two types of political change in Eastern Europe," *East European Politics and Societies*, Vol. 11, No. 1, pp. 1-35.

Whetstine, B. J. (1988), "Bulgarian interwar politics and the military solution: The coup d'etats of 1923 and 1934," *Bulgarian Historical Review*, Vol. 16, No. 3, pp. 81-90.

仙石学(2004)「ポーランドにおける執政の変容――権力分担のシステムから効率的統治のシステムへ」『西南学院大学法学論集』第37巻第1号，49-69頁。

林忠行(2002)「ポスト共産党時代のチェコにおける政党システムと選挙制度改革」『社会学研究(東北社会学研究会)』第70号，1-24頁。

平田武(2007)「オーストリア＝ハンガリー君主国における政治発展の隘路(1)」『法学(東北大学法学会)』第71巻第2号，1-44頁。

平田武(2010)「政治発展と政治体制」『東欧史研究』第32号，48-61頁。

# 第2章　ポスト共産期の東中欧諸国の地方制度改革
　　　　——広域自治体設置問題をめぐって——

　　　　　　　　　　林　　忠　行

## 1. 体制転換における広域自治体設置問題の位置

　本章では，東中欧の4カ国，ポーランド，チェコ，スロヴァキア，ハンガリーにおけるポスト共産期の地方制度改革を事例として取り上げ，この時期の制度変化をもたらした諸要因について比較分析を試みる。これら4カ国では戦後40年余にわたって共産党が権力を独占してきたが，1989年にいずれでも体制変動が始まり，続いて政治，経済，社会にわたる多重の体制転換過程が進行した。この4カ国における体制転換過程はこれまでもしばしば比較研究の対象とされてきた。4カ国は地理的に隣接し，国際環境や国内環境に大きな差がない。そのため，この4カ国を比較する作業によって，そこでの差異をもたらす要因を見極めることは比較的容易と考えられるからである。
　地方制度改革それ自体はかなり広範な問題群を含んでいる。例えばこの4カ国の間には，基礎自治体や広域自治体の議会や首長の選出方法などを含む制度的な差異が見られるし，地方財政などについても同様のことがいえよう。しかしここではポスト共産期に再編された広域自治体の大きさとその境界の画定という問題に焦点を絞って議論を進めることにしたい。この問題は議会での政党間の利益対立と直結する問題であったため，いずれの事例においてもかなり顕著な議会政治上の争点となったからである。
　社会主義時代の各国の地方制度は，中層では県および郡，もしくはそのどちらかに「ソヴィエト型」の代表・執行機関が置かれ，それを同じ領域単位

に設置された党の地方機関が統制していた。なお，1969年以降のチェコスロヴァキアは連邦国家だったので県の上に共和国というレベルの行政単位がさらに存在していた。いずれにせよ，この時期の制度は「地方自治」という実体を伴うものではなかった。1989年以降の体制変動の過程でこの地方制度は廃止され，市と村からなる基層の地方行政単位に自治が与えられ，選挙によって選ばれる議会が置かれた。ハンガリーではあわせて県レベルでの自治体（当初，その議会は市／村議会による間接選挙で選出され，1994年からは直接選挙によるものとなった）が設置されたが，ポーランドとチェコスロヴァキア（1993年以降はチェコとスロヴァキア）では中層に自治体は置かれず，県ないし郡レベルで国家の地方行政機関のみが設置された。中層の地方機関は共産党時代の重要な権力基盤のひとつと見なされたため，共産党に代わって政権についた新興勢力はこの中層レベルに直ちに自治を付与することを避けたのである。その結果，ハンガリー以外の3カ国では中層での自治体設置をめぐる問題が長期にわたって政党政治の争点となり，またハンガリーでも中層での自治の強化をめぐる問題は引き続いて争点となった。中層での新しい自治制度が導入されるのは，ポーランドでは1999年，チェコでは2001年，スロヴァキアでは2002年のことであった。またハンガリーでも1994-99年に中層の自治体や行政単位をめぐる議論が行われ，漸進的な改革が進められた。いずれの場合も制度形成に10年以上の時間を要した。

　当該4カ国の新しい地方制度の形成過程は，これらの諸国のEU加盟交渉の最終段階と重なっていた。そのためこの問題は「欧州化」という文脈で注目されることになった。「欧州化」という概念は多様な意味を持つが（例えばOlsen 2002），とりあえずそれをEUの設定した加盟条件（conditionality）が当該諸国の制度形成に与えた影響という意味で捉えるならば，EUの加盟条件は議論の内容の外枠の確定や，議論の時間設定などでは一定の影響を持ったが，全体としてはその影響は限定的で，むしろ改革を促す「触媒」としての機能を果たしたにすぎないという議論が大勢を占めている。この点は以下で再度詳しく述べることになるが，本章の議論もまたそうした流れの中にあるといえる。

であるとしたら，どのような国内要因がそこでは重要なものとなるのであろうか。以下の議論を先取りして述べるなら，体制変動時の中層の地方組織の規模や区割りがどのような歴史的遺産の上に立っていたのかという要因(既存の制度の「粘着性」)，体制変動時に政権を引き継いだ新政府が暫定的に採用した制度の影響(「経路依存性」)，新制度形成時における政党システムなどがそこでは重要な要因と考えられよう。ここでは，これらの諸要因が実際の制度形成にどのように働いたのかを比較検討することになる。

　当該諸国の地方制度改革を扱う個別研究は，英語文献に限っても数多くあり，4カ国のいくつかを取り上げて比較を試みた研究も少なくない。この広域行政単位をめぐる問題はEU財政のかなりの部分を占める構造基金(Structural Funds)および結束基金(Cohesion Fund)との関連で注目される問題であり，そのような実務的関心から当該諸国以外の研究者(主に既加盟諸国の研究者)の関心をも引いた結果といえる。そのような意味では新鮮さに欠ける話題かもしれない。しかし我が国の中東欧研究においては個別の事例研究をこえて比較が行われることは少なく，本章はそのような傾向を多少なりとも補おうとする試みといえる。この研究は既存の研究を筆者なりに整理した部分が多くを占める。また筆者はすでにチェコとスロヴァキアの地方制度改革について現地語の資料や文献に依拠する事例研究を行っており(林 2002a；2003)，本章の内容もそこでの検討結果に基づいているが，ポーランドとハンガリーについてはもっぱら英語の二次文献に依拠していることをあらかじめお断りしておく。

　なお本章で用いる中域ないし広域の行政単位の名称については，とりあえずEUの統計単位(NUTS：La nomenclature des unités territoriales statistiques/The Nomenclature of Territorial Units for Statistics)でおおよそのところNUTS-2レベル(人口で80万〜300万人)に相当するものを「地域」ないし「大きな県」と呼び，NUTS-3レベル(15万〜80万人)相当のものを「県」ないし「小さな県」と，それ以下のものを「郡」と呼ぶことにする(現行制度との対応は表2-1を参照)。

表 2-1 東中欧諸国の地方制度

|  | ポーランド | チェコ | スロヴァキア | ハンガリー |
|---|---|---|---|---|
| NUTS-2<br>「地域」<br>or<br>「大きな県」 | 16 県 województwo，議会は直接選挙，首相の任命する地方行政長官（Wojewoda）と議会が選出する地方政府の長（Marszałek）が自治体の執行権を代表。中央政府の地域開発庁の下にある支部が置かれている。 | 8 地域 region/oblast（うち 2 地域：プラハと中央ボヘミアは県と同じ），地域は 1～3 県で構成され，地域と県が重なる場合には県議会が地域評議会を兼ね，2～3 県で構成される場合は各県議会の代表によって地域評議会が構成される。 | 4 地域 región，地域調整監督委員会は中央政府，自治体，企業，教育研究機関，NGO などの代表で構成されている。 | 7 地域，地域開発評議会は県開発評議会，中央省庁，県と同格の市の市長，村共同体代表などで構成。 |
| NUTS-3<br>「県」<br>or<br>「小さな県」 | 統計の単位として 45（2008 年から 66）の podregion が設定されている。 | 13 県 kraj＋首都プラハ，議会は比例代表直接選挙，評議会制で首長は議会が選出。 | 8 県 kraj，議会，首長ともに直接選挙で選出。別に地方国家行政機関が置かれ，その長は内相の推薦で政府が任命。 | 19 県 megye＋首都ブダペスト，議会は直接選挙。首長は議会による間接選挙。別に国家地方行政機関が置かれており，その長は内相の推薦で首相が任命。その数は約 30 で，県と重なっていない部分がある。 |
| 郡 | 314 郡 powiat および 65 の郡と同格の都市。議会は直接選挙。首長は議会が選出。 |  |  |  |
| 市・村 | 2478 gmina，議会と首長は直接選挙で選出。2002 年から市／村の首長は直接選挙で選出されるようになったが，それまでは間接選挙であった。65 都市は郡と同格。首都は特別な地位を与えられている。 | 6249（2005，2006 年は 6248）obec，比例代表直接選挙，評議会制。首都はその下に自治体としての 22 区を持つ。 | 2887 obec，直接選挙の議会と首長。首都はその下に自治体としての 17 区を持つ。別に 4 軍区がある。 | 3145（2007 年から 3152）települési önkormányzat，議会と首長は直接選挙。県庁所在地の 19 市を含む 22（2006 年から 23）市は県と同格。これらとは別に首都は特別な地位を与えられ，その下に 23 区がある。 |
| 備考 | 統計単位としては NUTS-1 レベルの 6 地域 region が置かれている。 | 73 郡，郡と同格の 3 都市＋首都が国家地方行政機能を持っていたが，2003 年に廃止。 | 79 郡に国家地方行政機関としての郡庁が置かれていたが，2004 年に廃止。 | 統計単位としては NUTS-1 レベルの 3 統計地域が置かれている。 |

網掛け部分は自治体，数字は 2004 年のもので，その後の変化は（　）で示している。
NUTS: La nomenclature des unités territoriales statistiques/The Nomenclature of Territorial Units for Statistics
NUTS-1：300 万～700 万人，NUTS-2：80 万～300 万人，NUTS-3：15 万～80 万人

## 2. 東中欧諸国の地方制度改革の概観

ここでは中層での自治体設置をめぐる議論に絞って，各国の制度の変遷とそれをめぐる政党政治の展開を概観しておこう。

### 2.1. ポーランド

1918年以前のポーランドでは三分割領で地方制度が異なっていたが，再統一後の両大戦間期には17の「(大きな)県」(województwo，ワルシャワ市を含む)が置かれていた。ポーランドは第二次世界大戦後に東部所領の喪失と西部所領の獲得という大規模な領土変更を経験したが，県制度の基本は引き継がれ，県レベルの戦後の行政単位は16(14県とワルシャワ市，ウッチ市)に整理されたが，共産党時代の1950年に県の再編が行われ，「ソヴィエト型」のシステムが導入されると同時に，その数は22(17県とワルシャワ市など5市)となった。1975年の行政改革でそれは49の「小さな県」(ワルシャワ市，ウッチ市，クラクフ市を含む)に細分化され，あわせてポーランドの地方制度で伝統的な地位を持っていた約300の郡(powiat)が廃止され，その機能は新しい県に移された。党中央が地方組織の影響力拡大を阻止するためにこの制度変更が実施されたという(Kukliński and Swianievicz 1993; Regulski 2003, p. 20)。

共産党体制が崩壊した後，他の東中欧諸国と同様にポーランドでも基層の市／村(gmina)に自治が付与されたが，既存の県レベルには国家の地方行政機関のみが置かれ，自治は与えられなかった。1989年9月以降，政権の中枢を占めていた連帯系与党の主流派は「大きな県」に広域行政を再編する計画を持っていたが，それに着手できないうちに政権を失った。1993年選挙で旧共産党の後継政党で，社会民主主義政党に転換していた民主左翼同盟(SLD)が，共産党時代の翼賛政党を継ぐ農民党(PSL)と連立して政権に復帰した。特に後者は農村での支持基盤を維持するために既存の制度の継続を求め，広域地方制度改革は進まなかった。1997年選挙で連帯系勢力の「連

帯」選挙行動（AWS）と自由連合（UW）が政権に復帰すると，政府は12県からなる地方制度改革を提案した。この時点で野党であった民主左翼同盟は17県，農民党は49県，その他のナショナリスト諸勢力が25～31県からなる制度を提案した。政府案は民主左翼同盟出身のクファシニェフスキ（Aleksander Kwaśniewski）大統領の拒否権で阻止された。1997年憲法の規定によれば，大統領の拒否権を下院が乗り越えるためには5分の3の多数が必要であり（憲法第122条第5項），新しい県制度の設置には超党派の妥協が必要となった。その結果，主に連立与党と野党の民主左翼同盟との妥協で中層の自治体としてNUTS-2のレベルにある16の「大きな県」からなる制度が作られた。同時に「大きな県」に抵抗する勢力への妥協も行われ，308の郡も自治体となり（ただし，その後の法改正によって現在は314郡となっている），郡と同格の65都市とあわせて郡レベルの自治体が構成された。1999年からこの新制度は施行された（Regulski 2003; Caramani 2003; Hughes et al. 2004, Ch. 5; Ferry 2003；仙石 1997；1999）。なお，ポーランドの郡はNUTS-4レベルなので，同国においてはNUTS-3レベルには国家機関も自治体も置かれていない。それへの対応として，2000年の閣議決定で，NUTS-3レベルで44の地方統計単位（podregion）が設定され，2002年にその数は45に，さらに2008年からは66となっている。あわせてNUTS-1レベル（人口300万～700万）でも6つの地方統計単位（region）が置かれている。

## 2.2. チ ェ コ

ハプスブルク帝国時代，オーストリア側に位置したチェコでは1860年代に県（kraj）が廃止された。それに相当する地方単位は，1918年のチェコスロヴァキア建国以降も長い間，置かれなかった。チェコではいわゆるズデーテン地方のドイツ人住民をめぐる問題が存在し，またスロヴァキアでは南部地域のハンガリー人居住地域の問題があり，県レベルでの行政単位や自治体設置についての合意は困難であった。その結果，両大戦間期のチェコスロヴァキアでは県よりも下位の郡（okres）が地方制度で中心的役割を果たしていた。

第二次世界大戦後，ドイツ系住民の追放が行われた結果，広域行政単位設置の阻害要因が取り除かれた。1948 年に共産党の支配体制が樹立されるが，その直後の 1949 年に 14 の「小さな県」(首都のプラハ市を含む)が置かれた。ただしこの改革は共産党主導のものというよりも，1930 年代からさまざまな形で専門家たちが準備していた改革構想がこの時点で結実したものであった。しかし，共産党政権は 1960 年に再度，中層での行政単位の再編を行い，「小さな県」は再編統合されて 8 つの「大きな県」(プラハ市を含む)からなる制度に移行した。1970 年代のポーランドでの再編とは逆方向の改革であるが，中央権力の強化という目的では同じ方向の措置であったと考えられる。

共産党体制が崩壊した後，チェコスロヴァキアでも基層の市／村(obec)に自治が与えられた。共産党体制の権力基盤と見なされた「大きな県」は 1990 年に廃止され，そこには自治体も国家の地方行政機関も置かれなかった。国家による地方行政機関は郡レベルに置かれた。

1993 年に連邦が解体されてチェコが独立国家となった後，広域地方制度をめぐる議論が始まるが，1997 年まで政権の中枢を占めた市民民主党(ODS)は中層での広域自治体設置に消極的であった。新自由主義に立つ同党は「小さな政府」論を根拠にした。加えて，長期政権下で築いた権力基盤の維持という理由もあったと考えられる。連邦時代の 1992 年選挙から 1997 年末の政変までの期間，同党は連立政権の軸となる最大与党の地位を保ち，その間に同党は地方官僚の任命権を握ることで，中央政府と郡とを結ぶ権力基盤を構築していた。同党は広域自治体の設置でこの権力基盤が脅かされることを懸念し，極端に小さな 27 県の設置を支持していた。

しかし，1992 年から 1997 年まで市民民主党と連立を組んでいた中道右派の小政党，市民民主同盟(ODA)やキリスト教民主連合=チェコスロヴァキア人民党(KDU-ČSL，以下，「キリスト教民主連合」)は 12〜14 の「小さな県」の設置を，1996 年選挙で最大野党となるチェコ社会民主党(ČSSD，以下，社会民主党)は「8 県(大きな県)＋首都」案を支持し，最終的にはそれらの妥協として中層の自治体は「13 県(小さな県)＋首都」とすることで 1997 年末に与野党の合意がなされた。この自治体としての県設置は，憲法の改正と，憲法と

同格の憲法律の採択という方法によったので，議会の5分の3以上の賛成が必要であった。政府案の骨格を作成した市民民主同盟，キリスト教民主連合と野党の社会民主党が最終的には政府案を支持し，それまで政府案に反対していたクラウス(Václav Klaus)首相を含む与党の市民民主党議員の一部が支持に転じることで，この県レベルでの自治体設置に関する枠組みの作成は行われた。1998年選挙後に社会民主党の単独少数政権が発足するが，この政府は，野党となったキリスト教民主連合や自由連合(US，市民民主党の反クラウス派が作った新党)などEU加盟に積極的な中道右派諸党と提携しながら，具体的な中層での自治体の制度設計を行った。2000年までに広域地方制度にかかわる主要な立法が行われ，2001年から新しい県制度は施行された。こうしてチェコではNUTS-3レベルに自治体が作られた。これとあわせてNUTS-2のレベルでは，1〜3県で構成される8「地域」(region/oblast)が設置され，そこには県議会の代表で構成される地域評議会が置かれることになった(佐藤1997；林2002a；Brusis 2005)。また，移行期間を経て2003年には国家機関としての郡庁は廃止された。

## 2.3. スロヴァキア

ハプスブルク帝国時代にハンガリー王国の領土であったスロヴァキアには県制度があった。後のスロヴァキアという領域で見ると，10県がその内側に，10県がスロヴァキアとハンガリー等との境界をまたがって存在していた。1918年のチェコスロヴァキア国家樹立後にそれは廃止された。第二次世界大戦後のチェコスロヴァキアでは1949年に地方制度改革が実施され，スロヴァキアでは6県からなる県制度が作られ，1960年の制度改革で県の数は削減されて3県となり，1970年にブラチスラヴァ市が県と同格の地位を得て4県となった。チェコと同様に，共産党体制崩壊直後の1990年に県は廃止され，郡レベルの国家地方行政機関が残された。連邦時代の1992年選挙でナショナリズムと伝統保守の折衷主義に立つ民主スロヴァキア運動(HZDS)が第一党となり，1993年の独立を経て1998年選挙までの期間，短い中断はあったが，ほぼ一貫して民主スロヴァキア運動を中心とし，同党党

首のメチアル(Vladimír Mečiar)を首班とする連立政権が続いた。メチアル政権の下で1996年に行政改革が行われ，国家の地方行政単位(自治体ではない)として8つの「小さな県」が置かれた。民主スロヴァキア運動もまた，チェコの市民民主党と同様に，長期政権の下で中央政府と国家の地方行政単位である郡を結ぶ権力基盤を形成しており，それを阻害する可能性がある広域地方自治の形成には消極的であった。

 1998年選挙後に中道右派と中道左派からなる反メチアル勢力による連立政権が作られ，その下で地方制度改革が検討された。連立与党内では，その主流派を形成する経済自由派，もしくは穏健なキリスト教民主派のスロヴァキア人政党(スロヴァキア民主キリスト教連合SDKÚ，キリスト教民主運動KDHなど)は12の「小さな県」からなる広域地方自治を提案したが，旧共産党後継政党で社会民主主義に立つ民主左翼党(SDL')とやはり左翼志向を持つポピュリスト型の市民合意党(SOP)は1996年にメチアル政権が作った8県を自治体とする案を支持していた。また与党の一角を占めていたハンガリー人連立党(SMK-MKP)はスロヴァキア人の与党主流派とは異なる境界設定での12県案を提案していた。他方，野党となった民主スロヴァキア運動は既存の8県を自治体とするという提案をしていた。かなり複雑な駆け引きを経て，ハンガリー人連立党を除く与党諸派と野党の民主スロヴァキア運動の妥協によって，2001年に既存の8県を単位として広域自治と国家の地方行政機関が並行して置かれることで合意がなされ，それに沿って新制度が2002年に導入された。ここでもNUTS-3のレベルで自治体が置かれ，NUTS-2のレベルには統計単位として4地域(región)が置かれ，地域調整監督委員会がそこに置かれた(長與1997；林2003；Brusis 2005)。また，移行期間を経て2004年に郡庁は廃止された。

## 2.4. ハンガリー

 ハンガリーではハプスブルク帝国時代に県制度が定着し，それは第一次世界大戦後の領土変更に伴う再編を経て，1920年代には25県が置かれていた。この県は共産党体制に引き継がれたが，1950年に20の単位(19県megyeと

首都ブダペスト)という現在の単位に再編された。その後，この県の単位は大きな変更を加えられることなく維持され，共産党体制崩壊後もそれは引き継がれた。共産党体制崩壊後，市／村には自治が与えられ，あわせて県も自治体となった。ただしその議会は市／村議会議員による間接選挙で選出された。加えて人口5万人以上の市は県と同格の地位を得ることができるので，1996年の時点で22都市(2006年からは23都市)が県と同格の地位を得ている。その結果，各県の県庁所在地は県の管轄の外に立つことになった。さらに，2～3県からなる7地域と首都を管轄する8人の「共和国総監」(Köztársasági megbízott)が大統領によって任命され，自治を監督するという制度が設けられた。

　共産党体制崩壊後に政権についた民主フォーラム(MDF)などのナショナル派，伝統保守派は中層レベルでの自治体の形成を主張したが，中央政府が地方自治を強い権限で管理することが前提となっていたので，その主張はむしろ中央集権的性格が強いものであった。野党であった青年民主同盟(Fidesz，現在はフィデス＝ハンガリー市民連盟 Fidesz-MPSz，以下，「フィデス」)や自由民主連盟(SzDSz)，旧共産党後継政党の社会党(MSzP)は，与党案による中層の自治体は基層の自治を阻害するという理由でそれに反対した。新制度はこれらの諸党の妥協によって合意されたものであった。1994年選挙後に発足した社会党と自由民主連盟による連立政権の下で県レベルの自治の強化が図られた。県議会が直接選挙で選出されるようになり，共和国総監が廃止となり，国家の地方行政機関として県行政局が設置された。さらに同政権の下で，1996年にNUTS-2レベルの統計単位として7地域が設置され，そこには国，地方，民間の代表からなる地域開発評議会が任意で作られることになった。その後，1998年に発足するフィデス政権の下，1999年に地域開発評議会の形成は義務化され，かつその構成はより国家主導のものとなった(家田1995；Fowler 2001; 2002; Caramani 2003; Keating 2003, Hughes, et al. 2004, Chap. 5)。

　ハンガリーではNUTS-3レベルの県はハプスブルク帝国期からの長い伝統を持ち，それは共産党時代から共産党後の時代に引き継がれた。したがっ

て同国の中層での地方制度形成はこの県という単位を基礎にし，他の3カ国との比較ではかなり早い時期に形成され，またNUTS-2のレベルでの制度整備も早期に進められたといえる。

## 3. EUの条件設定

それでは，このような中東欧諸国の地方制度改革にEUの政策，特にその加盟条件がどのような影響を与えたのであろうか。これらの制度改革がその当初から欧州統合を意識したものであったことは否定できないし，各国の制度改革の過程は，EU加盟交渉の時期と重なっている。また各国でのこの問題をめぐる議論は，EUの地域政策に言及しながら進められたことも確かである。その結果として，特に加盟申請国側には，地方制度改革がEUの圧倒的な影響の下で進められたという印象が残った(例えばPehe 2004, pp. 40-41)。

しかし，すでに述べたように，実際にできあがった各国の新制度にはかなりの相違があり，その相違に注目すれば，一部の欧州化論者が想定する「収斂」とは異なる結果となった。そこから「欧州化」，特にEUの行った加盟条件の効力について批判的な検討を加える傾向が近年顕著で，EUの加盟条件が果たした役割は新制度形成においては「補完的」なもの，もしくは「触媒」としての役割にすぎず，制度改革において決定的であったのは各国の内政であったという議論がなされている(Brusis 2005; O'Dwyer 2006)。

EUが加盟申請国のガバナンス構造の進展に影響を持ちうる仕組みとしては，加盟交渉の進行と最終的な加盟の是非を管理する「門戸管理」(gate-keeping)，一定の基準による査定(benchmarking)，モデルの提示，資金の供与，助言などがあるが，その影響は，課題の達成と受益の連鎖が不明であること(例えば課題の達成と加盟実現による利益享受の間にかなりの時間的な隔たりがあるため両者の連鎖が見えにくい)，EU側の加盟条件設定に一貫性が欠如していること，関与している行為主体が極めて複雑であることなどにより拡散するという(Grabbe 2001)。いずれにせよ，EUの加盟条件が加盟申請国の制度形成に影響を与えるメカニズムは複雑なものであり，

交渉を介してEUからの影響力が加盟申請国側に及ぶという単線的な理解では不十分であり，EU側と加盟申請国側の両方で複数の認識や政策志向が存在し，それらが相互に作用するというメカニズムの理解が必要となっている。

それでは，地方制度に関するEUの加盟条件設定とはどのようなものであったのだろうか。欧州委員会はアキ・コミュノテール（以下，アキ）の第21章「地域政策および構造的手段の調整」を第7章の「共通農業政策」と並ぶ重要事項と見なしていたが，その内容は規範的な側面で見ると乏しいもの（専門家たちはそれを「薄い」thin と呼ぶ）であった。その内容は主に構造基金の枠組み規定に由来し，それを整理すると次のような内容を含んでいた。

- 法的枠組みの整備：地域政策の実施にとって適切な法的枠組みを持つこと。
- プログラム作成能力：地域政策にかかわる諸機関の任務や責任を明確にし，効率的な省庁間調整を可能とすること，国および地域の開発計画を含む構造化されたプログラム作成の枠組みを形成することなど。NUTSに適応した領域的行政単位の形成もここでは期待されていた。
- 行政能力：構造基金と結束基金の準備と実施にかかわるすべての組織や機関の任務や責任を明確にし，効率的な省庁間調整を保障すること。
- パートナーシップ・分権化：加盟国と欧州委員会間および加盟諸国の中での国，地域，社会・経済パートナーとの間での密接な協力において地域開発プログラムが準備され，諸基金が管理されること（Ferry 2004, p. 9; Hughes, et al. 2004, Chap. 3; Jacoby and Cernoch 2002; Brusis 2005, p. 298）。

これらの条件をもう少し具体的な内容で整理すると，次のようになろう。EUは加盟申請国に対して，中央と地方レベルの両方で地域開発プログラムを作成し，そのための諸基金を管理する体制を整備し，その中での各機関の責任を明確にすることを求めていた。加えてこの過程に「社会・経済パートナー」の参加，すなわち経営者団体，労働組合，その他の非政府組織の参加も求めていた。また地域においてはNUTSの基準に適合した領域的行政単

位の形成も必要であった。その領域的行政単位については，地方統計の基礎となる NUTS-3 レベルと，構造基金等の助成の基準となり，また計画の作成や基金管理の単位となる NUTS-2 レベルでの制度整備は不可欠であった。特にここでは NUTS-2 レベルでの行政単位の形成が決定的に重要であったが，それが国家行政機関の地方組織，自治体，それ以外の組織のいずれとなるのかについては，各国の決定に委ねられていたといえる。

　上で述べたように，ハンガリーでは体制転換直後に NUTS-3 レベルの県に自治を付与し，1996 年には NUTS-2 レベルでの統計単位の設置とそこでの社会・経済パートナーを含む地域開発評議会の設置を決定していた。この一連の対応は EU が高く評価するものであった。欧州委員会は 1997 年末に各加盟申請国の準備状況に関する評価報告を発表した。ハンガリーに関する報告では，NUTS-2 レベルでの地域開発評議会の設置などを規定した 1996 年の法律の内容を「EU の構造政策に明確に類似している」と評価し，中東欧諸国の中では，その構造政策に沿った法的枠組みを採用した「最初の国」と評したのである (European Commission 1997a, pp. 80–90)。

　ポーランドに対する報告書における EU の評価もどちらかというと好意的なものであった。それによれば，「地域政策のための法的な基礎はなお存在していないが，1996 年にポーランド政府によって採択された作業グループの勧告によれば，現在の考え方は EU のそれに近い近代化された地域政策の方向にある」という評価であった (European Commission 1997b, pp. 88–89)。民主左翼同盟政権下で準備されていた改革案の内容については詳らかでないが，少なくとも欧州委員会の意向に沿った内容が検討されていたといえる。

　この両国との対比で，チェコに対するこの時点での EU の評価はかなり厳しいものであった。報告において，1996 年の地域政策省の設置について一定の評価がなされているが，全体としては「今のところチェコ共和国にはいかなる地域政策もない」と断じ，「加盟の見通しを持つためには，チェコ共和国は統合された地域政策のための法的，行政的，予算的枠組みをなお確立する必要があり，EU 規範との整合性を確かなものとする必要がある」と結論づけ，しかも「それは合理的な時間の範囲内で達成されるべきである」と

されていた。チェコでは中層の自治体設置をめぐる議論がようやく始まったばかりであり，EU 側から見ると評価すべき事項はほとんどなかったことになる (European Commission 1997c, pp. 83-84)。

スロヴァキアに対する EU の評価もかなり厳しいものであった。そもそもスロヴァキアは，メチアル政権の抱えるさまざまな問題から，コペンハーゲン基準の中の政治基準が満たされていない唯一の加盟申請国とされた(この時期のスロヴァキア政治については，林 2002b；2003 を参照)。また，地域政策についても，1996 年の 8 県の設置についての言及はあるが，「地域政策の決定作成は過剰に中央に集中しており，主要なすべての決定は政府が直接行っている」という批判がなされていた (European Commission 1997d)。

出発点において 4 カ国の間でかなりの差があったことになる。その後，1998 年から 2002 年までの間，欧州委員会は各国の加盟準備状況について毎年度末に『定例報告』(*Regular Report*) を発表し(各年度版については EU のホームページ http://ec.europa.eu/enlargement/press_corner/key-documents/index_archive_en.htm から見ることができる。2010 年 12 月 11 日接続)，各国の動向について詳細な評価が行われた。その紆余曲折はそれなりに興味深いが，ここではその内容の検討は省略する。最終的に欧州委員会は 2003 年 11 月に『包括的監視報告』(*Comprehensive Monitoring Report*) を発表した。そこでは，4 カ国すべてが，「その領域組織の NUTS 分類について委員会と合意に達した」とされ，「構造・結束基金の準備と実施のために必要な制度的な諸構造はすべて適切なものになっている」という評価が同じ言葉で記されている。そこには，なお残された問題点の指摘はあるが，おおよそのところでこの 4 カ国はアキ 21 章に規定された加盟条件を満たしたと見なされたのである (European Commission 2003a; 2003b; 2003c; 2003d)。すでに述べたように，ポーランドは NUTS-2 レベルで自治体の県を設置し，NUTS-3 レベルには統計単位を置くことにとどめた。他の 3 カ国は NUTS-3 レベルに自治体としての県を置き，その県をグループ化することで NUTS-2 レベルでの統計単位を作り，あわせてそこに構造基金などにかかわる計画や管理を行う組織を置いた。

少なくともこの公式の加盟条件の中には，中層の自治体をどのレベルで作

るのかという規定はなく，またそもそも中層の自治体を作らねばならないということも明確に規定されていたわけではない。それだけを取り出すなら，1996年にスロヴァキアのメチアル政権が自治体ではなく国家の地方行政機関として県制度を作ったことは全くの見当外れということではなかった。ただし，上で述べたように，スロヴァキアについての1997年の欧州委員会の報告書には過度の中央集権的政策決定を批判する文言が見られる。また，1993年から施行となるチェコ憲法には中層での自治体設置が規定されていたため，同じ1997年のチェコについての報告書ではそれに関する立法の遅れが指摘されている。このような形で間接的に中層での自治体設置をEUは促していたとはいえる。

すでに述べたように，ポーランド，チェコ，スロヴァキアの3カ国で体制転換の開始期に中層の自治体が作られなかった理由のひとつは，共産党時代の地方組織の影響力をさしあたりは除去することにあった。しかし，中層での自治体の創出が必要であるという認識はいずれの国にもあった。にもかかわらず，自治体設置が遅れたのは，あくまで他の重要問題(私有化や連邦問題など)の解決を優先した結果であった。体制転換初期にポーランドで地方制度改革の責任者であったレグルスキ(Jarzy Regulski)は，中層での自治体を直ちに作らなかった理由として次の4点を挙げている。①既存の県に自治を付与すると，県の数などの見直しが困難になること，②当時の県知事は多くの国有企業を管理しており，自治が付与されるとしたらそれらの国有企業の管理を国に移管するという作業が必要となること，③住民や自治体から見て，既存の県はアイデンティティの対象として不完全な単位であったこと，④市／村レベルの改革と県レベルでの改革を同時に実施することは国家運営上も改革プログラムの運営上も危険であると考えられたことである(Regulski 2003, p.29)。これはほぼそのままチェコとスロヴァキアにも当てはまるといえよう。

しかし，時間の経過とともに共産党政権にとってかわった連合組織(ポーランドの連帯，チェコの市民フォーラム，スロヴァキアの「暴力に反対する公衆」など)が分裂して政党の分化が進んだため，この問題での妥協がより

困難になっていたことも否定できない。EUの地域政策に関する加盟条件の提示は，そのような状態にあった各国の政党政治に一定の幅の中での妥協を促すものであり，またその妥協の形成について期限を設定するという意味があった。

　NUTS-2とNUTS-3で地方統計の単位を作り，それを基礎にEUの構造基金等にかかわる行政システムを作らねばならないという条件の下で中層の地方自治を設計するとしたら，その自治の単位はおのずとNUTSの基準に適合したものにならざるを得ない。またその結果として自治体の設置はEU加盟交渉の期限内に行わなければならなかったといえる。EUの加盟条件は制度改革に対して触媒として働いたという説明は，こうした意味で理解することができる。またEU加盟交渉の期間内に結論を出す必要があるという認識が加盟申請国側の行為主体に共有されていたことは，上で見たような各国での妥協を可能にするものであった。チェコの市民民主党やポーランドの農民党は制度改革の阻害要因であったと見なされているが，両者の提案（市民民主党の27県案，農民党の49県案）はNUTS-3レベルに収まるものであり，NUTS-2レベルでの対応はおそらくそれらの自治体としての「小さな県」のグループ化で可能であると考えられていた。両党とも，EUに対しては「懐疑的」姿勢をとっていたが，加盟そのものには賛成しており，EUの加盟条件を完全に無視する提案をすることはできなかったといえる。そうした意味において，EUの加盟条件は各国内の議論に一定の枠組みを課すものでもあった。

　少なくとも公式のアキという範囲で加盟条件を捉えるなら，上で述べたような議論となる。しかし，公式のアキとは別に，欧州委員会の『定例報告』の中に書き込まれる「示唆」，具体的な交渉の場でのEU側の担当者のさまざまな発言，二者提携事業（Twinning Program）などで加盟申請国の官僚組織に既加盟国から派遣された専門家の発言などは，それが加盟申請国側の理解（ないし誤解）や解釈を通して，非公式な（もしくは「柔らかい」）条件設定となりうるものであった。このように加盟条件をより広い視野で捉えるとその影響力の理解は異なるものとなる。

このような非公式の条件設定は，常に曖昧さと揺れを伴っていた。欧州委員会の地域政策の担当者の中では，「多層ガバナンス」(multi-level governance)という考え方を重視するグループがあり，それは1990年代初期のECの地域政策改革にかかわっていた人々であったという。そうした人々の発言を介して，加盟申請国側には，EUが中層レベル，特にNUTS-2レベルに強力な自治体を形成することによって，民主化と補完性原理の強化を求めているという解釈(もしくは誤解)が生まれた(Brusis 2002, p.542; Keating 2003; Hughes, et al. 2003)。

　EUの地域委員会(Committee of Regions/CoR)には，NUTS-2レベルの広域地方単位が地域政策の形成にとって最も重要なものである，という認識があったという。またオーストリアの南東欧研究所のヨーダンはそうした観点から東中欧諸国の地方制度改革を批判的に検討し，NUTS-2という基準への適応度に従って，東中欧諸国の新しい地方制度の評価を行っている(Jordan 2001)。また，1998年頃に執筆されたと思われる論文(出版されたのは1999年)において東中欧の地域政策を論じたあるチェコ人の地理学者は，ポーランドで導入されようとしている県制度を例外として，他の諸国(チェコ，スロヴァキア，ハンガリー)の制度がEUのNUTS-2基準に適合していないことに懸念を表明している(Sýkora 1999)。EUの地域委員会やオーストリアの研究所の見解がどのように東中欧諸国の政策論争に影響を持ちえたのかは必ずしも明らかではないが，この分野の専門家たちの相互交流を媒介として，NUTS-2を基準とする「EUモデル」が非公式の「加盟条件」として，加盟申請国の側での議論に一定の影響を持っていたといえる。

　また，そのような非公式の条件設定の揺れも指摘されている。加盟交渉が開始された1998年以降しばらくは，「多層ガバナンス」重視という傾向がEU側にあったが，1999年から2000年にかけての時期に，むしろそれは効率重視に変化した。その結果，NUTS-2レベルで自治体を設置したポーランドは当初は高い評価を受けていたが，次第にその自治能力についてEU側の批判は強まり，逆にこのレベルでは国家主導の制度を作ったハンガリーが賞賛の対象に代わるということもあった。その結果として，EUからの影響

力はむしろ中央集権化を促す作用さえ持つことになった(Marek and Baun 2002; Hughes, et al. 2004, pp. 68-71; Grabbe 2001, p. 1014; Brusis 2005)。

ただし，この非公式な加盟条件を視野に入れた検討を，実際の東中欧の政治過程の中で実証することは容易ではない。交渉にかかわった当事者たちの認識をインタビューでたどり，この視点からの分析を試みた研究もあるが，それが各国の制度形成に具体的にどのように影響を持ったのかは明らかになっていない(Hughes, et al. 2004)。

## 4. 政党政治と地方制度改革

それでは，各国の政党政治がこの地方制度改革をどのように規定していたのであろうか。

まずは，各国の政党の中で地方分権派と中央集権派という二分法で考えてみよう。地方制度改革に即していえば，中層での自治体設置に積極的な分権派とそれに反対する中央集権派の対抗関係はある程度，EU 加盟に積極的な勢力と，それに懐疑的ないし消極的な勢力と重なっている。前者については社会民主主義勢力と中道右派勢力(世俗的な経済自由主義に立つグループおよびキリスト教民主派など)が中心を占め，後者については伝統的保守主義，ナショナリズムの強い傾向を示す政党，農村，農民政党などが主なものといえる。

この地域の社会民主主義勢力は NUTS-2 レベルで強い自治体を作ろうとする傾向が相対的には強かったといえる。このグループの政党の中で例外的に共産党の後継政党ではないチェコの社民党はかなり早い時期から中層の自治体の支持者であり，NUTS-2 レベルに近い中層自治体の設置を提案していた。他方，共産党時代の支配政党から社会民主主義政党へと転換した政党は旧体制との連続性から当初は共産党時代の制度の維持を求める傾向が見られたが，その後は，中層での相対的には強い自治の設置を求めるという意味で分権主義的立場をとるようになったといえる。ハンガリーでは社会党政権期(1994-1998年)に県レベルでの自治の強化と NUTS-2 レベルでの地

方制度の整備が積極的に進められた。他方，ポーランドの民主左翼同盟が政権にあった時期(1993-1997年)に，同党は地方制度改革に消極的であったが，それは同党がそうであったというよりも，連立パートナーであった農民党が中層での自治体設置に反対であり，連立の維持を優先するために民主左翼同盟も地方制度改革に慎重な姿勢をとっていた。しかし1997年選挙後に野党となった民主左翼同盟は17県での中層の自治体設置を主張した。この時期の与党案が12県であったので，それよりは小さな県を提案していたが，民主左翼同盟案もまたNUTS-2のレベルにあった。スロヴァキア共産党の後継政党である民主左翼党は2001年の立法過程では8県案を支持していたが，それ以前においては旧体制時代の4県を支持していた。その時点で可能な限り大きな中層自治体を同党は支持していたといえる。そうした意味において，おおよそのところで，社会民主主義勢力は中層での自治強化を支持し，またその自治の単位は相対的に大きなNUTS-2レベルを重視する立場にあったといえる。

　西欧志向の強いキリスト教民主主義や世俗的な経済自由主義に立つ中道右派諸党が提示していた中層での自治の単位に関する提案を見ると，ポーランドの連帯系与党は12県案を，チェコの市民民主党以外の中道右派諸党(市民民主同盟，キリスト教民主連合)は12〜14県を，スロヴァキアの中道右派諸党(民主キリスト教連合，キリスト教民主運動)も12県案を主張していた。県の数だけを見ると同じような数であるが，いうまでもなくこの3カ国の人口は異なる。人口3830万のポーランドでの12県はNUTS-2レベルの中でもかなり大きな県になる。他方，人口1025万のチェコでの12〜14県案はNUTS-3レベルの中で大きめの県となり，人口538万のスロヴァキアでの12県案はNUTS-3レベルのかなり小さな県ということになる。このグループの主張をいくつかの国内要因から検討しておこう。

　共産党体制崩壊後，共産党にとってかわった新政権は地方制度改革を準備するために専門家による作業グループを設置し，そこでの審議結果はその後の制度設計に一定の影響力を持った。その専門家の中には社会地理学分野の専門家が含まれており，それらの専門家たちは地方中核都市とその後背地か

らなる社会経済的マクロリージョンを単位として，中域の行政単位を提案していた。上で紹介したヨーダンの議論はその典型的なものといえる。

　ヨーダンは東中欧諸国の新しい地方制度を，①NUTS-2レベルでの大きさの適合性，②自治能力，③社会経済的マクロリージョンの凝集性，④地域の歴史的・文化的アイデンティティを基準として評価を行っている。このうち，社会経済的マクロリージョンという基準で見ると，ポーランドには首都ワルシャワの下に10の主要都市があり，それよりも能力がいくらか劣る都市が5つあるという。したがってポーランドには11から16のマクロリージョンが存在していることになる(Jordan 2001, pp. 240-241)。体制転換直後に政府の下に置かれた専門家グループは10～12の県の設置を検討しており，それが連帯系政府の12県案に引き継がれていたが，そこにはこうしたマクロリージョンという社会地理学的志向が強く働いていたといえる(Regulski 2003, pp. 58-59)。ただし，上で述べたように，民主左翼同盟の17県案もこの基準からそれほど外れてはおらず，両者はこの基準の中の相対的には小さな単位を作る案で妥協を行ったといえる。さらにいえば，この16県は両大戦間期の17県，および戦後期の18県という制度とも一定の連続性を持ち，歴史的，もしくは住民のアイデンティティともそれほどずれてはいなかった。

　ヨーダンによればチェコには11のマクロリージョンがあるという。また，チェコの政府案の基礎とされた提案の作成にかかわったチェコの社会地理学者ハンプルもチェコには11の大都市地域(metropolitan area)があるとしているので，ほぼ同じ議論をしている(Jordan 2001, pp. 241-244; Hampl 1999, pp. 58-62；林 2002a, pp. 12-13)。チェコの最終的な政府案(13県+首都案)はこの11の単位に修正を加えて作られた。その修正とは次の3点であった。①首都をその周辺地域と分離し，②社会地理学的にはひとつの大都市地域を形成する双子都市(フラデツクラロヴェーとパルドゥビツェ)を切り離してそれぞれの県を作り，③中心都市としてはかなり機能の劣るイフラヴァを県庁所在地とする県をボヘミアとモラヴィアの歴史的国境の境目に設置した。このような社会経済的な地域構成を政治的な意図から無視する修正はなされていたが，チェコ人の地理学者の目から見ると，チェコで採用された「13県+首都」

案は「地理的要因と合理的に調和している」ものであり，また NUTS-2 レベルの地域は「いかなる地域的アイデンティティも持っていない」のであった。チェコの場合は，ポーランドと異なり，社会経済地域や人々の地域アイデンティティは NUTS-3 のレベルにあり，その結果として EU の地域政策とこのグループの志向との間には一定の緊張関係が生じていたといえる (Blažek 1999, p. 194)。

他方，ヨーダンによればスロヴァキアは 5 つのマクロリージョンから構成されているという (Jordan 2001, pp. 244–248)。であるとするなら，スロヴァキアの中道右派の 12 県案は，マクロリージョンという考え方に沿ったものとはいえない。しかし，当時の政府の中で世俗的な経済自由主義を代表する政治家で副首相であったミクロシュ (Ivan Mikloš) が 2000 年 3 月に政府に提出し，翌月に採択された「行政の分権化と近代化大綱」では，与党中道右派が支持する 12 県案が提案されていた。その基礎となる理由付けとしては，やはり中心都市とその後背地という社会地理学的分析に基づくものであるが，同時に方言を含む言語，歴史，河川や山地などの自然地理的要因，住民の地域アイデンティティなどがそれに加味されていた。スロヴァキアでの中道右派の議論の組み立てはポーランドやチェコと基本的に変わらなかったが，議論は可能な限りその単位を小さなものにするべく工夫されていたといえる (Slovakia 2000)。

これらの中道右派の大部分は新興勢力の系譜に属するので，共産党時代の制度に対する敵対心が強く，その結果として共産党時代に「小さな県」を置いていたポーランドでは「大きな県」を，逆に「大きな県」が置かれていたチェコとスロヴァキアでは「小さな県」が主張されたという見方も可能である。いずれにせよ，これらの勢力は共産党時代の制度を「行政的」，「不自然」，「人工的」なものと見なし，自らの提案を「自然」なものと主張した。この地方中核都市を軸とする議論は都市住民を支持基盤とする中道右派諸党の政治志向とも一致していたといえる。さらにあえて付け加えれば，このグループは単一国家志向が強く，10 以下の数で広域自治を作ることには慎重であったと考えられる。その場合は，国家に対する遠心力が高まり，連邦主

義的な傾向が強まるからである。

　次に，中層での自治体形成に反対した政党を見ておこう。都市と農村という対抗軸は体制転換後の東中欧の政党政治において一定範囲で見られる。中層での自治は，一般的には自治体の中心となる地方中核都市の影響力拡大を意味するので，農村を基盤とする政党は広域の自治に消極的になる傾向がある。ポーランドの農民党，自衛(正式名称はポーランド共和国「自衛」SRP)，ハンガリーの独立小農業者党(FKgP)などがそうした政党といえる。

　これらの農村基盤の政党はポーランドとハンガリーでは一定の影響力を保持していたので，地方制度改革ではこれらの政治勢力への一定の配慮が示された。ハンガリーでは人口5万人以上の都市は県と同格の地位を得ることができ，その結果として県の中心都市は県の自治行政の外に立つことになったが，それは農村地域への配慮と見ることができる。またポーランドでは郡に自治が与えられた。これも農村を基盤とする政治勢力に対する妥協策であったといえる。すでに述べたように，ポーランドでは1993年から1997年までの期間，民主左翼同盟の連立パートナーであった農民党は連立政治の中で地方制度改革について拒否政党となっていた。1997年選挙以後にポーランドでの改革が進むのは農民党が与党から外れ，民主左翼同盟が他の改革推進派の中道右派諸党と妥協を行うことについて阻害要因がなくなったからであるという説明は妥当なものであるが，妥協案の作成において農村利益への一定の配慮もなされていたことは無視すべきではない。

　同じように，チェコの市民民主党とスロヴァキアの民主スロヴァキア運動も地方改革には消極的で，両党が1998年選挙で野に下り，地方制度改革に積極的な勢力が政権についたことが両国の改革の進展要因として指摘されている。ただし，両党の地方制度改革に対する姿勢についてはもう少し説明が必要であろう。市民民主党の新自由主義と民主スロヴァキア運動のナショナリズムはその中央集権志向を説明する要因といえる。同時に，すでに指摘したように両党は長期にわたって与党の地位にあり，中層の地方自治を欠く体制の中で，国家の地方行政機関の人事を掌握することで地方政治に対する強い影響力を築いていた。しかし，両者は，野に下った時点で，むしろ中層の

自治に利益を見出すようになったということもできる。また，実際の県制度施行後，両党は県の自治行政で他党よりも優位に立つことになった。他方，ポーランドとハンガリーでは4年ごとの国政選挙で政権が交代したので，市民民主党や民主スロヴァキア運動のような政党を見出すことはできない。

地方制度改革は民族的少数派（ethnic minority）や地域主義（regionalism）と重要なかかわりを持っている。当該諸国ではチェコのモラヴィア・シレジア地域主義とスロヴァキア南部のハンガリー系住民の問題に触れる必要があろう。前者は，体制転換初期のチェコとスロヴァキアの連邦をめぐる論争の間に立って，モラヴィア・シレジア地方を加えた三元的連邦の主張を行い，議会でも一定の議席を得て注目された。しかし，両共和国の分裂に伴ってチェコ共和国が単一国家として形成され，モラヴィア・シレジア地域主義は1990年代後半には政治的影響力を完全に失った。そうしたこともあって，1997年の憲法律では，特に単一国家志向の強い中道右派グループの主導でボヘミアとモラヴィア・シレジア地方の歴史的境界線を無視した県境の線引きが意図的に行われ，マクロリージョンとしては極めて弱体なイフラヴァ県が作り出された。

他方，スロヴァキアのハンガリー人政党は常に10％を超える得票で議会に安定した議席を得ており，1998-2006年には連立与党の一角を占めた。1996年にメチアル政権によってなされた8県の線引きでは，ハンガリー系住民が多数派を占める県を作らないように境界設定が行われていた。メチアル政権に代わって1998年以降に政権につくズリンダ（Mikuláš Dzurinda）連立政府主流派が提案した12県はこうした傾向を緩和する狙いがあったが，なお連立与党に加わるハンガリー人連立党はそれについても不満で，ハンガリー系住民により有利な線引きを求めていた。結局，上述したように連立与党の中で左派の民主左翼党と市民合意党が12県案に反対して，野党の民主スロヴァキア運動とともに8県案を支持し，最終的には合意の形成を急ぐスロヴァキア人の与党主流派もそれに乗ったので，ハンガリー人政党の要求は無視される結果となった。チェコとスロヴァキアでは地域主義ないし民族的少数派の存在という要因は，むしろそれらの要求を否定する方向で制度形成

を促すという結果に終わった。

## 5. おわりに

　これまでの議論を整理しておこう。中層の広域自治体の設置について，ハンガリーではそれが早期に進んだのに対して，他の3カ国ではかなりの時間を要した。ハンガリーの県制度はハプスブルク帝国時代から両大戦間期を経由して共産党時代末期まで一定の範囲で連続性があり，そのような歴史的遺産は既存の制度の粘着性を高いものにしていた。またここでは直接触れることはなかったが，旧体制側と対抗勢力との間の亀裂の度合いが相対的に弱かったということもあり，対抗勢力側が共産党時代の制度にそれほど敵意を示さなかったことも，制度の連続性を高めた要因といえる。

　他方，ポーランド，チェコ，スロヴァキアでは地方制度が整えられた19世紀から今日まで，大きな制度変更が幾度か繰り返された。そのような歴史的遺産として共産党時代の制度は粘着性に乏しく，政権についた対抗勢力によって排除されることになった。またこの3カ国では旧体制側と対抗勢力との亀裂が深く，その結果として対抗勢力の新政権は旧制度を廃止し，それとは異なる制度の導入を図ったといえる。

　ポーランド，チェコ，スロヴァキアにおいて新しい制度の導入に時間を要し，またハンガリーでも制度の見直しがなされた要因は，主要政党間で地方制度について対立があったことによる。政党政治の軸をなす中道左派にも中道右派にも広域地方自治の設定に積極的な勢力が存在していたが，その中で社会民主主義政党は相対的に大きな単位で，かつ権限の強い広域自治体の設置に積極的であった。他方，広域自治体のサイズに関する中道右派の主張は各国でかなりの差があったが，社会地理学的な視点から広域自治を論じる傾向が強く，また旧体制に対する敵対心から，旧体制とは異なるサイズの広域自治を求める傾向が見られた。

　他方，農村を基盤とする政党については地方中核都市の影響力が強まる広域の中層自治には消極的であり，ポーランドとハンガリーではそうした勢力

の影響力は無視できないものであった。他方，チェコとスロヴァキアでは農村基盤の政党が弱く，そのような傾向は見られなかったが，この両国では1992年選挙で政権についた主要政党が長期政権化し，その結果として広域自治体を欠いた現状の維持に利益を見出すことになった。それらの政党が政権から離れる1998年以降に両国での広域自治体設置の動きは本格化することになる。

　いずれにせよ，これら4カ国ではこの問題について政党の見解の差は小さいものではなく，議会での主要な争点となった。しかしそれぞれの着地点は少しずつ異なるが，いずれもが与野党の妥協による合意で最終的な制度設計が行われた。中層の地方制度の具体的な形については各国の内政の結果により，またそれゆえに内容には多様性が見られるが，EUが示した加盟条件が新しい制度の形について一定の枠を定めていたこと，また加盟交渉という時間設定の中で結論を出す必要があったという事情がこの妥協を促す要因として重要であった。

　当該諸国のEU加盟後の動向は本章の視野の外にある。EU加盟後のこれら4カ国で地方制度が実際にどのように機能しているのかという問題については，今後の課題として残されるが，それについては新規加盟国という枠組みにとらわれないより広い欧州全体を視野に入れた枠組みで論じるべきであろう。

## 参照文献

Blažek, Jiří (1999), "Regional Development and Regional Policy in Central East European Countries in the Perspective of the EU Eastern Enlargement," in Martin Hampl, et al. *Geography of Social Transformation in the Czech Republic*, Prague: Department of Social Geography and Regional Development, Charles University of Prague, Faculty of Science, pp. 181-207.

Brusis, Martin (2002), "Between EU Requirements, Competive Politics, and National Traditions: Re-creating Regions in the Access Countries of Cental and Eastern Europe," *Governance*, Vol. 15, No. 4, pp. 531-559.

Brusis, Martin (2005), "The Instrumental Use of European Union Conditionality: Regionalization in the Czech Republic and Slovakia," *East European Politics and Societies*, Vol. 19, No. 2, pp. 291-316.

Caramani, Daniele (2003), "State Administration and Regional Construction in Central Europe: A Comparative-Historical Perspective," in Michael Keating and James Hughes, eds., *The Regional Challenge in Central and Eastern Europe: Territorial Restructuring and European Integration*, Bruxelles: P.I.E.-Peter Lang, pp. 21-51.

European Commission (1997a), Agenda 2000: Commission Opinion on Hungary's Application for Membership of the European Union [http://ec.europa.eu/enlargement/archives/pdf/dwn/opinions/hungary/hu-op_en.pdf] (2010年12月11日接続).

European Commission (1997b), Agenda 2000: Commission Opinion on Poland's Application for Membership of the European Union [http://ec.europa.eu/enlargement/archives/pdf/dwn/opinions/poland/po-op_en.pdf] (2010年12月11日接続).

European Commission (1997c), Agenda 2000: Commission Opinion on Czech Republic's Application for Membership of the European Union [http://ec.europa.eu/enlargement/archives/pdf/dwn/opinions/czech/cz-op_en.pdf] (2010年12月11日接続).

European Commission (1997d), Agenda 2000: Commission Opinion on Slovakia's Application for Membership of the European Union [http://ec.europa.eu/enlargement/archives/pdf/dwn/opinions/slovakia/sk-op_en.pdf] (2010年12月11日接続).

European Commission (2003a), Comprehensive Monitoring Report on Hungary's Preparations for Membership [http://ec.europa.eu/enlargement/development/body/organisation/docs/CMR_HU.pdf] (2010年12月11日接続).

European Commission (2003b), Comprehensive Monitoring Report on Poland's Rreparations for Membership [http://ec.europa.eu/enlargement/development/body/organisation/docs/CMR_PL.pdf] (2010年12月11日接続).

European Commission (2003c), Comprehensive Monitoring Report on the Czech Republic's Preparations for Membership [http://ec.europa.eu/enlargement/development/body/organisation/docs/CMR_CZ.pdf] (2010年12月11日接続).

European Commission (2003d), Comprehensive Monitoring Report on Slovakia's Preparations for Membership [http://ec.europa.eu/enlargement/development/body/organisation/docs/CMR_SK.pdf] (2010年12月11日接続).

Ferry, Martin (2003), "The EU and Recent Regional Reform in Poland," *Europe-Asia Studies*, Vol. 55, No. 7, pp. 1097-1116.

Ferry, Martin (2004), "Regional Policy in Poland on the Eve of EU Membership: Regional Empowerment or Central Control?" European Research Paper, No. 53,

European Policies Centre, University of Strathclyde.

Fowler, Brigid (2001), "Debating Sub-state Reform on Hungary's 'Road to Europe'," Paper Presented for the Workshop "Europe, Nation, Region: Redefining the State in Central and Eastern Europe," Chatham House, December 5, Working Paper 21/01.

Fowler, Brigid (2002), "Hungary: Patterns of Political Conflict over Territorial-Administrative Reform," in Judy Batt and Kataryna Wolczuk, eds., *Region, State and Identity in Central and Eastern Europe*, London: Frank Cass, pp. 15-40.

Grabbe, Heather (2001), "How Does Europeanization Affect CEE Governance? Conditionality, Diffusion and Diversity," *Journal of European Public Policy*, Vol. 8, No. 6, pp. 1013-1031.

Hampl, Martin (1999), "The Development of Regional System and Societal Transforamtion in the Czech Republic," in Martin Hampl, et al., *Geography of Social Transformation in the Czech Republic*, Prague: Department of Social Geography and Regional Development, Charles University of Prague, Faculty of Science, pp. 25-128.

Hughes, James, et al. (2003), "EU Enlargement, Europeanization and the Dynamics of Regionalization in the CEECs," in Michael Keating and James Hughes, eds., *The Regional Challenge in Central and Eastern Europe: Territorial Restructuring and European Integration*, Bruxelles: P.I.E.-Peter Lang, pp. 69-88.

Hughes, James, et al. (2004), *Europeanization and Regionalization in the EU's Enlargement to Central and East Europe: The Myth of Conditionality*, New York: Palgrave Macmillan.

Illner, Michal (1998), "Territorial Decentralization: An Obstacle to Democratic Reform in Central and Eastern Europe?" in Jonathan D. Kimball, ed., *Transfer of Power: Decentralization in Central and Eastern Europe*, Budapest: Local Government and Public Initiative, pp. 7-42.

Jacoby, Wade and Pavel Cernoch (2002), "The Pivotal EU Role in the Creation of Czech Regional Policy," in Ronald H. Linden, ed., *Norms and Nannies: The Impact of International Organizations on the Central and East European States*, Lanham: Rowman & Littlefield Publishers, pp. 317-339.

Jordan, Peter (2001), "Regional Identities and Regionalization in East-Central Europe," *Post-Soviet Geography and Economics*, Vol. 42, No. 4, pp. 235-265.

Keating, Michael (2003), "Regionalization in Central and Eastern Europe: Diffusion of a Western Model," in Michael Keating and James Hughes, eds., *The Regional Challenge in Central and Eastern Europe: Territorial Restructuring and European Integration*, Bruxelles: P.I.E.-Peter Lang, pp. 51-67.

Kukliński, Antoni and Pawel Swianievicz (1993), "The Polish Palatinatus: Experiences and Prospects," in L. J. Sharpe, ed., *The Rise of Meso Government in Europe*, London: SAGE Publications, pp. 182-209.

Marek, Dan and Michael J. Baun (2002), "The EU as a Regional Actor: The Case of the Czech Republic," *Journal of Common Market Studies*, Vol. 40, No. 5, pp. 895-919.

O'Dwyer, Conor (2006), "Reforming Governance in East Central Europe: Europeanization or Domestic Politics as Usual?" *East European Politics and Societies*, Vol. 20, No. 2, pp. 219-253.

Olsen, Johan P. (2002), "The Many Faces of Europeanization," *Journal of Common Market Studies*, 40, pp. 921-952.

Pehe, Jiří (2004), "Consolidating Free Government in the New EU," *Journal of Democracy*, Vol. 15, No. 1, pp. 36-47.

Regulski, Jerzy (2003), *Local Government Reform in Poland: An Insider's Story*, Budapest: Open Society Institute [http://www.frdl.org.pl/downloads/profRegulski_LG_Poland.pdf] (2010年12月11日接続).

Slovakia [The Government Office of the Slovak Republic] (2000), The Concept for Decentralisation and Modernisation of Public Administration [http://www.mesa10.sk/subory/archiv/951865200_K_marec00e.pdf] (2010年12月11日接続).

Sýkora, Luděk (1999), "Local and Regional Planning and Policy in East Central European Transitional Countries," in Martin Hampl, et al., *Geography of Social Transformation in the Czech Republic*, Prague: Department of Social Geography and Regional Development, Charles University of Prague, Faculty of Science, pp. 153-179.

家田修(1995)「変動後のハンガリーにおける地方制度と地方選挙」家田修編『ロシア・東欧における地方統治の現状』スラブ研究センター，3-30頁．

佐藤雪野(1997)「チェコの地方制度」家田修編『ロシア・東欧における地方制度と社会文化』スラブ研究センター，125-146頁．

仙石学(1997)「ポーランドの地方改革——地方制度改革に関する比較分析の前提として」家田修編『ロシア・東欧における地方制度と社会文化』スラブ研究センター，147-165頁．

仙石学(1999)「ポーランドの『新』地方制度——1998年の地方制度改革の分析」松里公孝編『政治学としてのサブリージョン研究』スラブ研究センター，1-22頁．

長與進(1997)「スロヴァキアの地方制度」家田修編『ロシア・東欧における地方制度と社会文化』スラブ研究センター，101-124頁．

林忠行(2002a)「チェコ共和国における地方自治改革と政党政治——1993-2000」『スラブ研究』第49号，1-27頁．

林忠行(2002b)「共産党体制崩壊後のスロヴァキアにおける『民主主義』と『権威主

義』──民主スロヴァキア運動の認識と行動を中心として」『日本比較政治学会 2002 年度研究大会報告論文集』90-99 頁。

林忠行(2003)「スロヴァキアの国内政治と EU 加盟問題──1993-2002」『日本比較政治学会年報』5, 149-171 頁。

# 第3章　ソ連共産党中央委員会からロシア大統領府へ
## ——ロシアにおける半大統領制の発展——

大　串　　　敦

## 1. 旧ソ連諸国の半大統領制と現代ロシアの二頭制

　旧ソ連諸国の政治で，中心的な役割を果たしてきたのは，疑いなく大統領個人と彼に付随する組織である大統領府である。ロシアでは，エリツィン（Boris Nikolaevich Yeltsin），プーチン（Vladimir Vladimirovich Putin）大統領が政策策定に大きな力を行使してきた。メドヴェージェフ（Dmitrii Anatolyevich Medvedev）大統領の指導性を疑う者はいるが，それでも彼が多くの局面で重要な決定に関与していることは疑いない。中央アジア諸国では，最初の大統領が長期にわたって国のトップとして君臨してきたし，カザフスタンのナザルバエフ（Nursultan Abishevich Nazarbaev）のように，いまだに指導者であり続けている者もいる。

　エリツィン時代には，ロシアの大統領制の議論は，大統領制欠陥論をはじめとする比較政治学の憲法工学の理論の影響を受けて（Linz 1996; Elgie 2005），この憲法体制の安定性を主要な関心にしてきたし，多くは，その不安定性を強調するか，民主制定着の失敗を予測してきた（Fish 2000; Gel'man 2000; Kuvaldin 1998; Schleiter 2003; Sokolowski 2001; White 1999）。

　その後，研究の焦点は変化した。ほとんどの旧ソ連諸国の大統領制は，大統領と首相が執行権力を分掌する，いわゆる半大統領制である[1]。半大統領制の定義にはさまざまなものがあるが，エルジーが提唱した最も簡潔な定義によると「人民投票により選出される，一定の任期を持つ大統領と，立法府

に責任を負う首相や内閣のある体制」である(Elgie 2007, p. 6)。比較政治学一般における半大統領制研究の進展を受けて，ロシアを含めた旧ソ連諸国の大統領制の研究は，憲法体制の安定性や民主制の定着といった議論から離れて，その大統領制が，共産党体制から経路依存的に発展してきたことを強調し，ポスト共産主義半大統領制下の大統領の「強さ」の計量分析，さらに，その大統領の具体的な権力行使の分析等へと移行した(Huskey 1999; 2007; Matsuzato 2005; 2006; Morgan-Jones and Schleiter 2004; Protsyk 2004; Schleiter and Morgan-Jones 2008)。

本章も，そうしたロシアの半大統領制の発展過程を共産党体制からの変容という観点から分析するものである。本章の独自な貢献は以下の点である。第1に，先行研究では共産党体制からの具体的な変容過程が十分明らかにされたとはいいがたい。本章では，未公刊文書資料を用いて，この過程のさらに詳細な分析を目指す。第2に，ロシア大統領制の導入過程を他の旧ソ連諸国との比較類型の中で論じる。第3に，そもそも独自の共和国共産党組織を持たなかったロシアで，大統領府が結果としてソ連共産党中央委員会と似た機能を果たすことになった原因を考察し，それをロシア官僚制の特徴に求める。第4に，プーチン以後安定したロシアの大統領・政府・議会関係を支配政党の成立と関係させて統合的に論じる。以下，ソ連大統領府の成立を微視的に検討し，旧ソ連の連邦共和国での大統領制の導入の型を3つに類型化し，概観する(第2節)。その後，やや複雑な過程をたどったロシアの事例を検討する(第3節)。第4節では，共産党中央委員会に類似していったロシア大統領府の組織・機能を議論し，その議論の延長線上で，今日の安定に関してひとつの解釈を提示する(第5節)。

## 2. ソ連・旧ソ連諸国の大統領制の設立

旧ソ連諸国の大統領制の起源は，1990年3月に設立されたソ連の大統領制である。大統領職を創設すべきであるという案自体はスターリン時代にも見られたものであるが，実際には，ソ連共産党書記長・ソ連最高会議議長ゴ

ルバチョフ（Mikhail Sergeevich Gorbachev）によって実現したものである。この大統領職の創設は，ソ連共産党官僚機構改組によって生じた「権力の真空」というべき全体的な混乱状態への対応であった（Ogushi 2008, p. 55）。それゆえ，ソ連大統領は，権力の中枢であったソ連共産党官僚機構の機能的代替物たるべきものとして当初から期待されていた。

そのことは，ゴルバチョフ補佐官であり，ソ連大統領職の創設に中心的な役割を果たしたシャフナザロフ（Georgii Khosroevich Shakhnazarov）のメモランダムによって例証できる。例えば，大統領職創設の直後である1990年3月28日に，ゴルバチョフに宛てたメモランダムには，大統領府アパラートを設置することに賛成し，それは，ソ連共産党中央委員会アパラートの削減によって，縮小した機能を埋めるチームでなければならないと論じている（The Gorbachev Foundation, 以後GF, document, 以後d. 18077）。1990年10月30日のゴルバチョフ宛てメモランダムでは，「かつて我々には政治局がありました。……今や，実際のところ，我々にはそのようなものがありません。大統領会議は定期的に集まることもせず，我々には活動計画もありません」と述べられている（GF, d. 18127）。さらに，1990年12月29日のゴルバチョフ宛てメモランダムでは，大統領府アパラートの混沌とした状況に苦言を呈しながら，「組織的な観点からいえば，ソ連共産党中央委員会は，全権力・行政システムの頭脳とモーターとして，よく機能しました」と述べられている（GF, d. 18132）。

人事面では，1990年後半に創設されて以降，大統領府アパラートのかなり多くの部分が，共産党中央委員会アパラートからリクルートされることになった（Ogushi, 2008, pp. 63-65）。特に国家・法部，総合部，防衛部から多くの職員が大統領府アパラートに異動した。1991年8月までに，大統領府アパラートは，技術職員を含めおおよそ400人のスタッフを抱えることになる。ゴルバチョフの補佐官であったチェルニャーエフ（Anatolii Sergeevich Chernyaev）は，未熟な中央委員会の職員が大統領府アパラートに多く異動してきていると，1991年2月8日付のゴルバチョフ宛てメモランダムで苦情を述べているが（GF, d. 8807），そもそも大統領府アパラートが中央委員会

アパラートの機能的代替物として意図的に構築されたものである以上，さらにいえば，国家官僚機構を動かす仕事に精通した人的リソースが他に存在しなかったことを考えれば，こうした人事異動はやむを得ない事態であったと考えられる。

他方，閣僚会議(1990年12月以降は内閣)は，さまざまな組織改編を経てではあるが，存続した。ソ連時代，閣僚会議はテクノクラートの集まりとして経済運営や決定の執行に当たっていた。政策決定を行う共産党・大統領府とは役割が異なると考えられたのである[2]。さらにいえば，ソ連大統領府設立時に閣僚会議議長だったルイシコフ(Nikolai Ivanovich Ryzhkov)はゴルバチョフに次ぐ有力者といえ，彼を直接大統領に従属させるアメリカ型大統領制は，現実的でなかったであろう。こうして，共産党権力を大統領権力に代替することで，共産党と閣僚会議の二頭制が，大統領と閣僚会議という形で引き継がれた。

多くの旧ソ連諸国(ソ連邦存在時は連邦共和国)は，このソ連の例に倣い共産党権力の代替として，また連邦中央に対する連邦共和国の交渉力を強めるために，大統領職の創設に踏み切った。この2つの要因のどちらが強かったかによって，その後の憲法体制の成立過程を大きく3つに類型することができよう[3]。表3-1の2列目は，それをまとめたものである。第1に，共産党権力の代替としての大統領権力を創設したという側面が強い場合，連邦共和国の共産党指導部と大統領府指導部の間には顕著な連続性が認められる[4]。通常，連邦共和国党第一書記が共和国最高会議議長を経て，大統領となっている。例えば，中央アジア諸国の中では，トルクメニスタン，ウズベキスタン，カザフスタンでは共産党第一書記が大統領に就任したし，タジキスタンでもマフカモフ(Qahhor Mahkamov)共産党第一書記が初代の大統領になり，内戦を経験した後でさえ，最高会議議長を経て1994年に大統領職についたのは，旧共産党側のラフモノフ(Emomali Sharipovich Rakhmonov)であった(地田 2004；宇山 2004)。カフカス諸国では，アゼルバイジャンが連続性を強くとどめている。当時共産党第一書記であったムタリボフ(Ayaz Niyazi oglu Mutalibov)が初代の大統領(ただし間接選挙による選出)であった。ま

表 3-1 旧ソ連諸国の大統領制の導入の型，大統領の交代，支配政党，議会への権限移譲の有無

|  | 独立派主導型／共産党代替型 | 大統領の交代 | 優越支配政党(政府党)(日付は多数を獲得した選挙日*) | 中央議会への権限移譲 |
|---|---|---|---|---|
| ロシア | 独・共(中間) | 有 | 統一ロシア(2003年12月7日) | 無(地方議会第一党へは有) |
| ウクライナ | 独・共(中間) | 有 | 無 | 有(2004年12月8日／2006年1月1日)** |
| ベラルーシ | ― | 無 | 無 | 無 |
| モルドヴァ | 独・共(中間) | 有 | モルドヴァ共産党(2001年2月25日) | 有(2000年7月5日)半大統領制から議会制へ |
| アルメニア | 独 | 有 | アルメニア共和党(2007年5月12日) | 有(2005年11月27日) |
| アゼルバイジャン | 共 | 有 | 新アゼルバイジャン党(1995年11月12日) | 無 |
| グルジア | 独 | 有 | グルジア市民同盟(1995年11月5日)→無→(バラ革命)→国民運動・民主党(2004年3月28日)，統一国民運動(2008年5月21日) | 有(2004年2月6日)純粋大統領制から半大統領制へ |
| カザフスタン | 共 | 無 | オタン(2004年9月19日・10月3日)，ヌル・オタン(2007年8月18日) | 有(2007年5月21日) |
| ウズベキスタン | 共 | 無 | 無 | 無 |
| トルクメニスタン | 共 | 有 | トルクメニスタン民主党(1994年12月11日) | 新憲法(2008年9月26日)*** |
| クルグズスタン | 独・共(中間) | 有 | アク・ジョル(2007年12月16日) | 有(2007年10月21日) |
| タジキスタン | 共 | 無 | タジキスタン人民民主党(2000年2月27日) | 無 |

\* 選挙以前に会派合同などによって多数を形成している場合もあるが，選挙日で統一している。
\*\* ウクライナの憲法改正は，2004年12月に行われ，2006年1月より発効した。
\*\*\*トルクメニスタンの新憲法が権限移譲といえるかは極めて疑わしいが，参考のため付記しておく。

た，その後の混乱を経て，長期政権を築いたのは，元共産党第一書記であったアリエフ(Heydar Alirza oglu Aliev)であり，彼が主導して強力な大統領を持つ半大統領制の憲法体制を作り上げた(立花 2008)。

第2に，共産主義体制への反対や独立運動が強かった諸国では，連邦中央への対抗上，大統領ポストが創設され，反対運動・独立運動の指導者が初代大統領になることがあった。本章で扱わないバルト諸国を除くと，グルジア，アルメニアがそれに当たる。このうち，独立後採択した憲法で半大統領制を採択したのは，アルメニアである[5]。アルメニアが執行権力の二頭制を維持した原因は，主に大統領選出と独立後に生じた政治勢力の配置を維持したことにある。権限を強めていたテル=ペトロシャン(Levon Ter-Petrossian)大統領とますます追い詰められた反対派の強いられた「妥協」の結果として，非常に大統領権限の強い憲法案を国民投票に付し，1995年に成立した(Herzig 2005; Matsuzato 2006, pp. 330-331)。

共産党権力代替型と独立派主導型の中間型と考えられるのは，クルグズスタン，モルドヴァ，ウクライナとロシアである。学者出身のアカエフ(Askar Akaevich Akaev)が最高会議議長，その後大統領になったクルグズスタンは中央アジアではやや例外であるが，それでも共産党体制の影響が色濃く残っている(Huskey 2007)。モルドヴァでは，共和国共産党書記であったスネグル(Mircea Ion Snegur)が独立運動を主導した人民戦線に合流し，1990年に議会により大統領に選出された。1991年には彼は直接選挙で大統領に選出された。しかし人民戦線は分裂を始め，その後の新憲法採択は難航した。結局新憲法が半大統領制になったのは，半大統領制の母国ともいえるフランス型の憲法を採用したルーマニアの憲法の影響もあったが(Matsuzato 2006, p. 330)，政治勢力が分裂し議会に多数派が欠如していたことによる政治的不安定性が，政治諸勢力をして現状維持に向かわせたことによる(Roper 2008)。ウクライナでも，それなりに独立運動が強かったが，純粋な野党独立派が主導権を得たのではなく，共産党が連邦支持派と独立支持派に分岐し始め，独立支持派で，共産党第二書記から最高会議議長になっていたクラフチュク(Leonid Makarovych Kravchuk)が，ウクライナ独立を問う国民投

票と同時に行われた大統領選挙で初代大統領になった。ここで，共産党権力を代替する大統領権力と政府の二頭制が成立した。その後新憲法採択までは，長い過程を経た。クチマ（Leonid Danylovych Kuchma）が1994年に2代目の大統領に選出された後も議論が続き，1996年に最終的に採択された憲法は，それまでに既成事実として成立していた政治諸勢力（大統領，議会諸会派など）の力関係を追認した半大統領制だった（Birch 2008; Wilson 1999; Matsuzato 2005）。

## 3. ロシアの大統領制の成立過程

　ロシアも中間型に位置し，当初は独立派主導型に近似していたものの，徐々に共産党権力代替型に接近していった。ロシアで独立志向が徐々に強まっていったことを別にしても，当初から共産党権力代替型にならなかったのには，他の連邦共和国との2つの相違が影響した。第1に，ロシア共和国には，1990年6月まで共和国党組織が存在しなかった。したがって，ロシア共和国共産党指導部がそのまま大統領府へ横滑りする事態が生じなかったのである。それと並んで，ロシア共和国の国家官僚組織は，おそらくは他の連邦共和国と比べても未整備だったといえる。以上のことは，ソ連共産党とソ連国家官僚組織が十分に発達しており，ロシア共和国内で，それと並行するような組織を整備する必要がなかったことに起因している。ロシア共和国共産党を創設する際に，ソ連共産党指導部を襲った懸念は，ソ連中央とロシアとの「二重権力」状態であったことは，それを裏側から例証している[6]。第2に，1993年10月に流血の惨事となった大統領とロシア最高会議の対立は，確かに重要な転機であった。仮に最高会議側が勝利していたら，現行の憲法体制ではなかったであろう。ただし，最高会議が勝利したとしても，議院内閣制を採択する可能性が高かったかどうかはまた別の問題である。

　第1の相違は，2つのできごとによって除去された。すなわち，1991年8月クーデタとそれに続くソ連崩壊である。これらによって，ロシア共和国はソ連の後継者となった。本章の議論に関連して重要なことは，ロシア共和国

がソ連の国家官僚制を奪取したことである。1991年8月クーデタの直後に，ロシア共和国閣僚会議は，その領内にあるソ連の執行機関を共和国の管轄下に置くことを決定した。その後もロシア共和国とソ連の駆け引きは生じたが，ソ連自体がすぐに消滅したために，ロシアがソ連執行機関の後継者となった(Iurmaeva, 2005, p. 82)。

しかしながら，ゴルバチョフの改革の結果，最高会議も政府への監督を強めていた。かつて共産党の決定をただ追認するだけであったソヴィエトは，1989年(ソ連中央)，1990年(ロシアを含む連邦共和国および下位の行政単位)で行われた競争選挙の結果，実質的な権限を持つに至った。ソ連崩壊後にエリツィン大統領の支持の下，政府が行った経済改革政策は，ロシア最高会議の強い反対を引き起こし，最高会議は政府に対する一層強い監督権限を求めるようになった。これが1993年10月事件のひとつの原因となる。この流血の惨事が不可避であったかどうかは諸説あり(溝口2005；上野2001, pp. 74-107)，ここでは判断を留保したい。本章の観点から重要なことは，当時，どのような憲法体制が最もありえそうだったかである[7]。表3-2は，1990年から1993年までの主な憲法草案を大統領権限に注目してまとめたものである。ここで注目すべきことは，ほとんどの憲法草案が，執行権力が分掌される半大統領制を提案していたことである。1990年の非常に早い時期の草案と，法律政策担当国家顧問シャフライ(Sergei Mikhailovich Shakhrai)による1992年4月の草案のみが純粋な大統領制を提案していた。他方，1990年と1993年6月の議会会派「ロシア共産主義者」による草案がある種の(ソヴィエト制の名を冠していたが，実際のところ議会制といえる)議会制を提案していた。他の草案は，二重の執行権力を想定している。むろん大きな相違はあった。憲法委員会は，もともとエリツィンによって任命されたメンバーからなっていたが，徐々に最高会議へ近い立場へ移行し，議会の権限を強めた憲法を提案していたし，こうした草案を受け入れられなかったエリツィン側が開催した憲法会議は大統領権限の強い憲法を提案した。しかし，いずれにせよ，両者とも共産党中央委員会と閣僚会議の分業に似た，大統領府と政府の分業(すなわち政策決定とその執行)を前提にしていたのである。

それゆえ，1993年の闘争は，大統領制か，半大統領制か，議会制か，という争いというよりは，大統領と議会のどちらが政府に対してより大きな統制権限を持つかという争いであった。確かに，仮に最高会議側が勝利すれば，憲法体制は超大統領制(super-presidential)とも形容される強力な大統領を持つ半大統領制ではなかっただろう。しかし，現実には大統領側は勝利し，新憲法では，議会はペレストロイカ時代の産物であった執行権力への監督権限を大幅に失うことになった。こうして，ソ連共産党がかつて最高会議と閣僚会議を統制してきた仕組みに似て，大統領府が政府に対して大きな監督権限を持ち，議会の権限が弱い憲法秩序が実現することになった。ロシアの憲法秩序はかなり複雑な条件の下で導入されたが，結果としてロシアの大統領府は，共産党権力代替型の旧ソ連諸国の大統領府と似た機能を果たすことになったのである。

## 4. ロシア大統領府の組織・機能とロシア官僚制

事実，人事，資産，組織，そして機能面において，ソ連共産党中央委員会アパラートと大統領府の間には連続性，類似性が認められる。まず，人事面では，ロシア大統領府は旧共産党官僚からいくらかのスタッフをリクルートした。最も典型的な例は，大統領補佐官シェフチェンコ(Vladimir Nikolaevich Shevchenko)である。彼は1985年から1990年まで，ソ連共産党中央委員会総務部の一部門で働き，1990年から1991年までソ連大統領府に勤務した。その後1992年1月からロシア大統領府にて勤務を続けている。それに近い例は，同じく大統領補佐官であるヤコブレフ(Veniamin Fedorovich Yakovlev)である。彼も1990年から1991年まで，ソ連大統領府で勤務していた。もっとも彼は，それ以前は法律家であり，ソ連共産党アパラートには勤務していない。また，最近まで大統領報道書記であったヤストルジェムスキー(Sergei Vladimirovich Yastrzhembskii)もそうした例に加えることができよう。彼は1989年から1990年の間ソ連共産党中央委員会国際部にて勤務していた(Mukhin 2005)。

88　第 1 部　制度構築・再編の比較分析

表 3-2　憲

| | 憲法委員会草案 a 案<br>(1990 年 11 月 20 日) | 憲法委員会草案 b 案<br>(1990 年 11 月 20 日) | 会派「ロシア共産主義者」<br>(1990 年 11 月) | 憲法委員会草案<br>(1991 年 2 月 21 日) | 憲法委員会未公開草案<br>(1992 年 3 月 2 日) | 憲法委員会草案<br>(1992 年 4 月 4 日) | 「ロシアの主的改革動」草案プチャク案) |
|---|---|---|---|---|---|---|---|
| 大統領 | 国家元首<br>(5.3.1(A)) | 国家元首<br>(5.3.1(B)(1)) | 国家元首、最高会議両院合同会議によって選出(115) | 国家元首<br>(116) | ロシア連邦の最上位の政治的人格、執行権力を率いる(97(1)) | ロシア連邦の最上位の政治的人格、執行権力を率いる(95(1)) | 国家元首<br>(40) |
| 副大統領 | 存在<br>(5.3.1(A)) | 存在<br>(5.3.7(B)) | | 存在<br>(123) | 存在<br>(102) | 存在<br>(100) | 不在 |
| 首相 | 不在 | 議会に候補者を提案<br>(5.3.2(B)(4)) | 議員との相談後、候補者を最高会議に提案<br>(117(4), 121) | 議会に候補者を提案<br>(119(4)) | 議会の同意によって任命、罷免も可<br>(98(g), (zh)) | 議会の同意によって任命、罷免も可<br>(96(1)(g), (zh)) | 議会に候補を提案、も議会に<br>(43(2)) |
| 閣僚 | 議会の同意を得て任命<br>(5.3.6(A)) | 議会が政府を構成<br>(5.4.5(B)) | 通常は、首相が議会に提案(122)。最高会議が開かれていない間は、首相の提案によって、大統領が任命および罷免できる。最高会議の事後承認が必要<br>(117(4)) | 首相と議会の同意を得て任命<br>(119(4)) | 議会の同意を得て任命、罷免も可<br>(98(g), (zh)) | 議会の同意によって任命、罷免も可<br>(96(1)(g), (zh)) | 首相が上提案<br>(55(3)) |
| 法律への拒否権 | 議会への再送付<br>(5.2.9(A)) | 議会への再送付<br>(5.3.3(B)(2)) | 議会への再送付<br>(117(2)) | 議会への再送付<br>(119(2)) | 議会への再送付<br>(94(5)) | 議会への再送付<br>(96(1)(zh)) | 議会への付<br>(44(2)) |
| 議会解散権 | 規定なし | 規定なし | 規定なし | 規定なし | 規定なし | 禁止<br>(96(2)) | 規定なし |
| 国民投票の発議 | 議会の同意によって<br>(5.3.6(A)(15)) | 議会の同意によって<br>(5.3.3(B)(1)) | 最高会議のみ<br>(102(11)) | 大統領にはなし。議会のみが可能<br>(127(2)) | 大統領にはなし。議会のみが可能<br>(90(b)) | 大統領にはなし。議会のみが可能<br>(88(1)(v)) | 大統領に し。100 万以上の市3 つ以上の邦構成主上下院の つが請求る<br>(57(7)) |

出典）憲法委員会 1990 年，Rumiantsev (2007, pp. 597-663)；「ロシア共産主義者」1990 年，*Sovets*
　　　憲法委員会 1992 年 3 月，4 月，Rumiantsev (2008b, pp. 80-120, 725-774)；サプチャク，www.co
　　　憲法委員会 1992 年 11 月，*KV*, 13, November 1992, pp. 25-115；大統領 1993 年 4 月，*KS*, 1, 1995,
　　　年，www.constitution.garant.ru/DOC_124.htm；大統領 1993 年 7 月，*KS*, 17, 1995, pp. 361-412

| 大統領権限) | 憲法委員会草案 (1992年11月11日) | 大統領草案 (憲法会議へ提出) (1993年4月29日) | 憲法委員会草案 (1993年5月) | 会派「ロシア共産主義者」(Rossiiskaia gazeta, 1993年6月24日) | 大統領草案 (憲法会議に提出) (1993年7月12日) | 大統領草案 (1993年11月10日)(国民投票によって採択) |
|---|---|---|---|---|---|---|
| フライ草案 権力を率 (1) | ロシア連邦の最上位の政治的人格, 執行権力を率いる (92(1)) | 国家元首 (70) | ロシア連邦の最上位の政治的人格 (92(1)) | 不在 | 国家元首 (80) | 国家元首 (80) |
| | 存在 (97) | 不在 | 存在 (93(1)(g), (zh)) | 不在 | 不在 | 不在 |
| | 議会の同意を得て任命, 罷免も可 (93(1)(b), (zh)) | 議会に候補者を提案 (73) | 議会の同意によって任命, 罷免も可 (93(1)(g), (zh)) | 最高会議によって選出 (88) | 候補者を議会に提案 (83) | 候補者を議会に提案 (83) |
| の同意を 任命 (b)) | 議会の同意を得て任命, 罷免も可 (93(1)(b), (zh)) | 首相の提案を受けて(議会と相談後)任命 (73) | 議会の同意によって任命, 罷免も可 (93(1)(g), (zh)) | 首相が提案し, 最高会議が選出 (89) | 首相の提案によって, 任命および罷免 (83) | 首相の提案によって, 任命および罷免 (83(d)) |
| への再送 (5)) | 議会への再送付 (93(1)(zh)) | 議会への再送付 (103) | 議会への再送付 (89(5)) | 不在 | 議会へ再送付 (106) | 議会へ再送付 (107) |
| なし | 規定なし | 存在 (73) | 規定なし | 不在 | 存在 (84) | 存在 (84(b)) |
| 領にはな 会のみ 能 (1)(a)) | 大統領にはなし。議会のみが可能 (85(1)(g)) | 存在 (73) | 大統領にはなし。議会のみが可能 (86(1)(g)) | 最高会議のみ (79(9)) | 存在 (84) | 存在 (84(v)) |

*siia*, 24 November 1990;憲法委員会 1991年2月, Rumiantsev (2008a, pp. 63-115);
on.grant.ru/DOC_1203.htm;シャフライ, www.constitution.garant.ru/DOC_1202;
8;憲法委員会 1993年5月, www.rumiantsev.ru/kv/4/;「ロシア共産主義者」1993
1993年11月, *KS*, 20, 1995, pp. 546-587.

第２に，ロシア大統領府は共産党の財産の多くを引き継いでおり，資産面で一定の連続性がある。例えば，かつてソ連共産党の指導部が入っていたスターラヤ広場の建物は，現在ロシア大統領府の管轄下に置かれていることはよく知られている。ハスキー(Huskey 1999, pp. 51-54)によれば，大統領府は共産党から得た財産によって一種の巨大企業の体をなしている，という。

　第３に，ロシア大統領府の組織形態は，ますますソ連共産党中央委員会アパラートの組織形態との類似性を示すようになった(Ogushi 2009b, pp. 11-13; Okun'kov 1996, pp. 109-140)。大雑把にいうと，3種類の部局があるといえる。第１に大統領府内部の運営にかかわる部局，第２にカードルを運営する部局，第３に政策形成にかかわる部局である。そのスタッフの人数は劇的に上昇した。1991年には総勢96人だったものが，2002年には2600人にまで増加している(その後2100人程度まで削減されているが)。ちなみに，この約2000人というスタッフの数は，ソ連共産党中央委員会アパラートの数とほぼ同数である(Ogushi 2008, p. 34)。

　こうした，連続性・類似性は，何かの偶然なのだろうか，それとも意図されたものなのだろうか，もしくは意図はしていなくとも，何かによって余儀なくされたものなのだろうか。おそらく，この問題を理解する鍵は，ソ連からそのまま受け継ぐような形になった官僚機構にある。これは，ロシア連邦が官僚機構を整備する負担を軽減したが，その反面ソ連官僚制が極めて遠心的でセクショナリズムが強いという問題を，ロシア大統領府が抱え込むことも意味した。先述のように，ゴルバチョフの党官僚機構改組以前はソ連共産党中央委員会(とそのアパラート)が果たしてきた機能は，ソ連大統領府が果たすものと期待されていた。その機能とは，国家官僚機構諸部門の統合・調整である。先のシャフナザロフのメモランダムは，大統領府アパラートは，政府が果たせない機能である，行政諸レベル・諸部門の活動を調整するチームでなければならないと述べていた(GF, d. 18077)。この事情は，ロシアになっても変わっていない。現在のロシア大統領府の重要なスタッフはすべて政治的任用である。すなわち，多様な利害をそもそもから抱え込み，セクショナリズムや地方利益の弊害を被りやすい政府官僚機構と異なり，大統領

府のスタッフには，その政府官僚機構の統合機能を一体として果たすことが期待されている。シェフチェンコは，大統領府のスタッフは，「大きなひとつのチームである。すなわち，同質な人々の集合体である」と述べている(Shevchenko 2005, p.157)。大統領府が常に統合機能を果たすことができたかどうかはともかくとして，その役割こそはかつてはソ連共産党中央委員会（とそのアパラート）が担ってきたものであり，この機能こそが，ソ連共産党中央委員会とロシア大統領府の間の連続性・類似性を生んだものと考えられる。

この問題を考察するために，政府官僚機構のいくらかの側面に光を当ててみよう。ソ連から受け継いだ官僚機構が，遠心的であり，セクショナリズムが強いことを明らかにしたい。まずその数的な構成から，ロシアの官僚機構が強い遠心力を持っていることがいえよう。現在約160万人が公務員として，国家および地方諸組織に勤務している。公務員数は確かに近年急速な伸びを示しているが，官僚主義的なロシアという一般のイメージとは異なり，ロシアの官僚は先進諸国と比べ人口比の数的には少ない(松里1996)。さらに，その増加はほとんど連邦構成主体および地方レベルの増加によって生じている。厳密な意味での中央で働いている職員（連邦構成主体にある中央省庁の支部を除く）は当初から極めて少なく，下のレベルで生じたような急速な増加は示していない(Ogushi 2009b, p.14)。これは，ロシアの官僚機構が，潜在的には常に遠心的になりがちであることを含意している。

また，ソ連時代の省庁の縄張り争いは多くの研究者の注意を惹きつけてきた(Nove 1986, pp.49-53)。ソ連時代から経済体制は確かに変化したが，政府官僚機構のセクショナリズムはなくならなかったように思われる。例えば，議会での法の採択に関して，中央政府が省庁間の調整をするのを待たずに，各省庁が直接関連する下院の委員会へロビーしたことが報告されている(Chaisty 2006, pp.128-131)。また，ロシア政府の不安定性は，半大統領制の比較政治学の理論の影響もあって，もっぱら大統領と議会の関係によって説明されてきたが(Morgan-Jones and Schleiter 2004; Schleiter and Morgan-Jones 2008)，大統領令による極めて頻繁な政府機構の改編の理由の一端は，省庁間の争い

にもあった。省庁の相対的に大きな機構改革に関する大統領令である「連邦執行機関のシステムと構造に関して」や「連邦執行機関の構造の諸問題」(2008年12月現在で、これらは1997年12月23日の「政府法」制定以来10回公布されている)は、通常「効率的な執行権力の創設」を目的として挙げている。政府機構の改編によって政府の仕事がより効率的になった証拠はないが、こうした政府の機構改革は、セクショナリズムの是正を目指して、大統領府が主導で行っていることはほぼ明らかであろう。

一層の機構改革は、いわゆる「行政改革」を通して行われた。大統領令「2003-04年の行政改革遂行の諸手段に関して」(2003年7月23日)は、やはり執行機関の機能や権限の重複の削除や連邦執行権力と連邦構成主体の執行機関の権限区分の明確化を要求している。行政改革遂行のための委員会設置は、政府に委託され、その委員会には大統領府をはじめ中央および連邦構成主体の執行機関の代表が参加することになった。この改革の遂行はスムースには進まず、2005年10月25日には、政府は「2006-08年のロシア行政改革の概念」を発布し、国家介入の削減による企業家の育成などを計画した。こうした改革の結果、政府の活動が効率的になるかどうかはわからない。ともあれ、これらの改革は、執行機関がそのセクショナリズムと遠心的諸利益によって、損害を被っており、その是正が目的のひとつであることは明らかである。

こうして、大統領府は、ちょうどソ連共産党中央委員会が行っていたように、執行機関諸利益の統合・調整機能を行わなければならなくなった。このことは、近年の公務員制度改革のイニシアティブを大統領府が握っていることによっても裏付けることができる。ロシアの公務員制度改革はかなり早くから政治課題として認識されていたが、1992-95年に試された早期のものは、成功しなかったと考えられている。ひとつの不幸は、この改革を担った機関(Roskadry)は、法的には政府の管轄下に置かれながら、事実上大統領府の指揮下に入っていたために、政府と大統領府の間で引き裂かれてしまったことであった(*Russian Civil Service Reform* 2003, pp. 51-53)。1995年7月31日の「ロシア国家勤務の基礎」法によって、競争的任用や、競争的昇進システム、公務員の身分保障などを試みたが、こうした措置は紙の上の存在にとどまっ

たといわれている（*Russian Civil Service Reform* 2003, pp. 197-199; Huskey and Obolonsky 2003, pp. 24-25）。

　さらなる公務員制度改革は，プーチン政権下で試みられた。2001年8月15日ロシア国家勤務改革の諸問題に関する委員会を設置し，行政改革案を準備するための作業グループも設置した。そのグループの多くは，大統領府の職員からなっていた。2002年11月19日には新たな大統領令がこれに続き，公務員制度改革プログラムを明らかにした。このプログラムは，プログラムの調整者の役割を大統領府に委託した上で，ロシア官僚機構の多くの問題を指摘している。本章との関連では，国家勤務の統一性の原則が破られていることや連邦レベルと連邦構成主体レベルでの不一致などが挙げられていることが目を引く。すなわちセクショナリズムと地方主義である。それゆえ，同プログラムは国家勤務の統一性を確保する行政システムの設立を提案している。加えて，2003年5月27日に採択された法「ロシア国家勤務システムについて」は，「国家勤務」の定義を与えた上で，連邦レベルの国家公務員の官職のリストは大統領令によって制定されるとした。その後，2005年12月31日に，大統領令「連邦国家公務員職名表について」が公布された。さらに2004年7月27日に採択された法「ロシア国家公務員勤務について」が，1995年の旧法にとってかわった。旧法に比べ，公務員の市民への責任を明確にし，競争的採用と昇進とその第三者チェックの手続きを明らかにしている。これら一連の改革が統一的な公共サービスを目指しており，大統領府がそのイニシアティブを握っていることが重要である。大統領府の機能が，ソ連共産党中央委員会アパラートに似て，政府官僚機構諸部門の統合にあることは，以上の素描からも明らかにできたものと思われる。この機能的要請が，結果として，組織的・人的連続性・類似性をもたらしたのである。

## 5. 大統領権力の発展の一解釈
　　　──エリツィンからプーチン，メドヴェージェフへ

　かくして，ロシアの半大統領制は，共産主義時代の執行権力の二頭制から

やや複雑な経緯を経て発展してきた。さらに，現代ロシアの二頭制と共産主義体制の二頭制の相違や類似性は，ポスト共産主義ロシアの大統領権力の発展を理解するのに役立つように思われる。この観点から，ひとつの解釈を提示してみたい。憲法的には「超大統領制」ともいうべき圧倒的に強い権限を持つエリツィン大統領であったが，政府や議会，いくらかの連邦構成主体との関係にしばしば苦しんできた。ところがプーチン時代になって，強い反対勢力は姿を消し，一見，憲法どおりの「超大統領制」ともいうべき秩序が実現した。この変化は，共産主義体制の二頭制との対比によってある程度説明できる。

　まず，大きな背景として，ソ連崩壊後の革命状況の終焉がある。この点に関し，ソ連時代のソ連共産党と国家官僚機構の分業を想起することによって，ある解釈を提示することができる。ソ連時代，戦争や農業集団化といった非常事態時に党が前面に出て国家の側に盛んに干渉し，統治がルーティーンになったときに国家官僚機構が大きな役割を果たしたことはよく知られている。まさに統治が安定したブレジネフ時代に，西側の研究者が修正された多元主義論をソ連に導入し，従来の議論は党の役割を誇張していると批判したことは示唆的である(Hough 1977)。この分業にも似て，大統領府はソ連崩壊後の革命状況では，大きな役割を果たさなければならなかった。特に私有化は多くのエリートの死活的利害にかかわっており，その遂行過程で，エリツィン大統領は議会と対決し，数多くの政府関係者を任命しては罷免することを繰り返した。プーチン時代になって，そこまで大きな政治課題はもはや存在しなくなった。統治は，かつてに比べれば，ルーティーンになり，大統領府と政府の相互浸透も進んだように思われる。例えば，エリツィン時代に政府や議会をバイパスする形で乱発され続けた政策に関連する大統領令は，プーチン時代に入って，その数をかなり減少させた(Protsyk 2004, pp. 644-647)。さらに，エリートの構成もプーチン時代に入り，極めて安定するようになった(Kryshtanovskaya and White 2005)。プーチン時代の極めて強力な大統領は，逆にいうと，大統領の側が政府や議会など，他の組織に頻繁に干渉をせずに済んだから生まれたものである。政治秩序安定の背景としては，革命状況の

終焉があった[8]。

　とはいえ，こうした背景のみでは，プーチン政権下の変化を説明するのに十分でない。政治制度の改革を考慮に入れる必要がある。ここでも共産党体制と現行のロシアの政治制度の相違が示唆的である。最大の相違は，ロシア大統領には，ソ連共産党に匹敵するような「垂直権力」がない，ということである。ソ連共産党には，中央(ソ連共産党中央委員会)から連邦共和国，州，市・地区を経て職場(初級党組織)に至るまでの膨大な党官僚機構のヒエラルキーが存在しており(Ogushi 2008, pp.37-48)，この党官僚機構が国家官僚機構の活動を指示・調整・支援しながら，中央の政策を遂行してきたのであった。他方，ロシア大統領には，そのような垂直権力が欠けている。エリツィン時代には，その権力の及ぶ範囲がしばしば中央に限定された。他方，政府官僚機構は，多かれ少なかれ，そのヒエラルキーを維持することができた。これは，当時の大統領権力は極めて少ないリソースで，かつてのソ連共産党にも似た統合機能を果たさなければならないことを意味し，大統領権力の脆弱性の一因になった。

　それゆえ，プーチンによる垂直権力再興の試みは，かなりの程度ごく自然な反応であった。エリツィン時代末期から，連邦構成主体との権限の見直しをしなければならないという考えは打ち出され，一部は遂行され始めていたことは示唆的である(塩川 2007, pp.67-69)。大統領就任後，プーチンは中央集権化策を打ち出していく(Ross 2005)。中央と連邦構成主体の間に7つの連邦管区を設立して，連邦構成主体への監督を強めた。また，上院を改革し，かつては連邦構成主体首長と議会議長がそのまま連邦院議員になっていた仕組みを改め，連邦構成主体が自己の執行機関と代議機関の代表を別に選び派遣するようになった。さらに，大統領は，連邦構成主体首長や地方議会が，連邦法と矛盾する方策を行った場合，警告の後その首長を解任し議会を解散する権限を得た。ベスランの惨劇の後，プーチンはさらなる中央集権化策を講じた。すなわち，連邦構成主体首長の(地方議会の承認は必要であるが)事実上の大統領による任命制である。

　加えて，与党「統一ロシア」党の発展もこの文脈から考えることができる。

大統領府と政府官僚機構との関係で，統一ロシアは興味深い発展を示している。上述のように中央集権化された下でのロシア大統領の権力でさえ，介入ができるのは連邦構成主体レベルまでである。しかしながら，政党は，たとえそれが行政機構によって作られた「権力党」もしくは「政府党」であったとしても，論理的には社会の末端にまで根を下ろす可能性がある。あまり知られていないことであるが，統一ロシアは政府官僚の機構のためのカードル育成に乗り出している。ある党官僚は，筆者とのインタビューで党がそれを望んでいることをあっさりと認めた。その後，2006年の第7回党大会で，当時統一ロシア議長のグルィズロフ（Boris Gryzlov）はカードルの候補者（rezerv）を育成することを呼びかけた。これはプーチン大統領自身によって示唆されたことであるといった。この案は，その後「国の専門チーム」プロジェクトとして公表された。これによって，党が，国家行政，生産，マスコミ，教育等，6部門にわたり，計7500人の将来の幹部候補生を募集・選抜した。その後もこのプロジェクトは，党の一貫した関心事項であり続けている。こうして，大統領府は，政府官僚機構を監督する力を一定程度獲得し，プーチン時代の政治的安定に貢献したのである。

　また，一般に半大統領制においては，政党システムの安定が統治システムの安定に貢献することはよく知られている（Protsyk 2006）。これは多くの場合，議会に安定した勢力が成立すれば議会と政府と大統領との関係も安定するためである。この支配政党の安定と統治システムの安定に関する議論はロシアにも当てはまる（Chaisty 2008）。1999年の選挙直後では，統一ロシアの前身である「統一」と「祖国・全ロシア」会派の下院での議席率は，28.5％にすぎなかったが，任期終了時には，31.5％に微増し，2003年の選挙では，統一ロシア会派の議席率は約68％まで躍進した。そして2007年選挙では70％の議席を確保している[9]。さらに，2003年以降，統一ロシアは下院の主要ポストである委員会議長，および第一副議長のポストをほぼ独占するようになっている。かつてエリツィン大統領を苦しめた下院は，「ラバー・スタンプ」の様相を呈するようになった。もっとも，圧倒的な支配政党（政府党）の成立は，波風の立たない議会審議の背後で，彼らと政府や大統領府による事前協議

(いわゆるゼロ読会)の制度化をはじめ，政府党の影響力強化をもたらし始めている(Ogushi 2009a)。

以上の中央集権化と政府党育成のひとつの帰結が，2009年4月の連邦構成主体首長任命方式の変更に関する法改正であった。メドヴェージェフ大統領は2008年の大統領教書演説において，首長の任命を，その地方議会第一党による推薦に切り替えることを提案した。その後4月5日に改正法が公布され，地方議会第一党の中央指導部によって首長候補を大統領へ推薦することになった。こうして，中央およびほとんどの地方議会で多数を占める「統一ロシア」は，連邦構成主体首長の任命に影響力を行使できるようになった。

革命状況の終焉と政治制度・組織の発展により，政治秩序の安定がもたらされ，そのような安定があって初めて，メドヴェージェフとプーチンのタンデムが現実のものとなった。つまり，安定がタンデムを生んだのであって，その逆ではない。この解釈が正しいとすれば，憲法体制から安定性・不安定性を導き出し，現在のロシアの半大統領制のタンデムは本質的に不安定である，と主張する説は当たらない。憲法体制の変化がなくても，他の要因によってすでにある程度の安定が達成されており，それが現在のタンデムを生んだからである。ロシアのタンデム崩壊の可能性はないではないが，それはおそらく外因的なものによってであり，内因的な要因によってタンデムが崩壊することはないように思われる。

実際，革命状況の終焉，支配政党の安定，支配政党への一定の権限移譲は，多くの旧ソ連諸国に共通した現象であり，これらが生じた国では比較的安定した政治情勢を保っている。私有化のような強烈な政治課題が一応の終焉を見たことは，すべての旧ソ連諸国で共通していよう。その後の政治秩序の安定性を説明するのは，政党などの政治組織の発展である。表3-1の3～5列目は，バルトを除く旧ソ連諸国で，大統領の交代の有無，支配政党(政府党)の有無，中央議会への権限移譲の有無をまとめたものである。強力な権限を持った大統領が退陣し，その前後に安定した支配政党が成立した国では，大統領から議会(支配政党)への何らかの権限移譲(特に首相任命に関して)が生じていることが多い。権限移譲が生じていない国でも，支配政党の存在は，

指導者の交代を円滑にしたように思われる[10]。支配政党が欠如した場合，大統領の交代は大きな政治闘争を伴った。1999-2000年のロシア，2003年のグルジア，2004年のウクライナ，2005年のクルグズスタンなどである。これらは，大統領府が政府や議会に対して強烈な介入を行わなければならない強い政治課題のあった時代が終焉し，統治がルーティーンになってきたこととともに，政治制度改革や政党をはじめとする政治組織の発展が政治的安定に重要な役割を果たしていることを含意していると考えられる。

## 6. むすび

以上の議論をまとめ，今後の課題を提示してむすびとする。第1に，現行のロシアの執行権力の二頭制は，共産主義時代の二頭制が，複雑な経緯を経てではあるが，発展したものである。したがって，ロシアにおける憲法体制の選択の余地はかなりの程度，それ以前の政治秩序によって拘束されていた。多くの政治学者が，民主的安定のためのよりよい憲法体制を提案してきたが，それは憲法体制が空白から生まれ，アクターが自由に選択できるかのような想定に立っている。しかし，これは現実離れした想定であるといわなければならない。近年の比較政治学の研究でも，大統領制の危機も憲法体制選択の問題も，存在しない問題である，という結論を導き出す者が出てきた（Cheibub 2007）。

第2に，ロシアの大統領府は，政府官僚制を統合する役割を果たすことを余儀なくされた。このことは，ロシアの官僚制を一層研究する必要があることを示している。これまで，政府の不安定性は，もっぱら大統領と議会の関係から説明されてきたが，政府官僚制それ自体の問題は軽視されてきた。ロシアの官僚制がどのようなものであるのか，本章では素描しかできなかったが，より深く実態解明をする必要があろう。

第3に，ロシアでは，政治秩序の安定と政府党などの政治組織の発展に相関関係があった。他の旧ソ連諸国でも，同様のことがいえそうである。支配政党の形成に失敗した諸国では，大統領交代の際，激しい政治闘争が待って

いた。本章はロシアを事例に,「統一ロシア」が果たす役割を,大統領府や政府官僚制と関連させて考察したが,今後,その他の旧ソ連諸国の政府党が,ポスト共産党体制の半大統領制の下で果たす役割を,大統領府,政府,議会と関連させて統合的に研究する必要があろう。

〈付記(2010年8月20日)〉

　本章は,2009年4月に最初の原稿を提出したのち,同年8月末に修正を施した。その後,本章で扱っている諸国に関して変動があった。モルドヴァでは,依然として議会が大統領選出に失敗し,再び大統領公選制を導入する憲法改正が視野に入っている。ウクライナでは,ヤヌコヴィッチ(Viktor Fedorovych Yanukovych)大統領の就任とともに,政情が安定しつつある。また,クルグズスタンでは,2010年4月の政変により,バキエフ(Kurmanbek Salievich Bakiev)政権が崩壊した。これらの変化を織り込んで議論を修正することができなかったことをお詫びしたい。

　なお本章のように,研究対象が言語の多様な複数の国にまたがった場合,ラテン文字への翻字に際し,一貫性を保つことが困難を極める。多くの旧ソ連諸国では,ソ連崩壊直後しばらくはロシア語由来の人名表記が国外ジャーナリズムで広く行われた。本書の人名にはソ連崩壊直後の大統領名が多いので,ロシア語経由の翻字になっているものが多い。ただし,ウクライナ人など現地語からの翻字もある。ジャーナリズムなどで一般的なものはそれを優先したものもある(例,Yeltsin)。翻字の方式は,本文中の政治家などの人名は,я,юを ya, yuとし,軟音記号にも y を用いる変則英国方式を採用したが,文献を翻字する際には,図書検索の便宜を考慮し,アメリカ議会図書館方式を採用した。人名もアメリカ方式で統一しなかったのは,統一するとロシア人以外の人名の表記が慣用と大きく異なってしまうためである。一貫性を保てなかった点,読者の御海容を請いたい。

1) 本章の射程外にあるバルト諸国を別にすると,旧ソ連諸国の中で,大統領を議会による任命制にしている事実上議会制の国は,2000年の憲法改正以降のモルドヴァのみである。現在アメリカ型の純粋な大統領制の国はないといっていい。とはいえトルクメニスタンをどう定義するかは難しい。2008年9月の新憲法採択以前では,首相はいないが,権力分立が曖昧であり,人民評議会という独自の制度や議会の定数が多すぎ機能しないなど,アメリカ型と呼ぶには問題があったようである(宇山2004, p. 63)。新憲法採択後も首相は存在せず権力分立は曖昧であるが,人民評議会を廃止し議会の定数を削減することで,議会を機動的にするなど,若干だけアメリカ型に近づいたように見える。また,1995年から2004年の憲法改正までのグルジアはアメリカ型の純粋大統領制に近い憲法体制を採用していた。本章註5を参照せよ。なお,東欧諸国の大統領制に関しては,本書第1章の平田論文および仙石(2004)を見よ。

2) ただし,シャフナザロフはその回想録で,ゴルバチョフ周辺はアメリカ型の大統領制がふさわしいと考えていたと述べている(Shakhnazarov 1993, pp. 137-138)。
3) 松里(Matsuzato 2006)は,ポスト共産主義の半大統領制の類型として,リトアニアやポーランドの東欧型,ウクライナに代表される共産党発展型(ユーラシア型),モルドヴァやアルメニアの境界型の3類型を提唱している。本章では,東欧型を分析の外に置き,中央アジア諸国を入れているので,ロシアとウクライナは,顕著な連続性を示す中央アジア型と複雑な経緯をたどった境界型の中間型として解釈している。
4) ユニークな軌跡をたどったのはベラルーシである。独立志向は弱く,ソ連崩壊に至るまで大統領ポストも設置されず,1994年の新憲法採択後に行われた初の大統領選挙で勝利したのは,共産主義時代から首相だったケービッチ(Vyacheslav Frant-sevich Kebich)ではなく,独立系候補だったルカシェンコ(Aleksandr Grigoryevich Lukashenko)であった(Arkadyev 2008)。その後の,ルカシェンコ政権下のベラルーシの政治は,よく知られているとおり長期独裁政権であるが,執行権力の二頭制は維持されている。
5) グルジアでは,反対派指導者から初代大統領になったガムサフルディア(Zvid Gamsakhurdia)が1992年に追放され,新指導者としてグルジア共和国党第一書記やソ連外相を歴任したシェワルナゼ(Eduard Amvrosievich Shevardnadze)が帰還し,国家評議会議長に就任した。その後,最高会議議長を経て,1995年に新憲法採択の後に大統領に就任した。その採択された憲法は,アメリカ型の純粋大統領制(に近いもの)を採用した。その後2004年の憲法改正で,半大統領制を採用している(Papua-shvili 1999; Kochlamazashvili 2004)。
6) 1990年5月3日の政治局会議でのゴルバチョフの発言を見よ。「さて,ロシア共産党である。二重権力の危険,これは現実のものである,同志諸君」(Tsentr Khraneniia Sovremennoi Dokumentatsii, fond 89, perechen' 42, delo 28, p. 28)。
7) 当時の憲法をめぐる闘争は,政治制度をめぐる争いと並んで,連邦制度をめぐる争いでもあったが,ここでは前者のみを扱う。後者の問題に関しては,塩川(2007, pp. 27-65)を参照せよ。
8) 革命状況は1996年の大統領選挙あたりで終焉しつつあったが,その後のエリツィンの健康状態の悪化や1998年の金融危機は事態を再度複雑にした。
9) ポスト社会主義国の選挙・政党データベース(ロシア)を参照(http://area.net.cias.kyoto-u.ac.jp/infolib/meta_pub/G0000003Post)(2010年12月18日に接続を確認)。
10) 例外は,まだ指導者の交代が生じておらず,議会全体として大統領翼賛ではあるが,それが支配政党の形態をとっていないベラルーシ(ルカシェンコ以降),ウズベキスタン,また,議会への権限移譲が生じたにもかかわらず,支配政党が成立せずに,政府形成の連立工作が混乱を続けているウクライナである。この中で,前二者は,大統領の交代をまだ視野に入れていないために,与党の制度化を怠っているのかもしれない(したがって,大統領の老齢化・死去は,熾烈な後継者争いを招くかもしれない)。また,ウクライナでは,6章の溝口論文が指摘するように,地方政治指導者が中央政治

の舞台で政党を組織できるように制度変更がなされてしまったために，混乱し続けているように見える。モルドヴァでは，2009年4月の議会選挙で，共産党が大統領指名に必要な5分の3の議席数を若干下回ったため，7月に再度議会選挙が行われ，共産党は過半数を若干下回った。そのため，大統領指名に関して現在も混乱が続いている。今後ウクライナのような軌跡をたどるか，それとも妥協を見出せるかは不明である。なおグルジアでは，2003年には与党市民同盟は解体しており，シェワルナゼ大統領はこれといった支持母体を持っていなかった（前田 2006, pp. 7-8）。

## 参 考 文 献

Arkadyev, Andrei (2008), "Belarus: a case of unsuccessful semi-presidentialism (1994-1996)," in Robert Elgie and Sophia Moestrup, eds., *Semi-presidentialism in Central and Eastern Europe*, Manchester: Manchester University Press, pp. 14-31.

Birch, Sarah (2008), "Ukraine: presidential power, veto strategies and democratisation," in Robert Elgie and Sophia Moestrup, eds., *Semi-Presidentialism in Central and Eastern Europe*, Manchester: Manchester University Press, pp. 219-238.

Chaisty, Paul (2006), *Legislative Politics and Economic Power in Russia*, Basingstoke: Palgrave Macmillan.

Chaisty, Paul (2008), "The Legislative Effects of Presidential Partisan Powers in Post-Communist Russia," *Government and Opposition*, Vol. 43, No. 3 (Summer), pp. 424-453.

Cheibub, José Antonio (2007), *Presidentialism, Parliamentarism, and Democracy*, New York: Cambridge University Press.

Elgie, Robert (2005), "From Linz to Tsebelis: Three Waves of Presidential/Parliamentary Studies?" *Democratization*, Vol. 12, No. 1 (February), pp. 106-122.

Elgie, Robert (2007), "What is semi-presidentialism and where is it found?" in Robert Elgie and Sophia Moestrup, eds., *Semi-presidentialism outside Europe: A comparative study*, Abingdon: Routledge, pp. 1-13.

Fish, M. Steven (2000), "The Executive Deception: Superpresidentialism and the Degradation of Russian Politics," in Valerie Sperling, ed., *Building the Russian State: Institutional Crisis and the Quest for Democratic Governance*, Boulder: Westview, pp. 177-192.

Gel'man, Vladimir (2000), "'Sil'naya ispolnitel'naya vlast': Prezident i ego pravitel'stvo," in G. V. Golosov and E. Yu. Meleshkina, eds., *Politicheskaia sotsiologiia i sovremennaia rossiiskaia politika*, St. Petersburg: Boreiprint, pp. 195-225.

Herzig, Edmund (2005), "Politics in independent Armenia," in Edmund Herzig and Marina Kurkchiyan, eds., *The Armenians: Past and present in the making of national identity*, Abingdon: RoutledgeCurzon, pp. 166-179.

Hough, Jerry F. (1977), *The Soviet Union and Social Science Theory*, Cambridge, MA.: Harvard University Press.

Huskey, Eugene (1999), *Presidential Power in Russia*, Armonk: M. E. Sharp.

Huskey, Eugene (2007), "Eurasian semi-presidentialism: the development of Kyrgyzstan's model of government," in Robert Elgie and Sophia Moestrup, eds., *Semi-presidentialism outside Europe: A comparative study*, Abingdon: Routledge, pp. 161-181.

Huskey, Eugene and Alexander Obolonsky (2003), "The Struggle to Reform Russia's Bureaucracy," *Problems of Post-Communism*, Vol. 50, No. 4, pp. 22-33.

Iurmaeva, E. A. (2005), "Pravitel'stvo v Rossii: istoriia formirovaniia i deiatel'nosti," in T. Ia. Khabrieva, ed., *Pravitel'stovo Rossiiskoi Federatsii*, Moscow: Norma, pp. 21-91.

Kochlamazashvili, Badri (2004), "Separation of State Power in View of the Constitutional Changes," *Georgian Law Review*, Vol. 7, No. 1 (http://www.geplac.ge/eng/glawreview.php) [2010年12月18日に接続を確認].

*Konstitutionnyi vestnik (KV)*, various issues.

*Konstitutsionnoe soveshchanie: stenogrammy, materialy, dokumenty, 29 aprelya-10 noiabria 1993 g. (KS)*, various issues.

Kryshtanovskaya, Ol'ga and Stephen White (2005), "Losing Power in Russia," *The Journal of Communist Studies and Transition Politics*, Vol. 21, No. 2, pp. 200-222.

Kuvaldin, Viktor (1998), "Prezidentstvo v kontekste rossiiskoi transformatsii," in Liliia Shevtsova, ed., *Rossiia politicheskaia*, Moscow: Moskovskii tsentr Karnegi, pp. 15-70.

Linz, Juan J. (1996), "The Perils of Presidentialism," in Larry Diamond and Marc F. Plattner, eds., *The Global Resurgence of Democracy*, 2nd ed., Baltimore, Maryland: Johns Hopkins University, pp. 124-142.

Matsuzato, Kimitaka (2005), "Semipresidentialism in Ukraine: Institutionalist Centrism in Rampant Clan Politics," *Demokratizatsiya*, Vol. 13, No. 1, pp. 45-58.

Matsuzato, Kimitaka (2006), "Differing Dynamics of Semipresidentialism across Euro/Eurasian Borders: Ukraine, Lithuania, Poland, Moldova, and Armenia," *Demokratizatsiya*, Vol. 14, No. 3, pp. 317-345.

Morgan-Jones, Edward and Petra Schleiter (2004), "Governmental Change in a President-Parliamentary Regime: The Case of Russia 1994-2003," *Post-Soviet Affairs*, Vol. 20, No. 2, pp. 132-163.

Mukhin, A. A. (2005), *Administratsiia prezidenta Rossii: Neofitsial'nyi vzgliad na ofitsial'nykh liudei*, 2nd ed., Moscow: Tsentr politicheskoi informatsii.

Nove, Alec (1986), *The Soviet Economic System*, 3rd ed., Wincester, MA.: Allen & Unwin.

Ogushi, Atsushi (2008), *The Demise of the Soviet Communist Party*, Abington: Routledge.

Ogushi, Atsushi (2009a), "Patronage under a Government-Party Regime: the Case of United Russia," paper presented to the 14th Annual World Convention of the Association for the Study of Nationalities, 23-25 April, New York, Columbia University.

Ogushi, Atsushi (2009b), "From the CC CPSU to Russian Presidency: The Development of Semi-Presidentialism in Russia," in Tadayuki Hayashi and Atsushi Ogushi, eds., *Post-Communist Transformations: the Countries of Central and Eastern Europe and Russia in Comparative Perspective*, Sapporo: Slavic Research Center, Hokkaido University, pp. 3-25.

Okun'kov, Lev A. (1996), *Prezident Rossiiskoi Federatsii: Konstitutsiia i politicheskaia praktika*, Moscow: Infra-M/Norma.

Papuashvili, Giorgi (1999), "Presidential Systems in Post-Soviet Countries: The Example of Georgia," *Georgian Law Review*, Third Quarter, pp. 3-23 (http://www.geplac.ge/eng/glawreview.php?id=1) [2010年12月18日に接続を確認].

Protsyk, Oleh (2004), "Ruling with Decrees: Presidential Decree Making in Russia and Ukraine," *Europe-Asia Studies*, Vol. 56, No. 5, pp. 644-647.

Protsyk, Oleh (2006), "Intra-Executive Competition between President and Prime Minister: Patterns of Institutional Conflict and Cooperation under Semi-Presidentialism," *Political Studies*, Vol. 54, No. 2, pp. 219-244.

Roper, Steven D. (2008), "The impact of party fragmentation on Moldovan semi-presidentialism," in Robert Elgie and Sophia Moestrup, eds., *Semi-presidentialism in Central and Eastern Europe*, Manchester: Manchester University Press, pp. 108-119.

Ross, Cameron (2005), "Federalism and Electoral Authoritarianism," *Demokratizatsiya*, Vol. 13, No. 3, pp. 347-371.

Rumiantsev, O. G., ed. (2007; 2008a; 2008b), *Iz istorii sozdaniia Konstitutsii Rossiiskoi Federatsii*, Vol. 1-3, Moscow: Wolter Kluwer.

*Russian Civil Service Reform: History of Reform Attempts from 1992 to 2000* (2003), (http://go.worldbank.org/7KHPSVLVQ0) [2010年12月18日に接続を確認].

Schleiter, Petra (2003), "Mixed Constitutions and Political Instability: Russia 1991-1993," *Democratization*, Vol. 10, No. 1, pp. 1-26.

Schleiter, Petra and Edward Morgan-Jones (2008), "Russia: the benefits and perils of presidential leadership," in Robert Elgie and Shophia Moestrup, eds., *Semi-Presidentialism in Central and Eastern Europe*, Manchester: Manchester University Press, pp. 159-179.

Shakhnazarov, Georgii (1993), *Tsena svobody: Reformatsiia Gorbacheva glazami ego pomoshchnika*, Moscow: Rossika Zves.

Shevchenko, Vladimir (2005), *Povsednevnaia zhizn': Kremlia pri presidentakh*, 2nd ed., Moscow: Molodaia gvardiia.

Sokolowski, Alexander (2001), "Bankrupt Government: Intra-Executive Relations and the Politics of Budgetary Irresponsibility in El'tsin's Russia," *Europe-Asia Studies*, Vol. 53, No. 4, pp. 541-572.

White, Stephen (1999), "Russia," in Robert Elgie, ed., *Semi-Presidentialism in Europe*, Oxford: Oxford University Press, pp. 216-231.

Wilson, Andrew (1999), "Ukraine," in Robert Elgie, ed., *Semi-Presidentialism in Europe*, Oxford: Oxford University Press, pp. 260-280.

上野俊彦(2001)『ポスト共産主義ロシアの政治——エリツィンからプーチンへ』日本国際問題研究所．

宇山智彦(2004)「政治制度と政治体制——大統領制と権威主義」岩崎一郎・宇山智彦・小松久夫編『現代中央アジア論』日本評論社，53-79 頁．

塩川伸明(2007)『ロシアの連邦制と民族問題——多民族国家ソ連の興亡Ⅲ』岩波書店．

仙石学(2004)「ポーランドにおける執政の変容——権力分担のシステムから効率的統治のシステムへ」『西南学院大学法学論集』第 37 巻第 1 号，49-69 頁．

立花優(2008)「新アゼルバイジャン党と政治体制」『アジア経済』第 49 巻第 7 号(7 月)，2-20 頁．

地田徹朗(2004)「ソ連時代の共和国政治——共産党体制と民族エリートの成長」岩崎一郎・宇山智彦・小松久夫編『現代中央アジア論』日本評論社，29-52 頁．

前田弘毅(2006)「グルジアのバラ革命——『革命』に見る連続性」藤森信吉・前田弘毅・宇山智彦『「民主化革命」とは何だったのか——グルジア，ウクライナ，クルグズスタン』(21 世紀 COE プログラム「スラブユーラシア学の構築」研究報告集第16 号)北海道大学スラブ研究センター，1-21 頁．

松里公孝(1996)「アパラート・デモクラシー——ロシアの中小都市，郡における政治と行政」『スラヴ研究』第 43 号，93-121 頁．

溝口修平(2005)「ソ連邦崩壊後の政治危機における『市民同盟』の役割」『ロシア史研究』第 77 号(12 月)，61-68 頁．

＊紙幅の都合上，新聞，法令集，国家官僚数の統計など一次資料に関する註と研究文献を大幅に割愛した．関心のある読者は，関係稿 Ogushi (2009b) を参照せよ．また，ロシア以外の旧ソ連諸国の憲法体制や政党の変遷に関して，本章で挙げた文献以外で

は，各国大統領府，議会などのウェブサイト，現地の露語紙，Radio Liberty, OSCE の選挙レポートの情報に依拠した。

# 第 2 部
## 政党システム形成の比較分析

# 第4章　政党戦略と政党間競合
——東中欧政党システムにおける二極競合化？——

中田瑞穂

## 1. 政党システムにおける政党間競合構造

　東中欧諸国の体制変動から20年が経った。政党システムは民主化，固定化研究の焦点のひとつであり，この間，クリーヴィッジ構造と政党システムの形成や，形成された政党システムの安定性についての研究が積み重ねられてきた。政党システムの安定性に関しては，通常，政党の数，選挙民の政党帰属意識などが着目される。この観点からは，選挙変易性の高さ，新政党の頻繁な出現，確固たる地位を築いたかに見えた政党の突然の没落，政党の分裂や合同などの特徴を持つ東中欧の政党システムは，十分安定していないと見なされてきた。東中欧諸国の中では，チェコとハンガリーが相対的に安定し，ポーランドとスロヴァキアが不安定と評価されている(Jungerstam-Mulders, ed. 2006; Lewis 2006)。

　しかし，議会選挙と政権構成の2つのレベルにおいて相互に競合する政党が形成するのが政党システムであり(Wolinetz 2006, p.51)，東中欧諸国の政党システムの安定化について考察するためには，政党の数や顔ぶれに加え，これらの政党がどのように競合しているかを分析する必要があろう。

　そこで本章では，東中欧諸国のうち，安定的と見なされるチェコと，不安定と見なされるスロヴァキアの2国を取り上げ，2006年の選挙に関して政党間競合構造の分析を行う。

　その際，特に興味深いのは，東中欧諸国においても，二極競合化が観察で

きるかという点である。西・北欧の既存民主主義諸国，南欧の新民主主義国，また，1990年代に政治改革を行ったイタリアや日本では，二極競合化が見られるという指摘がある(Mair 2006, p.65)[1]。これは民主主義の性質にもかかわる重要な変化である。

東中欧諸国では，自由選挙の導入に際し，多くの場合比例代表制が導入された。制度設計者の意図としては，穏健多党制の下で，少数者の意見も反映される連合政治を想定していたと考えられる。これは，1990年代に政治改革を行ったイタリアや日本が政権交代を重視し，小選挙区の導入などの制度設計を行ったこととは対照的であった。それにもかかわらず，二極競合化が観察できるかどうかは，東中欧の民主主義が現在進んでいる方向について，大いに示唆的である。そこで，特に二極競合化に注目して，政党間競合構造の分析を行いたい。

この二極化と関連するのが二ブロック化の概念である。二極競合と二ブロック競合は現象として重なる場合もあり，既存研究の中でも厳密に区別して使用されてはいないが，ここでは，二極競合は，政党システムの中で2つの大政党の競合が突出している状況をさし，二ブロック競合は，諸政党が2つのブロックに分かれ，ブロック間で競合が行われている状況をさすことにする[2]。

政党間競合構造の分析のために，本章では，政党が他党と競合する上でいかなる手段を採用するか，という意味での戦略に着目することにしたい(Mair, Müller and Plasser 2004)。政党はそれぞれ，選挙での支持を得るために，選挙民とのリンケージを形成する戦略を持っている。ここで強調したいのは，政党が利用できるリンケージのモードは，複数あるという点である。チェコやスロヴァキアで観察できるリンケージのモードとしては，①綱領によって選挙民への応答性を示す綱領的リンケージ，②魅力的で有能な政治指導者を示し，支持を調達するカリスマ的リーダーシップのリンケージ，また，③エスニック・マイノリティあるいは篤信的信者層といった共通の属性を持つ人々を集団として代表する，属性帰属意識に基づくリンケージが挙げられよう(Kitschelt 2007, pp.525-529, 中田2005)[3]。

本章では，リンケージのモードごとに政党の戦略をまとめ，結果として，そのモードにおいては，政党は相互にどのような競合パターンを作っているかを考察する。競合のパターンとして考えられるのは，その競合に力を注いでいるアクターの数，政党数が多い場合には，政党間にブロックが形成されているかいないか，そして相互の競合の強さである。

リンケージの中でどのリンケージにどれだけ力を入れることが有利か，どのリンケージが他党と競合する上で有利か，といった判断に基づく戦略の選択が，選挙民の支持をどれだけ手に入れられるかを左右する。そして，さまざまな政党のリンケージ戦略を基礎として，政党間競合構造が形作られることになる。

また，政党間競合構造は，選挙民獲得のための政党のリンケージ戦略だけで決定するわけではない。政党間の競合は，政権連合をめぐっても行われている。また，選挙民の側の選好状況も，リンケージ戦略の持つ意味を左右することになる。そこで，これらを考察した上で，政党システム全体としての競合構造を検討したい。

分析の対象としては，2006年のチェコとスロヴァキアの選挙を取り上げる。両国を取り上げる理由は2点挙げられる。第1は前述のように，政党の数，顔ぶれに着目した場合，両国は，安定と不安定に二分される事例だからである。競合構造についても，安定と不安定というコントラストが見られるだろうか。

第2の理由は，「二極化」仮説にとって，両国がハードケースだからである。ポーランドやハンガリーでは1990年代から与党連合が選挙で大敗し，野党連合が政権をとるスウィングによる政権交代が活発で，二極競合化を早くから指摘されてきた(Szczerbiak 2007)。これに対し，チェコでは，中道政党を要とした連合政権が続いていた。またスロヴァキアでは，1990年代からメチアル(Vladimír Mečiar)の民主スロヴァキア運動を中心とする連合政権と，それに反対する勢力の間で政権交代が行われてきたが，1998年に反メチアル勢力が勝利した後，この政党間競合のパターンは崩れ，2000年代以降新たなパターンを模索していた。

比例代表制をとり，チェコでは5党，スロヴァキアでは6党の議会政党を持つ多党制の両国では，メチアル対反メチアルのような例外状況を除き，二極競合は成立しがたいように思える。それにもかかわらず，両国に関しても，二極競合を指摘する研究が現れてきている(Čaloud, Foltýn and Havlík 2006; Foltýn 2006; Gyárfášová and Krivý 2007)。ハードケースであるチェコとスロヴァキアでも二極競合化が見られるとすれば，東中欧政党システムの研究上，重要な意義を持つ。しかし，両国の二極競合化について，政党間競合に関する理論的焦点を絞った上での実証的な研究はまだ十分現れているとはいえない。選挙競合と政権競合，二極競合と二ブロック競合を区別した議論も行われていない。そこで，本章では，この両国を取り上げ，二極競合というパターンが観察されるかどうかを前述の枠組みに基づいて検証する。その際，このパターンがいつ生じたものか，また今後もこのパターンが持続する可能性についても検討を行い，政党システムの「二極競合化」と見なしうるのか，また政党間競合構造の安定性についても考察する。

分析の素材は，政党の選挙綱領を中心とし，その他世論調査結果や，選挙キャンペーンについての研究を参考とする[4]。

## 2. チェコ共和国の2006年選挙に見られる政党のリンケージ戦略と政党間競合

チェコ共和国の2006年選挙において議席を獲得した政党は，市民民主党，緑の党，キリスト教民主連合=チェコスロヴァキア人民党(以下，キリスト教民主連合)，チェコ社会民主党(以下，社会民主党)，ボヘミア・モラヴィア共産党の5党であった(表4-1)。2006年選挙までの与党連合は，社会民主党とキリスト教民主連合，自由連合から構成されていたが，自由連合は議席を失った。選挙後は7カ月に及ぶ連合交渉の末，市民民主党，緑の党，キリスト教民主連合による政権連合が成立した。これらの政党は，有権者の支持獲得，政権獲得という政党間競合上，どのような戦略をとり，相互にどのような競合関係にあったのだろうか。

表4-1　チェコ共和国選挙

| 政党 | 2002年選挙 得票数 | 得票率 | 議席数 | 2006年選挙 得票数 | 得票率 | 議席数 |
|---|---|---|---|---|---|---|
| 市民民主党(ODS) | 1,166,975 | 24.47 | 58 | 1,892,475 | 35.38 | 81 |
| 自由連合-民主連合(US-DEU) | | | 8 | | | |
| 緑の党(SZ) | | | | 336,487 | 6.29 | 6 |
| キリスト教民主連合=人民党(KDU-ČSL) | | | 21 | 386,706 | 7.22 | 13 |
| 連合(Koalice)：KDU-ČSLとUS-DEU | 680,671 | 14.27 | (31) | | | |
| 社会民主党(ČSSD) | 1,440,279 | 30.2 | 70 | 1,728,827 | 32.32 | 74 |
| ボヘミア・モラヴィア共産党(KSČM) | 882,653 | 18.51 | 41 | 685,328 | 12.81 | 26 |
| 無所属 | | | 2 | | | |
| 計 | | | 200 | | | 200 |
| 投票率 | | 58.00% | | | 64.47% | |

出典）http://www.volby.cz/index_en.htm［2010年2月25日に接続を確認］

## 2.1. 綱領リンケージ戦略と政党間競合

### 2.1.1. 綱領・イデオロギー

　チェコ共和国の各政党は，従来から綱領的応答性には力を注いできたが（中田 2005），2006年選挙は，各党が詳細な選挙綱領を発表した点が特徴的であった。2002年までは，市民民主党，社会民主党の選挙綱領は個別具体的な公約事項が中心であり，党の長期，中期目標を掲げる綱領と差異化されていたが，2006年の選挙綱領は経済，社会保障，保健，文化教育，外交安保政策等，広範な分野にわたり，党の基本姿勢を示すと同時に具体的な施策を提示する形になっている。そのため，選挙綱領の長さもそれぞれ3倍，6倍程度となった（表4-2）。市民民主党，社会民主党の選挙綱領はほぼ同じ長さであり，緑の党がやや長く，キリスト教民主連合がやや短いが，この4党はほぼ並んでいるといえる。いずれも網羅的かつ詳細な選挙綱領である。

　内容的には，市民民主党が最も独創的であり，均一所得税制，ベイシッ

表 4-2　選挙綱領の比較

| | | 2006 年の選挙綱領の語数(概数) | 2002 年の選挙綱領の語数(概数) |
|---|---|---|---|
| チェコ共和国 | 市民民主党 | 26,000 | 7,700 |
| | 緑の党 | 30,000 | |
| | キリスト教民主連合 | 21,000 | |
| | 社会民主党 | 26,000 | 4,000 |
| | 共産党 | 7,000 | |
| スロヴァキア | 民主キリスト教連合 | 18,000 | 9,700 |
| | キリスト教民主運動 | 8,000 | 6,400 |
| | 民主スロヴァキア運動 | 6,300 | |
| | 方向 | 10,500 | 4,500 |
| | スロヴァキア国民党 | 24,300 | 21,400 |
| | SMK(スロヴァキア語版) | 21,300 | |

ク・インカム，大学卒業生からの高等教育資金徴収などが提案されている。同党は 1998 年から 2002 年までは，社会民主党少数派政権に閣外協力していたが，社会民主党と中道 2 政党からなる，2002 年からの中道左派政権に対しては，野党の立場に立っていた。そのため，現実政策上の妥協を弁明する必要がなく，綱領的な立場も明白であり，それに基づく新しい政策提案が目立っている。

　それに対し，社会民主党とキリスト教民主連合の選挙綱領は，詳細ではあるが，内容的にはやや曖昧なものになっている。社会民主党の選挙綱領は，タイトルである『安全と繁栄』に表れているように，2002 年から 2006 年の政権期の経済成長の成果を正面に出しつつ，さらなる経済成長と生活水準の向上を目標に掲げている。これまでの政府の路線を踏襲しつつ，先に進めていくことを主張しているため，政策提言も具体的で実行可能性は高いが，新味は見られない。社会国家，人々の連帯に基づく社会を主張し，人々に尊厳ある生活を保障する社会扶助を正当化する一方で，例えば失業給付に関しては，職探しを刺激することも抽象的には盛り込むなど，折衷的内容になっている。

　キリスト教民主連合は，社会民主党とも市民民主党とも異なる綱領的姿勢

を目指したとされるが，結果的には両者の折衷であり，政策にも特に目立った点がない。同性パートナーシップや中絶などはチェコでは争点にならず，他の社会，経済的争点では，他党との差異化ができなかった。

この選挙で初めて議席を得た緑の党の選挙綱領は，上述のように最も長く，詳細であるだけではなく，主張の独自性が項目の立て方にも表れている。第1に環境問題を掲げ，経済，地方，農業，運輸等の問題は，その枠組みの中で扱われている。第2に，市民の自由と権利も強調し，司法や治安問題もそれを考慮しつつ改革案が提示されている。前者に関しては，石油燃料からの脱却，温暖化対策，ゴミ問題，動物保護，後者に関しては16歳参政権，新しい家族像，ジェンダーによる差別の廃止，外国人統合，ロマ社会の統合，売春の合法化と規制を主張し，緑の党の独自性を強く打ち出している。また，チェコの緑の党の特徴は，社会保障，経済政策に関しては，リベラルな立場をとっていることである。例えば社会保障に関しては，削減の必要性を認め，地方分権化，民間セクターへの委託を支持する立場を明らかにしている。

共産党の選挙綱領は，網羅的ではあるが，他党の3分の1以下と短い。短い原因は，現在の政府の政策，その結果である現状についての評価がなされていないことと，政策提言の多くが抽象的であることにある。共産党の綱領的立場の中心は，政府が経済や社会の方向づけにおいて，積極的な役割を果たすべきであるという考えにある。社会民主党とは，具体的な政策における立場は共通する場合も多いが，社会民主党が社会の自発的役割を強調するのに対し，共産党は国家の役割を強調し，その点で異なっている。基幹産業の国有維持，外国投資の規制など，社会民主党とは政策面でも異なる結果になっている点も多い。少子化問題に関しても，共産党は，国民力の低下という点からアプローチするなど，市場経済─国家介入の軸では国家介入，リバタリアン─オーソリタリアンの軸では，オーソリタリアンの場所に位置する。

チェコの場合，各党の綱領的位置取りは比較的明確であり，それぞれの綱領的立場に共鳴する支持層に綱領的応答性で直接訴え，相互に住み分ける形になっている(図4-1参照)。競合が起こるのは，図4-1でいえば，円と円の間であり，綱領的立場でいえば，どちらの政党にも惹かれる可能性のある選

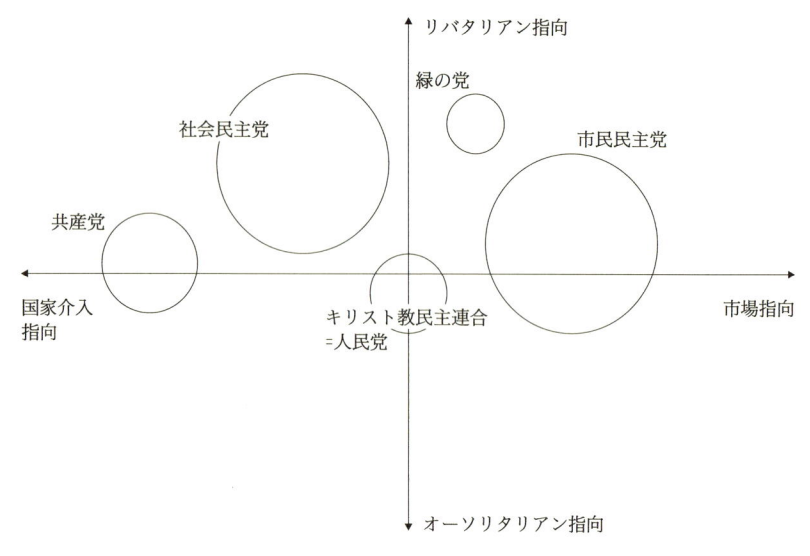

図 4-1　チェコ各党の綱領空間上の位置取り

挙民を奪い合う競合となる。

　緑の党の位置は，従来，市民民主同盟や自由連合-民主連合が位置していた場所であり，緑の党がこの選挙で議席を得られたのは，この場所を占めてきた自由連合-民主連合が失速したところに，緑の党が環境イシューを加え，この位置での綱領的応答性の構築についての代替的選択肢を提示し，この位置での競合に勝利したからといえよう。

　一方，最も綱領的主張が重なり合っているのは，社会民主党とキリスト教民主連合，社会民主党と共産党である。社会民主党は共産党と差異化するためにも，国家ではなく，社会，個人を中心に置いた政策を主張しており，個人，社会的連帯をカトリック的価値に基づいて重視するキリスト教民主連合と，綱領的主張が重なっている。そのため両者は厳しく競合しているように見えるが，実際には，後述するようにキリスト教民主連合は属性帰属意識に基づくリンケージ戦略を利用することができるため，リンケージ・モードのレベルで住み分けている。

## 2.1.2. 相対的位置による競合

　綱領的応答性に基づく空間的競合の中には，上記のように綱領的立場，実現したい世界観そのものを訴えるのではなく，綱領的なイデオロギー配置上の相対的な位置の違いを強調する競合も存在する。これは，イデオロギー，世界観の対立状況を描いて，その中での自党の相対的位置を明確化する戦略である。

　どのような対立状況を描くのかは，有権者のイデオロギー分布状況についての政党の認識と，選挙後の政権をめぐる戦略が大きく影響を及ぼす。

　各党の選挙綱領を見ると，選挙綱領の中に競合相手が明示されている場合と，そうではない場合がある。市民民主党，社会民主党，共産党の3党は，選挙綱領の前文で，対決相手を明確に示し，2006年選挙を2つの選択肢の分岐点と位置づけた。

　市民民主党の場合，選挙綱領の冒頭部分で，2006年選挙は2つに1つの大きな選択のときであると述べ，社会民主党と共産党が結んで，過去の国家主導の社会に向かうのか，それとも市民民主党が市民とともに，個人を中心とする国家を作っていくのか，という分かれ目として選挙を位置づけている。社会民主党の掲げる社会国家という言葉は，市民民主党の選挙綱領の中では，「作り物の社会国家の幻想」という表現で使われているように，市民民主党の対決姿勢は明確であり，国家，官僚主義対個人の能力の自由な発揮という点を前面に打ち出している。

　社会民主党も選挙綱領の冒頭で，2006年選挙は，市民民主党の主張する，均一所得税制による未経験の危険な経済的実験か，社会民主党がこれまで国家を導いてきた安定と繁栄の社会国家か，どちらかの選択であると主張している。共産党の選挙綱領は，主に市民民主党によって代表されるネオリベラルの右派政治か，あるいは社会国家の基本的価値の維持と発展の努力で結ばれた左派の政治か，の岐路であると述べている。

　相対的な位置の違いを強調する競合として特に象徴的だったのは，社会民主党のポスターによるネガティブ・キャンペーンである。市民民主党の選挙綱領に対して，社会民主党は，選挙綱領の前文の中で，市民民主党を名指し

で批判したものの，選挙綱領の内容では十分対決できなかった。市民民主党が「市民民主党プラス」と書いたポスターで，同党の税制改革が各社会グループに与えるメリットを訴えると，社会民主党は，市民民主党のカラーである青を使って「市民民主党マイナス」との見出しの下に「最富裕層の税率を引き下げます，教育を有料化します」等と書いたポスターを掲げ，市民民主党の綱領的主張が有権者にマイナスの影響を与えることを主張した (Matušková 2006, p. 71)。市民民主党の綱領的主張とは対極の位置をとることを訴える，典型的な相対的位置競合の試みである。市民民主党の均一所得税制導入政策は，社会民主党，共産党の攻撃の的になった。市民民主党が，これらの攻撃に対し，綱領的立場から導入の意義を十分訴えることができなかったのは，選挙戦において市民民主党にとって不利な要素となった。

一方，市民民主党が選挙戦での社会民主党の追走を退ける上で効果的だったのは，別の形でのネガティブ・キャンペーンである (Matušková 2006, p. 75; Šaradín 2008, pp. 52-53)。「マスク」と呼ばれたキャンペーンでは，社会民主党の指導者らが仮面を持っているポスターに，旧体制下のチェコスロヴァキア共産党の略号である KSČ と社会民主党の略号 ČSSD を接合した KSČSSD という略号が大きく書かれ，社会民主党は仮面をかぶったチェコスロヴァキア共産党だと暗示している (現在のチェコの共産党はボヘミア・モラヴィア共産党を名乗り，略号は KSČM である)。社会民主党の綱領的立場が実際にはチェコスロヴァキア共産党と共通点を持っているという主張であり，選挙綱領の中で，市民民主党は未来志向，社会民主党と共産党の政権は共産主義の過去への回帰，後ろ向きの選択肢であると主張していたのと同じであるが，共産党一党支配時代の共産党というマイナスイメージを社会民主党に押し付ける，ややあざとい戦略であった。このポスターの自社広告スペースへの掲示を拒否する企業も現れ，このキャンペーンは途中で中止されたが，反共産主義をテーマとする相対的位置競合は，重要な役割を果たした。

共産党は，市民民主党の政策を批判するとともに，「私たちには違う答えがあります」として，自党の政策を訴えるポスターを作り，相対的な位置によるアピールとともに，綱領の内容そのものも訴えた (Matušková 2006, pp. 80-

81）。

　緑の党は市民民主党，社会民主党のどちらも意識せず，独自の綱領的立場を打ち出すことによって，かえって左右どちらからも支持者を惹きつけた。環境問題に関しては，市民民主党，社会民主党もすぐ選挙綱領，政策提言の中に取り込み，これ自体が争点にはならなかった(Čaloud, Foltýn and Havlík 2006, p. 12）。

　キリスト教民主連合は，自党は市民民主党と社会民主党の対決のどちらにも組みするものではなく，第3の勢力であると主張し，このような第3の極がチェコの議会には必要であると訴えた。「静かな力（Klidná síla）」という標語にもそれが表れている。しかし，実際に打ち出された綱領には，十分な独自性がなく，思うように支持を伸ばすことはできなかった。

　このように，相対的位置に関しては，市民民主党と，社会民主党と共産党の対立構造が強調された。しかし，ブロックについては，各政党は異なる見方を提示している。共産党と市民民主党は，共産党，社会民主党がひとつのブロックで，市民民主党と対峙しているという対立構造の認識では一致している。社会民主党は，左右の対決という点では一致しているが，共産党と社会民主党の関係については触れず，社会民主党対市民民主党という二大政党の対立として捉えている。

　政党の戦略がマスメディアによって報じられる様態も，政党間競合に影響を与える。マスメディアは，2006年選挙を，市民民主党と，社会民主党の対決として報じ，綱領の細部や他党の位置取りには焦点が当てられにくい傾向があった。

## 2.2. カリスマ的リーダーシップと政党間競合

　政治家のパーソナリティをめぐる競合は，社会民主党党首で選挙時の首相であったパロウベク（Jiří Paroubek）と，市民民主党党首のトポラーネク（Mirek Topolánek）の2政治家の一騎打ちとなった。チェコでは選挙時のテレビ討論会に，これまでは第三党以下の党首も招かれていたが，2006年選挙の最後のテレビ討論会は，同国で初めて，2党の党首のみの討論会と

なった(Petrová 2006, p. 47; Foltýn 2006, p. 180)。2党の中でも，社会民主党が特にパロウベクを選挙の顔として打ち出す戦略を展開した。市民民主党の側は，トポラーネク党首が地味なため，正面に立てる戦略ではなかったが，対決に引きずり出される展開になった(Matušková 2006, p. 70; Petrová 2006, pp. 46-47; Šaradín 2008, pp. 53-54)。このように，このリンケージ・モードにおいては，2つの大政党とそのリーダーの競合が観察される。ここでも，政党の戦略に加え，マスメディアの果たす役割も大きい。

## 2.3. 属性帰属意識や政党帰属意識に基づく競争性の低いモード

キリスト教民主連合は，モラヴィア中南部とボヘミア南部の，カトリック信仰の相対的に篤い地域に固定的な支持層を持っている。共産党は支持層の核となる党員と党の組織網が地方の小村にまで存在する。両党の選挙キャンペーンの焦点も，これらの固定支持層に向けられた。ただし，キリスト教民主連合は世俗化の進行によって，共産党は党員の70%が年金生活者という高齢化によって，固定支持層の縮小を被っており，共産党は青年組織の組織化など党員の若返りの努力を行っている。

その他のチェコの政党では社会的属性，政党帰属に基づく応答性の側面は弱い。社会民主党は，対象とする社会層，地域を絞らず，全国同一の選挙キャンペーンを展開した。

市民民主党も固定的な支持層が組織されているわけではないが，2005年7月と2006年2月に大規模な世論調査を行い，社会的地位や職業，収入，性別，居住地域などの社会的属性要素から市民民主党を支持する可能性のあるセグメント，支持する可能性のないセグメントを明らかにし，前者の個々のセグメントに対し的を絞った綱領上のテーマを立てた(Matušková 2006, p. 74)。また，潜在的支持者の多い首都プラハでは重点的なキャンペーンを行った。この場合，社会的属性と政党支持に関係はあるものの，固定的な帰属意識に基づいた政党支持とはいえず，綱領による位置的競合といえよう。

このように，属性帰属，政党帰属意識に基づく政党の応答性にリンケージ戦略の中心を置いている政党はキリスト教民主連合と共産党であり，これは

表 4-3　スロヴァキア選挙

| 政党 | 2002 年選挙 得票数 | 得票率 | 議席数 | 2006 年選挙 得票数 | 得票率 | 議席数 |
|---|---|---|---|---|---|---|
| 新市民同盟(ANO) | 230,309 | 8.01 | 15 | 32,775 | 1.42 | 0 |
| スロヴァキア民主キリスト教連合=民主党(SDKÚ-DS)[1] | 433,953 | 15.09 | 28 | 422,815 | 18.35 | 31 |
| ハンガリー人連合党(SMK-MKP) | 321,069 | 11.17 | 20 | 269,111 | 11.68 | 20 |
| キリスト教民主運動(KDH) | 237,202 | 8.25 | 15 | 191,443 | 8.31 | 14 |
| スロヴァキア国民党(SNS) | 95,633 | 3.33 | 0 | 270,230 | 11.73 | 20 |
| 真正スロヴァキア国民党(PSNS) | 105,084 | 3.65 | 0 | | | |
| 人民党=民主スロヴァキア運動(L'S-HZDS)[2] | 560,691 | 19.50 | 36 | 202,540 | 8.79 | 15 |
| 方向=社会民主(SMER)[3] | 387,100 | 13.46 | 25 | 671,185 | 29.14 | 50 |
| スロヴァキア共産党(KSS) | 181,872 | 6.33 | 11 | 89,418 | 3.88 | 0 |
| 計 | 2,875,081 | | 150 | 2,303,139 | | 150 |
| 投票率 | | 70.06% | | | 54.67% | |

注 1) 2002 年は SDKÚ 単独の結果。
　 2) 2002 年は HZDS 単独の結果。
　 3) 2002 年時の名称は「方向-第三の道」。
出典) http://www.statistics.sk/［2010 年 2 月 25 日に接続を確認］

他の政党にとっては二次的な重みしか持たないリンケージであった。

## 3. スロヴァキアの 2006 年選挙に見られる政党のリンケージ戦略と政党間競合

　スロヴァキアの 2006 年選挙において議席を獲得した政党は，スロヴァキア民主キリスト教連合=民主党(以下，民主キリスト教連合)(31 議席)，キリスト教民主運動(14 議席)，人民党=民主スロヴァキア運動(以下，民主スロヴァキア運動)(15 議席)，方向=社会民主(以下，「方向」)(50 議席)，スロヴァキア国民党(以下，国民党)(20 議席)，ハンガリー人連合党(20 議席)の 6 党であった(表 4-3)。2002 年から 2006 年選挙までの与党連合の中では，民主キリスト教連合，キリスト教民主運動，ハンガリー人連合党が議席を獲得したが，新市民

同盟は議席を失った。2006年選挙後は,「方向」,国民党,民主スロヴァキア運動による新連合政権が成立した。以下,チェコと同様に,政党の戦略と競合状況を分析する。

## 3.1. 綱領リンケージをめぐる競合

### 3.1.1. 綱領,イデオロギー

スロヴァキアでは,民主キリスト教連合,「方向」,国民党は従来から綱領的応答性に力を注いでいる。他方,民主スロヴァキア運動やキリスト教民主運動はその側面が弱かったが(中田2005),2006年選挙では強化が見られる。チェコと同様に2006年選挙は,各党の選挙綱領が詳細化した点が興味深い。2002年までの個別具体的な公約事項中心の選挙綱領とは異なり,2006年の選挙綱領は,政策分野をひとつずつ取り上げ,党の基本姿勢を示すと同時に具体的な施策を提示する形をとる変化がスロヴァキアでも見られる。民主キリスト教連合と「方向」の選挙綱領は,2002年選挙時に比べ長さが約2倍になった(表4-2)。しかし,それでも長さはチェコの諸政党の選挙綱領の約半分であり,相対的には公約宣言的な要素が強い。民主スロヴァキア運動,キリスト教民主運動も同様の選挙綱領を発表したが,民主キリスト教連合,「方向」に比べてもやや短めである。国民党は2002年時からずば抜けて長い選挙綱領を出しており,2006年選挙の選挙綱領も民主キリスト教連合,「方向」よりも長い。ハンガリー人連合党も詳細な選挙綱領を持つ。

それぞれの選挙綱領に表されている綱領的応答性の戦略は明快である。民主キリスト教連合は,「焦点はスロヴァキアの成功」と題した選挙綱領において,教育によって一人ひとりの市民の能力を高め,機会の均等を実現し,市民を中心とする社会を作るという方向性を示し,教育と経済,国家の効率化,家族,社会保障等について,ズリンダ(Mikuláš Dzurinda)中道右派政権の政策を引き継ぐ形で政策を提示している。「公正」という言葉が,選挙綱領中37回と頻繁に使われているが,ここでは機会の均等が公正であって,「行動的な市民と受動的な市民の間の平等を実現する試みは公正ではない」と明示的に表明されている。

それに対し，「方向」は，「民衆の方へ」と題した選挙綱領において，「連帯」と「社会国家」という2つのキーワードを用いて，できる限り広範な階層の市民が尊厳を持って生活を送る社会を提唱し，税制，社会保障，保健等の分野で市場と国家介入の結合を目指す政策を掲げる。「公正」という言葉は，2002年の選挙綱領では4回だったのに対し，47回使われ，選挙綱領のキーワードとなっている。ここでは「公正」は実質的な平等をさす言葉として用いられ，現状を「公正」ではないとして批判し，「公正さ」を回復するための国家の役割と社会的連帯の重要さが強調される。具体的には均一所得税制の見直し，医療の受給者負担金の廃止，労働組合との三者協議の復活などを掲げ，ズリンダ政権の改革にブレーキをかけ，見直す政策になっている。ただし，経済改革の見直しに関しては，スロヴァキアのユーロ加盟の障害とはならない範囲でという限定がついている。

このように，民主キリスト教連合と「方向」の選挙綱領は，経済，社会保障に対する国家の役割について，撤退と介入という明確な立場を強く押し出しているが，両者の実際の政策上の距離は綱領上の距離より小さい。

一方，キリスト教民主運動はその選挙綱領「スロヴァキアにおける品位ある生活のために」にて，社会経済政策上の明確な位置を示すことに成功していない。経済政策については，連合を組んでいた民主キリスト教連合と近く，均一所得税制の維持や財政赤字の削減，経営者の負担減を主張している。しかし，強い批判を受けた医療改革については，医療費受給者負担額を20コルナから5コルナにするという変更を公約し，国家の医療サービスにおける役割を確認するなど，折衷的な側面も見られる。キリスト教民主運動の独自性は，家族の価値の強調にあり，選挙綱領でも，婚姻関係にある男女の夫婦の保護を憲法に盛り込み，他のパートナーシップに同じ法的権利を与えようとする国際機関の圧力に対しスロヴァキアの家族法を守ることを筆頭に掲げている。その他，夫婦や家族，子供への給付金の支給も主張されている。スロヴァキアの国民的伝統を守る保守政党としての自己規定に沿った主張である。しかし，キリスト教的，伝統的価値観に基づく文化面の主張はこれ以上強く展開されているわけではなく，経済，社会政策にも反映されていない。

ハンガリー人連合党の選挙綱領は，マジャール系マイノリティの生活の向上を目指す党として，居住地域の発展，言語，文化的権利の保護に関して8年間の政府参加によって実現した成果を確認し，さらにそれを発展させる目標を示している。経済，環境，社会保障，文化，自治等の政策項目について，詳細に党の立場を表明しているが，基本的には中道右派政権で成し遂げた成果を維持すべきとの立場をとっており，そこに地方の発展，マイノリティの権利の立場からの独自の主張を付け加えている形になっている。

　国民党の選挙綱領は，2002年の「国民再生綱領」，2006年の「我々はスロヴァキア人である。スロヴァキアの政府をスロヴァキア人の手に」ともに，大部で，各政策分野についての国民党の立場を明らかにしている。社会，経済政策については，中道右派政権の改革に批判的な立場をとり，社会国家の必要性を主張してはいるが，具体的対案の提示は少ない。それに対し，憲法改正によって，スロヴァキアがスロヴァキア人の国民国家であることを明確化する，「国語法」制定によってスロヴァキア語教育の義務化を図るなど，ナショナルな主張に関しては，提案は具体的で熱のこもったものである。

　民主スロヴァキア運動の選挙綱領は，タイトルもなく，短く地味であり，この選挙に向けてどの点を特に強調しようとしているのか明白でない。社会，経済政策については，個人の責任と弱者への配慮の両方に立つ社会的市場経済の形成を支持するとし，どの論点についても中道的な立場をとっている。スロヴァキアのキリスト教的，国民的伝統と，社会的連帯を推進する党と自己規定しているが，それに沿った具体的な政策を唱導しているわけではなく，特色を消した選挙綱領になっている。

　以上のように，それぞれの政党の戦略が強化され，精緻化される傾向が見られた。民主キリスト教連合，「方向」，国民党，ハンガリー人連合党，キリスト教民主運動はそれぞれ明確な綱領的メッセージを発している。綱領的リンケージは二次元に整理され，経済軸では，民主キリスト教連合と「方向」がそれぞれ右と左に少しずつ寄っている。2党以外の政党は位置が重なり激しい競合が想定されるが，これらの政党の綱領リンケージは，オーソリタリアン—リバタリアンの軸で相違点が出されている(図4-2参照)。民主スロ

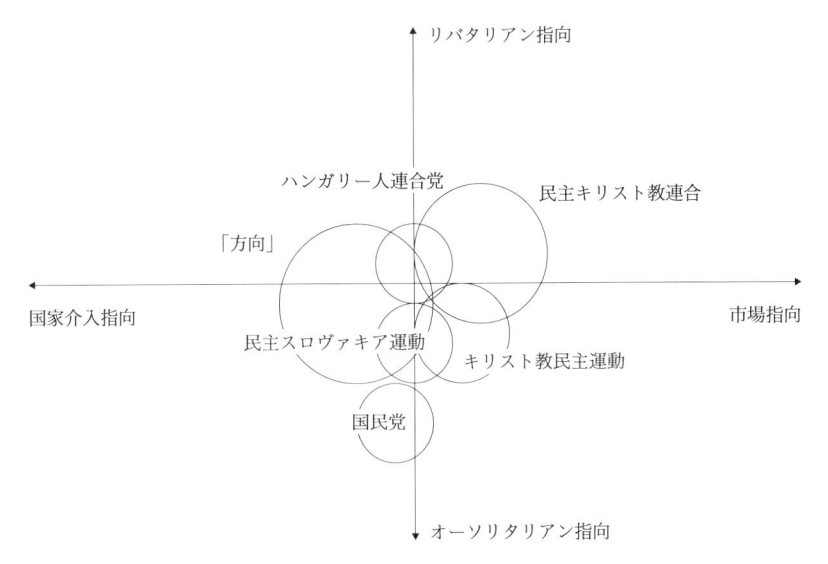

図 4-2　スロヴァキア各党の綱領空間上の位置取り

ヴァキア運動は綱領的リンケージに力を入れておらず，明確さに欠ける。中道諸政党のうち，ハンガリー人連合党とキリスト教民主運動は後述するように，固定的な支持層を持ち，綱領ではなく，属性帰属リンケージ・モードに力を入れている。

### 3.1.2. 相対的位置による競合

ではこのような綱領的位置取りの中で，各政党は，どのような相対的位置を強調しているのであろうか。選挙綱領の中で相対的位置を最も強く強調しているのは「方向」である。「方向」は，2002 年から 2006 年までの民主キリスト教連合，キリスト教民主運動，ハンガリー人連合党政権を「右派政権」と呼び，その「改革」を見直し，「社会的でエコロジーな指向性を持った市場経済」を目指すという「明白な政治的，経済的，社会的オールタナティブを提示する」ことを明言している。本文中でも，「右派政権」の政策への批判と「方向」のオールタナティブの提示を具体的に訴え，対立の構図を強調している。この立場は，2002 年選挙時の中道の位置取りから大きく変化している（Účeň 2004; Rybář 2007, p. 158）。

他方,民主キリスト教連合は選挙綱領の冒頭で,2006年の選挙を「成功し,教育され,公正で,市民的で安定したスロヴァキア」か,克服された問題であったはずの「社会国家の間違った幻想」に引き戻されるかの岐路とし,対立の構図を描いている。しかし,その他の部分では自己の綱領的立場を直接訴えることに主眼が置かれ,相対的位置の強調は見られない。

　これは選挙を与党として迎えたためとも考えられるが,同じ与党だったチェコの社会民主党とは対照的である。また他に与党であったキリスト教民主運動,ハンガリー人連合党の場合,相対的位置による競合はさらに見られない。野党であった民主スロヴァキア運動,国民党も同様である点は興味深い。全体として,チェコのような明白なネガティブ・キャンペーンは見られなかった(Šaradín 2008, p. 55; Školkay 2007, p. 100)。また,マスメディアの報道も,チェコと比べると,相対的な位置的競合を強調するものではなかった。このように,スロヴァキアの2006年選挙における相対的位置による競合はチェコよりも弱く,ブロックの形成も見られなかった。

## 3.2. カリスマ的リーダーシップをめぐる競合

　スロヴァキアの政党は,その創設者,中心的指導者と政党が同一視される傾向が強い。彼(女)らの政治家としての能力,魅力は有権者に対する応答性の中で,重要な位置を占めている。例えば,民主スロヴァキア運動がメチアル,「方向」はフィツォ(Robert Fico),国民党はスロタ(Ján Slota),ハンガリー人連合党はブガル(Béla Bugár),民主キリスト教連合はズリンダ,自由フォーラムはマルチナーコヴァー(Zuzana Martináková)である。各党は,党の顔となる中心的指導者を選挙キャンペーンの中心に置いた。

　チェコと比べ特徴的であったのは,各党の政治家の「売り込み方」は,自党の指導者としてのもので,政権担当者,首相候補としてのそれではなかった点である。テレビ討論会も有力政党の党首すべてが参加して行われ,政権担当者を選ぶ一騎打ちの性格は持たず,各党の立場表明の場となった(Foltýn 2006, p. 180)。

　このように,リーダーシップ・リンケージをめぐる競合は,各党がそれぞ

れ展開し，政権選択をめぐるものとはなっていなかった。

### 3.3. 属性帰属意識や政党帰属意識に基づく競争性の低いモード

　属性帰属意識の強い政党は，キリスト教民主運動とハンガリー人連合党である。キリスト教民主運動はカトリック信仰の篤い人々の支持を受け，カトリック教会組織と結びついた組織も持っている。キリスト教民主運動の選挙キャンペーンも町や村の広場で政治家が有権者と顔を合わせて話す伝統的なスタイルで，大規模な集会は行わなかった（Rybář 2007, p. 162）。テレビコマーシャルを利用しなかったことにも，属性帰属意識を中心的に利用するリンケージ戦略が表れている（Školkay 2007, pp. 104, 107）。ハンガリー人連合党もマイノリティであるマジャール系住民の支持を集めている。

　その他の政党に関しては，社会的属性に基づく応答性の側面は弱い。民主キリスト教連合は都市の高学歴，高収入者からの支持が多く，民主スロヴァキア運動，国民党は農村の低学歴，低収入層からの支持が多い。このように，社会的属性と政党支持に関係はあるものの，帰属意識に基づいた政党支持とはいえない。

## 4. チェコとスロヴァキアの2006年選挙に見られる政党間競合構造

　2006年選挙に見られるチェコとスロヴァキアの政党のリンケージ戦略は以上のとおりである。本章では，第1節で述べたとおり，このような政党側のリンケージ戦略を基礎とし，①政党の政権連合戦略，②選挙民の選好状況をあわせて分析することで，政党間競合構造を全体として考察できるとの立場をとる。そこで本節ではまず，各党の政権連合戦略について検討する。次に，選挙民が左右軸上に自己や支持政党を位置づけた場合の分布状況，選挙民の政党，政党政治家への信頼度についての世論調査の結果を参考に，両国の選挙民の選好状況をまとめる。そして最後に，前節で検討したリンケージ戦略とこれら2点を総合して，政党間競合構造を考察する。

## 4.1. チェコの政党間競合構造

### 4.1.1. 政権連合戦略

　選挙後の政権連合をめぐる政党戦略と競合は，第1の相対的位置競合や，第2のリーダーシップをめぐるリンケージ・モードとも関連するが，独自のダイナミクスも持っている。

　この競合において興味深い動きを示したのは，中小政党である。まず，キリスト教民主連合は，2002年から2006年にかけて社会民主党，自由連合と中道左派連合政権を形成していたが，経済政策上の不一致から，連合への党内の不満が増大した。2003年11月には保守派のカロウセク(Miroslav Koloušek)が党首となり，2005年の社会民主党の首相グロス(Stanislav Gross)のスキャンダルの際には，市民民主党提出の不信任決議に賛成した(Čaloud, Foltýn and Havlík 2006, p. 21)。その後も2006年選挙まで中道左派政権にとどまったものの，選挙時には選挙後市民民主党を中心とする中道右派政権への参加を明白にしていた。

　一方，共産党に対しては，どの政党も連合を組んで政権に参加することを拒む姿勢を明確にしており，政権参加の道が閉ざされていた。しかし，2002年の中道左派政権で，社会民主党とキリスト教民主連合，自由連合の関係が悪化すると，社会民主党は共産党の支持を受けて政府法案を採択させることが増加した。特に，2005年に社会民主党から出されている首相がパロウベクに代わり，共産党内でも2005年9月に党首がグレブニーチェク(Miroslav Grebníček)からフィリプ(Vojtěch Filip)に交代すると，社会民主党は左に，共産党は中道寄りに接近し，両者の連合の潜在的可能性が認識されるようになった(Čaloud, Foltýn and Havlík 2006, pp. 15, 19; Černý 2006, p. 91)。共産党は，政権を担う政党になりうる可能性を示し，社会民主党は中道政党の協力なしに共産党との協力で政権を運営する可能性を得たのである。ただし，社会民主党は共産党との政権連合に踏み込むかどうか，態度を明確にはしていない。キリスト教民主連合が右寄りの姿勢を明確にしたのは，社会民主党の左傾化への対応でもあった。

緑の党は，選挙前 2006 年初頭まではどの政党とも連合を形成しうる潜在的可能性を維持し，市民民主党との右派中道連合，社会民主党との左派中道連合のどちらでも政権参加しえた(Čaloud, Foltýn and Havlík 2006, p. 25)。ただし，反共産主義は緑の党の重要なアイデンティティのひとつであり，共産党との連合は受け入れられなかった。そのため社会民主党と共産党が接近すると，共産党の票に頼る社会民主党との協力より，中道右派ブロックとの協力の方が緑の党にとって受け入れやすいものとなり，市民民主党との連合を指向する戦略に傾斜していった。

二大政党のうち，市民民主党は，2002 年の選挙時には，当時の党首のクラウス(Václav Klaus)が社会民主党との大連合の可能性にも言及していた。1998 年から 2002 年までは社会民主党の少数派政権を市民民主党が閣外支持する非公式の大連合の時期であり(野党協定)，非公式の大連合の公式化も政権戦略の中に含まれていた。しかし，2002 年の選挙で市民民主党が敗北し，中道左派政権が成立した後，同党は明白な野党の立場に転換し，中道左派連合に対し「寛容ゼロ」の政治を主張し，拒絶的な姿勢を見せた(Čaloud, Foltýn and Havlík 2006, p. 17)。シュピドラ(Vladimír Špidla)，グロス，パロウベクの中道左派政権のすべての信任投票に反対の投票をし，グロス政権に対しては不信任投票も主導した。そこで，2006 年の選挙後の政権戦略としてはキリスト教民主連合との連合を想定し，緑の党に対しては，やや留保的な姿勢であった。

このように，2002 年選挙時には社会民主党，市民民主党，キリスト教民主連合ら中道政党のどの組み合わせの政権連合形成もありうる状況であったものが，2002 年からの中道左派政権以降，二大政党の競合が明確化した。さらに，市民民主党は社会民主党の足を引っ張る目的で，また，共産党は政権に直接は入れなくとも閣外協力勢力になることを目指して，社会民主党と共産党の左派ブロックの存在を主張している。キリスト教民主連合も政権競合に関しては市民民主党の右派ブロックに入ることを明言した。このように，社会民主党と共産党の接近による左派ブロックの形成と，キリスト教民主連合，緑の党の市民民主党への接近と右派ブロックの形成が，相互に促進要素

として進んだ。この傾向は，特に選挙の最中に強まった。ただし，左派ブロックに関しては，社会民主党が共産党との連合を明示的には認めず，右派ブロックに関しては，キリスト教民主連合が選挙後の政権交渉中に一時社会民主党との連合を試みる動きもあった(Foltýn and Havlík 2006, p. 194)。また，緑の党は選挙中に右派ブロックへの所属を徐々に明白にしたが，党内の状況から固定的なものとは考えられていない。

政権をめぐる競合では，現政権連合への業績投票を視野に入れた政党戦略が重要となろう。この点では，キリスト教民主連合，自由連合，共産党の立場が不鮮明であった。前二党は与党ではあったが，政府への批判を強めていた。一方，共産党は政権連合には加えないという了解があるが，社会民主党と共産党が事実上協力して法案を通す事態が増えていた。明白な野党であったのは市民民主党のみである。ただし，2006年選挙時は，空前の高成長，好況期であり，現職を罰するという意味での業績投票は働きにくいことが予想されていた。

### 4.1.2. 選挙民の選好状況

チェコの選挙民は，左右軸上の自己の位置づけと政党選好の関係が著しく高く，左の選挙民は社会民主党，共産党を，右の選挙民は市民民主党を選ぶ傾向がある(Klingemann, et al. 2006, pp. 54-55; Mainwaring and Torcal 2005, pp. 14, 17)。また，「比較選挙制度研究(Comparative Study of Electoral Systems)」のデータに基づくダルトンの研究によれば，チェコの選挙民に最も左を0，最も右を10として政党を左右軸上に位置づけさせると，共産党は0.77，市民民主党は8.24と大きく開いた値がつけられる(Dalton 2008, pp. 905-907)。社会民主党も約2.6と市民民主党との距離は広い。選挙民の認識における政党の左右の分極度の高さは，調査された34カ国中，チェコが最も高かった。

また，支持政党ごとの各政党への信頼の割合を調べた2008年の世論調査では，社会民主党支持者の40%が共産党を信頼するのに対し，市民民主党への信頼は4%と低く，キリスト教民主連合20%，緑の党16%であった(Důvěra politickým stranám 2008, p. 3)[5]。共産党支持者の場合，社会民主党への

信頼は 70％と非常に高く，市民民主党へはわずか 1％，キリスト教民主連合 9％，緑の党 5％であった。このように，社会民主党と共産党の間には支持者の間に相互の政党への信頼があるが，中道右派より右の政党への信頼は低い。

一方，市民民主党の支持者の左派政党への信頼は社会民主党 10％，共産党 3％と低い。中道右派政党に対しては，キリスト教民主連合 27％，緑の党 40％と一定程度の信頼が示された。このように，市民民主党支持者と，社会民主党，共産党支持者の間には深い溝がある。

中道右派政党の支持者を見ると，まず，キリスト教民主連合支持者からは市民民主党へは 18％の信頼しか示されず，社会民主党に対して 45％という高い信頼が示されている。緑の党の支持者は，共産党への信頼が 7％と低く，拒絶的であるが，他の 3 党への信頼は社会民主党 24％，市民民主党 26％，キリスト教民主連合 25％とほとんど横並びで，左右どちらに信頼を寄せる支持者もいることが読み取れる。

**4.1.3. チェコの 2006 年選挙における政党間競合構造**

以上から，チェコの政党間競合の特徴と変容について以下のように結論づけることができよう。第 1 の綱領的応答性，第 3 の帰属意識に基づく応答性は，1990 年代より一貫して，5 党が相互に競合するパターンを保っている。政党は互いに住み分けており，競合は激しくない。

これに対し 2006 年の選挙では，第 1 の綱領的応答性のうちの相対的位置による競合と，それと連動する形で展開された，第 2 のカリスマ的リーダーシップ・リンケージについての競合において，市民民主党と社会民主党の二極競合が顕著に見られるようになり，この 2 つのモードでの競合が，政党システムの中で従来に増して中心的な役割を果たした。これらのリンケージの登場と二極化傾向は注目すべき要素である。

さらに，相対的位置による競合では，不完全な形ではあるが，共産党と社会民主党の左派ブロックが競合の主体として明確な形をとり始めていることが指摘できる。さらに，政権連合をめぐる競合では，左右両側に二ブロックを新たに形成する動きが見られた。

このように，2006年選挙において，2つのリンケージ・モードにおいて二極，二ブロック競合の側面が観察された。

しかし，チェコにおける選挙民の選好を考慮すると，この二極競合は教科書的な二大政党競合のイメージとは異なる，興味深い性格を伴っている。綱領的競合の空間を左右軸の一次元で考えた場合，二極競合が最も有効となるのは，選挙民の選好が中央に山がくる分布になっている場合である。この場合は，左右2政党の働きかけの成否で，中道に位置する大量の選挙民が動き，大きな得票差をもたらす。しかし，チェコのように選挙民の選好の分布が分極化し，2つのこぶになっている場合，政党間の二極競合によって，支持を獲得しうる選挙民，つまり，中道に位置する選挙民は少ないことになる。また，左右の政党が，綱領的リンケージによって，谷となっている中道を越えて，反対側の選挙民を獲得することは困難である。左派の選挙民が社会民主党，共産党のどちらのアピールにも不満を持ったとしても，市民民主党の綱領的応答性，カリスマ的リーダーシップ・リンケージに応じて，市民民主党を支持することは想定できず，むしろ棄権する可能性が高い。逆も同様である。

さらに，中道政党のうち，キリスト教民主連合支持者は左派傾向が強く，どちらかといえば社会民主党に獲得のチャンスがあるが，属性帰属意識によるリンケージ戦略の安定性が高く，他党のリンケージ戦略による働きかけには抵抗力を示す。緑の党の支持者に関してのみ，他党が緑の党の独自の綱領的リンケージに対抗しうるリンケージ戦略を示せば，左右からの働きかけに応じる可能性があろう。

政党戦略に対して有権者が柔軟に反応する余地が多いほど，政党間競合は激しい(Kitschelt 2007, pp. 533-535)。チェコの政党間競合は確かに二極競合化して激しく争われているように見える。しかし，有権者が分極化しているため，働きかけに反応する余地が少ない。そのため，二極競合化の傾向は見られるものの，実際の票の奪い合いという点では，競合は弱く，住み分け的である。

このような前提に立つと，相対的位置による競合における差異，対決の姿

勢の強調は，激しく競合しているように見えて，実際には両陣営の住み分けの強化であり，自陣営の潜在的投票者の棄権を減らす動員の努力とも解釈できる。

　また，相対的位置による競合やカリスマ的リーダーシップ・リンケージは，綱領的応答性や属性帰属リンケージに比べ，選挙ごとに戦略を変えることが相対的には容易なリンケージであり，今後の推移が注目される。

　二ブロック化に関しては，右側の市民民主党，キリスト教民主連合，緑の党に関しては政権戦略としては現れたものの，選挙戦略としてはブロック化していない。逆に，左側の社会民主党と共産党に関しては，選挙戦略としては観察されたが，まだ確固たるものではなく，政権戦略としては共産党の政権参加問題という困難を抱えている。

## 4.2. スロヴァキアの政党間競合構造

### 4.2.1. 政権連合戦略

　スロヴァキアでは，メチアル対反メチアルで争われた 1998 年選挙時には，政権連合に関する競合パターンは二ブロック競合であり，明白であった。しかし，2002 年選挙の際には，中道の位置取りをした「方向」と民主スロヴァキア運動に関して不明確な要素が多く，競合関係は明白ではなかった。「方向」は反民主キリスト教連合，反民主スロヴァキア運動を掲げ，政権戦略については態度を決定しなかった。そのため，競合パターンは三極的であった。

　2006 年選挙では，民主キリスト教連合と「方向」はそれぞれ得票を最大化し，政権連合構成の中核を担うことを目指した。それに対し，中小政党の反応は 2 つに分かれた。ハンガリー人連合党は民主キリスト教連合との，スロヴァキア共産党，国民党は「方向」との連合を前提とし，政権へのアクセスを狙った。しかし，ズリンダ政権の与党であったキリスト教民主運動は 2006 年選挙直前に，教会関係の争点を理由に政権を離脱し，政権構想を明らかにしていなかった。キリスト教民主運動の地方組織は「方向」との連合を支持し，議員にも支持の声が高い一方で，指導層の中には強い反対派も存

在した(Rybář 2007, p. 165)。民主スロヴァキア運動は民主キリスト教連合中心，「方向」中心のどちらの連合政権にも参加できるよう，選挙後の連合交渉の可能性を広げようとした。しかし，民主キリスト教連合は，民主スロヴァキア運動との連合について，キリスト教民主運動を説得できず，民主スロヴァキア運動の戦略の成功可能性は低かった(Rybář 2007, p. 164)。

### 4.2.2. スロヴァキアの選挙民の選好状況

チェコの分極化傾向に比し，スロヴァキアの選挙民は中道支持意識が強く，分極度は低い。2006年の選挙前のブートロヴァーらの調査によれば，46%の有権者が自分を中道指向とし，左派指向21%，右派指向17%よりも多い(Bútorová, et al. 2006, p. 9)。しかも，彼女らが指摘するように，ズリンダ政権による改革の継続か見直しか，が議論されている最中であるにもかかわらず，中道指向の割合は2005年秋の調査時の41%から増加すらしている。各党の支持者が自己の政治的指向性をどう見ているかの調査では，国民党の支持者が最も中道指向者の割合が高く64%であり，他の党もハンガリー人連合党53%，「方向」47%，民主スロヴァキア運動43%と中道指向者が最も高い割合を占めている。左派指向者が39%いる「方向」の場合も中道指向の割合の方が高い。また，ハンガリー人連合党，民主スロヴァキア運動，国民党の支持者の場合，左派指向者と右派指向者の両方が一定割合以上含まれていることも興味深い。キリスト教民主運動は中道指向者が41%，右派指向者が49%と拮抗しているが，右派が上回り，民主キリスト教連合は，中道39%，右派53%と，右派指向者がかなり上回っている。

チェコにおいては，選挙民が自らを左派，右派に分け，それぞれ左右の政党を支持する傾向があったのに対し，スロヴァキアは，このように，選挙民の半数近くが中道と自己を位置づけている。また，各政党は自己を左と位置づける支持者と右と位置づける支持者の双方を含んでいる。このようにスロヴァキアでは，選挙民のイデオロギー上の選好は中央が山になる正規分布を描いており，この点では教科書的な二極競合の実現の前提条件が存在するといえる。

しかし，各党の支持者の他党への信頼度を見ると，民主キリスト教連合，

ハンガリー人連合党，キリスト教民主運動の相互信頼，「方向」，国民党，民主スロヴァキア運動，スロヴァキア共産党の相互信頼が強く，2つのブロックが作られている。ブロック相互の不信も高い。例外はキリスト教民主運動の支持者から国民党へ42％とかなり高い割合で，信頼が表明されていることである(Bútorová, et al. 2006, pp. 11–12)[6]。実際2006年選挙では民主スロヴァキア運動から国民党への票の流れが観察され，高いブロック内選挙変易性が示された一方，ブロック間の票の移動は少なく，民主キリスト教連合側のブロックから「方向」への票の移動が例外として存在したのみである(Gyárfášová and Krivý 2007, p. 91)。

このように左右軸では中道に位置する選挙民が，政党への信頼の観点では，2つのブロックに分かれている。このブロックは文化的なリバタリアン―オーソリタリアンの軸での分岐であり，リバタリアン・ブロックとオーソリタリアン・ブロックと仮に呼ぶことにする。このブロックの存在には，次の2つの要因が指摘できよう。第1は現在の民主スロヴァキア運動との関係である。現在の民主スロヴァキア運動はEU支持を明確にし，総花的な主張でキリスト教民主運動や民主キリスト教連合とも接近を図っているが，民主スロヴァキア運動の1990年代の政治への批判から，リバタリアン・ブロック側の支持者は民主スロヴァキア運動を容認していない。第2は，国民党のスロヴァキア・ナショナリズムの唱導に対し，容認するか否かが分かれ目となっている。ただし，「方向」や民主スロヴァキア運動はスロヴァキア・ナショナリズムの立場をすすんで唱導しているわけではない。

このように，選挙民に中道指向が強い一方で，政党への信頼には2つのブロックへの分岐が見られる点が，スロヴァキアの選挙民選好の大きな特徴となっている。

#### 4.2.3. スロヴァキアの2006年選挙における政党間競合構造

以上から，2006年選挙に見られるスロヴァキアの政党間競合の特徴について，以下のように結論づけることができよう。

綱領的リンケージに関しては，まず左右軸に沿って，民主キリスト教連合と「方向」による二極競合の傾向が見られる。選挙民が分極化したチェコと

異なり，中道意識の強い選挙民が多数存在することから，民主キリスト教連合と「方向」が中道選挙民の支持を競う典型的な二極競合も見られた。しかし，他の4政党は中道に固まっており，左右軸に関する位置的競合に加わっておらず，民主キリスト教連合と「方向」の競合が，左右軸に関して他の政党を巻き込みブロック化する様子は見られなかった。そのため，二極競合が政党間競合に与える影響は限定的であった。

リバタリアン―オーソリタリアン軸に沿っては，選挙民の選好のブロック化が見られる。このため，各政党のリバタリアン―オーソリタリアン軸に沿った綱領的リンケージ戦略は，二ブロック間の，それぞれのブロックの支持者を固定的なマーケットとした弱い住み分けの競合になっている。

さらに，リバタリアン・ブロック内部では，ハンガリー人連合党とキリスト教民主運動は属性帰属意識リンケージに支えられており，政党と有権者のリンケージの安定性が高く，他党への移動は少ない。他方，オーソリタリアン・ブロックの政党は，政党指導者のカリスマ的リーダーシップ・リンケージに依存する度合いが高い。このため，民主スロヴァキア運動のメチアルのカリスマ性の低下とともに，支持者が減少していることに典型的に表れているように，このリンケージの変化に伴うブロック内競合が活発である。

ただし，この二ブロック対立では，「方向」と民主キリスト教連合の二大政党が中心的な役割を果たしていない。また，政権連合戦略においては，二ブロックが明白な形で現れているわけではなく，選挙民の選好とのずれも見られる点にも，注意する必要がある。

このようにスロヴァキアの2006年選挙においては，左右軸に沿って競合的な二極競合とリバタリアン―オーソリタリアン軸に沿った住み分け的な二ブロック競合が組み合わさっていた点が特徴的である。

## 5. 結　論

以上の考察から，次の3点が明らかになった。第1は，政党間競合構造に着目した場合，チェコやスロヴァキアにおいても，西・北欧と類似の二極競

合化が観察されたことである。従来の東中欧政党システムの分析では，政党の数や，顔ぶれに焦点が置かれたため，西・北欧と異なる，東中欧の政党システムの不安定な特質が注目された。しかし，政党間競合構造に着目した結果，東中欧諸国と，西・北欧の政党システムに共通のトレンドが見出された。

　第 2 に明らかになったのは，二極競合化が観察されたものの，そのダイナミクスは複雑であり，メアが示唆したような二極競合にスムーズに向かっているわけではないことである。両国で観察された二極競合化は，二大政党間で票の奪い合いが行われる典型的な二極競合とは，それぞれ異なっていた。チェコにおいては，選挙民の分極化と，属性帰属リンケージを持つキリスト教民主連合の存在によって，二極競合によってもスウィングが生じにくい住み分けの二極競合化が観察された。また，スロヴァキアの場合，それぞれ異なる動き方をする二極競合と二ブロック競合が組み合わさり，二極競合を強化するベクトルと弱めるベクトルの両方が働いていた。以上のように，複数のリンケージ・モードのいくつかで二極競合化が見られても，他の競合パターンを持つリンケージ・モードの影響を受けるのである。二極競合の完成のためには，すべてのリンケージ・モードにおける二極競合パターンの成立が必要である。また，政党間競合構造分析の方法に関しても，今後本研究の枠組みを基礎に定量的分析を行い，要因間の相互関係を詳細に分析する必要があろう。

　第 3 に，政党間競合構造の観点に着目した場合，安定していると見なされたチェコの政党システムで変化の要素が，不安定と見なされるスロヴァキアの政党システムで，安定的な要素が見出された。2006 年選挙では，チェコとスロヴァキアの両方で，二極競合が政党間競合構造に新たに観察されるようになったが，チェコに関しては，これは新たな現象であり，政党の顔ぶれの変化が少なく，政党システムの安定化が指摘されていたチェコにおいても，競合構造に着目した場合，変化が確認されることを意味する。一方，スロヴァキアについては，二極競合そのものは新しい現象であるが，政党の入れ替わりにもかかわらず，1990 年代以来の二ブロック競合の構造も根強いことがわかり，連続性と変化の両面が示された。

同時に，二極競合に上述の複雑な要素が絡まっているために，今後の推移の方向性や安定化の可能性に関しては次の要素を考慮する必要があることも明らかになった。チェコに関しては，今回表面に出てきた二極競合の側面と，従来の多極競合パターンが交互に強く出る可能性もあり，政党間競合構造の観点からは，恒常的な不安定性も想定しうる[7]。スロヴァキアに関しては，民主スロヴァキア運動に対する反発が次第に薄れることで，二ブロックの要素が変化し，競合構造に変容が起こる可能性があろう。二極間のイデオロギー距離が近いことも，今後の二極競合の性質を左右する要素である。

最後に本研究の持つ，より広い理論的インプリケーションについて述べておきたい。本研究においては，二極競合化は，綱領的リンケージにおける相対的位置による競合とカリスマ的リンケージにおいて起きていることが観察されている。これらが政党のリンケージ戦略の中心になっていくとすると，政党と選挙民の関係は，他のリンケージが中心であったときとは大いに異なったものとなり，この変化は代議制民主主義の性質の変化にもつながると考えられる。政党システムにおける政党間競合構造と民主主義の性質の関連について，リンケージ・モードの複数性を意識しつつ，考察を進めなければならないだろう。

1) メアの二極競争論については，空井護氏の日本比較政治学会 2008 年度研究大会報告「『2 極競争』論の『粗さ』と『深さ』」(分科会 A「政党システムの 2 ブロック競合化？」)から多くの示唆を得た。イタリアに関しては，Reed (2001)，Bartolini, et al. (2004)，伊藤 (2008)，Carbone and Newell (2008)。また，上記分科会の大黒太郎氏の報告(「比例代表制下で二極競合関係はいかに可能か——オーストリアの事例」)もオーストリアにおける二極競合に関する重要な事例研究である。
2) バルトリーニらの「二極競合」の定義は，本章での定義に従えば，二極競合と二ブロック競合の結合したものとなる(Bartolini, et al. 2004, p. 2)。
3) 他に重要なリンケージとしてクライエンテリスティック・リンケージなどがあるが，チェコやスロヴァキアでは主要な選挙戦略としては用いられないので，分析対象とはしなかった。
4) 本章では質的分析の手法をとる。比較選挙綱領分析の成果を利用した量的分析もあわせて行うのが望ましいが，Klingemann, et al. (2006) の選挙綱領分析では，2006 年選挙はカバーされておらず，今回は利用できなかった。

5) この調査は2008年9月に実施されたものであるが、政党支持別の各党への信頼度の世論調査はこの時期のものしかなかったため、これを利用した。2006年選挙の際の選好を類推する資料にはなると考えるが、2006年選挙から2年経過し、中道右派政権の経験を経た上で行われたため、その影響も考慮に入れなくてはならない。
6) また、もうひとつ例外として、2006年選挙では注目されつつも議席を獲得できなかった自由フォーラムはどちらのブロックに属する政党の支持者からも信頼を寄せられていた。
7) 2009年8月の本稿脱稿後、2010年春にチェコ、スロヴァキア両国で選挙が行われた。チェコでは、この選挙でも二極競合のパターンは見られたものの、二極競合の見せかけ性を批判した新党が綱領的競合空間に新たな軸を提示し、既成政党と新党のブロック内競合が最も強い競合パターンとなるなど、新しい競合パターンも観察された。詳しくは、2010年選挙について分析した拙稿「政党戦略におけるリンケージ・モードと政党間競合パターン——チェコ共和国を事例に」(日本比較政治学会2010年度大会報告:自由企画12「政党戦略と政党間競合」)を参照されたい。

**資料・参考文献**
・政党選挙綱領
〈チェコ共和国〉
市民民主党:Společně pro lepší život—Volební program 2006
緑の党:Volební program Kvalita života
キリスト教民主連合:Volební program—Klidná síla
社会民主党:Jistoty a prosperita—Volební program ČSSD
共産党:Volební program komunistické strany Čech a Moravy na období 2006-2010 (volby do Poslanecké sněmovny Parlamentu ČR 2006)
〈スロヴァキア共和国〉
スロヴァキア民主キリスト教連合=民主党:Ide o úspešné Slovensko—Volebný program SDKÚ-DS pre parlamentné vol'by 2006
ハンガリー人連合党:Volebný program 2006-2010
スロヴァキア国民党:Sme Slováci Slovákom Slovenskú vládu—Volebný program Slovenskej národnej strany
キリスト教民主運動:Za slušný život na Slovensko—volebný program KDH
人民党=民主スロヴァキア運動:Programový dokument pre parlamentné vol'by 2006
方向=社会民主:Smerom k L'ud'om—Volebný program SMER-sociálna demokracia

・参考文献
Balík, Stanislav, et al. (2007), *Parlamentní volby 2005-6 v zemích Visegrádské čtyřky*, Praha: Cevro Libelálně konzervativní akademie.

Bartolini, Stefano, Alessandro Chiaramonte and Roberto D'Alimonte (2004), "Italian Party System between Parties and Coalitions," *West European Politics*, Vol. 27, No. 1, pp. 1-19.

Bielasiak, Jack (2002), "The Institutionalization of Electoral and Party Systems in Postcommunist States," *Comparative Politics*, Vol. 34, No. 2, pp. 189-210.

Bradová, Eva, et al. (2008), *Negativní kampaně a politická reklama ve volbách*, Periplum, Olomouc.

Bútorová, Zora (2006), "Nová vláda nemá podporu väčšiny verejnosti," *SME*, 26. 7. 2006.

Bútorová, Zora and Ol'ga Gyárfášová (2006), "Slovensko a voliči pred vol'bami, pohl'ad za oponou volebných preferencií," *Domino fórum*, 31. 5. 2006.

Bútorová, Zora, Ol'ga Gyárfášová, Vladimír Krivý and Marlán Velšic (2006), "Slovakia before Elections 2006: Citizens' View," http://www.ivo.sk.

Carbone, Maurizio and James L. Newell (2008), "Towards the End of a Long Transition? Bipolarity and Instability in Italy's Changing Political System," *Politics*, Vol. 28, No. 3, pp. 138-149.

Čaloud, Dalibor, Tomáš Foltýn, Vlastimil Havlík and Anna Matušková, eds. (2006), *Volby do Poslanecké sněmovny v roce 2006*, Brno: Centrum pro studium demokracie a kultury.

Čaloud, Dalibor, Tomáš Foltýn and Vlastimil Havlík (2006), "Politické strany a jejich systém v období 2002-2006," in Čaloud, et al., 2006, pp. 7-25.

Černý, Ondřej (2006), "Koaliční vládnutí v České republice ve volebním období 2002-2006 (Mýty a skutečné koalice v poslanecké sněmovně)," in Ladislav Cabada, et al., *Koalice a koaliční vztahy, České republiky v evropském kontextu*, Plzeň, pp. 84-108.

Dalton, Russell J. (2008), "The Quantity and the Quality of Party Systems: Party System Polarization, its Measurement, and Its Consequences," *Comparative Political Studies*, Vol. 41, No. 7, pp. 899-920.

Důvěra politickým stranám (2008), *Naše společnost*, v. 08-09, Tisková zpráva, pv81105, Centrum pro výzkum veřejného mínění Sociologický ústav AV ČR.

Enyedi, Zsolt (2007), "Stability in the Shadow of Chaos: The Hungarian Party System in 2006," in Hloušek and Chytilek, eds., 2007, pp. 116-134.

Foltýn, Tomáš (2006), "Parlamentní volby 2006 v kontextu parlamentních voleb okolních zemí," in Čaloud, et al., 2006, pp. 171-187.

Foltýn, Tomáš and Vlastimil Havlík (2006), "Teorie a praxe sestavování vlády v České republice," in Čaloud, et al., 2006, pp. 188-202.

Green-Pedersen, Christoffer (2007), "The Growing Importance of Issue Competition: The Changing Nature of Party Competition in Western Europe," *Political

*Studies*, Oct 2007, Vol. 55, Issue 3, pp. 607-628.

Gyárfášová, Ol'ga and Vladimír Krivý (2007), "Electoral Behaviour: Persistent Volatility or Clear Sign of Consolidation? The Case of Slovakia," in Hloušek and Chytilek, eds., 2007, pp. 79-106.

Hagopian, Frances (2007), "Parties and Voters in Emerging Democracies," in Carles Boix and Susan C. Stokes, eds., *The Oxford Handbooks of Comparative Politics*, Oxford: Oxford University Press, pp. 582-603.

Hloušek, Vít and Roman Chytilek, eds. (2007), *Parliamentary Elections and Party Landscape in the Visegrád Group Countries*, Brno: Centrum pro studium demokracie a kultury.

Innes, Abby (2002), "Party Competition in Postcommunist Europe: The Great Electoral Lottery," *Comparative Politics*, October, pp. 85-104.

Jungerstam-Mulders, Susanne, ed. (2006), *Post-Communist EU Member States, Parties and Party Systems*, Aldershot: Ashgate.

Kitschelt, Herbert (2007), "Party Systems," in Carles Boix and Susan C. Stokesm, eds., *The Oxford Handbooks of Comparative Politics*, Oxford: Oxford University Press, pp. 522-553.

Klingemann, Hans-Dieter, Andrea Volkens, Judith Bara, Ian Budge and Michael MacDonald (2006), *Mapping Policy Preferences II: Estimates for Parties, Electors, and Governments in Eastern European Union and OECD 1990-2003*, Oxford: Oxford University Press.

Kopeček, Lubomír (2004), "Slovensko," in Kubát Michal, ed., *Politické a ústavní systémy zemí středovýchodní evropy*, Praha: Eurolex Bohemia s.r.o.

Kopeček, Lubomír (2007), "Slovenská politika, volby 2006: (Ne)výhody nekonsolidovanosti stranického systému," in Stanislav Balík, et al., *Parlamentní volby 2005-6 v zemích Visegrádské čtyřky*, Cevro, Liberálně konzervativní akademie, Praha, pp. 43-55.

Lees, Charles (2001), "Coalitions: Beyond the Politics of Centrality," *German Politics*, Vol. 10, No. 2. pp. 117-134.

Lees-Marshment, Jennifer (2001), "The Marriage of Politics and Marketing," *Political Studies*, Vol. 49, pp. 692-713.

Lewis, Paul G. (2006), "Party System in Post-communist Central Europe: Patterns of Stability and Consolidation," *Democratization*, Vol. 13, No. 4, pp. 562-583.

Mainwaring, Scott and Mariano Torcal (2005), "Party System Institutionalization and Party System Theory After the Third Wave of Democratization," The Kellogg Institute Working Papers ♯319, April 2005 (http://www.nd.edu/~kellogg/publications/workingpapers/WPS/319.pdf).

Mair, Peter (1997), *Party System Change*, Oxford: Oxford University Press.

Mair, Peter (2006), "Party System Change," in Richard S. Katz and William Crotty, eds., *Handbook of Party Politics*, London et al.: Sage Publications, pp. 63-73.

Mair, Peter (2008), "Democracies," in Daniele Caramani, ed., *Comparative Politics*, Oxford: Oxford University Press, pp. 108-132.

Mair, Peter, Wolfgang C. Müller and Fritz Plasser (2004), "Introduction: Electoral Challenges and Party Responses," in Peter Mair, Wolfgang C. Müller and Fritz Plasser, eds., *Political Parties and Electoral Change: Party Responses to Electoral Markets*, London, Thousand Oaks, New Delhi: Sage Publications, pp. 1-19.

Matušková, Anna (2006), "Volební kampaň 2006: nástup politického marketingu do České republiky," in Čaloud, et al., 2006, pp. 62-88.

Oľga, Gyárfášová (2009), "Kto má recept na vládnutie krízy?" www.infovolby.sk, 9. 6. 2006.

Petrová, Barbora (2006), "Volební kampaň v médiích," in Čaloud, et al., 2006, pp. 42-61.

Reed, Steven (2001), "Duverger's Law is Working in Italy," *Comparative Political Studies*, Vol. 34, pp. 312-327.

Rybář, Marek (2006), "Old Parties and New: Changing Patterns of Party Politics in Slovakia," in Jungerstam-Mulders, ed., 2006, pp. 147-175.

Rybář, Marek (2007), "The Parliamentary Election and its Impact on the Party Political Scene in Slovakia," in Hloušek and Chytilek, eds., 2007, pp. 154-169.

Šaradín, Pavel (2008), "Česká republika a Slovensko: Dvojí cesta k negativní reklamě?" in Bradová, et al., 2008, pp. 45-57.

Shabad, Goldie and Kazimierz M. Slomczynski (2004), "Inter-Party Mobility among Parliamentary Candidates in Post-Communist East Central Europe," *Party Politics*, Vol. 10, No. 2, pp. 151-176.

Školkay, Andrej (2007), "Politicky marketing vo volebnej kampani pred parlamentnými voľbami na Slovensku v roku 2006," in Balík, et al., 2007, pp. 97-110.

Smith, Gordon (1990), "Stages of European Development: Electoral Change and System Adaptation," in Derer W. Urwin and William E. Paterson, eds, *Politics in Western Europe today: Perspectives, Policies and Problems since 1980*, London: Longman, pp. 262-254.

Szczerbiak, Aleks (2007), "The birth of a bipolar party system or a referendum on a polarising government? The October 2007 Polish parliamentary election," *Sussex European Institute Working Paper No. 100*.

Učeň, Peter (2004), "Centrarist Popurism as a New Competitive and Mobilization Strategy in Slovak Politics," in Oľga Gyárfášová and Grigorij Mesežnikov, eds., *Party Government in Slovakia: Experience and Perspectives*, Bratislava: Institute for Public Affairs, pp. 45-73.

Vlachová, Klára (2001), "Party identification in the Czech Republic: inter-party hostility and party preference," *Communist and Post-Communist Studies*, 34, pp. 479-499.

Whitefield, Stephen (2002), "Political Cleavages and Post-Communist Politics," *Annual Review of Political Sciences*, Vol. 5, pp. 181-200.

Wolinetz, Steven B. (2004), "Classifying Party Systems: Where Have All the Typologies Gone?" Paper presented at the Annual Meeting of the Canadian Political Science Association, Winnipeg, Manitoba.

Wolinetz, Steven B. (2006), "Party Systems and Party System Types," in Richard S. Katz and William Crotty, eds., *Handbook of Party Politics*, London et al.: Sage Publications, pp. 51-62.

Wren, Anne and Kenneth M. McElwain (2007), "Parties and Voters in Emerging Democracies," in Carles Boix and Susan C. Stokes, eds., *The Oxford Handbooks of Comparative Politics*, Oxford: Oxford University Press, pp. 555-581.

伊藤武(2008)「政党競合の2ブロック化論をめぐる考察──イタリア第2共和制における政党政治の変化」『専修法学論集』第104号, 85-128頁。

中田瑞穂(2005)「民主化過程における政党のリンケージ戦略と政党システムの『固定化』──東中欧の事例から」『立教法学』第68号, 158-206頁。

# 第5章　旧ユーゴスラビア諸国の政党システム
——専門家サーベイの結果に基づく政党の「政策位置」の測定——

久保 慶一

## 1. 政党システムをどう比較するか——政党の政策位置という視座

　旧ユーゴスラビア(以下,旧ユーゴ)諸国で体制転換によって生じた政党システムと政党間競合の構図には,どのような共通点と相違点があるだろうか。本章は,この問いに対して,主要政党の政策位置という視座からの比較分析を通じてひとつの答えを示すことを目的としている。欧米では,旧社会主義諸国における政党システムは,とりわけ東中欧諸国について数多くの研究が行われてきたが(本書の第1章,第4章を参照),内戦や民族紛争,独裁体制の印象が強い旧ユーゴ諸国については分析があまり行われずに今日に至っている。現地の政治学者たちは,各国ごとの政党システムの研究は進めてきたが(例えば Goati 2004; Kasapović 2001; Stojiljković 2006; Fink-Hafner and Pejanović 2006 など),紛争に伴う旧ユーゴ諸国間の関係悪化もあって,旧ユーゴ諸国の政党システムを包括的に比較し分析する研究はほとんど行ってこなかった。こうした研究状況において,旧ユーゴ諸国の政党システムを統一的な視座から分析することは無意味ではないだろう[1]。

　政党システム研究において古典となっているサルトーリの政党論(Sartori 1976)以来,比較政治学においては,政党システムを政党の数とイデオロギー的・政策的位置という2つの側面から特徴づけることが一般的となっている。政党の数については,有効政党数やボラティリティなど,比較的確立した指標が存在し,各国間の比較は多くの研究者が行ってきた(こうした視座

から旧共産圏の政党システムを包括的に分析した研究として，例えば Birch 2003 を参照)。これに対し，政党の政策位置は，より抽象的なものであり，その測定をどのような方法で行うべきかについては必ずしも研究者間でコンセンサスがない。本章で用いられる専門家サーベイ以外にも，政党の政策綱領の内容分析，世論調査，議会における政党の投票行動など，さまざまなデータに基づいた測定が考えられる。これらの方法にはそれぞれ長所と短所があるが，ここでは紙面の制約から方法論的な考察は割愛することとし，次節では，政党の政策位置を測定する方法のひとつとしての専門家サーベイについて論じ，第3節以降で旧ユーゴ諸国の事例を見ていくこととしたい。

## 2. 専門家サーベイの方法

専門家サーベイを政党の政策位置測定の方法として確立させたのはレイバーとハントの研究(Laver and Hunt 1992)である。この研究でレイバーとハントは1989年に24カ国を対象として主要政党の政策位置に関する専門家サーベイを実施し，その結果をもとに主要国における政党間競合に関する分析を行った。以後，同様のサーベイはアイルランド，オランダ，日本，英国など，さまざまな国で行われてきた。また，レイバーとハントの方法とは若干異なるが，ヒューバーとイングルハート(Huber and Inglehart 1995)も政党の政策位置測定のために専門家サーベイを実施している。最近の研究では，例えばウォーウィック(Warwick 2005)が，連立政権の形成に関する分析を行うため，主要政党の政策位置に加えて，政党が連立政権参加のために受け入れる用意のある妥協の幅についての専門家サーベイを行っている。

筆者は2006年3月から10月にかけて，アイルランド・ダブリン大学トリニティカレッジのベノイト(Kenneth Benoit)教授と共同で，旧ユーゴ諸国において主要政党の政策位置に関する専門家サーベイを実施した。これは，ベノイトとレイバー(Benoit and Laver 2006)が西側の先進諸国と東欧諸国の計47カ国を対象に2002-03年に実施した調査を受けて，東欧諸国の第二波調査の一部として実施したものである。調査方法は基本的にベノイトとレイ

バーの方法を踏襲しており，その具体的な手順は以下のとおりである。まず，国ごとに，主要な政党のリストを作成する。あまりに多くの政党をリストに掲げると回答者の負担が増し，回答率が低下してしまうおそれもあるため，リストに掲げる政党数は最大で10前後とした[2]。次に，回答者が各政党の位置を評価すべき政策側面のリストを作成する。今回の調査では，モンテネグロを除く各国の政策側面のリストはベノイトとレイバー(Benoit and Laver 2006, pp.126-132)に従っているが，モンテネグロについては，調査時点で最も重要な政策争点であったモンテネグロの独立問題を追加している。回答者は，これらの政策側面における諸政党の位置を，1と20を両極とする座標軸上に位置づけるよう求められる(表5-1を参照)。第3に，政策位置の判定を依頼する調査対象者を，各国につき50名選び，リストを作成する。調査対象者は原則として当該国に住む政治学者であり，可能であれば当該国の政治学会の会員リストを利用するのが望ましいとされているが(Benoit and Laver 2006, p.125)，残念ながら旧ユーゴ諸国の場合にはそうした組織がそもそも存在しないか，あるいは存在したとしても会員リストの入手が不可能であった。そのため，各国において政治研究の中心となっている研究・教育機関の中で，調査対象者として最も適切な研究(当該国の政党，選挙，投票行動，現代政治情勢など)を行っている研究者を中心に対象者リストを作成した。

　最後に，調査対象者に対してアンケート用紙を郵送し，期日を区切って郵送にて返送してもらう。ただし，旧ユーゴ諸国では，2002-03年のベノイトとレイバーの調査において郵送方式における回答率が著しく悪かったため(ボスニアの2名・4％，セルビアの4名・8％など)，面会が可能な調査対象者については面会して調査の趣旨を説明した上でアンケート用紙を直接手渡し，その場で記入あるいは後日郵送してもらうこととした。このため今回の調査では回答率がベノイトとレイバーの2002-03年調査に比べて上昇した。各国における有効回答数と回答率は下記の通りである。クロアチア10名(20％)，ボスニア12名(24％)，セルビア19名(38％)，モンテネグロ7名(14％)，マケドニア13名(26％)。すでに述べたように，これらの5カ国の調査はいずれも2006年3月〜10月に実施されたものである。つまり，本章

表5-1 サーベイに含められた政策側面の名称, 略号, 両極の意味

| 政策側面の名称 | 略号 | 両極の意味 |
|---|---|---|
| 経済（公共支出と課税） | TAX | 公共支出拡大のための増税を推進する(1) |
| | | 減税のための公共支出削減を推進する(20) |
| 経済（民営化） | PRIV | 企業・産業の最大限の国有化を推進する(1) |
| | | 企業・産業のいかなる国有化にも反対する(20) |
| 社会政策 | SOC | 同性愛, 中絶, 安楽死といった問題についてリベラルな政策を支持する(1) |
| | | 同性愛, 中絶, 安楽死といった問題についてリベラルな政策に反対する(20) |
| EU | EU | EU加盟に反対する(1) |
| | | EU加盟を支持する(20) |
| 環境 | ENV | 経済成長が低下しても環境保護を支持する(1) |
| | | 環境への悪影響があっても経済成長を支持する(20) |
| 宗教 | REL | 政治において世俗的原則を支持する(1) |
| | | 政治において宗教的原則を支持する(20) |
| 外国人の土地所有 | FL | 外国人が国内の土地を購入し所有する権利を無制限に有することを支持する(1) |
| | | 外国人に対して国内の土地を購入し所有するいかなる権利を与えることにも反対する(20) |
| 報道の自由 | MF | マスメディアは自らが適切と見なす内容を報道する完全な自由を持つべきであると考える(1) |
| | | マスメディアの内容は公共の利益のために国が規制すべきであると考える(20) |
| 旧共産主義者の処遇 | EXC | 共産党の元党員は, 公共生活に参加する上で他の市民と同等の権利と機会を得るべきであると考える(1) |
| | | 共産党の元党員は, できる限り公共生活から排除されるべきであると考える(20) |
| ナショナリズム | NAT | コスモポリタンな意識, 歴史, 文化を強く推進する(1) |
| | | 民族的な意識, 歴史, 文化を推進する(20) |
| 分権化 | DEC | すべての行政と意思決定の分権化を推進する(1) |
| | | 行政と意思決定のいかなる分権化にも反対する(20) |
| 都市・農村の利益 | UR | とりわけ都市部の有権者の利益を推進する(1) |
| | | とりわけ農村部の有権者の利益を推進する(20) |
| モンテネグロの独立 | IND | モンテネグロの独立を支持する(1) |
| | | セルビアとの国家連合の存続を支持する(20) |

の分析は2006年前半の政治状況についての各国の専門家たちの認識を反映したものであり，それに基づいて示される諸政党の位置関係や対立構図はあくまで2006年前半という特定の時期に限定されることに留意されたい。

## 3. 政党の「政策位置」

　今回の専門家サーベイでは，モンテネグロを除く4カ国では12，モンテネグロでは独立問題を含めた13の具体的政策側面について，諸政党の「政策位置」を専門家に判断してもらっている。これらの諸側面において，諸政党がとる「政策位置」の位置関係は，どのようなものだろうか。より具体的には，ある側面において諸政党がとる位置関係と，別の側面において諸政党がとる位置関係の間には，どの程度の相関関係が存在するのだろうか。

　この問いは，12ないし13の政策側面における諸政党の「位置」を，1～3次元の視覚的に把握しやすい「政策空間」に集約する上で重要である。諸政党の位置関係が12ないし13の次元において全く同一であるならば，1次元で表現される諸政党の位置関係によって，すべての政策側面の位置関係を表現することができる。反対に，すべての政策側面において諸政党の位置関係がそれぞれ全く違ったものである（相関関係が全くない）ならば，諸政党の政策位置を示す「政策空間」は，12次元ないし13次元で表現するか，いくつかの政策側面のみを選択して恣意的に2次元・3次元で表現し，その他の政策側面についての位置関係の情報は切り捨てる以外にない。ベノイトとレイバー（Benoit and Laver 2006, pp. 155-156）も述べているように，実際には，この両極の間のどこかであることが多い。すなわち，多くの政策側面における諸政党の位置にはある程度の相関関係があるが，相互にほとんど相関がない政策側面もあるため，1次元ではなく複数の次元によって政策空間を表現する必要が生じる。

　このような諸政策側面における諸政党の位置関係の相関を分析し，多くの政策側面における諸政党の位置関係を簡潔に2次元・3次元などで表現するために，高い相関関係のある複数の政策側面の情報を1つの「成分」に集約

する統計手法である主成分分析を行ってみよう。表5-2は，各国ごとに主成分分析を行った結果をまとめて示したものである。この表の中にある「固有値」は，取り出された成分がどれだけの変数の分散を説明しているかを表すものであり，この数値が1を超えている場合，その成分は1つの変数の分散以上を説明していることを指す。逆にいえば，固有値が1に満たない成分は，1つの変数(ここでは1つの政策側面)の分散すらも説明できないことになる。主成分分析における慣例に倣い，ここでは固有値が1以上の成分を示している。固有値の下の「分散の％」は，その成分が全体の分散のうちのどの程度を説明しているかを示しており，例えばクロアチアの場合，2つの成分で全体の分散の90％近くを説明している。これを見ると，クロアチアとセルビアでは2つの成分で12の政策側面における諸政党の位置の大部分を説明でき，マケドニア，ボスニア，モンテネグロでも3つの成分でほぼ説明できることがわかる。言い換えれば，専門家サーベイによって得られた12〜13の政策側面における諸政党の位置は，おおむね2次元あるいは3次元に集約して表現することができるということである。

　表5-2において，分散の％の下に挙げられている数字は，その成分と各政策側面における諸政党の位置の相関係数を示している。相関係数はプラス1からマイナス1までの値をとり，絶対値が1に近いほど相関度が高い。すなわち，正の相関がある場合は，その成分の数字が増えるほど，その政策側面において政党の位置の値が増えやすい(つまり20の極に近い)ことを示す。逆に負の相関がある場合は，成分の絶対値が増えるほど，その政策側面において政党がとる位置の値が減りやすい(つまり1の極に近い)ことを示している。太字になっている数字は，その政策側面が，その国において，その成分と最も強い相関関係にあることを示している。

　表5-2における成分と諸政策側面の相関の傾向を概観すると，いくつかの特徴に気づく。まず，2つの経済政策は，おおむね1つの成分と相関する傾向があり，しかもその相関の向きは常に同じである。これは，全体的に2つの経済政策における諸政党の位置が強い相関関係にあることを示している。ここではこの軸をひとまず「経済の左右軸」と位置づけてみたい。この経済

第5章 旧ユーゴスラビア諸国の政党システム　151

表5-2　各国ごとの主成分分析の結果

|  | クロアチア |  |  | ボスニア |  |  | セルビア |  |  | モンテネグロ |  |  | マケドニア |  |  |
|---|---|---|---|---|---|---|---|---|---|---|---|---|---|---|---|
|  | 1 | 2 | 3 | 1 | 2 | 3 | 1 | 2 | 3 | 1 | 2 | 3 | 1 | 2 | 3 |
| 固有値 | 6.03 | 4.39 | 1.53 | 4.74 | 3.76 | 1.53 | 6.02 | 4.69 | 2.86 | 6.02 | 2.87 | 2.86 | 4.98 | 3.27 | 2.67 |
| 分散の% | 53.0% | 36.6% | 12.7% | 39.5% | 31.3% | 12.7% | 50.1% | 39.1% | 22.0% | 46.3% | 22.1% | 22.0% | 41.5% | 27.2% | 22.2% |
| TAX | −0.24 | 0.90 | −0.02 | −0.36 | −0.84 | −0.02 | −0.96 | 0.07 | −0.08 | −0.95 | −0.02 | −0.08 | 0.22 | 0.04 | 0.94 |
| PRIV | −0.32 | 0.93 | 0.65 | 0.03 | −0.50 | 0.65 | −0.98 | −0.15 | −0.18 | −0.91 | 0.11 | −0.18 | 0.09 | 0.63 | 0.69 |
| EU | −0.61 | 0.66 | 0.13 | −0.10 | −0.94 | 0.13 | −0.83 | −0.51 | −0.17 | −0.71 | −0.62 | −0.17 | −0.74 | 0.51 | 0.26 |
| FL | 0.74 | −0.62 | −0.05 | 0.10 | 0.80 | −0.05 | 0.89 | 0.43 | −0.02 | 0.75 | 0.60 | −0.02 | 0.36 | −0.88 | −0.15 |
| MF | 0.78 | −0.53 | −0.07 | 0.51 | 0.80 | −0.07 | 0.71 | 0.65 | 0.71 | 0.66 | 0.09 | 0.71 | 0.39 | 0.83 | −0.29 |
| EXC | 0.95 | −0.15 | 0.07 | 0.96 | 0.05 | 0.07 | −0.90 | 0.10 | 0.01 | −0.09 | 0.97 | 0.01 | 0.88 | 0.16 | 0.44 |
| SOC | 0.80 | −0.56 | −0.15 | 0.93 | 0.28 | −0.15 | 0.46 | 0.88 | 0.49 | 0.71 | 0.44 | 0.49 | 0.90 | 0.31 | 0.02 |
| NAT | 0.94 | −0.31 | −0.31 | 0.79 | 0.37 | −0.31 | 0.52 | 0.84 | 0.45 | 0.66 | 0.56 | 0.45 | 0.95 | 0.05 | 0.18 |
| REL | 0.90 | −0.32 | −0.22 | 0.94 | 0.15 | −0.22 | −0.12 | 0.90 | 0.53 | 0.55 | 0.60 | 0.53 | 0.95 | 0.10 | −0.10 |
| UR | 0.58 | −0.55 | 0.19 | 0.87 | 0.29 | 0.19 | 0.56 | 0.79 | 0.47 | 0.72 | 0.41 | 0.47 | 0.81 | −0.42 | −0.10 |
| DEC | 0.84 | −0.37 | −0.72 | 0.47 | 0.02 | −0.72 | 0.69 | 0.70 | 0.64 | 0.57 | 0.13 | 0.64 | −0.17 | 0.07 | 0.89 |
| ENV | −0.27 | 0.80 | 0.59 | 0.22 | 0.57 | 0.59 | −0.28 | 0.63 | 0.96 | −0.14 | 0.00 | 0.96 | 0.17 | 0.91 | 0.30 |
| IND |  |  |  |  |  |  |  |  | 0.09 | 0.81 | 0.35 | 0.09 |  |  |  |

の左右軸を含む成分において他にどのような政策側面が相関関係にあるかを見てみると，マケドニアを除く4カ国においては，EU加盟問題，外国人の土地所有の問題，メディアの規制の問題と相関する傾向がある（この傾向が最も顕著なのがセルビアであり，これらすべての側面が1つの成分と高い相関関係にある）。マケドニアだけは，経済問題とEUやその他の上記の政策との相関関係が弱く，経済軸が独自に1つの成分を形成しており，他の4カ国とは異なった様相を呈している。

次に，旧ユーゴ5カ国では，社会政策，ナショナリズム，宗教，都市-農村という4つの政策側面の相関関係が強く，1つの成分を形成していることが見て取れる。これらはいずれも，一般にナショナリズムとコスモポリタニズム，あるいは保守とリベラルと呼ばれる対立軸と関係している。「社会政策」は同性愛者の権利や中絶の権利などをめぐる政策であり，旧ユーゴ諸国では全体にそれほど重要争点とはなっていないが，保守派がこれらの権利に対してしばしば否定的であるのに対して，リベラルはそれを擁護しようとする。また，旧ユーゴ諸国においてナショナリズムが宗教としばしば結びついているのに対し，コスモポリタニズムは世俗的である。そして，保守層がしばしば農村部に支持層を持つのに対し，リベラルの支持基盤は都市部である。ここではこれを「保守・リベラル軸」と呼んでおくこととしたい。この軸は，クロアチア，ボスニア，マケドニアでは旧共産主義者の処遇の問題とも相関しているが，セルビア，モンテネグロではそうした相関が見られない。これは，次節で論じる旧共産党系の政党の位置取りという点でのこれらの国々の違いと関係があるように思われる。

主成分分析の結果をもとにして，各国の諸政党を2次元の座標軸で定義される政策空間に位置づけることが可能である。クロアチアの事例を見てみよう[3]。図5-1は，表5-2で示された2つの成分をそれぞれ縦軸，横軸にとり，諸政党を位置づけたものである。横軸の第1成分は，それと相関する各政策軸との関係から，数字が増えるほど民族主義的(保守的)であると解釈できるので，右にナショナリスト，左にコスモポリタンとしてある。他方縦軸の第2成分は，それと相関する政策軸との関係から，数字が増えるほど小さな国

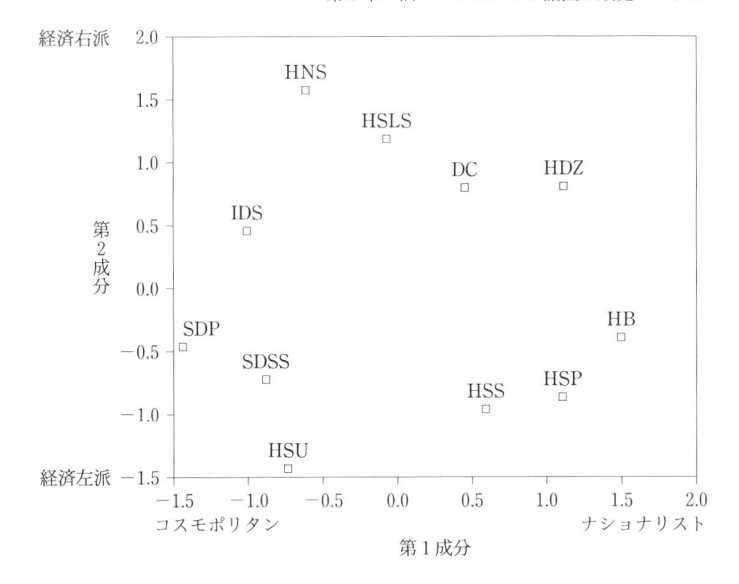

図 5-1 クロアチアの政党配置

家志向であると解釈できるので，上に経済右派，下に経済左派としてある。これに従ってクロアチアの諸政党の位置取りを特徴づけることができる。クロアチアの2大政党はクロアチア民主同盟（HDZ）と社会民主党（SDP）であるが，これらの2政党は縦軸（経済政策）においてはそれほど開いていないのに対し，横軸（保守・リベラル）においてかなりの開きがある。2006年当時の状況において，クロアチア農民党（HSS）がクロアチア民主同盟に近く，イストリア民主会議（IDS）やクロアチア国民党（HNS）が社会民主党に近い政党と見られていたことから考えても，クロアチアにおける主要な対立軸は図5-1の横軸であったということができよう。

同じようにしてボスニアを見てみよう（図5-2）。第1成分の主体はクロアチアと同じく保守・リベラルであり，右がナショナリスト，左がコスモポリタンである。これに対し縦軸はクロアチアとは若干様相を異にしており，第2成分の数字が増えると，経済的に大きな国家を志向しているだけでなく，メディアの規制や外国人の土地所有の規制を志向し，さらに反EUであると

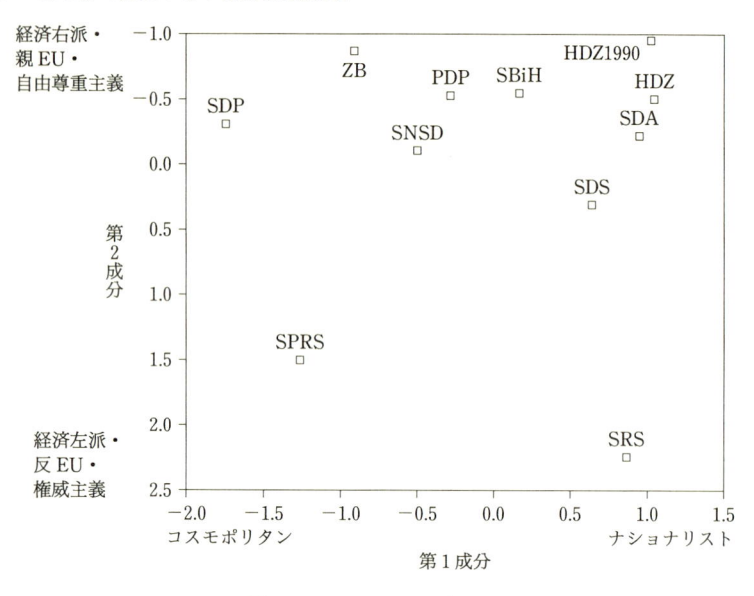

154　第2部　政党システム形成の比較分析

図5-2　ボスニアの政党配置

いう傾向を持つ。したがってこの縦軸の上をここでは「経済右派・親EU・自由尊重主義(リバタリアニズム)」、下を「経済左派・反EU・権威主義」としておきたい。この2つの軸で示される諸政党の位置を見ると、大半の政党が上に集まっているのが興味深い。旧共産党系の主要政党である社会民主党(SDP)も、右派勢力と同様に親EU、自由尊重主義へと傾いている。ボスニアにおいては国家の構造や民族間関係が複雑であるため政党間の対立構図は簡単に図式化できないが、基本的には旧共産党系の社会民主党と、民族主義政党である民主行動党(SDA)、セルビア民主党(SDS)、クロアチア民主同盟(HDZ)が対立する構図が続いてきた。図5-2から、こうした政党間対立において、第2成分(縦軸)がほとんど対立軸として機能していないことは明白であり、クロアチアと同様に、基本的には横軸の保守・リベラルの対立軸が重要であるといえよう。

　ではセルビアはどうだろうか。比較を容易にするため、クロアチア、ボスニアと同様に保守・リベラルの対立軸が横軸になるように図示したのが図

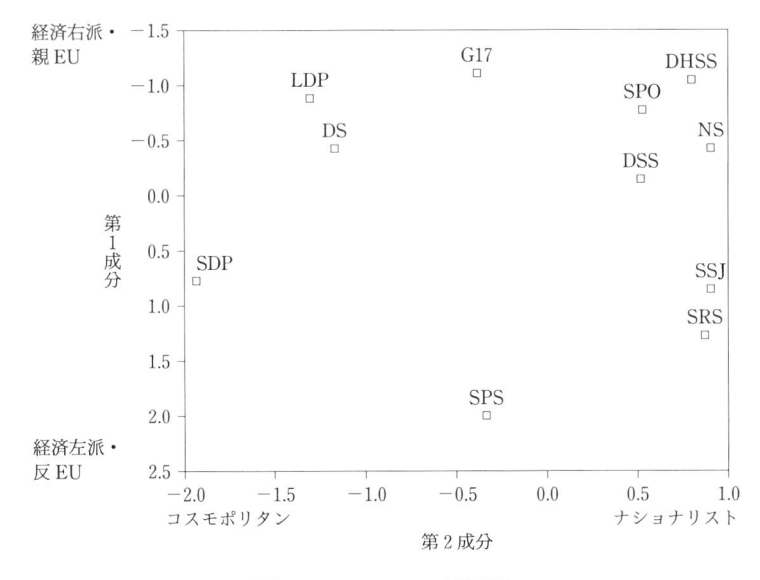

第5章　旧ユーゴスラビア諸国の政党システム　155

図5-3　セルビアの政党配置

5-3である。横軸の第2成分はクロアチア，ボスニアと同様，数字が増えるほど民族主義的・保守的であると解釈でき，右がナショナリスト，左がコスモポリタンである。他方縦軸の第1成分は，各政策軸との相関から，数字が増えるほど大きな国家志向であると解釈できるので，上を経済右派，下を経済左派としてある。セルビアではEU加盟問題がこの第1成分と相関しており，数字が増えるほど反EUであるので，上が親欧米派，下が反欧米派であるともいえる。こうした2つの軸から，2006年当時のセルビアの諸政党の位置取りを特徴づけると，クロアチアやボスニアとは様相が異なることに気づく。当時は民主党(DS)とセルビア民主党(DSS)が中心となって親欧米派の連立政権を形成しており，主要な対立軸は民主党・セルビア民主党・G17を中心とする与党と，セルビア急進党(SRS)，セルビア社会党(SPS)を中心とする野党が対立する構図が続いていた。これを図で見ると，横軸ではなく，むしろ縦軸が重要となって政党間対立が形成されていたといえるのである。しかし，コソボの独立問題が先鋭化するなかで，連立内の民主党とセルビア

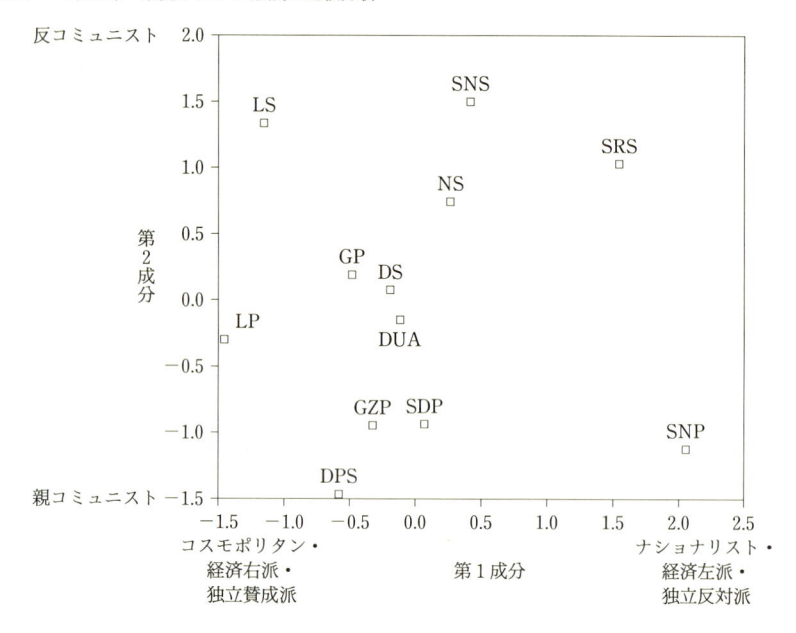

図5-4 モンテネグロの政党配置

民主党の間の軋轢が表面化し，2008年についに政権は崩壊し，セルビア民主党はその後右傾化してセルビア急進党など右派の野党勢力の陣営にまわった。図5-3を見ると，2006年の段階で，民主党とセルビア民主党は経済政策，EU加盟問題(縦軸)では似たような位置にあり立場を共有していても，保守・リベラルという軸(横軸)では相当に開きがあり，立場にかなりの違いがあったことがはっきりと見て取れる。2008年の議会選でセルビア民主党がセルビア急進党など右派勢力の側にまわったのは，コソボの独立問題を契機に保守・リベラル軸の重要性が増したのだとすれば，自然の成り行きだったのである。今後セルビアの政党間対立が横軸を中心に形成されるとすれば，それは前述のクロアチア，ボスニアの傾向に合致するようになったということができるだろう(この点は第5節であらためて考察する)。

次にモンテネグロを見てみよう(図5-4)。モンテネグロは，2つの経済政策の側面，EU加盟問題，モンテネグロの独立問題，そしてナショナリズムや

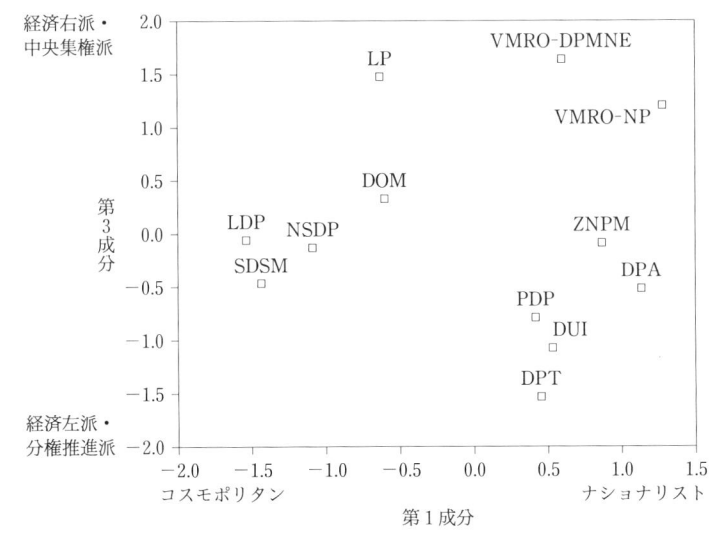

図 5-5 マケドニアの政党配置

　都市・農村といった諸政策が 1 つの成分と強く相関している点でこれまでの 3 カ国と異なっている。縦軸の第 2 成分は旧共産主義者の処遇をめぐる問題が非常に強く相関しているので(相関係数は 0.97，ほとんど完全な相関である)，上を反コミュニスト，下を親コミュニストとした。2006 年当時の政党間対立は，社会主義者民主党(DPS)と社会民主党(SDP)を中心とする与党連合と，社会主義者人民党(SNP)を中心とする親セルビア，国家連合維持派の野党との対立であったので，対立軸はやはり主として横軸であったと考えることができる。しかし，独立に関する国民投票の実施とその結果に基づくモンテネグロの独立によって争点自体が消滅し，その後の選挙で反独立派の主力だった社会主義者人民党が衰退し，代わって，モンテネグロにおける「セルビア人問題」を少数民族問題として提起しようとするセルビア人民党(SNS)が台頭したため，現在は政党間対立の構図が大きく変化している(この点は第 5 節を参照)。

　最後にマケドニアである(図 5-5)。マケドニアは，2 つの経済政策が第 3 成

分と相関している。本章ではこれまで保守・リベラルと経済の左右という2つの主軸を中心にして4カ国を見てきたので，マケドニアについても，第1成分と第3成分を縦横の軸にとる形で諸政党の位置を図示してみよう。第1成分はこれまでの4カ国と同じで，右にナショナリスト，左にコスモポリタンの配置となる。これに対し第3成分では，経済の左右に加えて，分権化とも強い相関を示している点が興味深い。これをもとに縦軸を，上は「経済右派・中央集権派」，下は「経済左派・分権推進派」としよう。マケドニアの政党システムでは，多数派民族のマケドニア人が支持する二大政党，旧共産党系の社会民主同盟（SDSM）と民族主義政党の内部マケドニア革命組織-マケドニア民族統一民主党（VMRO-DPMNE）が対立し，アルバニア人政党など少数民族政党がこの2大政党のいずれかとパートナー関係を確立して，政権獲得の際には連立政権を樹立するという構図が続いてきた。したがって主要な対立軸はやはり横軸であると考えてよいであろう。縦軸において下の方に位置するトルコ人民主党（DPT），統合民主同盟（DUI），民主繁栄党（PDP），アルバニア人民主党（DPA）はいずれもアルバニア人やトルコ人を代表する少数民族政党であり，これらの政党は多くが分権推進派であるので，少数民族政党の位置取りについては，経済政策よりもこちらの方が重要であろう。主要民族であるマケドニア人の政党だけを見てみると，縦軸の開きは横軸の開きに比べると狭くなっている。

　以上，本章では，専門家サーベイで得られたデータをもとに政党の「位置」を図示するため，主成分分析の結果を用いて2次元の政策空間図を作成し，それをもとに各国の政党間対立の構図について概観してみた。それぞれの軸を定義する成分の内容が国ごとに微妙に異なっているため，これら5カ国の事例を単純に一般化することはできないが，「保守・リベラル」と「経済の左右」という2つの軸が2次元的な政策空間における両軸の中心を形成しているという点ではかなりの共通性が見られるのではないだろうか。次節では，本節の分析をさらに一歩進めて，旧ユーゴ地域全体の政策空間について若干の分析を行い，そこからいくつかの考察を行ってみたい。

## 4. 旧ユーゴ地域全体の「政策空間」と政党ファミリー

　政策空間における政党の位置づけと図示は，前節で行ったように，国ごとになされるのが通常である。諸政党が国家という選挙のアリーナにおいて競合している以上，「政策空間」を国ごとに捉えるのは確かに最も自然であろう。しかしこうした図示の方法は，例えば，ある地域の内部において，同一の政党ファミリーに属すると考えられる諸政党の政策位置がどの程度近接しているか／距離が開いているか，というような問いへの答えは与えてくれない。前節で図示したような政策空間での位置取りは1カ国内の相対的なものであるから，当然のことながら，クロアチアのSDPがマケドニアのSDSMよりも図の左側にあるからといって，前者が後者よりもよりリベラルな立場をとっているということはできないのである。

　そこで本節では，本章で扱う旧ユーゴ5カ国を1つのアリーナと見なしたときに，そのアリーナの「政策空間」において各国の主要政党がどのような場所に位置づけられるかという点を分析してみたい。具体的には，旧ユーゴ5カ国のすべての政党を1つのデータセットとし，それを主成分分析にかけてみる。もしも同一系統の政党ファミリーに属すると思われる各国の政党が，それぞれの国で似たような立場をとっているならば，それらの政党は当然，1つの政策空間において，お互いに近いところに位置づけられるはずである。

　表5-3は，旧ユーゴ5カ国の69の政党すべてのデータを分析対象とした主成分分析の結果を示している。前節で述べたように，旧ユーゴ諸国では全体として，保守・リベラルと経済の左右が2つの主要な軸を構成する傾向があったが，この結果はそれをはっきりと示しているといえよう。表5-3を見ると，第1成分はナショナリズム，宗教，社会政策，都市／農村などを中心とした保守・リベラルの対立軸，第2成分は経済政策，EU加盟問題を中心とする対立軸と見なすことができる。

　図5-6は，表5-3の主成分分析によって得られた成分に基づいて，旧ユーゴ諸国の主要政党を2次元の政策空間に位置づけたものである。第1成分に

160 第 2 部 政党システム形成の比較分析

表 5-3 旧ユーゴ全政党の政策位置の主成分分析の結果

|  | 1 | 2 | 3 |
| --- | --- | --- | --- |
| 固有値 | 5.053 | 3.395 | 1.443 |
| 分散の% | 42.1% | 28.3% | 12.0% |
| REL | 0.91 | −0.05 | 0.02 |
| SOC | 0.90 | −0.30 | 0.15 |
| NAT | 0.89 | −0.30 | 0.12 |
| UR | 0.80 | −0.36 | 0.02 |
| EXC | 0.74 | 0.51 | −0.27 |
| MF | 0.64 | −0.57 | 0.29 |
| DEC | 0.64 | −0.42 | 0.10 |
| PRIV | −0.12 | 0.87 | 0.30 |
| TAX | −0.17 | 0.85 | −0.03 |
| EU | −0.57 | 0.65 | 0.21 |
| FL | 0.43 | −0.63 | −0.52 |
| ENV | 0.24 | 0.14 | 0.91 |

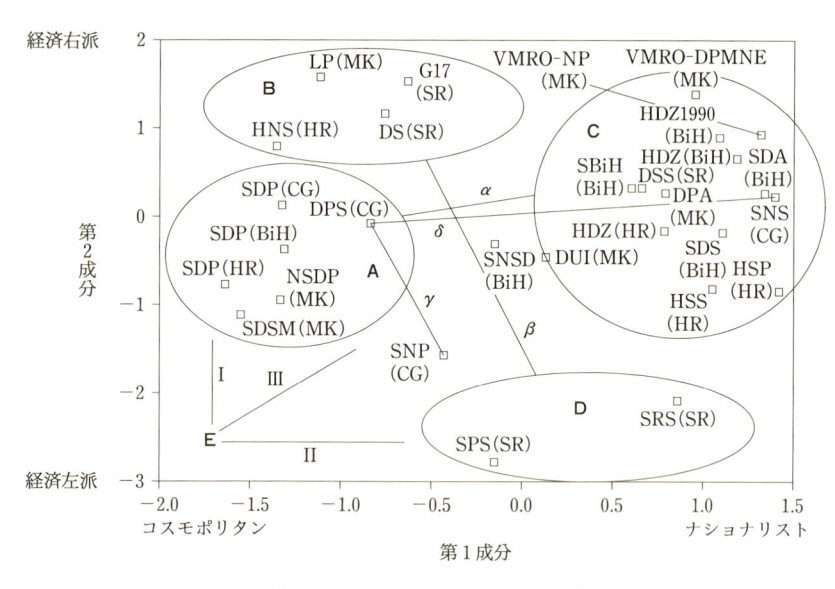

図 5-6 旧ユーゴ 5 カ国の政党配置

注）カッコ内の HR はクロアチア，BiH はボスニア，SR はセルビア，CG はモンテネグロ，MK はマケドニアを指す。

基づく横軸は，これまでの図示と同様，右にナショナリスト，左にコスモポリタンが位置づけられる。第2成分に基づく縦軸は，上が経済右派，下が経済左派である。この2次元に基づく諸政党の位置づけから，旧ユーゴ5カ国における主要政党を大きく4つのタイプに分類することが可能であるように思われる。

　第1は，旧共産党の後継政党を中心とした社会民主勢力(図5-6のA)である。クロアチアの社会民主党，ボスニアの社会民主党，マケドニアの社会民主同盟，モンテネグロの社会主義者民主党はいずれも旧共産党の後継政党であり，現在のこれら4カ国における2大政治勢力の片方において中心的存在となっている。マケドニアの新社会民主党(NSDP)は社会民主同盟から分離した政党であり，モンテネグロの社会民主党は旧共産党の流れを汲む政党ではないが，社民党的な立場をとる政党である。これらの政党は経済政策面においては必ずしも「左派」とはいえなくなっていることもあるが，「友愛と団結」を掲げてユーゴ内の諸民族の連帯を目指した旧共産党のイデオロギーを継承し，ナショナリズムに反対し，少数民族に対しては比較的穏健な立場をとっている。また旧ユーゴでは，旧体制政党は工業と都市化を重視して農村部はそれほど重視せず，さらに宗教を否定したため，教会の影響力が根強く残る農村部よりも，世俗化が進んだ都市部において支持基盤がより強かった。現在の社民党系の政党の多くは都市部において農村部よりも強い支持基盤を持っているが，それはこうした旧体制の遺産が影響していると思われる。これらの社民党系の政党の多くは，欧州社会党(PES)と何らかの関係を結んでいる。

　第2は，自由主義勢力あるいは自由民主主義勢力(図5-6のB)とでも呼ぶべき勢力で，極めて親西欧的な立場をとり，しばしば知識人のエリートを指導者に持ち，経済改革に積極的で，都市部に強い支持基盤を有する。これらの政党は，上で述べた社民勢力が2大勢力の一翼を構成しているクロアチア，マケドニア，ボスニア，モンテネグロにおいては，勢力としては弱く，例えば，クロアチアのクロアチア国民党，マケドニアの自由党(LP)などがこれに該当する。これに対し，社民党勢力が事実上存在しないセルビアでは，自

由主義勢力が二大勢力の一翼を担っており,民主党,G17がこの勢力の中核をなしている。このグループの政党は,欧州の政党の中では,欧州自由民主改革党(ELDR)と何らかの関係を結んでいることが多いが,社民党勢力が事実上存在しないセルビアでは,民主党は欧州社会党との結びつきが強く,2008年末現在では欧州社会党のオブザーバーとなっている。

　第3の勢力(図5-6のC)は,この地域でしばしば民族主義政党あるいは民族政党と呼ばれる勢力である。これらの政党の大部分は,旧ユーゴ地域で1990年に起こった体制転換に伴って各共和国で形成された新興政党に起源を持ち,共産主義体制下でタブー視されていた民族主義に訴える選挙戦術をとって一躍台頭した。クロアチアのクロアチア民主同盟やクロアチア権利党(HSP),ボスニアの民主行動党,クロアチア民主同盟,セルビア民主党,セルビアのセルビア民主党,モンテネグロのセルビア人民党,マケドニアのマケドニア民族統一民主党やアルバニア人民主党といった政党がこれに該当する。この勢力は,新興政党から成長してきたという出自から反共産主義的であることが多く,農村部を重要な支持基盤としている。また旧ユーゴ地域では民族アイデンティティと宗教の間に深いかかわりがあり,宗教指導者や司祭が民族主義的な傾向を示すことが多いため,これらの政党はしばしば宗教指導者と強い関係を有している(そして宗教指導者は,旧体制下で一般に宗教が否定されていた経緯から,反共産主義的な立場も民族主義政党と共有している)。民族紛争が吹き荒れた1990年代には少数民族に対して極めて敵対的・非寛容な立場をとり,クロアチアやボスニアの民族政党のように戦争・内戦を主導した政党も少なくないが,現在は次第に穏健化してきている。そのことのひとつの証左が,これらの政党から党内の右派勢力が分離している現象である。例えばクロアチアではクロアチア民主同盟の穏健化に伴い,穏健化路線に反対する勢力が分離して新党のクロアチア・ブロック(HB)を形成した。マケドニアではマケドニア民族統一民主党から,より右派的な勢力が分離して人民党(VMRO-NP)を結成した。これらの分離政党はいずれも選挙では成功せず,結果として,主流派の右派勢力はより中道に近い穏健右派となって,これらの国々での政治の安定化に貢献しているように思われ

る。これらの民族主義政党のいくつかは，現在，欧州内の保守政党，欧州人民党(EPP)と何らかの関係を有している。

そして第4の勢力(図5-6のD)が，民族主義的共産主義とでも呼ぶべき勢力であり，2006年時点では，セルビアのセルビア社会党とセルビア急進党がこの勢力の中心的存在であったといえる。これらの政党には，民族主義イデオロギーと，大きな国家と規制の維持・経済の国家管理を志向する経済左派のイデオロギーを結合させているという特徴がある。セルビアにおいてはこの勢力が国内の二大陣営の一翼を担っており，2000年以前はセルビア社会党が主導的な政党であったが，ミロシェビッチ(Slobodan Milošević)が2000年に失脚した後はセルビア社会党も党勢を一気に衰退させ，代わって「極右」として欧米から警戒されるセルビア急進党がこの勢力の中心となり，2008年初頭の大統領選では決戦投票で49％の票を獲得するまでに至っている。

図5-6には，上の4つの勢力のどれにも該当しない重要な政党として，ボスニアの独立社会民主主義者同盟(SNSD)とモンテネグロの社会主義者人民党の位置が示されている。これらはいずれも旧共産党系の政党であるが，その他の社民勢力とは一線を画している。独立社会民主主義者同盟はボスニアのセルビア人内部での有力な左派政党であり，一時は内戦を主導したセルビア民主党に対抗する改革派の中心として西欧の期待を集めた政党であるが，2006年の総選挙において民族主義的なキャンペーンを展開した。独立社会民主主義者同盟はこの選挙で大勝して政権を獲得するが，左派政権の誕生というよりも，同党が右傾化した結果であるとしばしばいわれる。図5-6における同党の位置は，この政党がかつていたと思われる社民勢力の位置(図5-6のA)から，民族主義勢力の位置(図5-6のC)に近づきつつあることを捉えたものだと思われる。他方モンテネグロの社会主義者人民党は，社会主義者民主党内の一部の勢力が，同党の親西欧・反ミロシェビッチ的な立場への政策変更に反発して分離し創設した政党である。共産主義者同盟の後継政党であった社会主義者民主党は，1990年の体制転換の直後はミロシェビッチ政権と蜜月の関係にあり，もともと社会主義者民主党はセルビア社会党に近い

このあたりの位置にいたと考えられる。社会主義者民主党の内部分裂により，親西欧・反ミロシェビッチの社会主義者民主党主流派が現在の位置にまで政策を転換した結果，社会主義者民主党がもといた場所に社会主義者人民党がとどまっているのが図5-6の政党配置であると解釈すべきであろう。

　旧ユーゴ5カ国のそれぞれにおいて，主要な政治勢力間の対立構造がどのようになっているかを考えてみると，クロアチア，ボスニア，マケドニアと，セルビア，モンテネグロの間に明らかな違いがあることが図5-6から読み取れる。前者の3カ国においては，すでに前節で述べたように，社民系勢力（A）と民族主義勢力（C）が2大勢力の中核となっており，基本的に対立構図はA対Cの対立となっている（図5-6の$\alpha$の線）。これに対しセルビアでは，自由主義勢力（B）と民族主義的共産主義（D）が2大勢力の中核となっており，対立構図はB対Dの対立となっている（図5-6の$\beta$の線）。モンテネグロでは2大勢力の距離はセルビアほど離れていないが，社会主義者民主党と社会主義者人民党の対立軸を示す図5-6の$\gamma$の線は，セルビアの$\beta$の線とほぼ平行であり，2大勢力間の対立構図がセルビアと似たような性格のものになっていることが読み取れる。

　旧ユーゴ5カ国におけるこうした対立構図の違いは，何に起因するのであろうか。ここでは，そのひとつの要因として，旧体制政党（共産主義者同盟）が体制転換に際してとった動きの違いに注目してみたい。旧ユーゴ諸国では，体制転換に際して旧体制政党がどのような立場をとるかという点で，顕著な違いが見られた。クロアチア，ボスニア，マケドニアでは，旧体制政党は複数政党制・政治的民主主義や市場主義・資本主義経済体制を受け入れることで共産主義のイデオロギーを放棄したが，すでに上で述べたように民族問題という点では旧体制のイデオロギーを踏襲し，民族主義に反対し，民族間の連帯を説く立場をとり，新興の民族主義政党と対立することになった。図5-6において，体制転換前の共産主義者同盟の位置が，経済政策的には左派の極，保守・リベラルの軸ではリベラル（反民族主義，世俗主義）の極にあるEの位置にあったとすると，そこから上に移動していったのである（図5-6のIの線）。これに対しセルビアでは，セルビア共産主義者同盟の指導者として

旧体制末期に台頭したミロシェビッチは，1990年の体制転換以前から民族主義者へと「転向」しており，体制転換に際しても，経済左派のイデオロギーは堅持したまま，民族主義的な立場をとった。すなわち，Eの位置から右に移動したのである（図5-6のIIの線）。

この分析は，旧共産圏の共産党の後継政党についての比較研究の議論とも合致する。例えばボゾキとイシヤマ（Bozóki and Ishiyama, eds. 2002, pp. 6-8）は，旧共産党の後継政党を，改革（reform）の有無と，変容（transmutation）の有無によって，4つに分類する。彼らによれば，改革の有無とは，共産主義のイデオロギーを放棄し，政治的により穏健な左派の位置へと移動したかどうかであり，改革した政党は一般に西欧的な自由民主主義を受け入れる。これに対し変容の有無とは，左派から，文化的に右派的，民族主義的，反西欧的な要素をイデオロギーに取り込んだかどうかであり，変容した旧共産党は「非民主的な左」から「非民主的な右」へと移動する。これを図5-6で考えてみると，改革も変容もしていない場合（ボゾキとイシヤマのいう「正統共産主義者」）の位置がE，そこから上に移動する動き（Iの線）が「改革」，水平に右に移動する動き（IIの線）が「変容」，右上に移動する動き（IIIの線）が彼らのいう「民族主義的社会主義／ポピュリスト」への移動である。図5-6においてセルビア社会党はEから見て線IIの延長線上にあるが，ボゾキとイシヤマはセルビア社会党をまさに「変容・非改革」の「民族的共産主義」に位置づけており（Bozóki and Ishiyama, eds. 2002, p. 8），本章の議論と合致している。彼らの分類で考えると，旧ユーゴ5カ国の中で，「変容」と「改革」の双方を行った「民族主義的社会主義／ポピュリスト」には，ボスニアの独立社会民主主義者同盟が当てはまるということになるだろう。すでに述べたようにボスニアの独立社会民主主義者同盟はまず改革派社民勢力として台頭し，近年になって右傾化したので，まず「改革」を経験し，次に「変容」を経験して2006年当時の位置にたどり着いていると解釈することができよう。

こうした体制転換に際しての旧体制政党の移動の違いは，単にその後継政党のタイポロジーを説明する際に有用なだけでなく，本節で示した旧ユーゴ5カ国の対立構図の違いに大きな影響を与えているように思われる。グジマ

ワ=ブッセが主張しているように，旧共産党は体制転換に際して，交渉における強大な発言権と圧倒的な組織的資源・物質的資産を有していたため，「民主的な政治競合を形成する上で特権的な地位にあった」のであり，旧体制の支配的アクターの戦略は，その後の民主的な政治競合に大きな影響を与えた(Grzymala-Busse 2006, pp. 416-423)。本章の分析の文脈でいえば，旧体制政党は，組織的にも新興野党よりもずっと以前から存在して政権を運営していたため，体制転換に際して，野党よりも先に位置取りを確立することが可能だったはずである。これに対し，旧体制政党に対する野党は，旧体制政党がとった位置を受けて，自己を差別化するための位置取りを模索しなければならない。

旧ユーゴ諸国において，それまでタブー視されてきた民族主義や歴史問題が人々の動員と新しい正当性の獲得にとって有効な手段であることは，すでに体制転換前にセルビアのミロシェビッチが証明済みであった。モンテネグロでは，体制転換前の1989年にミロシェビッチが主導する「反官僚革命」[4]が起き，ミロシェビッチの強い影響下にある新指導部が樹立されていたので(Sell 2002, pp. 59-64；久保2003)，体制転換に際しては当然ミロシェビッチと同様の動きをとった。しかしすでに述べたようにクロアチア，ボスニア，マケドニアでは，旧共産党はそうした路線を選ばず，むしろ改革路線を選択した。したがって，旧体制政党が民族主義を採用しなかった3カ国において，その機会を野党勢力が利用したのは当然といえよう。クロアチア，ボスニアでは，結局1990年の最初の選挙において旧体制政党は民族主義政党に敗北し，民族主義政党が新政権を樹立した。マケドニアでも民族主義勢力は第一党の地位を得た(ただし過半数は獲得できず，諸政党の妥協の結果として，選挙後には専門家政府が発足した)。このように，これらの3カ国では，旧体制政党が民族主義を採用しなかったことによって生じた機会を野党勢力が利用したことにより，社民党勢力対民族主義勢力という対立構図が出現し，定着したのである。

これに対し，旧体制政党が民族主義を採用したセルビアとモンテネグロでは，野党勢力にとって，クロアチアやボスニア，マケドニアのように民族主

義に訴えることが有力なカードとはならなかった。セルビア再生運動(SPO)のようにセルビア社会党よりも右派的な立場で最初の選挙に臨んだ野党もあったが，すでにセルビア社会党が民族主義勢力の地盤固めをしてしまっていたため，民族主義的な野党勢力は支持基盤を広げる余地が少なく，勢力を伸張させることができなかった(Goati 2001)。セルビアの野党勢力はその後，民主党などを中心とする親欧米・経済改革派勢力と，セルビア社会党よりもさらに民族主義的なセルビア再生運動，セルビア急進党などの右派勢力に分かれて発展し，セルビア社会党は必要に応じてセルビア急進党やセルビア再生運動を政権に取り込むことで親欧米・経済改革派勢力を抑え込んで政権を維持したのである。モンテネグロの場合には，体制転換直後は民族主義を採用した旧体制政党が圧倒的な勢力となり，野党勢力はほとんど発展しなかった。1996年になって与党の内部が分裂し，親ミロシェビッチ派と，親西欧(反ミロシェビッチ)派に分裂したとき，ようやくモンテネグロの内部に二大勢力による対立の構図が形成された。こうした経緯から，セルビアやモンテネグロでは，図5-6の縦軸に基づく政治勢力間の対立構図が出現し，定着したのである。

　このように，旧ユーゴ諸国の主要政治勢力の対立構造になぜ相違が生じたのかを考えると，旧体制政党が体制転換に際してとった位置取りの違いが極めて重要であったように思われる。ここで当然生じる疑問は，それではなぜこれらの国々で旧体制政党のとった行動が違っていたのかという点であろう。選挙結果からいえば，旧ユーゴ諸国で体制転換に際して行われた1990年選挙では，旧体制政党か野党系かにかかわらず，すべての国で民族主義的な立場をとった政党が勝利したので，クロアチア，ボスニア，マケドニアの旧体制政党は誤った選択をしたことになる。セルビアのミロシェビッチがすでに体制転換前に民族主義に「転向」し，しかもミロシェビッチの主導する政策に対してスロヴェニアの旧体制政党が反発を強めてスロヴェニア民族主義的な立場を強めていた(詳細は久保2003を参照)にもかかわらず，他の3カ国の旧体制政党がそれを模倣・追随しなかったのはなぜだろうか。共産主義体制からの移行の経路，その帰結についてはさまざまな「歴史の遺産」が指摘され

ているが(詳しくは第1章の平田論文を参照)，その大半はここで問題になっている相違を説明できない。第一次世界大戦前の歴史的要因では，ハプスブルク帝国の支配下にあったクロアチアと，オスマン帝国の支配下にあったボスニア，マケドニアがなぜ同じ動きをとったのか説明できない。両大戦間期の歴史要因にも有力な手がかりは見出せない。旧体制期の政治経済体制は旧ユーゴ諸国内で同一であり，移行の様式も基本的には「先取り型」で共通しているため，やはり説明できない。経済発展の水準からいうと，旧ユーゴ地域内では，クロアチアはセルビアより高く，ボスニア，マケドニアはセルビアより低いため，経済発展の度合いでもやはり説明することはできない。ではクロアチア，ボスニア，マケドニアの旧体制政党が体制移行に際して民族主義路線を採用しなかったのはなぜだろうか。

この問題は別途本格的な分析を要するものであり容易には答えられないが，ここではそれを説明するひとつの可能性として，旧体制下で採用された民族連邦制における各共和国の民族構成と，それを反映した各国の体制政党・共産主義者同盟の民族構成を挙げておきたい。旧ユーゴの民族連邦制においては，スロヴェニアだけは人口の90％近くをスロヴェニア人が占め有力な少数民族が存在しない民族的同質性の高い共和国であったが，他の5カ国はいずれも共和国内に有力な少数派民族を抱える多民族共和国であった。そのうち，セルビアを除く4カ国は単一制的な共和国であり，少数民族の自治州などが設立されなかったため，民族構成に比例したポスト配分を「鍵システム」として制度化した共産主義体制下において，共和国の体制政党とその指導部の民族構成も多民族的なものとなった。例えば国民の10％以上がセルビア人であったクロアチアではセルビア人が優遇され，共和国統治機構や共産主義者同盟において強い発言力を有していた。とりわけクロアチア，ボスニアでは，少数派民族はセルビア人やクロアチア人など，旧ユーゴ全体で「構成民族」とされた民族であったので，各共和国内において高い地位が与えられていたのである[5]。これに対しセルビアは，共和国内にアルバニア人，ハンガリー人などの有力少数民族を抱えていたが，他の共和国と異なり，共和国内にコソボ自治州，ボイボディナ自治州が設置されていた。高度に分権

的な 1974 年憲法体制の下でこれらの自治州はセルビア共和国とほぼ同権となり，ハンガリー人やアルバニア人といった少数民族は，自治州の統治機構と，自治州の共産主義者同盟において発言力を確保するようになった。この結果，コソボとボイボディナの代表者はセルビア共産主義者同盟における政治指導者の選出にあまり影響力を持たなくなった。両自治州の共産主義者同盟は制度上，セルビア共産主義者同盟の一部であったから，セルビア共産主義者同盟の中央委員会や幹部会といった意思決定機構には両自治州の代表も参加していたが，自治州の代表は，セルビア内部の派閥対立や路線対立については中立の立場をとることが一般的だったからである[6]。このことは，セルビア共産主義者同盟の指導者にとって，自らの権力基盤として最重要視すべきはセルビア共和国のうち自治州を除く領域（セルビア・プロパー）であり，同領域において住民の約 90％を占めるセルビア人であることを意味した。そしてセルビア共産主義者同盟の指導部は，セルビア人が圧倒的な主導権を握ることになったのである。

　この民族構成の相違は，旧体制政党が体制転換に際してとりうる位置に大きく影響していたと思われる。共和国の共産主義者同盟指導部が多民族で構成され少数派民族が強い発言力を有している状況では，多数派民族だけに訴えようとする民族主義路線は，容易には採用できない。実際，クロアチア，ボスニア，マケドニアでは，旧体制政党は「友愛と統一」のイデオロギーを維持し，体制転換に際した選挙において，旧体制の「鍵システム」の慣行に従って，各選挙区の民族構成に応じて候補者の民族構成の配分を変えて選挙戦を展開していた[7]。これに対しセルビアでは，共和国の共産主義者同盟の指導部においてはアルバニア人やハンガリー人といった少数民族の発言力が相対的に低かったため，民族主義路線への変更はより容易だったと考えられる[8]。本章の分析からは除外されているが，民族的同質性が高いスロヴェニアにおいて，ミロシェビッチの政策に対する反発から同共和国の共産主義者同盟が民族主義的な立場を強めたことも，党指導部の民族構成の重要性を示唆している。ただこの要因では，唯一，クロアチアやマケドニアと同様に有力な少数民族を抱える単一制共和国でありながらミロシェビッチと同様に民

族主義路線を採用したモンテネグロの事例が説明できないが，体制転換時のモンテネグロの指導部はミロシェビッチの強力な指導・影響下にあり，その行動は内的な要因というよりも外的要因によって規定されていた面が強い。いずれにせよクロアチアやボスニア，マケドニアでは，旧体制政党は，仮にミロシェビッチと同様に民族主義に訴える戦略をとりたいと考えたとしても，容易にそれを行うことができる条件下にはなかったと思われるのである。

　もちろん，こうした制度的・構造的要因だけでなく，アクターの判断も重要な要因となっている。例えばクロアチアの事例では，旧体制政党は明らかに民族主義に訴えなくとも勝利できると考えていたと思われる。選挙前に実施された旧体制政党と諸野党間の円卓会議において，共産主義者同盟は，自らの勝利を確信し，自身に有利になると考えて小選挙区制を主張していたからである(Woodward 1995, pp. 117-119)。結局クロアチアでは同党の主張が通って小選挙区制が採用されたが，蓋をあけてみると誤算であったことが明らかとなった。旧体制政党の候補は各地で敗北し，全国レベルでは得票率よりもはるかに低い議席率しか確保できず，逆に野党系のクロアチア民主同盟は40％程度の得票率で65％以上の議席を確保することに成功した(Cohen 1993, p. 100)。旧体制政党は自らの主張した選挙制度によって厳しい罰を受けたのである。このように，各国の共産主義者同盟が体制転換に際して行った功利的計算も，クロアチアやボスニア，マケドニアの旧体制政党がなぜセルビアのミロシェビッチと同じような路線を採用しなかったのかを説明する重要な要因であろう。いうまでもなく，体制転換の際に各共和国の体制政党を主導していた人々のイデオロギー的信条も重要な役割を果たしたであろう。したがって，クロアチア，ボスニア，マケドニアといった国々で旧体制政党がなぜ民族主義路線をとらなかったのかという問いに対しては，旧ユーゴにおいて採用された民族連邦制の影響といった制度的・構造的要因と，体制転換に際して各アクターが行った功利的計算やアクターの持つイデオロギー的信条など，アクターに関連する諸要因の双方を考慮する必要があるように思われる。

## 5. 旧ユーゴ諸国の収斂？──セルビアとモンテネグロの近年の変容

　最後に，旧体制政党の後継政党の位置取りと政党間対立の構図という視点から，セルビアとモンテネグロにおける近年の変化について述べておきたい。セルビアでは，2008年5月の総選挙後，1カ月以上にわたって連立交渉が続いていたが，長い交渉の末，民主党，G17などの親欧米勢力とセルビア社会党が連立政権を発足させることになった。これは単に権力目的の数合わせの結果ではなく，セルビア社会党が民主党，G17に近い位置に移動し，他の旧ユーゴ諸国の社民党勢力と似たような位置を目指していることを示していると思われる。そのひとつの証左は，新政権の発足直前に，ダチッチ (Ivica Dačić) 率いるセルビア社会党が，2008年7月にアテネで開催された社会主義インターナショナルの第23回大会において加盟申請を行ったことである[9]。クロアチア，ボスニア，モンテネグロ，マケドニアの社民系政党も加盟する社会主義インターナショナルへの加盟申請は，セルビア社会党が他の諸国と同じような社民党路線に転換しようとしていることを如実に示している。それは同時に，この大会において社会主義インターナショナルの正式メンバーとなった民主党への接近をも意味しており，民主党はセルビア社会党が社会主義インターナショナルに加盟申請する際に仲介役として大きな役割を果たしていた[10]。ミロシェビッチ政権時代は仇敵であった民主党が主導する連立政権にセルビア社会党が参加した背景には，このようなセルビア社会党による路線転換と民主党への接近があったと考えられる。これに対し，それまで民主党と連立政権を形成し首相ポストを維持していたセルビア民主党は，2008年2月のコソボ独立宣言などを契機に右傾化し，総選挙後は極右勢力であるセルビア急進党とともに野党にまわった。これによって，セルビアの政党間対立の構図は，図5-6で見るとB(民主党，G17)＋A(に近づきつつあるセルビア社会党)対C(セルビア民主党)＋D(セルビア急進党)という対立構図となり，横軸に基づくA対Cという対立構図で特徴づけられるクロアチア，ボスニア，マケドニアの状況に似てきていると考えられる。

同様の変化は，モンテネグロでも起こっている。モンテネグロでは，独立を達成した後に行われた 2006 年 9 月の総選挙の結果，親セルビア，国家連合維持を主張してきた社会主義者人民党が弱体化し，代わって社会主義者民主党に対抗する野党勢力として同国のセルビア人を代表する「セルビア人リスト」が台頭している。セルビア人リストの中核勢力であるセルビア人民党のマンディッチ（Andrija Mandić）党首は，党の基本方針として，モンテネグロ国内の異なる諸民族の平等を追求し，とりわけセルビア人の「構成民族」としての集団的権利の保障を求めていく姿勢を明らかにしている[11]。こうした「セルビア人政党」の民族主義的な立場に対し，社会主義者民主党や社会民主党はモンテネグロを「市民の国家」と定義することを主張し，反民族主義的な立場をとっている[12]。したがって，モンテネグロの対立軸も，社会主義者民主党と社会主義者人民党を結ぶ $\gamma$ 線から，社会主義者民主党とセルビア人民党を結ぶ $\delta$ 線へと移行し，やはり図 5-6 の横軸に基づく対立構図へと移行しつつあるといえる。

前節では，2006 年前半期に筆者が実施した専門家サーベイの結果をもとに，主要政治勢力の対立軸についての旧ユーゴ諸国間の相違を指摘した。しかし，本節で指摘したセルビアとモンテネグロにおける政党対立構造の変化は，こうした旧ユーゴ諸国間の相違がなくなり，図 5-6 における横軸に基づく対立構造に収斂しつつあることを示しているといえるかもしれない。とはいえ，セルビアもモンテネグロも，政党システムがいまだ安定していない状況であり，今後，政党の離合集散によって政治勢力の再編と対立軸の変化が起こる可能性もあり，近年の動きがそのまま定着するとは断定できない。こうした変化をより実証的に捉えて分析するためには，再度調査を実施して，旧ユーゴ諸国の諸政党の政策位置に関する近年のデータを収集することが必要となろう。これについては，今後の課題としたい。

## 6. おわりに

本章では，筆者が 2006 年に実施した専門家サーベイをもとに，旧ユーゴ

5カ国の政党システムについて，政党の政策位置という観点からの比較を行うことを試みた。本章の分析を通じ，2006年段階での政党間対立の構図について，概して経済の対立軸と保守・リベラルの対立軸が主要な2つの軸を形成しているという共通性が見られ，主要政党はおおむね4つの政党ファミリーに分類できるが，クロアチア，ボスニア，マケドニアと，セルビア，モンテネグロの間で対立構図に質的な差異が存在していることを示した。そしてこの相違が生じた原因として，体制転換に際して旧体制政党である共産主義者同盟がどのような政策位置を選択したかが重要であったことを指摘した。すなわち，体制転換に際して旧体制政党が改革路線を選択したクロアチア，ボスニア，マケドニアでは社民党勢力対民族主義勢力という対立構図が生じたのに対して，旧体制政党が民族主義的共産主義を選択したセルビアとモンテネグロにおいては，自由主義・親西欧派勢力対民族主義的共産主義という対立構図が生じたのである。このように考えると，本章で示された政党間対立の構図は2006年前半期の状況をスナップショット的に示したものにすぎないとはいえ，それは旧ユーゴの5カ国が体制転換以降にたどってきた道程の違いを示しているともいえるであろう。最後に，第5節では，近年のセルビアとモンテネグロにおける政党間対立構図の変化によって，上で述べたような5カ国間の相違が次第になくなりつつあり，旧ユーゴ5カ国が保守とリベラルの政策軸を主軸とする対立構図に収斂しつつある可能性を指摘した。

　本章の議論の妥当性は，政策綱領や議会における政党の投票行動といった他のデータによっても検討される必要があろう。また，専門家サーベイを再度実施して，同じ手法を用いて旧ユーゴ諸国の政党間対立構図の時系列的な変化を分析することも必要であろう。本章は旧ユーゴ諸国における体制転換後の政党システムのごく一部分を分析したにすぎないが，筆者は本章を，旧ユーゴ諸国の政党システムの包括的・体系的な比較分析に向けた第一歩にしたいと考えている。

　　〈謝辞〉　本章は，筆者が研究代表者を務めた科学研究費若手研究(B)「旧ユーゴスラビア諸国の選挙制度と政党システム」(平成18年度〜19年度)の研究成果の一部である。

記して謝意を示したい。

1) 本章は政党の政策位置という視座からの分析であるが，筆者は，政党の数という側面について，「一党優位制」の発生の有無，ならびにその発生・存続・崩壊をもたらす諸要因に関して，旧ユーゴ諸国の比較分析を別の箇所で行った。以下を参照されたい。Kubo (2007b).　なお本章の分析対象は旧ユーゴ諸国のうちクロアチア，ボスニア，セルビア，モンテネグロ，マケドニアの5カ国とし，スロヴェニアは除外してある。これは，専門家サーベイを実施した2006年の時点でスロヴェニアがすでにEUに加盟しており，調査・分析に含めるべき政策側面に大きな違いが生じ，統一的な分析が困難なためである。
2) ベノイトとレイバーの前回調査では，以下の3つのいずれかの条件に当てはまる現存の政党はすべてリストに加えたと報告されている。すなわち，(1)直近の選挙において議会に議席を獲得した政党，(2)直近の選挙において全国レベルで1％以上の得票を得た政党，(3)これら2つの条件を充たさないが，予備調査において専門家が重要と判断した政党 (Benoit and Laver 2006, pp. 125-126)。しかし，これらの条件を充たす政党すべてをリストに加えると，旧ユーゴ諸国の場合，政党数はしばしば膨大な数となる。そのため，これらの条件を充たす政党についても多くをリストから除外している。ただし，アンケート用紙には回答者が重要な政党と考えているにもかかわらずその政党がリストから除外されている場合，その政党名を記入する欄があり，回答者はその政党についても政策位置などを記入することが可能である。
3) 旧ユーゴ諸国の体制転換以来の各国の選挙結果，選挙制度，主要政党の概要については，以下に詳細なデータが掲載されているので，参照されたい。http://www.seinan-gu.ac.jp/~sengoku/database/ (2010年2月25日接続確認)
4) セルビアの「反官僚革命」の詳細については以下を参照。Vladisavljević (2008).
5) 例えば共産主義体制下のボスニアの共産主義者同盟，共和国主要省庁の幹部等の民族構成について，Abazović (1999) を参照。
6) 自治州の代表のこうした行動は，自治州内部の問題についてセルビア共産主義者同盟が介入することを阻止するためであった。自治州の代表は，自分たちがセルビア内部の問題に介入しないかわりに，セルビアも自治州内部の問題には介入しないという暗黙の相互了解に基づいて行動していたのである。この点についてはベオグラード大学政治学部の Nebojša Vladisavljević 博士より非常に有益な示唆を得た。記して謝意を表したい。
7) 筆者はクロアチアの1990年の地方選挙を分析した別の論考においてこの点を指摘した。以下を参照されたい。Kubo (2007a).
8) もちろんこのことは，セルビア共産主義者同盟が民族主義に路線変更することに対する抵抗がなかったことを意味するわけではない。旧体制においてタブーとされてきた民族主義路線への転換はセルビア共産主義者同盟内で強い反発を招き，党内の激し

い派閥対立に発展した。1987年9月の第8回セルビア共産主義者同盟中央委員会で頂点に達したこの派閥対立にミロシェビッチが勝利したことで，セルビア共産主義者同盟の民族主義路線への転換が始まったのである。この派閥抗争と第8回セルビア共産主義者同盟中央委員会については例えば以下を参照。Silber and Little (1996, pp. 40-47), Sell (2002, pp. 39-64), Lekić and Pavić, eds. (2007).
9) "Tadić: Nema koristi od samoizolacije," *Politika*, 2008/7/2.
10) "Tadićeva pomoć Dačiću," *Politika*, 2008/7/3.
11) マンディッチ党首とのインタビュー，ポドゴリツァ，2006年10月5日。
12) この政策立場の違いは，選挙後の新憲法制定過程において，国家をどのように定義するかをめぐる対立に直結することになった。2007年10月に制定された新憲法は，与党勢力の立場を反映し，モンテネグロを「市民の国家」と定義している。

**参 考 文 献**

Abazović, Mirsad D. (1999), *Kadrovski Rat za BiH*, Sarajevo: Savez logoraša Bosne i Hercegovine.

Benoit, Kenneth and Michael Laver (2006), *Party Policy in Modern Democracies*, London: Routledge.

Birch, Sarah (2003), *Electoral Systems and Political Transformation in Post-Communist Europe*, New York: Palgrave Macmillan.

Bozóki, András and John Ishiyama, eds. (2002), *The Communist Successor Parties of Central and Eastern Europe*, Armonk, NY: M. E. Sharpe.

Cohen, Lenard J. (1993), *Broken Bonds: The Disintegration of Yugoslavia*, Boulder, CO: Westview Press.

Fink-Hafner, Danica and Mirko Pejanović (2006), *Razvoj Političkog Pluralizma u Sloveniji i Bosni i Hercegovini*, Ljubljana: Fakulteta za družbene vede.

Goati, Vladimir (2001), *Izbori u SRJ od 1990. do 1998: Volja Građana ili Izborna Manipulacija*, II dopunjeno izdanje, Beograd: Centar za Slobodne Izbore i Demokratiju.

Goati, Vladimir (2004), *Partije i Partijski sistem u Srbiji*, Niš: Odbor za Građansku inicijativu.

Grzymala-Busse, Anna (2006), "Authoritarian Determinants of Democratic Party Competition: The Communist Successor Parties in East Central Europe," *Party Politics*, Vol. 12. No. 3, pp. 415-437.

Huber, John and Ronald Inglehart (1995), "Expert Interpretations of Party Space and Party Locations in 42 Societies," *Party Politics*, Vol. 1, No. 1, pp. 73-111.

Kasapović, Mirjana (2001), *Hrvatska Politika 1990-2000: Izbori, Stranke i Parlament u Hrvatskoj*, Zagreb: Fakultet Političkih znanosti Sveučilišta u Zagrebu.

Kubo, Keiichi (2007a), "The Radicalisation and Ethnicization of Elections: The 1990 Local Elections and the Ethnic Conflict in Croatia," *Ethnopolitics*, Vol. 6, No. 1, pp. 21-41.

Kubo, Keiichi (2007b), "Origins and Consequences of One-Party Dominance: Comparative Analysis of Ex-Yugoslav Countries," *Waseda Journal of Political Science and Economics*, No. 367, pp. 64-95.

Laver, Michael and W. Ben Hunt (1992), *Policy and Party Competition*, New York: Routledge.

Lekić, Slaviša and Zoran Pavić, eds. (2007), *VIII sednica ck sk Srbije: nulta tačka "narodnog pokreta,"* Beograd: Službeni glasnik.

Sartori, Giovanni (1976), *Parties and Party Systems: A Framework for Analysis*, Cambridge: Cambridge University Press. 岡沢憲芙・川野秀之訳『現代政党学——政党システム論の分析枠組み』早稲田大学出版部, 2000年。

Sell, Louis (2002), *Slobodan Milosevic and the Destruction of Yugoslavia*, Durham & London: Duke University Press.

Silber, Laura and Allan Little (1996), *The Death of Yugoslavia, Revised Edition*, London: Penguin Books.

Stojiljković, Zoran (2006), *Partijski Sistem Srbije*, Beograd: Službeni Glasnik.

Vladisavljević, Nebojša (2008), *Serbia's Antibureaucratic Revolution: Milošević, the Fall of Communism and Nationalist Mobilization*, New York: Palgrave Macmillan.

Warwick, Paul V. (2005), "Do Policy Horizons Structure the Formation of Parliamentary Governments?: The Evidence from an Expert Survey," *American Journal of Political Science*, Vol. 49, No. 2, pp. 373-387.

Woodward, Susan L. (1995), *Balkan Tragedy: Chaos and Dissolution After the Cold War*, Washington, DC: The Brookings Institution.

久保慶一（2003）『引き裂かれた国家——旧ユーゴ地域の民主化と民族問題』有信堂高文社。

# 第6章　政党システムの分岐点
——ロシア，ウクライナにおける政治エリートの連合再編過程の比較分析——

溝 口 修 平

## 1. 類似から相違へ——ロシアとウクライナの発展経路の違い

　20世紀末に東欧および旧ソ連諸国において大規模な体制転換が生じると，これらポスト社会主義諸国の政治体制の多様性をいかに説明するかという問題が，比較政治学の大きな研究課題となった。その中で，かつてソ連を構成した共和国であり，かつ歴史的・文化的近接性の高いロシアとウクライナは，しばしば同じ類型の政治体制に分類されてきた。特に，混合体制(hybrid regimes)に関する研究が盛んになった1990年代後半以降，ポスト社会主義諸国の政治体制を民主主義，混合体制，権威主義の3つに分類し，ロシアとウクライナの両国をともに混合体制と位置づけ，その体制は不安定であると指摘する研究が多く現れた(Way 2005a; Levitsky and Way 2002; McFaul 2002; Anderson Jr., et al. 2001; Bunce 1999)。1990年代には，定期的に選挙が実施されるものの，政党システムは安定せず，大統領が強大な権限を有し，個人的な関係やインフォーマルな制度を通じた恩顧主義が強かった点に両国の共通点を指摘できる(Way 2005b; Hale 2003; Matsuzato 2001a; 2001b)。

　しかし2000年代に入ると，両国の状況は異なる方向に変化し始めた。ロシアでは，2000年のプーチン(Vladimir Vladimirovich Putin)大統領就任後に成立した「統一ロシア」という巨大与党の下にエリートが集結し，体制派エリートの結束が強まる一方で政治的競争の度合いが低下した。他方で，ウクライナは2004年大統領選挙をめぐって生じた「オレンジ革命」を経て，

政治的な競争度が高まる一方で，3つの政党が頻繁に連合政権を組み替える不安定な状況が生じた。このように，両国は大統領交代のタイミングで政治体制の特徴に大きな変化が生じており，その変化の違いがさまざまな観点から比較されている。

両国の政治体制の変化(または，より一般的にポスト社会主義諸国において選挙による政権転覆——いわゆる「カラー革命」[1]——が起こるか否か)をめぐる既存研究は，そのアプローチがエリート中心か，大衆(市民運動)中心かという違いはあるものの，主に政権側勢力と野党勢力との権力バランスから説明するものが多い(Kuzio 2008; Way 2008; D'Anieri 2006; McFaul 2005; Wilson 2005)。つまり，政権側の凝集度が高く，資源が豊富であれば，野党勢力による「革命」の試みは失敗するし，反対に野党勢力の凝集度や大衆動員能力が高ければ，「革命」は成功するという。もちろんこのような権力バランスの分析は重要な視点を有するが，そこには2つの問題点を指摘できる。第1に，上記の研究はたいてい，「カラー革命」を「民主化の突破口」と見なす傾向にあるが，選挙をめぐって政権交代が起きることは必ずしもその結果としての政治体制の「民主化」を意味しない。つまり，これらの研究は変化の帰結について十分な説明をしていない。第2に，そもそも各国の権力バランスの違いを生むのは何かという問題がある。例えば，ウェイ(Way 2008)は，政権側の脆弱性は①単一の高度に制度化された政党，②広範で財政的に豊かな強制執行機関，③経済に対する国家の統制という3つの要素の存否に規定されると論ずる。しかし，1990年代末のロシアは，これらの要素が存在しなかったにもかかわらず，権力の継承に成功した。ウェイの議論は，現在のロシアとウクライナの差異を記述してはいるものの，かつて類似した体制であった両国に違いが生じた理由を十分に説明していない。ロシアとウクライナの発展経路とその帰結の相違を説明するためには，政権側と野党側の権力バランスの違いを観察するだけでなく，その変化を動態的に分析する必要がある。

両国の変化に関して，より包括的な議論を提供しているのが，ヘイルとゲリマンである。ヘイル(Hale 2006a; 2005)は，民主主義と権威主義という2つ

の理念型を両極とし，体制転換を一方から他方への運動と捉える既存研究を批判し，旧ソ連諸国の多くに共通するパトロン的大統領制(patronal presidentialism)という制度の下では，通常エリートは強大な権限を有する大統領の下で団結しているものの，権力の継承が問題となる際にはエリート間の競争が高まり，その後新たな大統領の下でエリート間の結束が再び強まるというように，政治体制は周期的な変化を見せていると論ずる。したがって，ロシアとウクライナの違いも異なる「方向」への変化というよりは，周期の異なる「段階」における変化である。すなわち，ロシアでは後継者への権力の委譲に成功し，エリートの結束が強まった(その分政治的競争の度合いは低下した)のに対し，ウクライナでは政権の機能不全は現職の失脚に帰結し，大統領権限の縮小という制度改革によって従来の周期から抜けたために，政治的競争が高まったと考えられる。

ゲリマン(Gel'man 2008a)は，このような変化の帰結の違いをより包括的に説明するモデルを提示している。このモデルは，「過去の遺産」や「資源の配分」といった構造と「エリートの認識や戦略」の相互関係を示し，そこから，エリートが対立を解消する際にとりうる戦略や，それによって生じるエリート間関係の均衡点を説明している。1990年代の両国は，大統領に資源が集中する一方で，協調よりも強制のコストが高いために，支配的アクター(大統領)が従属的アクターを吸収する「カルテル的取引(cartel-like deals)」が成立した。ゲリマンは，この状態をキャロサース(Carothers 2002)の定義に従い「ひ弱な多元主義(feckless pluralism)」と呼んでいる(Gel'man 2006; 2005)。しかし，ウクライナでは，「オレンジ革命」の過程で実施された制度改革によって資源の均等な配分を保障し，強制のコストを増大させることによって，「ルールに従った闘争(struggles according to the rules)」へとエリート間関係が変化した。他方で，ロシアでは，1999年から2000年にかけての選挙サイクルが近づくと，既存のエリート間関係は一度解体した。だが，テロ対策で国民的人気を得たプーチンが，資源を集中し，制度改革を進めて支配を安定化させると，エリートはその下に集結したため，その関係は「勝者総取り(winner takes all)」へ変化した。この変化は，「ひ弱な多元主義か

ら支配的権力政治(dominant power politics)への変化」と位置づけられている(Gel'man 2006)。

　このように,ヘイルやゲリマンは,権力の継承が問題となる時期にエリートの連合再編が生じることが,体制の特徴に大きな影響を与えると論じている。本章は,この「エリートの連合再編」が特に政党システムの変化に結びついた点に注目し,両国の政党システムの変容過程の違いを明らかにすることを目的とする。これは,エリート間関係の流動化状況において,エリートが資源配分を決定する新たなメカニズムを模索した結果として,政党システムを活用した(もしくは活用せざるを得なかった)ためと考えられる。したがって,1990年代はともに破片化していたロシアとウクライナの政党システムが,どのように異なるものに分岐し,それが一定程度持続しているのはなぜかという問いに答えることは,両国の政治体制の分岐を考える上でも大きな意義を有するだろう。

　以下では,まず1990年代の両国の政党システムの特徴を概観する。そしてその後に,大統領交代のタイミングで起きたエリートの再編に注目しながら,両国の政党システムが異なるものに変化したのはなぜかを検討する。そこでは,政党システムの分岐を説明するとともに,異なる形に分岐した状態でそれぞれの政党システムが持続している理由についても考察する。

## 2. 1990年代の選挙と政党システム

　ロシア,ウクライナのソ連崩壊後最初の議会選挙は,政治的に似た状況で行われた。両国とも,国民から直接選ばれる大統領制を採用し,また憲法上,議会は大統領が指名する首相,閣僚の承認を通じてしか,組閣に影響を与えられなかった。一方で,経済改革においてショック療法を採用したロシアと漸進改革を採用したウクライナの違いはあるものの,両国とも深刻な経済危機に陥り,政治全般に対する信頼度は大きく低下していた。

　ロシア連邦議会下院(国家会議)の最初の選挙は,1993年12月に小選挙区比例代表並立制(小選挙区,比例区ともに225議席ずつの合計450議席)の下

で実施された。この制度は，一方で議会に安定した政党制をもたらすために比例制を導入したいという意図と，他方で著名政治家の当選を確保するために小選挙区制が望ましいとする主張の折衷として形成されたものだった。5％の阻止条項が設けられた比例区では，候補を擁立した13の政党・選挙連合[2]のうち8つが議席を獲得した。他方，小選挙区では定数225名のうち136名が無所属候補として当選し，12政党の推薦候補が議席を獲得した。結果として，第一党の「ロシアの選択」ですら，65議席(14.4％)しか獲得できなかった。続く1995年選挙[3]では，43の政党が比例区に出たものの，5％を突破し議席を得たのは，ロシア連邦共産党(以下，共産党)，ロシア自由民主党，「我らの家・ロシア」，ヤブロコの4つにとどまった。小選挙区では，無所属候補として当選した者は77名と，前回からほぼ半減したが，当選者を出した政党の数は23にまで大幅に増加した。

　一方，ウクライナの最初の選挙は，1994年3月，小選挙区制(450議席)の下で実施された。この選挙は，ソ連時代の1990年3月に選出されたウクライナ社会主義共和国最高会議の任期満了に伴うものであり，50＋50条項(投票率50％で選挙成立，得票率50％で当選)，議席数450等，多くの面でソ連時代の制度をそのまま継承していた。全議席の半数を超える227名が無所属候補として当選したことからも明らかなように，選挙での政党の役割はやはり小さいものだった。続く1998年選挙では，小選挙区比例代表並立制(小選挙区，比例区ともに225議席ずつ，比例区の阻止条項は4％)が導入された。そのため，14政党が参加した前回選挙と比べ，政党の数は32にまで大幅に増加し，8つの政党が議席を獲得した。他方，小選挙区では政党の役割は依然として限定的で，225議席中，141議席で無所属候補が当選した。

　以上のように，1990年代の両国の議会選挙では，無所属議員の割合が大きく，政党の役割が非常に限定的だという共通点があった。候補者が政党に依らず無所属で出馬することを選択した理由としては，さまざまな要因が考えられる。まず，両国ともに大統領制を採用し，議会選挙の結果は組閣に直接的な影響がなかったため，政党を形成し，議会で多数派を占めることに対するインセンティブが高まらなかった(McFaul 2001; Wilson and Birch 2007, p.

54)。また，両国ともに小選挙区での選挙が存在したため，体制転換期に独自の政治マシーンを形成した地方エリートは，煩雑な手続きを経て政党を形成するよりも，無所属で出馬することをより好んだ(Hale 2006b; 2003)。ロシアでは，政治的・経済的資源の豊富な地方の有力者は，小選挙区において無所属または選挙の直前に組織された選挙ブロックで立候補・当選した(Hale 2006b; Golosov 2003)。ウクライナでも，1994年選挙に無所属で当選した議員のほとんどは，行政機関・国営企業で高い地位を得ていた者たちで占められており，政党ではなく，候補者の属性が有権者の投票行動に強い影響を与えた(Birch 2000, pp. 88-93)。

結果として，1990年代の両国の政党システムはともに破片化したものだった(White 2007; Wilson and Birch 2007; Golosov 2003; Rose, et al. 1999)。選挙のヴォラティリティは高く，政党の組み替えも両国で頻繁であった。また，政党は共産党を例外として組織的に脆弱である上に，政策位置も不明瞭なものが多かった。政権を支持する「権力党」[4]の建設が行政的資源の投入によって試みられたが，それは無所属で当選した議員を多く吸収したインフォーマルな連合としての性格が強く(Protsyk and Wilson 2003)，安定した政党システムの発展には寄与しなかった[5]。

他方で，「政党」自体の特徴については，両国間の差異を指摘できる。それは，ロシアとウクライナの中央・地方関係の違いと選挙における阻止条項の違いに起因するものである。連邦制であり，かつ連邦構成主体の数が多い(1990年代は89)ロシアでは，特定の地域に依拠した政党が，連邦議会の比例区において阻止条項の5%を突破し議席を獲得することは非常に困難であった。さらに，連邦構成主体にある程度の自治が(なし崩し的に)容認され，中央・地方関係の問題の多くは，両政府間で解決される度合いが高かったこともあり，そもそも連邦構成主体の有力政治家が全国政党を結成して，中央政治に参入しようとするインセンティブは低かった。他方で，地方の数(27)が相対的に少ないウクライナでは，議会選挙における阻止条項が4%と低かったこともあり，政党がある特定の州の行政と結びつき，その行政的資源を梃子に有権者を動員すれば，中央政治への参入が可能であった(Matsuzato

2002)。そのため，ウクライナでは「クラン」と呼ばれる地方の政治・経済エリートが発達し，彼らが国政レベルで拒否権プレイヤーになった(Gel'man 2006)。実際，1998年選挙においては，社会民主合同党，フロマダ，急進社会党がそのような特徴を持ち，ウクライナ共産党(以下，共産党)や人民ルフ党も，票田となる3つの州での得票が全国得票の約3割を占めた(Wilson and Birch 1999)。

そのため，ロシアの政党は，地方政治家の寄り合いのような実態のものが多かったにせよ，少なくとも形式的には全国政党の形をとっていたのに対し，ウクライナの政党には，地方政党の特徴を名実ともに有しているものが多かった。

もっとも，そもそも政党の役割が限定的な時期には，この点が明確に両国の違いとして顕在化することはなかった。しかし，エリートの連合再編過程においては，この中央・地方関係のあり方の違いは，政党システムの変化に大きな影響を及ぼすことになる。

## 3. 政党システムの変容——「統一ロシア」結成と「オレンジ革命」

ロシアとウクライナ両国において，不安定な政党システムに変化が生じたのは，ともに大統領選挙の時期が迫り，次期大統領をめぐる争いが激しくなった時期であった。第1節でも述べたように，パトロン的大統領制の国では，通常の時期には大統領と政治・経済エリートは相互依存関係にあり，各エリートは大統領を支持することにより地位の確保や資源の分配を得るが，大統領の交代時期には不確実性が高まり，エリートの連合が流動的になる。ロシアでは，1999年から2000年にかけての選挙サイクルがそれに当たり，ウクライナでは2002年議会選挙から2004年大統領選挙をめぐる「オレンジ革命」までの時期が，大きな転機となった。そして，ロシアとウクライナの事例では，大統領の交代をめぐる過程でエリートの連合が流動化した際に，ともに政党システムを通じたエリートの再編がなされた。

この転機の後に行われた議会選挙(ロシアは2003年，ウクライナは2006

年)によって,両国の政党システムは,その違いが明確になった。ロシアでは,1999 年選挙を前に創設された「統一」と「祖国・全ロシア」という 2 つの「権力党」が 2001 年 12 月に合体し,議席の過半数を制する「統一ロシア」が出現していたが,この 2003 年選挙後に全体の 3 分の 2 を占める巨大与党になったのに対し,ウクライナでは,「オレンジ革命」以降政治的競争の度合いが高まり,単独では過半数に満たない 3 つの政党が並立し,連立政権の形成をめぐる争いが頻繁に起こっている。

　以下では,両国に生じたこのような変化がどのように生じたのか,そしてこの変化によって生じた政党システムが持続している要因は何かを,比較の視点から明らかにする。

## 3.1. 大統領の交代をめぐるエリートの連合再編

　ロシアでは,1999 年 12 月の下院選挙から 2000 年 3 月の大統領選挙までの時期が,政党システムの変化にとって大きな転機となった。その背景としては,第 1 に,ロシア憲法は大統領の連続 3 選を禁止しており,また 1990 年代後半はエリツィン(Boris Nikolaevich Yeltsin)大統領が健康上の問題を抱え執政の継続が困難であったために,大統領選挙が近づくにつれ,エリツィンの後継者問題が中央・地方を問わずエリートにとっての大きな懸案となった。第 2 には,この時期,既存の「権力党」の衰退によってその空白状況が顕在化した。1995 年選挙において「権力党」としての役割を期待された「我らの家・ロシア」は,そもそも下院において 66 議席(14.7%)を占めるにすぎない勢力であったが,同党の中心的存在を担ってきたチェルノムィルジン(Viktor Stepanovich Chernomyrdin)が 1998 年に首相を解任されたことによって,その勢力がさらに衰退し,次期下院選挙での躍進は見込めない状況にあった。大統領と密接な関係にある「権力党」の座が空白になると,その座をめぐる争いが激化したのである。

　かくして,選挙が近づくにつれ,従来のエリート間関係は大きく動揺し,これまで政党と無関係に独自の選挙マシーンを使って選挙に臨んでいた地方エリートが,自地域への便宜や自らの再選支持と引き換えに,有力な大統領

候補を擁する政党の組織や，そのような政党への参加に利益を見出すようになった(Likhtenshtein 2002, p. 93)。これは，従来のエリート間関係の一時的解体とその変容の契機となった。こうして，1999年選挙を前に，モスクワ市のルシコフ(Yurii Mikhailovich Luzhkov)市長が率いる「祖国」，サマラ州のチトフ(Konstantin Alekseevich Titov)知事率いる「ロシアの声」，そして，タタルスタン共和国のシャイミエフ(Mintimer Sharipovich Shaimiev)大統領が中心となった「全ロシア」など，一部の有力な連邦構成主体の首長が選挙ブロックを組織し，中央政治への参入を目指した。選挙に向けてそれらの間でさらなる連合の試みがなされたが，最終的に「祖国・全ロシア」という地方の行政資源を積極的に活用した「権力党」が組織され，国民に人気が高かったプリマコフ(Evgenii Maksimovich Primakov)元首相を比例区名簿のトップに担ぎあげて，選挙に臨む準備を進めた。

クレムリンに批判的な「権力党」としての「祖国・全ロシア」の組織は，クレムリンの統治エリートに危機感を抱かせ，これに対抗する独自の「権力党」の創設が急がれた[6]。下院選挙まで約3カ月に迫った1999年9月に，ショイグ(Sergei Kuzhugetovich Shoigu)非常事態相を代表として「統一」が結成されたのである。こうして，選挙を前に「権力党」が並立する状況が生まれた。「統一」は，39名の連邦構成主体首長の署名を集め，「祖国・全ロシア」と連邦構成主体の支持を二分する格好となった。だが，「祖国・全ロシア」の選挙戦略が稚拙であったのに対し，「統一」は豊富な行政資源やメディア戦略を使った選挙キャンペーンを進め，この時期モスクワで起きたアパート爆破事件以降，第二次チェチェン戦争に至るまでテロ対策を指揮して国民的人気を得たプーチン首相が11月に「統一」の支持を表明すると，「統一」の支持率は大きく上昇した(油本 2008, pp. 239-243；Hale 2006b, ch. 5; 2004; Colton and McFaul 2003; Likhtenshtein 2002)。

結果は，「祖国・全ロシア」の敗北となった。選挙結果のみから判断すると，全450議席中，「統一」73議席に対し，「祖国・全ロシア」は68議席と両者は均衡しているように見える(第一党は113議席の共産党)。しかし，「祖国・全ロシア」にとっては，創設直後の高支持率からすると，この結果

は当初の期待を裏切るものとなった。選挙後の会派形成過程においても，その人気後退を受けて多くの議員が同派から離脱したため，「祖国・全ロシア」会派に登録された議員は44名(9.8%)にまで減少した。一方，「統一」会派は無所属議員を取り込んで84議席(18.7%)とし，左派系の農産議員グループ形成に議員を大量に貸したことで87議席(19.3%)にまで縮小した共産党とほぼ互角となった。この下院選挙の結果は，大統領選挙の行方を占う上で重大であり，下院選挙前には有力な大統領候補と見なされていた「祖国・全ロシア」のプリマコフやルシコフは，結局出馬を諦めざるを得なかった。そして，2000年3月に行われた大統領選挙は，大方の予想どおりプーチンの圧勝に終わった。

一方，ウクライナでは，2002年議会選挙から2004年大統領選挙までの期間が，エリートの連合再編の契機となった。この時期，ウクライナもロシアと同様，現職大統領の人気低迷と「権力党」の不安定な状況に直面していた(D'Anieri 2005, pp. 239-240)。第1に，1990年代から経済の低迷が続いたために，クチマ(Leonid Danylovych Kuchma)大統領は低支持率に苦しんでいた。そして，2000年末に起きた「カセット・スキャンダル」[7]はクチマの人気低迷に拍車をかけた。そのため，第2に，クチマ大統領はライバルの台頭を恐れ，支持率の上昇した首相を度々更迭したため，議会内で首相が組織する会派は安定した「権力党」の役割を得られなかった。

このような状況で，議会選挙が近づくと，ウクライナでもエリートの連合再編をめぐる動きが活発化した。1999年12月に首相に就任したユーシチェンコ(Viktor Andriyovych Yushchenko)は，経済を好転させた実績に加え，歴代首相にない清廉なイメージとハンサムな容姿から，非常に高い人気を誇っていた。「カセット・スキャンダル」以降クチマへの批判が強まるなかで，従来の首相と同様，ユーシチェンコも2001年4月に首相を解任された。しかし，彼の人気は衰えず，クチマ体制から疎外されたエリートや新興財閥に加え，従来親クチマ勢力だったエリートの一部もユーシチェンコの下に集まり，「ヴィクトル・ユーシチェンコ・ブロック『我らのウクライナ』」(以下，「我らのウクライナ」)を形成した(藤森2006, p. 33)。これにより，ウクライナで

初めて，共産党以外の政党が明確な野党の立場を表明することになった(Kuzio 2005, p.121)。一方，ユーシチェンコの経済改革により損害を被っていたクチマ派の5党(労働ウクライナ党，国営企業が支持するウクライナ産業家企業家党，ウクライナ農業党，人民民主党，ドネツク州知事ヤヌコヴィチ(Viktor Fedorovych Yanukovych)が率いる地域党)は危機感を抱き，「クチマ体制の存続」を目指して「統一ウクライナのために」を結成し，行政資源を生かした選挙戦を展開した。

2002年選挙の結果は，比例区では，「統一ウクライナのために」は35議席(得票率は11.8%(以下同じ))にとどまり，ユーシチェンコ率いる「我らのウクライナ」(70議席(23.6%))や共産党(59議席(20.0%))の後塵を拝した。しかし，小選挙区では，行政資源を活用して共産党の地盤を切り崩し，66議席を獲得した[8]。結局，「統一ウクライナのために」と「我らのウクライナ」はほぼ同数の議席を得た。他方で，会派形成過程では，無所属議員の多くに加え，「我らのウクライナ」の議員の一部も「統一ウクライナのために」に合流したため，議会では同派が過半数を確保し，ヤヌコヴィチ内閣が発足した。ただし，組閣後もクチマ体制維持を望む勢力とそれに反対する勢力にエリートが二分する状況は続いた。

クチマ派は，クチマの再選，または自分たちが過半数を占める議会の権限拡大という2つの戦略のいずれかを実現することで，きたる大統領選挙後にも権力を維持しようとした(Christensen, et al. 2005, pp. 214-215; Matsuzato 2005, pp. 54-55)。前者については，憲法裁判所がクチマの次期大統領選挙出馬は可能と決定したが，支持率低下のためにその見込みはほとんどなかった。そのため大統領陣営は，ヤヌコヴィチ首相を大統領後継候補に指名し，ユーシチェンコとの選挙戦に臨んだ。当初，ヤヌコヴィチの支持率もユーシチェンコに大きく見劣りしていたが，選挙戦の中で行政資源を活用し，徐々に支持率を伸ばしていき，選挙の段階での両者の支持率は同等だった(Katchanovski 2008, pp. 365-370)。後者については，議会選挙の完全比例代表制への移行を主張するウクライナ社会党(以下，社会党)や共産党の支持を得て，議会権限を強化(大統領権限を縮小)する憲法改正案が議会に提出されたが，採択はできな

いまま大統領選挙を迎えることになった(Christensen, et al. 2005, pp. 215-222)。

2004年11月の大統領選挙では、ユーシチェンコが第1回投票で第1位となったが、決選投票では、中央選挙委員会はヤヌコヴィチの勝利を発表した。これに対して、ユーシチェンコ陣営は首都キエフの独立広場を中心に大規模な抗議運動を組織した。12月3日、最高裁判所が選挙結果の無効と決選投票のやり直しを決定すると、ヤヌコヴィチ陣営からユーシチェンコ支持に乗り換える勢力が続出した(Hale 2005, pp. 154-156)。そして、12月26日のやり直し投票では、ユーシチェンコがヤヌコヴィチに8ポイントの差をつけて勝利した。他方で、やり直し投票実施に向けた交渉過程で、憲法改正に各派が合意し、12月8日に議会で採択された。その改正内容については後述するが、これは、クチマが試みた上述の憲法改正案を大筋で踏襲するものであった。選挙の不正に対する抗議運動の高まりから、やり直し投票が実現すれば、ユーシチェンコが当選する公算が高まっていたが、ユーシチェンコとしてはまずその実施を認めさせなければならなかった。対してクチマ派は、投票が再度行われるのであれば、選挙後の生き残りを確保することが必須であった。このように、双方が妥協を必要としたために、選挙のやり直しと憲法改正がパッケージとして成立したのである[9]。

両国ともに、議会内の与党が不安定で、人気の低迷する現職大統領の任期満了が迫るなかでエリートの連合再編が起こり、それは元首相を中心とする勢力と現職政権側の勢力との戦いに至った。1990年代を通じて、両国では共産党が主要な野党の役割を果たしていたが、それに代わる新たな勢力の登場により、共産党の衰退が促進された点も、両国の共通点として指摘できる。しかし、議会選挙、大統領選挙の結果は、両国で異なるものとなった。ロシアでは、テロ対策の指揮をとったプーチンの個人的人気が急上昇する状況で、議会選挙と大統領選挙の間隔が短かったこともあり、どちらの選挙も政権側が勝利した。そのため、議員の多くは「統一」と歩調を合わせることに利益を見出し、選挙後の政治は政権側の意図を強く反映しながら進んでいくことになった。他方で、ウクライナではユーシチェンコの人気が一時的に急上昇したが、ヤヌコヴィチの地盤も強固であり[10]、その地盤に根ざした「拒否権

プレイヤー」としての立場をユーシチェンコは覆すことはできなかった。中央・地方関係に起因するウクライナのエリート構造が，ユーシチェンコの選択の幅を狭めたのである。選挙における不正をめぐって街頭で大規模な抗議運動が起こるなかで，各派が選挙のやり直しと憲法改正をパッケージとして合意したことも，一方が他方を圧倒する力がなかったことを示している。このように，大統領選挙がエリートの連合再編の契機となった点は共通しているが，その連合再編の方向性は大きく異なるものであった。

## 3.2. 巨大与党の成立と政党間競合の激化

　ロシアの1999年下院選挙は，従来の政党システムに変化をもたらしたという点では大きな転換点であったが，それが圧倒的に優位な与党の成立を説明できるわけではない。第一党は相変わらず共産党であったし，小選挙区での無所属議員も114名に上り，1995年選挙と比べて再び増加した[11]。しかし，「統一」に有利な状況は少しずつ形成されていった。第1に，すでに述べたように，選挙後の会派形成過程で多くの議員が「祖国・全ロシア」から離脱したことにより，「祖国・全ロシア」の勢力は縮小した。また，「祖国・全ロシア」の有力者の多くも大統領選挙におけるプーチン支持を打ち出した。第2に，議会開会直後に下院議長および委員会委員長のポストを決定する過程で議会が二分し，結果的に「祖国・全ロシア」が一層弱体化した。「統一」が共産党を中心とする左派らと一時的に連合を組み，これらのポストを分け合おうとしたのに対し，「祖国・全ロシア」，ヤブロコ，右派勢力同盟，「ロシアの地域」が反発し，一時的に議会をボイコットしたのである。しかし，後者のグループは足並みがそろわず，合計すると275議席を占め，数で勝る「統一」らの連合に屈した形となった。「祖国・全ロシア」の代表として有力な大統領候補と目されていたプリマコフは，このような情勢を受け，結局大統領選挙への出馬をとりやめた。

　2001年に入ると，「統一」と「祖国・全ロシア」の統合プロセスが進み，12月に，「統一」が「祖国・全ロシア」を実質的に吸収する形で，「統一ロシア」が結成された。「統一ロシア」は，2003年12月の選挙では比例区で

37.6％の票を集め，小選挙区の103議席と合わせて223議席を獲得した。もっとも，これは同党に合流した「統一」，「祖国・全ロシア」，「ロシアの地域」，「人民代議員」という4会派に所属していた議員の数と比較すると微減であった。しかし，会派形成過程で多くの無所属議員を吸収したことで，結果的に定数の3分の2を超える306議席(68％)を得た(Golosov 2005)。他方で，1999年選挙で第一党であった共産党は現職議員の多くが落選し(Shevchenko 2005, pp. 126-127)，52議席にまで大幅に議席を減らした。小選挙区が廃止された2007年12月の選挙では，「統一ロシア」の盤石さは一層増し，得票率は64.3％に達した[12]。約3カ月後に行われた2008年の大統領選挙では，この「統一ロシア」の圧倒的優位な状況ゆえに，1999年から2000年に起きたようなエリートの連合再編は起きず，新たにメドヴェージェフ(Dmitrii Anatolyevich Medvedev)政権が発足した。

　以上のような「統一ロシア」の拡大と支配の安定は，プーチンの大統領就任後進められた制度改革によってもたらされた(大串2008, pp. 67-68；Gel'man 2008b)。第1に，中央集権化が推し進められた。上述のとおり，中央に対する地方の優位が，1990年代のロシア政治における大きな特徴であり，地方の有力者が独自の政治的・経済的資源を利用して選挙に臨めたということが，政党の役割を限定し，政党システムの安定を阻害してきたひとつの要因であった。プーチンは，大統領就任から1年で，連邦管区の導入と大統領全権代表の権限強化，ならびに連邦議会上院の改革[13]を行い，連邦構成主体に対する中央の統制を強化した。第2に，2001年7月に制定された政党法は，地方政党を禁止した上に，政党登録の条件や手続きを厳格に定めた。また，国庫から政党への財政支援は，下院選挙において得票率が3％以上の政党に対し，得票率に応じて行われると定めた[14]。これにより，組織的に脆弱な政党は他政党との連合が必要になり，政党の新規参入も困難になった。逆に，組織が強固で資金も豊富な政党には有利になった。第3には，連邦構成主体レベルにおける政党の役割強化を促すような制度改革が行われた。2002年に連邦構成主体議会への比例代表制導入が義務化され，2005年には，連邦構成主体首長候補の大統領への推薦において，連邦構成主体議会の第一党が

決定的な役割を担うようになった。そして第4に，2007年の下院選挙から完全比例代表制が導入され，阻止条項が従来の5%から7%にまで引き上げられることが定められた。

これらの改革は，中央レベルだけでなく地方レベルでも政党の強化を促すとともに，大政党を利する性格を持っていたので，「統一ロシア」の発展に寄与した。実際，「統一ロシア」は，党員数，財政，支部の数などにおいて発展傾向にある(大串2008, pp.69-75)。それと同時に，クレムリンと強く結びついた「統一ロシア」の発展と安定が，地方エリートにとっても「統一ロシア」への編入を望ましいものとし，中央集権化を推し進めたという側面もある(Konitzer and Wegren 2006)。つまり，「統一ロシア」の発展と中央集権化は相互補完的な関係にあり，双方がエリートの結束強化を促進したのである[15]。新たに成立したエリート連合は，エリツィン時代の個人的関係に基づく不安定なものではなく，政党を基盤として再編された安定的なものであったため，クレムリンの統治エリートだけでなく，地方エリートの利益にも適うものであり，エリート間関係のひとつの均衡点となった(Gel'man 2008b; 2006)。このように，圧倒的勢力を誇る「統一ロシア」を中心とした政党システムが持続しているのは，「クラン」化が進んだウクライナとは異なり，優勢な与党の下に集合する自由を持ったエリートの存在と，その与党に有利に働く制度改革が重要であった。

ウクライナでは，大統領選挙をめぐる各派の交渉の結果として，さまざまな制度改革が実施され，政治のルールがそれ以前と大きく変わった。「オレンジ革命」後のウクライナ政治の展開を考える際には，「革命」によって政権交代が実現しただけでなく，それと同時に憲法改正が合意された点が重要である。なぜなら，それまでの大統領選挙でも政権交代は起きていたが，新しい大統領の下でもエリート間関係の構造自体には変化が生じなかった。しかし，今回は制度変更によってその点に大きな転換が生じ，それが政党システムの変容に結びついた。このような制度変更が実現したのは，ウクライナでは一部の地方との結びつきの強い「クラン」政党の存在が，エリート間の妥協を不可避にしたためである。また，ロシアでプーチンの人気を一気に押

し上げたチェチェン戦争のような外的要因が生じることもなく，ひとつの「クラン」が他を圧倒することもなかった。

制度変更の内容は，第1に，議会選挙制度が2006年から完全比例代表制となり，阻止条項も従来の4％から3％に引き下げられた。また，議会の任期も4年から5年に変わった。第2に，首相任命に関するルールが変更された。大統領の提案した首相候補を議会が承認するという手続きは従来と同じであるが，その「首相候補」は「議会多数派に属する会派の提案」によることとなった。そして，議会の各会派は，議会発足から1カ月以内または既存の多数派連合の解体後に，多数派連合を形成しなければならなくなった。第3に，議会の権限が拡大され，大統領権限が縮小された。第2の点に加え，閣僚の任免権の多くが議会に移され，かつ，組閣は大統領の任期ではなく，議会の任期に一致することとなった。また，地方首長の任命権も大統領から政府に移された。上述のとおり，これらは2002年議会選挙後にクチマを中心に準備された憲法改正案を大枠で受け入れるものだった。

第1の比例代表制への移行と阻止条項の引き下げは，政党間の競合を促進した。一般的に比例代表制は得票率を議席配分に反映させる制度であるが，ウクライナのように国内に地域的亀裂がある場合には，それを反映した議席配分をもたらすと考えられる。後述のように2006年と2007年の選挙では，各政党の得票率が流動的な地域も多いが，選挙制度の変更は，複数の政党が競合する状況には一定程度寄与したと考えられる。これは，ロシアでの比例代表制への移行が阻止条項の引き上げと政党登録要件の厳格化を伴い，「統一ロシア」のみに有利に作用したのとは対照的である。また，第2，第3の点はともに議会権限の強化を意味するが，これは，従来と比べて議会における「多数派」形成を決定的に重要にしたため，特に連立政権の形成をめぐり，政党間の競合を激化させる要因となった。従来，大統領による首相の頻繁な交替は，ひとつの「クラン」が強力になりすぎるのを防ぐ機能を担っていたが(Matsuzato 2005, p.48)，大統領権限の縮小により，議会の多数派形成をめぐって「クラン」間の争いが顕在化するようになった(Kynev 2005, p.70)。この争いがウクライナ政治において常態化するか否かの判断はここでは下せな

いが，少なくともこれまでのところ，選挙制度が多党化を促している一方で，連立政権形成に関するルールが対立を抑制する機能を備えていないようである。

実際，「オレンジ革命」以降のウクライナでは，政治的に不安定な状況が続いた。ユーシチェンコ政権は，2005年1月，「オレンジ革命」の盟友ティモシェンコ（Yuliya Volodymyrivna Tymoshenko）を首相に据えて船出したが，「反クチマ体制」という共通目的の下で団結していたエリートは，その目的が達成されるとすぐに政策志向の違いを明らかにし始めた（Katchanovski 2008, p. 372；藤森 2006, p. 38）。そのため，同年9月には早くもティモシェンコ内閣は瓦解し，ユーシチェンコ大統領はヤヌコヴィチの支持を得る必要に迫られた。こうして，新たにエハヌロフ（Yuriy Ivanovych Yekhanurov）内閣が発足したが，ユーシチェンコとヤヌコヴィチの協力関係も一時的であった。2006年3月の議会選挙後には，「オレンジ勢力」（「ユリヤ・ティモシェンコ・ブロック」，「我らのウクライナ」，社会党）が再び連立政権の立ち上げを模索したのである。しかし，この試みも結局失敗に終わり，第一党となった地域党を率いるヤヌコヴィチが8月に首相として議会で承認されるに至った。ヤヌコヴィチが首相に就任すると，再びユーシチェンコとの対立は深まり，ついに2007年4月，ユーシチェンコ大統領は議会を解散する大統領令を発した。こうして，同年9月に新たな議会選挙が行われた。だが，この選挙後に成立したティモシェンコ内閣においても，一時的に連立が解消されるなど，「多数派」をめぐる争いが不安定な時期が続いた。

2006年，2007年に行われた議会選挙では，ともにヤヌコヴィチ率いる地域党が第一党となり（得票率はそれぞれ32.1%，34.4%（以下同じ）），「ユリヤ・ティモシェンコ・ブロック」（22.3%，30.7%），「我らのウクライナ」（14.0%，14.2%）がそれに続いた。地域党はかつて共産党の地盤であった東部および南部で票を伸ばした（Zimmer and Haran 2008）。特に，ドネツク，ルハンシクの2州では，全体の7割以上の票を獲得する圧倒的な強さを見せた。一方，泡沫政党や社会党の票を奪って大きく躍進したのが，「ユリヤ・ティモシェンコ・ブロック」である[16]。逆に，2002年選挙では比例区で23.6%

の得票率をあげた「我らのウクライナ」は,大きく後退することになった[17]。

このように,「オレンジ革命」以降のウクライナでは,単独では過半数に届かない3つの勢力が議席の大半を分け合い,これらが(少数政党も含め)連立政権をめぐって競合する状態が続いた。言い換えれば,政治的競争の度合いは高まったが,その分政治的には不安定な状況となっている(Hale 2005)。そもそもウクライナでは,1つの政党が全国的な支持基盤を持つことが困難であるが,完全比例代表制への移行が,多党制が持続する大きな要因となっている。他方で,議会の権限が拡大され,議会内での「多数派」形成が政治的に重要な意味を持つようになったために,連立政権をめぐる政党間の対立が激化した。

## 4. 結　論

1990年代のロシアとウクライナでは,選挙ヴォラティリティが高く政党の分裂も頻繁なために,政党システムが破片化したものであることがしばしば指摘されてきた。しかし,本章で見たように,両国の政党システムは異なるものへと変容を遂げた。ロシアでは,「統一ロシア」が定数の3分の2を超える議席を確保し,圧倒的に優位な状況を維持しているのに対し,ウクライナでは単独では過半数に届かない3党が競合する状況が続いている。このような相違は,以下のような過程を経るなかで生じたものである。

まず,両国の政党システムの変容は,現職大統領の交代のタイミングで生じたエリートの連合再編を契機としている。どちらの国でも,1990年代を通じて主要な野党の役割を果たしてきたのは共産党であったが,ここでは元首相を中心とする政党が台頭し,政権側エリートがそれに対抗する政党を組織するという共通の構図を見て取れる。1990年代を通じて唯一安定した議席を確保し続けていた共産党の衰退は,両国の政党システムの変化を促す大きな要因となった。ただし,両国の政党システムがとった経路は異なるものである。ロシアでは,政権側の大統領候補であるプーチンが国民的人気を博し,その支持の下「統一ロシア」へのエリートの合流が見られたのに対し,

ウクライナでは，選挙の不正を追及する運動を組織するなかで，野党候補のユーシェンコの人気が高まったものの，対立候補のヤヌコヴィチを圧倒することはできなかった。この点が，両国の政党システムが異なる方向へ発展する契機となった。

次に，中央・地方関係に由来するエリートの構造が，制度改革と連動しながら，両国の政党システムの変容とその持続に強く影響した。ロシアでは，中央集権化と「統一ロシア」の組織的発展が相互補完的に進み，エリート連合の強化を促した。また，選挙制度改革や政党法制定も，「統一ロシア」に有利に作用し，その安定に寄与した。1990年代のエリツィンによる個人主義的な支配は不安定なものであったが，政党に基づく支配は，政策の遂行を容易にし，エリートの団結およびリクルートにも貢献することで，機能的統治と体制の安定化を可能にした。その意味で，「統一ロシア」の存在は中央・地方双方のエリートにとって望ましい均衡点となった。そのため，ロシアでは「統一ロシア」という巨大与党を中心とする政党システムが維持され，野党の資源や競争の機会は著しく制限されている。

ウクライナでは，2002年議会選挙と続く大統領選挙において，エリート連合が多元的な状況が継続し，憲法改正によってそれを維持する方向で各派が合意したため，本来ゼロサム・ゲーム的特徴を持つ大統領選挙の結果は中和され，結果として3党の競合状態が生まれた。ウクライナでは，そもそも中央・地方関係に起因するエリートの構造が安定的な単独与党を生みにくいものであったが，選挙制度の改革(完全比例代表制導入，阻止条項引き下げ)によって，複数政党の競合状態が維持されたと同時に，議会権限の拡大(大統領権限の縮小)が，従来「クラン」政党間の均衡を図る役割を果たしていた大統領の機能を取り除いてしまったため，これらの政党間の「多数派」をめぐる争いを激化させている。

以上のように，両国間に存在した構造的な相違は，政党システムが十分に機能していなかった1990年代には，それほど明確な違いを生み出さなかったが，大統領選挙をめぐるエリートの連合再編過程では，政党システムの変容に大きく影響を与えることになった。そして，それと並行して進んだ制度

の変更が，このように分岐した政党システムがそれぞれ（ただしウクライナにおいては非常に不安定な状況ではあるが）持続する上で，大きな役割を果たした。

(2009年9月脱稿)

〈付記(2010年8月27日)〉
　本稿では，ロシア語，ウクライナ語の人名および文献名のラテン文字への翻字に関し，以下のような方法をとった。まず，文献名および著者名を翻字する際には，図書検索の便宜を考慮し，米国議会図書館方式を採用した。それに対し，本文中の政治家の名前については，я，ю を ya, yu とし，軟音記号にも y を用いる変則英国方式を採用した（ただし，ジャーナリズムなどで一般的なものは，それを優先したものもある(例，Yeltsin)）。これは，ロシア人とウクライナ人の人名表記を慣用と異ならないようにしながら，両者の整合性をできる限り保つための措置である。この点につき，読者のご容赦を乞いたい。

1) 2003年のグルジア，2004年のウクライナ，2005年のクルグズスタンと，旧ソ連諸国では市民の大規模集会を契機とする政権交代が相次いだ。これらは，それぞれ野党側の用いたシンボルに基づき「バラ革命」，「オレンジ革命」，「チューリップ革命」と呼ばれた。また，この一連の事件はまとめて「カラー革命」と呼ばれている。
2) ロシア，ウクライナの議会選挙では，候補を擁立できる組織の種別が選挙ごとに変更されているが，以下では便宜的にこれらをすべて「政党」と記す。
3) 1993年選挙後の会期のみ，移行期であることに鑑み任期は2年とされたが，1995年以降任期は4年となった。
4) 「権力党」とは，ロシアやウクライナの政治を論ずる際に頻繁に用いられる用語であり，その意味内容は論者によって異なるが，ここでは「議会選挙に参加するために行政権力によって創設された政治組織」(Likhtenshtein 2002, p. 86) という定義を用いる。「権力党」は必ずしも公式の政党としての形態をとるとは限らず，政権周辺に集まるエリートの緩やかな連合としての性格を持つことも多い（油本2008, pp. 202-209)。
5) 両国の会派規則も，議会内の政党政治を安定させる方向には寄与しなかった。議会内には無会派議員が常に一定数存在し，会派間での議員の移動が激しかった(Haspel, et al. 1998, pp. 420-421)。また，会派・政党に属さなくても，議会に当選した地方の行政首長，閣僚などの有力者らは，大統領，政府首脳との個人的関係を有していたため，政党や会派といった組織を経由せずに利益誘導・政策実現することが容易であった(Bojcun 1995, pp. 240-241)。
6) ヘイル(Hale 2004)は，「統一」は当初から大統領与党としての機能を想定してい

7) 反体制派ジャーナリストの失踪(および暗殺)へのクチマ大統領の関与を示唆するテープが公表された事件。これをめぐり、大規模な反クチマ運動が起こった。
8) 共産党は比例区では第2位だったが、小選挙区ではわずか6議席と惨敗し、初めて第一党の座を譲った。
9) 2004年大統領選挙をめぐる「オレンジ革命」の過程については、中井(2006)、藤森(2006)、Kuzio (2005)を参照。また、Gel'man (2005)は、やり直し投票をめぐる交渉過程を、クチマ、ヤヌコヴィチ、ユーシチェンコ、ティモシェンコの4者ゲームとして分析している。
10) 実際、やり直し投票ではヤヌコヴィチは全体の44%に上る約1300万票を獲得した。Osipian and Osipian (2006)も参照。
11) このことからわかるように、小選挙区では依然として個人的な政治資源に依存した選挙が行われていた(Golosov 2002)。
12) ただし、議席数は315議席(70%)と、前回からわずかに増加したにとどまった。
13) 上院議員は、1995年以降、各連邦構成主体の行政府の長と立法府の長が務めることになっていたが、この改革により、各連邦構成主体の行政府および立法府の代表が、上院議員となることになった。
14) 政党法の詳細な内容については、上野(2008)を参照。
15) 以上の議論との関連で、Goode (2007)は、中央集権化政策のひとつである連邦構成主体首長の任命制導入が、中央の連邦構成主体統制という目的のためだけでなく、地方エリートの利益にも適っていたと論じている。
16) ウクライナ中央選挙委員会HP 2006年選挙結果(http://www.cvk.gov.ua/pls/vnd2006/W6P001)、2007年選挙結果(http://www.cvk.gov.ua/pls/vnd2007/w6p001)の地域別投票結果を参照(2010年12月19日接続を確認)。
17) 「我らのウクライナ」が最多得票を記録したのはザカルパッチャ州のみであり、そこでも得票率は31.1%にとどまった。

**参 考 文 献**

Anderson Jr., Richard D., M. Steven Fish, Stephen E. Hanson and Philip G. Roeder (2001), *Postcommunism and the Theory of Democracy*, Princeton: Princeton University Press.

Birch, Sarah (2000), *Elections and Democratization in Ukraine*, London: MacMillan.

Bojcun, Marko (1995), "The Ukrainian Parliamentary Elections in March–April 1994," *Europe-Asia Studies*, Vol. 47, No. 2, pp. 229–249.

Bunce, Valerie (1999), "The Political Economy of Postsocialism," *Slavic Review*, Vol. 58, No. 4, pp. 756–793.

Carothers, Thomas (2002), "The End of Transition Paradigm," *Journal of Democracy*, Vol. 13, No. 1, pp. 5-21.
Christensen, Robert K., Edward R. Rakhimkulov and Charles R. Wise (2005), "The Ukrainian Orange Revolution Brought More Than a New President: What Kind of Democracy Will the Institutional Changes Bring?," *Communist and Post-Communist Studies*, 38, pp. 207-230.
Colton, Timothy J. and Michael McFaul (2003), *Popular Choices and Managed Democracy: The Russian Elections of 1999 and 2000*, Washington, D.C.: The Brookings Institution.
D'Anieri, Paul (2005), "The Last Hurrah: The 2004 Ukrainian Presidential Elections and the Limits of Machine Politics," *Communist and Post-Communist Studies*, 38, pp. 231-249.
D'Anieri, Paul (2006), "Explaining the Success and Failure of Post-Communist Revolutions," *Communist and Post-Communist Studies*, 39, pp. 331-350.
Gel'man, Vladimir (2005), "Uroki Ukrainskogo," *Polis*, 1, pp. 36-49.
Gel'man, Vladimir (2006), "From 'Feckless Pluralism' to 'Dominant Power Politics'?: The Transformation of Russia's Party System," *Democratization*, Vol. 13, No. 4, pp. 545-561.
Gel'man, Vladimir (2008a), "Out of the Frying Pan, into the Fire?: Post-Soviet Regime Changes in Comparative Perspective," *International Political Science Review*, Vol. 29, No. 2, pp. 157-180.
Gel'man, Vladimir (2008b), "Party Politics in Russia: From Competition to Hierarchy," *Europe-Asia Studies*, Vol. 60, No. 6, pp. 913-930.
Golosov, Grigorii V. (2002), "Party Support or Personal Resources?: Factors of Success in the Plurality Portion of the 1999 National Legislative Elections in Russia," *Communist and Post-Communist Studies*, 35, pp. 23-38.
Golosov, Grigorii V. (2003), "Party Extinction in Russia, 1993-2002," in Anton Steen and Vladimir Gel'man, eds., *Elites and Democratic Development in Russia*, London: Routledge, pp. 109-123.
Golosov, Grigorii V. (2005), "Sfabrikovannoe bol'shinstvo: konversiia gorosov v mesta na Duvskikh vyborakh 2003 g.," *Polis*, 1, pp. 108-119.
Goode, J. Paul (2007), "The Puzzle of Putin's Gubernatorial Appointments," *Europe-Asia Studies*, Vol. 59, No. 3, pp. 365-399.
Hale, Henry E. (2003), "Explaining Machine Politics in Russia's Regions: Economy, Ethnicity, and Legacy," *Post-Soviet Affairs*, Vol. 19, No. 3, pp. 228-263.
Hale, Henry E. (2004), "The Origins of United Russia and the Putin Presidency: The Role of Contingency in Party-System Development," *Demokratizatsiya*, Vol. 12, No. 2, pp. 169-194.

Hale, Henry E. (2005), "Regime Cycles: Democracy, Autocracy, and Revolution in Post-Soviet Eurasia," *World Politics*, Vol. 58, No. 1, pp. 133–165.

Hale, Henry E. (2006a), "Democracy or Autocracy on the March?: The Colored Revolutions as Normal Dynamics of Patronal Presidentialism," *Communist and Post-Communist Studies*, 39, pp. 305–329.

Hale, Henry E. (2006b), *Why Not Parties in Russia?: Democracy, Federalism, and the State*, Cambridge: Cambridge University Press.

Haspel, Moshe, Thomas F. Remington and Steven S. Smith (1998), "Electoral Institutions and Party Cohesion in the Russian Duma," *The Journal of Politics*, Vol. 60, No. 2, pp. 417–439.

Katchanovski, Ivan (2008), "The Orange Evolution?: The 'Orange Revolution' and Political Changes in Ukraine," *Post-Soviet Affairs*, Vol. 24, No. 4, pp. 351–382.

Konitzer, Andrew and Stephen K. Wegren (2006), "Federalism and Political Recentralization in the Russian Federation: United Russia as the Party of Power," *Publis: The Journal of Federalism*, Vol. 36, No. 4, pp. 503–522.

Kuzio, Taras (2005), "The Opposition's Road to Success," *Journal of Democracy*, Vol. 16, No. 2, pp. 117–130.

Kuzio, Taras (2008), "Democratic Breakthroughs and Revolutions in Five Postcommunist Countries: Comparative Perspectives on the Fourth Wave," *Demokratizatsiya*, Vol. 16, No. 1, pp. 97–109.

Kynev, A. V. (2005), "Effekty 《maidana》: politicheskaia sistema Ukrainy posle krizisa 2004 g.," *Polis*, 1, pp. 63–71.

Levitsky, Steven and Lucan A. Way (2002), "The Rise of Competitive Authoritarianism," *Journal of Democracy*, Vol. 13, No. 2, pp. 51–65.

Likhtenshtein, A. V. (2002), " 'Partii Vlasti': Elektoral'nye strategii Rossiiskikh elit," in V. Ia. Gel'man, G. V. Golosov and E. Iu. Meleshkina, eds., *Vtoroi elektoral'nyi tsikl v Rossii (1999–2000)*, Moscow: Ves' Mir, pp. 85–106.

Matsuzato, Kimitaka (2001a), "From Communist Boss Politics to Post-Communist Caciquismo—The Meso-Elite and Meso-Governments in Post-Communist Countries," *Communist and Post-Communist Studies*, 34, pp. 175–201.

Matsuzato, Kimitaka (2001b), "All Kuchima's Men: The Reshuffling of Ukrainian Governors and the Presidential Election of 1999," *Post-Soviet Geography and Economics*, Vol. 42, No. 6, pp. 416–439.

Matsuzato, Kimitaka (2002), "Elites and the party system of Zakarpattya oblast': Relations among levels of party systems in Ukraine," *Europe-Asia Studies*, Vol. 54, No. 8, pp. 1267–1299.

Matsuzato, Kimitaka (2005), "Semipresidentialism in Ukraine: Institutionalist Centrism in Rampant Clan Politics," *Demokratizatsiya*, Vol. 13, No. 1, pp. 45–58.

McFaul, Michael (2001), "Explaining Party Formation and Nonformation in Russia: Actors, Institutions, and Choice," *Comparative Political Studies*, Vol. 34, No. 10, pp. 1159-1187.

McFaul, Michael (2002), "The Fourth Wave of Democracy and Dictatorship: Noncooperative Transitions in the Postcommunist World," *World Politics*, 54, pp. 212-244.

McFaul, Michael (2005), "Transitions from Postcommunism," *Journal of Democracy*, Vol. 16, No. 3, pp. 5-19.

Osipian, Ararat L. and Alexandr L. Osipian (2006), "Why Donbass Votes for Yanukovych: Confronting the Ukrainian Orange Revolution," *Demokratizatsiya*, Vol. 14, No. 4, pp. 495-517.

Protsyk, Oleh and Andrew Wilson (2003), "Centre Politics in Russia and Ukraine: Patronage, Power and Virtuality," *Party Politics*, Vol. 9, No. 6, pp. 703-727.

Remington, Thomas (2008), "Patronage and the Party of Power: President-Parliament Relations under Vladimir Putin," *Europe-Asia Studies*, Vol. 60, No. 6, pp. 959-987.

Rose, Richard, Neil Munro and Stephen White (1999), "Voting in a Floating Party System: the 1999 Duma Election," *Europe-Asia Studies*, Vol. 53, No. 3, pp. 419-443.

Shevchenko, Iu. D. (2005), "Institutsionalizatsiia Gosudarstvennoi Dumy i uchastie deputatov tret'ego sozyva v parlamentskikh vyborakh 2003 g.," *Polis*, 1, pp. 120-134.

Way, Lucan A. (2005a), "Authoritarian State Building and the Sources of Regime Competitiveness in the Fourth Wave: The Cases of Belarus, Moldova, Russia, and Ukraine," *World Politics*, 57, pp. 231-261.

Way, Lucan A. (2005b), "Rapacious Individualism and Political Competition in Ukraine, 1992-2004," *Communist and Post-Communist Studies*, 38, pp. 191-205.

Way, Lucan (2008), "The Real Causes of the Color Revolutions," *Journal of Democracy*, Vol. 19, No. 3, pp. 55-69.

White, Stephen (2007), "Russia's Client Party System," in Paul Webb and Stephen White, eds., *Party Politics in New Democracies*, Oxford: Oxford University Press, pp. 21-52.

Wilson, Andrew (2005), *Ukraine's Orange Revolution*, New Haven: Yale University Press.

Wilson, Andrew and Sarah Birch (1999), "Voting Stability, Political Gridlock: Ukraine's 1998 Parliamentary Elections," *Europe-Asia Studies*, Vol. 51, No. 6, pp. 1039-1068.

Wilson, Andrew and Sarah Birch (2007), "Political Parties in Ukraine: Virtual and

Representational," in Paul Webb and Stephen White, eds., *Party Politics in New Democracies*, Oxford: Oxford University Press, pp. 53-83.
Zimmer, Kerstin and Olexiy Haran (2008), "Unfriendly Takeover: Successor Parties in Ukraine," *Communist and Post-Communist Studies*, 41, pp. 541-561.
油本真理(2008)「ポスト共産主義ロシアにおける『与党』の起源――『権力党』概念を手掛かりとして」『国家学会雑誌』第121巻第11・12号, 197-263頁。
上野俊彦(2008)「ロシアの『政党法』と政党制――プーチン政権下における一党優位体制の制度的背景」横手慎二・上野俊彦編『ロシアの市民意識と政治』慶應義塾大学出版会, 1-61頁。
大串敦(2008)「政府党体制の制度化――『統一ロシア』党の発展」横手慎二・上野俊彦編『ロシアの市民意識と政治』慶應義塾大学出版会, 63-87頁。
中井和夫(2006)「ウクライナの民主化」恒川惠市編『民主主義アイデンティティ――新興デモクラシーの形成』早稲田大学出版部, 145-164頁。
藤森信吉(2006)「ウクライナ――政権交代としての『オレンジ革命』」『「民主化革命」とは何だったのか：グルジア, ウクライナ, クルグズスタン』21世紀COE研究報告集 No. 16, 北海道大学, 23-40頁。

ロシアとウクライナの選挙制度, 選挙結果, 各政党の概要については, ポスト社会主義国の選挙・政党データ(ベータ版)(http://www.seinan-gu.ac.jp/~sengoku/database/, 2010年12月19日接続を確認)を参照。

# 第7章　エストニアとラトヴィアの政党政治比較
――歴史的要因としてのロシア語系住民問題を軸に――

小 森 宏 美

## 1. 共通性の中の相違――エストニアとラトヴィアの比較から

　エストニアとラトヴィアの両国は，1940年から1991年まで約50年間ソ連邦の支配下に置かれていたという点で，（形式的には）独立国であり続けた東欧諸国とは異なる条件の下で，民主化および市場化を進めることとなった。この相違は例えば，東欧諸国の多くでは1990年に最初の自由な議会選挙が実施されたのに対し，エストニアおよびラトヴィアで1990年に行われたのは，もはや共産党の一党独裁体制下での選挙ではなかったとはいえ，いまだソ連邦下での共和国最高会議を選出するための選挙であったといった点に現れている。

　他方でエストニアとラトヴィアは，ソ連邦による併合以前に短期間であったとはいえ，独立国として民主主義体制の経験を有している点で，他の旧ソ連邦構成共和国とも異なっている。1930年代にはその体制が崩壊し，権威主義体制へ移行したことが瑕疵として問題視されるのか，それともそれ以前にまがりなりにも機能していた民主主義体制の経験が，記憶としてその失敗よりも優先的に利用されるかは文脈によるとしても，現在のエストニアおよびラトヴィアの両国においては，両大戦間期の国家と現在の国家との法的継続性が主張されているだけではなく，比較対象としてその歴史的経験への言及が行われることもまれではなく，この点で旧ソ連諸国とも相違が生じている。

このような違いがあることそのものは，エストニアおよびラトヴィアと他の中東欧諸国および旧ソ連諸国とを比較することが無意味であるということにつながるわけではない。これまでの中東欧諸国の民主化過程を扱った政治学の文献の多くは[1]，この2国の事例をも対象としているし，バルト3国とウクライナ，ロシアを比較した研究もある[2]。しかし本章では，このような多国間比較を意味のあるものとするために，歴史的文脈を共有するエストニアとラトヴィアを事例として，両国における独立回復後の政党政治のあり方を比較することとしたい。

ここで歴史的文脈として本章が着目するのは，両国の独立後の政党政治におけるロシア語系住民[3]の影響である。中東欧および旧ソ連諸国の多くは少数民族をめぐる問題を抱えているが，それが国籍問題（すなわち有権者の画定）と結びつく形で政治に影響した例はない。それはバルト3国として，ここで取り上げる2国としばしばひとくくりに語られるリトアニアについても同じである。リトアニアも，エストニアおよびラトヴィアと比べて割合は小さいものの，ロシア語系住民を国内に抱えている。しかしながら，リトアニアでは同住民の問題は国籍問題として政治的に表面化することはなかった。リトアニアを本章で扱わないのはそのためである。

ロシア語系住民の存在は独立回復後の政党政治にどのような形で影響を及ぼしたのか。この問題を検討するために，本章では，まず前提として第2節で，独立回復前のロシア語系住民をめぐる政治状況を概観し，続いて第3節で独立後のロシア語系住民の国籍問題を整理する。その上で第4節において，ロシア語系住民問題が独立回復後の政党政治，特に選挙結果および選挙後の組閣に与えた影響について説明していく[4]。ロシア語系住民の処遇における共通点と相違点という歴史社会的文脈を比較することで，これら2国を今後中東欧および旧ソ連諸国と比較するための前提条件を確認することが，本章の目的である。

なお，ロシア語系住民が政治過程に与えた影響を見るに際しては，EU加盟およびロシアとの関係といった外交面や，市場経済化改革の中でのロシア語系住民の社会的弱者化といった社会経済面からの比較も不可欠であると考

えるが，本章では歴史的経緯および政治的要因に焦点を絞り，より包括的な考察は別の機会に譲りたい。

## 2. ロシア語系住民問題の「表出」
　　──ペレストロイカ期から独立回復まで

### 2.1. エストニアにおけるロシア語系住民をめぐる政治過程

　他の旧ソ連構成共和国から遅れて1940年にソ連邦に「加盟した」エストニアとラトヴィアでは，独立回復への道をめぐる立場によって改革派も分裂したため，他の中東欧諸国および旧ソ連諸国に見られたような共産党強硬派（保守派）と改革派の対立という構図からは逸脱した政治勢力の関係が現れた。

　1980年代後半の，ペレストロイカの時期における両国の主要な政治勢力は，共産党強硬派，共産党改革派，人民戦線，急進的民族主義派の4グループである。これらの諸勢力は，前者と後三者では独立に対する賛否について，後三者は独立回復に向けての戦略に加え，ロシア語系住民の処遇について，それぞれ立場を異にしていた。後で見るように，政治勢力間のこうした相違が独立回復後の政党政治にも影響を与えていることから，ここで，まずソ連時代末期の政治状況と政治勢力関係について，簡単に整理しておく。

　最初にエストニアの事例についてであるが，エストニアの体制転換は，エストニア共産党改革派，人民戦線，急進的民族主義派の三者の綱引きの中で進められた。この三者が，エストニア共和国最高会議(1990年5月8日に国名をエストニア・ソヴィエト社会主義共和国からエストニア共和国に変更。以下，「最高会議」)とエストニア会議という同時に存在した2つの代議機関を通じて，独立回復後の政治制度を作っていった。2つの代議機関の並存という特殊な状況は，後述する同様の機関が組織されたラトヴィアを除いて他の中東欧および旧ソ連諸国には見られなかった[5]。

　なぜこのような2つの代議機関の並存という事態が生じたのか。それは，最高会議の正統性を主張する共産党ならびに最高会議という場の存在を利用

すべきとする人民戦線と，最高会議を占領機関であるとしてその非合法性を主張し，エストニア会議を正統なものと見なす急進的民族主義派とが，有権者の範囲について異なる立場をとっていたことと関係している。1990年3月に選出された最高会議は，その時点でエストニアに居住し，ソ連邦国籍を有する者を有権者として選ばれた議会である。これに対し，最高会議選挙に先立ち，1990年2月24日から3月1日にかけて実施されたエストニア会議の選挙は，1940年6月16日の時点でのエストニア国民とその直系の子孫を有権者としていた。端的にいえば，最高会議は，エストニアに住むソ連時代の「移民」であるロシア人やウクライナ人などにも参政権を与えていたのに対し，エストニア会議ではそうしたロシア人やウクライナ人などにそれを原則として与えていなかったことが最大の違いである[6]。急進的民族主義派は，占領機関である最高会議に独立回復に向けての舵取り役の資格はないとして，その代わりになる代議機関の組織化を必要としたのであった。こうして選ばれた2つの代議機関は，異なる路線と戦略をとっていたとはいえ，ともにエストニアの独立を目指した。

　最高会議は1990年3月30日，エストニアが独立回復への移行期にあることを宣言したが，独立への最後の一押しとなったのは，1991年8月にモスクワで起きたクーデタ未遂であった。このクーデタ未遂のさなか，最高会議は，エストニアの独立を確認する宣言を発出し，国家の将来について話し合う場として，エストニア共和国最高会議とエストニア会議からのそれぞれ30名ずつの代表によって形成される憲法制定会議の招集を決定した。その内訳は，20人が人民戦線，20人が急進的民族主義派，13人がそのどちらにも属さないエストニア人であった。残りの7人はロシア語系住民で，そのうちの4人が第二次世界大戦前からのエストニア国民であった(Taagepera 1994, p. 217)。

　制憲会議での議論はそれぞれの思惑が絡み合い，1937年憲法の効力回復にかかわる問題も議論にのぼるなどしたため予定の期間を大幅に超過したが，最終的には新しい憲法案が作成され，1992年6月28日の国民投票でそれが承認された。一方，憲法草案作成以外の立法権を行使し続けた最高会議は，

エストニア国籍について，1991年11月6日に1938年の国籍法の回復を決議し，1940年以降にエストニア領域内に移住してきた「移民」を非・国民とする決定を行った。その際，非・国民となった「移民」への独立回復後最初の国会選挙における投票権付与を特例措置として認めるか否かについて，最高会議での議論は行き詰った。最終的には憲法草案と同時に「エストニア国籍取得申請を1992年6月5日までに提出した者に憲法発効後最初の国会選挙および大統領選挙での投票権を認める付帯条項を憲法の運用法案に追加することに賛成か」という問いが国民投票に付された。僅差でこれが否決され，「移民」およびその子孫には，1992年9月の国会選挙での投票権は認められなかったのである。とはいえ，ロシア語系住民に対する参政権の付与をめぐるこうした議論の過程からもわかるように，ロシア語系住民の政治過程からの排除は圧倒的多数によって支持されていたわけではない。

## 2.2. ラトヴィアにおけるロシア語系住民をめぐる政治過程

ラトヴィアでは改革派相互の対立ではなく，独立に反対する共産党強硬派と独立を支持する人民戦線および急進的民族主義派の間の対立という，エストニアとは異なる対立の構図が生じた。

エストニアの急進的民族主義派と立場を同じくするラトヴィアの急進的民族主義派も，両大戦間期の国民とその子孫の有権者登録を行い，1990年4月に選挙を実施してラトヴィア会議を招集した。同会議の組織化は，エストニアでの動きに触発された感がある。実質的な政策実行能力を有していないという点でラトヴィア会議はエストニア会議と同じ立場にあったが，人民戦線との交渉力という点では，エストニア会議と比べてはるかに劣っていた。ラトヴィアでは，独立反対派の脅威が大きく，他方で，ラトヴィア会議選挙前の1990年3月に実施されたラトヴィア最高会議選挙で，人民戦線が圧倒的勝利を収めたこと(全議席中3分の2を獲得)から，ラトヴィア会議のようなある意味で理念の組織が影響力を発揮する余地がほとんどなかったのである。

これに対して共産党強硬派は，独立回復の直前まで主要アクターであり続

けた。この時期に共産党が影響力を維持し続けられた要因としては，共産党における民族的ラトヴィア人の位置が大きいと考えられる。ラトヴィア共産党は，1959年の民族的ラトヴィア人党員の粛清の結果，バルト3国の中で唯一，いわゆる基幹民族（ラトヴィアではラトヴィア人）が少数派になっていた（1989年の時点で党員に占める民族的ラトヴィア人の割合は39％）。そのためラトヴィア共産党では，強硬派が指導的地位を保持することとなった。1988年6月に強硬派のカルル・ヴァイノ（Karl Vaino）が党第一書記の地位を追われ，改革派にとってかわられたエストニアとは異なり，ラトヴィア共産党は，1990年4月の時点で，強硬派のアルフレーヅ・ルビクス（Alfrēds Rubiks）が第一書記に選出された。その直後に同党は親ソ連派（強硬派）と親独立派に分裂し，後者はラトヴィア独立共産党を結成する。強硬派の基盤の強さが，一方では独立回復を求める勢力の党内での結集をもたらし，他方でロシア語系住民の多くの支持を共産党強硬派が集めるという状況に導いた。やや先走りになるが，1991年1月20日のソ連軍特殊部隊によるリーガ急襲後も共産党強硬派が親ソ連的立場をとり続け，さらに1991年8月のモスクワのクーデタでもラトヴィア共産党（親ソ連派）がこれを支持したことは，ラトヴィアにおける独立派と反独立派（共産党強硬派）という対立の構図を決定的なものとした。ただしここで確認しておくべきは，これが決してロシア語系住民対ラトヴィア人という民族軸に沿った対立ではなかったことである。ロシア語系住民の中でも知的エリートはおおむね人民戦線を支持しており（Runcis 2005, p. 192），また第二次世界大戦以前にラトヴィアの領域に移動してきた人々の流れを汲むロシア語系住民も，必ずしも反独立派を支持しているわけではなかった（Runcis 2005, p. 166）[7]。

　1990年3月18日の選挙での人民戦線の勝利の結果を受けて招集された最高会議は，1990年5月4日，最終的な目標を独立回復達成に定める決議を採択した。エストニアではソ連邦との交渉を通じての独立回復か（すなわち，その場合は急進的民族主義派が非合法的機関と見なす最高会議が交渉役になる），それともそうした交渉抜きの独立回復かという独立回復の道筋がこの時期の最大の争点であったのに対し，ラトヴィアでは議論はあったものの，

ソ連邦の制度，すなわち最高会議が独立回復を合法的に行えるという立場がとられた(Blūzma, et al. 1998, p. 219)。ただし，ラトヴィアでは，最高会議でも政府でも人民戦線の支配的地位が確立したものの，行政機関・治安機関は依然として主として共産党強硬派およびそれを支持するロシア語系住民の監督下にあったため，この時点では最高会議が完全に権力を掌握できたわけではなかった(Blūzma, et al. 1998, pp. 240-242)。

ラトヴィアの最高会議が合法的に独立回復を行いうることが確認されたために，独立回復の過程はエストニアとは異なるものになった。ラトヴィアでは最高会議とラトヴィア会議の意見調整の場としての憲法制定会議の招集は不要であった。最高会議が1922年憲法の効力を回復させ，新国会の招集まで立法権を完全に掌握した。国家建設に関する議論の場を制憲会議に移したエストニアではそこで改革派同士の争いが先鋭化したのに対し，最高会議をそのまま議論の場としたラトヴィアではラトヴィア人と親ロシア派の争いが継続した。ここに独立回復後の政治につながる対立軸の形成を見ることができる。

こうした状況にあったがためにラトヴィアにおいては，親ロシア派が依然として一定勢力を占める最高会議での国籍法をめぐる議論に決着がつかず，独立回復後初の国会選挙は1993年6月まで実現しなかった。1940年以降の「移民」に自動的にラトヴィア国籍を付与しないことではラトヴィア人政治エリートたちは合意していたものの(1991年10月の最高会議決議)，「移民」たちの国籍取得の条件については穏健派と急進的民族主義派の間での合意が難しかった上に，インテルフロント(親ソ連派)の一部を引き継いだ「平等」は，独立回復時のラトヴィア住民全員に国籍選択権を認めるいわゆる「ゼロ・オプション」を主張し続けた。

エストニアもラトヴィアも「ゼロ・オプション」を採用しなかった点で，旧ソ連諸国の例外である。多数のロシア語系住民を抱える両国では，まず国籍を取得して完全な社会参加を確保した上での統合という順序を主張する「ゼロ・オプション」支持派を退け，言語や法制度の習熟などを通じた社会統合後の国籍取得が望ましいという立場が貫かれた。とはいえ，この2国の

間に全く違いがないわけではない。その顕著な例は，都市部でロシア語系住民が多数派を占める状況にあるラトヴィアが，ロシア語系住民の国籍取得により制限的な方策(当初は，10〜16年の居住期間，1994年に採択された国籍法では年齢等による申請者の制限)を適用したことである。

## 3. 体制転換後のロシア語系住民の国籍問題と政治参加

### 3.1. エストニアの国籍法と国籍取得状況

第二次世界大戦後，エストニアもラトヴィアも大量のロシア語系住民の流入と，その結果としての全人口に占める基幹民族の割合の大幅な減少という民族構成の急激な変化を経験した(表7-1参照。1989年の時点で，エストニアではエストニア人の割合が61.5%に，ラトヴィアではラトヴィア人の割合が52%にまで減少していた)[8]。このためエストニアでもラトヴィアでも，

表7-1 両大戦間期からソ連時代にかけての民族構成の変化

エストニアの民族構成の変化 (単位：%)

|  | エストニア人 | ロシア人 | ウクライナ人 | ベラルーシ人 | フィン人 | その他 |
| --- | --- | --- | --- | --- | --- | --- |
| 1934 | 88.2 | 8.2 | n.a. | n.a. | n.a. | 3.6 |
| 1959 | 74.6 | 20.1 | 1.3 | 0.9 | 1.4 | 1.7 |
| 1970 | 68.2 | 24.6 | 2.1 | 1.4 | 1.4 | 2.3 |
| 1979 | 64.7 | 27.9 | 2.5 | 1.6 | 1.2 | 2.1 |
| 1989 | 61.5 | 30.3 | 3.1 | 1.5 | 0.9 | 1.8 |

出典) Raun (2001) より筆者作成。

ラトヴィアの民族構成の変化 (単位：%)

|  | ラトヴィア人 | ロシア人 | ベラルーシ人 | ウクライナ人 | ポーランド人 | その他 |
| --- | --- | --- | --- | --- | --- | --- |
| 1935 | 77 | 8.8 | 1.4 | 0.1 | 2.6 | 10.1 |
| 1959 | 62 | 26.6 | 2.3 | 1.4 | 2.9 | 4.8 |
| 1970 | 56.8 | 29.8 | 4.0 | 2.3 | 2.7 | 4.4 |
| 1979 | 53.7 | 32.8 | 4.5 | 2.7 | 2.5 | 3.8 |
| 1989 | 52 | 34 | 4.5 | 3.4 | 2.3 | 3.8 |

出典) Karklins (1994) より筆者作成。

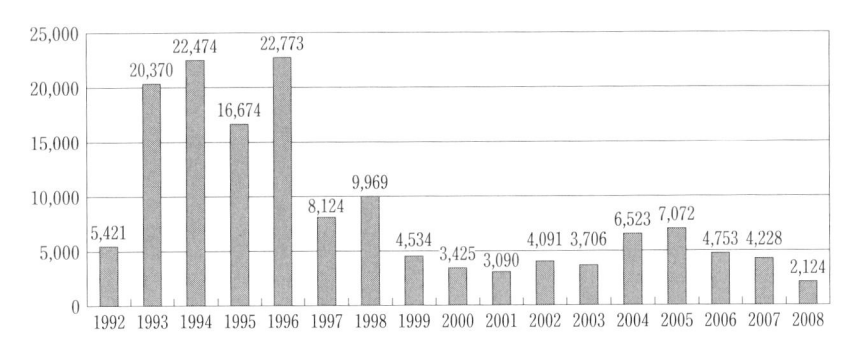

図7-1　1992–2008年に国籍取得手続きによりエストニア国籍を取得した人数の推移（単位：人）

出典）*KMA aastaraamat 2003* (2003) およびhttp://www.kogu.eeより筆者作成。

基幹民族の側が自民族言語・文化の消滅に危機感を募らせることになり，独立回復後の国家建設においてもロシア語系住民の処遇が焦眉の問題のひとつとなった。

エストニアでは，エストニア最高会議が1938年の国籍法を回復したが，その実際の運用を定めたのは，1992年2月26日に採択された国籍法運用法である。同法では国籍取得について，1940年6月17日以降にエストニアの領域に移住してきた者については，最高会議が独立回復への移行を宣言した1990年3月30日を起点として2年間エストニアに居住している者（エストニア語の運用能力を要件とする）に国籍申請を認め，その後1年間の待機期間を経て，条件を満たす者に国籍が付与されることと規定された。この待機期間のために，1992年9月に実施された独立回復後最初の国会選挙に，ロシア語系住民の国籍取得は間に合わなかった。

この国籍法運用法の規定を受けて，当初は約49万4000人の無国籍者が発生したが（人口全体の約30％），それでもエストニアでは1990年代の中期以降は，次に説明するラトヴィアと比べると比較的円滑に国籍取得が進んだ（図7-1参照）。このことはロシア語系有権者の増加を意味しており，後で見る1995年および1999年国会選挙でのロシア語系政党の議席獲得につながったといえる。

こうして2009年現在，無国籍者[9]の割合は8%まで減少したが，この減少がすべてロシア語系住民のエストニア国籍取得によって起きたわけではない。エストニアに居住する外国籍者11万人のうちほとんどがロシア国籍者である[10]。無国籍者のロシア国籍取得が，こうした同国籍者数の増加につながったのである。この点はラトヴィアと明確に異なるところであるが[11]，このような違いが生じた背景には外国人法に見られる両国の旧ソ連国民政策の違いがある。エストニアではエストニア国籍を保有しない者すべてを外国人として位置づけ，旧ソ連国民であるか否かを問わずに居住許可・労働許可の申請・取得を求めたのに対し，ラトヴィアでは外国人一般と旧ソ連国民を分け，後者には自動的に居住が認められたのである。こうした政策の結果，エストニアでは，安定的な身分を求めて当初は比較的容易に取得できたロシア国籍の取得に急ぐロシア語系住民が少なからずいたのに対し[12]，ラトヴィアでは当座の居住が保証されたために，行動を起こさない方が得策であると見なされたのである。

### 3.2. エストニアにおけるロシア語系政党と政治参加

エストニアのロシア語系政党は大きく2つに分けることができる。ひとつは，現在の憲法党につながるエストニア統合人民党(以下，統合人民党)であり，いまひとつは，「エストニアのロシア党」(以下，ロシア党)である。前者は，エストニアの中に市民としてのロシア語系住民を位置づけることを目標に掲げ，エストニア系政党との協力にも積極的であった。1999年の選挙時には，旧共産党系のエストニア社会労働党との合同も実現した。その支持基盤はロシア語系住民の中でも主として中間層および知的エリートである。これに対し，ロシア党はロシアとの関係を重視する政党であり，主として社会的弱者を支持基盤とする(Berg 1999, p.63)。統合人民党は，1995年選挙および1999年選挙でそれぞれ6議席ずつ獲得したが[13]，2003年選挙では得票率が5%を下回り議席の獲得に失敗した。その後，統合人民党だけでなく，その他のロシア語系政党も国会での議席獲得に成功していない。なぜ，ロシア語系住民の国籍取得が進むなかで[14]，ロシア語系政党は議席を獲得できないのであろうか。

その最大の理由は，ロシア語系住民がロシア語系政党以外の政党に投票しているからである。もともとロシア語系住民に対する包摂的な政策を主張していた中央党を支持するロシア語系住民の割合は多いが，改革党や「穏健」，2003年選挙では「共和国」党へもロシア語系住民は投票を行っていた(Mikkel 2006, p. 25; Berg 1999, p. 67)。国籍取得を済ませたことにより，国籍取得がもはや問題ではなくなったロシア語系住民の政治的関心は，民族問題に限定されてはいない。また，エストニア系政党がロシア語系住民からの票を期待できるのに対し，ロシア語系政党に投じるエストニア系有権者の数はそれとは比較にならないほど少ない。さらに，近年の選挙戦においては，党首の個性や選挙戦でのマスメディアの利用が結果を大きく左右することも多く，これもロシア語系政党にとって不利に作用していると考えられる[15]。

加えて，エストニアでは，ロシア国籍者および無国籍者についても，一定の条件を満たす恒常的居住者には地方議会選挙での投票権を与えている。この点は，OSCE(欧州安全保障協力機構)からの再三の勧告にもかかわらず，それを実現していないラトヴィアとの制度上の大きな違いである[16]。この制度ゆえに，エストニア系政党が地方選挙でのロシア語系有権者にアピールするような政策の提示の必要性を理解して行動し，それが，国会選挙でもある程度のロシア語系住民票の獲得につながっている可能性も高い。

とはいえ，ロシア語系住民の政治的統合に一点の曇りもないとはいえない。政治的統合に支障が生じるとすれば，その引き金となりうるのは衝突する歴史認識である。2007年3月の国会選挙で改革党によって掲げられた，第二次世界大戦の記念碑(ソ連軍によるナチスからのエストニア解放を記念し，戦没者を哀悼するための兵士の銅像)の移設に関する公約が実行に移され，その結果，いわゆる四月事件と呼ばれる市民と警察の大規模な衝突を誘発したことから，ロシア語系住民の再政治化の動きが現れたのである。その後，目立った動きはないものの，衝突の火種は消えたわけではない[17]。

### 3.3. ラトヴィアの国籍法と国籍取得状況

ラトヴィアでは，国籍法の制定は1993年選挙で選出された新国会に委ね

られ，発効は1995年までずれこんだ。この時点ですでに，1995年からロシア語系住民の国籍取得が進んでいたエストニアとは同住民の政治参加状況が異なっている。1993年はいうまでもなく，1995年選挙時でもまだ，ロシア語系住民の実際の国籍取得は始まっていなかった。さらに，1995年に発効した国籍法では，1年ごとに設定された枠（年齢等を基準とする）に従って申請を認める，いわゆるウィンドウ制度が採用された。民族的ラトヴィア人がかろうじて住民の過半数を超える状態であったラトヴィアでは，ラトヴィア国籍を取得するロシア語系住民の急激な増加とその政治的影響が恐れられ，こうした制度が採用されたのであった[18]。だが現実には，ラトヴィア人政治家が恐れたような事態は起こらず，むしろ，無国籍者のままとどまるロシア語系住民が少なくなかった。1995年の時点で約73万人（人口全体の約30%）を数えた無国籍者のうち，1998年1月1日までにラトヴィア国籍を取得したのは6993人であった（Smith-Sivertsen 2004, p. 103）。無国籍者の数は1998年以降漸次減少したものの，2010年現在，約34万人がいずれの国の国籍も取得していない（ラトヴィア中央統計局データベース，Resident Population of Latvia by Citizenship at the Beginning of the Year）。

### 3.4. ラトヴィアにおけるロシア語系政党と政治参加

ラトヴィアでいわゆるロシア語系政党に位置づけられるのは，「平等」，ラトヴィア社会党（共産党強硬派の後身。以下，社会党），および人民調和党である[19]。このうち前二者がインテルフロントを前身とし，人民調和党は人民戦線を出発点としている。この三者をロシア語系政党とするのは，ロシア語系住民を支持基盤とするからであるが，その党員構成を見ると，必ずしも，ロシア語系住民に限定されているわけではない。この3党が連合した政治組織「統合されたラトヴィアの人権のために」（以下，「人権のために」）が2002年の選挙時に擁立した候補者の30%以上が，民族的ラトヴィア人であった（Smith-Sivertsen 2004, p. 105）。また，ともにロシア語系住民を主な支持基盤としているとしても，政策面において親ロシア的傾向を強くする「平等」と，より普遍的な人権の擁護を掲げる人民調和党を同列に位置づけることには慎重であ

るべきである。実際，1998年および2002年選挙での「人権のために」の躍進にもかかわらず，人民調和党と社会党は同政治組織を離脱し，2005年，新たに調和センターを結成した。

　ラトヴィアでは，これらのロシア語系の3政党以外に，その影響が顕著に表れるほど多くのロシア語系住民が投じるようなエストニアと類似の傾向は，これまでのところ見られない。後で述べるように，ラトヴィアでは主要政党は中道右派に固まっており，またそれらよりも中道に位置する農民連合については，農村部の利益を代表する政党であることから，主として都市部に集住し，社会経済的弱者層を形成するロシア語系住民の多くの利害関心と一致する政党がほとんどないためであると考えられる。ただし，民族的ラトヴィア人の場合，社会的弱者であっても，経済発展に伴う生活の改善を期待して右派政党に投じる場合がある。その一因として，独立回復後の急激な社会変化の中で，社会階層がまだ固定化していなかったことも考えられる。同様の理由で，ロシア語系住民がラトヴィア系政党に投票しない状況の説明を，経済政策に対する賛否のみに求めることはできない。

### 3.5. ロシア語系住民の現状の違い

　ここで，ロシア語系住民問題をめぐるエストニアとラトヴィアの間の3つの相違について確認しておく。両国の現在の政治情勢の違いには，この相違も影響を及ぼしていると考えられるからである。

　ひとつは居住分布である。ラトヴィアでは大都市のすべてでラトヴィア人の割合は50％以下かそれに近い割合にすぎない(表7-2参照)のに対し，エストニアでは首都のタリンとロシアとの北東部国境に位置するイタ・ヴィル県にロシア語系住民は集住している。その他，ロシアとの国境になっているペイプシ湖の西岸にもロシア語系住民がまとまって居住しているが，その多くは第二次世界大戦前からの(古くは17世紀に移住してきた祖先を持つ)住民であるため自動的にエストニア国籍を得ており，国籍問題は生じていない。

　2つ目は，第二次世界大戦以前からの住民(とその子孫)の存在である。エストニアではその数は約5～6万人であると推定されている。対するラト

表7-2 ラトヴィアの主要都市の民族構成 (単位：％)

| | ラトヴィア人 | | ロシア人 | | その他 | |
|---|---|---|---|---|---|---|
| | 1989 | 2005 | 1989 | 2005 | 1989 | 2005 |
| リーガ | 36.5 | 42.3 | 47 | 42.6 | 16.5 | 15.1 |
| ダウガウピルス | 13 | 17.7 | 58.3 | 54 | 28.7 | 28.3 |
| イェルガヴァ | 49.7 | 54.4 | 34.6 | 30.2 | 15.6 | 15.4 |
| ユールマラ | 44.2 | 50.1 | 42.1 | 36.2 | 13.7 | 13.7 |
| リエパーヤ | 38.8 | 51.4 | 43 | 33.4 | 18.1 | 15.2 |
| レーゼクネ | 37.3 | 43.8 | 55 | 49.2 | 7.6 | 7 |
| ヴェンツピルス | 43 | 53.7 | 39.3 | 30.3 | 17.6 | 16 |

出典) 1989年は Dreifelds (1996) より，2005年は *Demography* (2005) より筆者作成。

ヴィアでは，これも正確な数字が出ているわけではないが，30万人程度であると見積もることができる。人口が1.5倍以上違うことを考慮に入れても，ラトヴィアの中に占める第二次世界大戦以前に根を持つロシア語系住民の存在は際立つ。なお，これらの戦前からのロシア語系住民の中には，エストニア同様に17世紀に遡ることのできる古くからの住民もいるが，それとは別に両大戦間期に亡命してきたロシア人の流れを汲む者も少なくなく，リーガなどの都市でロシア語系コミュニティの一部を形成している。

　3つ目は地域意識である。ナルヴァやシッラマエを中心とするエストニアのイタ・ヴィル県は，第二次世界大戦後にソ連政府によって工業化され，労働者としてロシア語系住民が流入した結果，その他のエストニアの地域との相互排他的な関係が指摘されるようになったが (Mertelsmann 2007)，それは否定的な意味での「地域認識」にすぎない。それに対し，ラトヴィアのダウガウピルスを中心とするラトガレ地方は，同国を構成する4つの歴史的地域のひとつに位置づけられているとともに，18世紀にロシア帝国に編入されるまでポーランド支配下にあったという点で独自の歴史を有している。こうした歴史的独自性に基づく地域意識の醸成に意味を持つのがテレビ局や新聞などのメディアの存在である。エストニアでもラトヴィアでもロシア語新聞やラジオが一定のシェアを占めているが，特にラトヴィア第2の都市であり，ラトヴィア人の割合がわずか18％であるダウガウピルス市とその周辺部を

対象とした Dautkom TV は，ロシアとは別のローカルなロシア語情報空間を作り出すのに一役買っている[20]。なお，エストニアには地方テレビ局は存在せず，ロシア語のテレビ番組としては，モスクワからの放送とバルト地域を対象とした第1バルト・チャンネルのみが視聴可能である。

　第二次世界大戦以前からある程度多民族国家であったラトヴィアの姿がこれら3つの点に現れているといえる。そしてこの歴史的相違が，現在の政治状況にも影響を与えることとなる。

## 4. エストニアとラトヴィアの政党政治——選挙と組閣を軸に

### 4.1. 政治的争点の変遷と政党配置

　政治的争点については，エストニアとラトヴィアの両方について，次のような時代区分が分析の枠組みとして適当であると考えられる。(1)1987-91年の独立(回復)の希求，(2)1991-95年のロシア語系住民をめぐる統合と排除，(3)1995年以降の社会経済問題である[21]。なお両国においては，EUおよびNATO加盟が大きな政治的争点となることはなかった。主要政党は，各論では異議を唱えることがあっても，総論としてはこれらを支持してきたからである。

　(1)の時期には，第2節で見たように，エストニアでは共産党改革派，人民戦線，急進的民族主義派の間の争いの中で，1990年の最高会議選挙以降，人民戦線が中心となり，急進的民族主義派が対抗勢力となった。これに対しラトヴィアでは，共産党強硬派と人民戦線の対立を核として描くことができる。

　(2)では，エストニアでは，人民戦線の後継政党である中央党が包摂的なロシア語系住民統合政策を掲げ，対する急進的民族主義派の祖国連合が排他的な政策を主張した。外国人法や言語法，国籍法をめぐる論争にそれは現れている。ラトヴィアではこの時期，まだ実際にはロシア語系住民の国籍取得も始まっていない。1994年にようやく採択された国籍法は，すでに述べた

とおり，国籍申請を年齢を基準として制限するための枠を設けた極めて制限的な法律であった。対立の軸は，一方に人民戦線の一部を中心に亡命ラトヴィア人，旧共産党改革派までが幅広く結集した「ラトヴィアの道」および急進的民族主義派のラトヴィア国家独立運動，もう一方にインテルフロントの流れを汲む「平等」，そして人民戦線の一部を形成していた人民調和党が位置づけられる。前者が制限的な国籍法を支持し，後者が寛容な国籍政策を要求した。

(3)の時期には，EU 加盟交渉が進展する一方で，ロシア語系住民の国籍取得も「母国」帰還も進まないなか，無国籍のままエストニアおよびラトヴィアにとどまるロシア語系住民の社会統合問題について両国政府は本格的に検討せざるを得なくなった。EU および OSCE の勧告の下であったとはいえ，無国籍者の親を持つ 15 歳以下の子供を対象に届出による国籍取得を可能にした 1998 年の国籍法改正，2000 年代に入ってからの統合プログラムの実施は，統合に舵を切った両国からの答えである。(3)の時期，政党間に見られたのは，ロシア語系住民の排除か包摂かではなく，その統合の方法をめぐる議論であった。したがって，1998 年の国籍法改正に反対して国民投票に訴えた「祖国と自由のために」/ラトヴィア国家独立運動を例外として，ロシア語系住民問題は集票のために強調すべき主要な対立軸ではなくなっていたといえる。むろん，教育機関におけるロシア語による授業の割合の縮小をめぐるラトヴィア系政党とロシア語系政党の対立，エストニアでは中央党の抵抗はあった。しかしながら，選挙や組閣の争点としてのロシア語系住民問題の重要性は，両国いずれにおいても，(1)および(2)の時期と比較して低下していた[22]。

では政治的争点はどのように変わったのであろうか。図 7-2 および図 7-3 に示したように，エストニアでもラトヴィアでも独立回復後 3 回目の選挙の時点で，主要政党の左右の位置取りはかなり接近している[23]。

このような状況の中で着目すべきは，新党の新規参入の傾向である。エストニアでは 1995 年選挙における連合党・地方人民連合選挙連合の勝利，2003 年選挙における「共和国」党の躍進が，社会経済問題に対する解決を

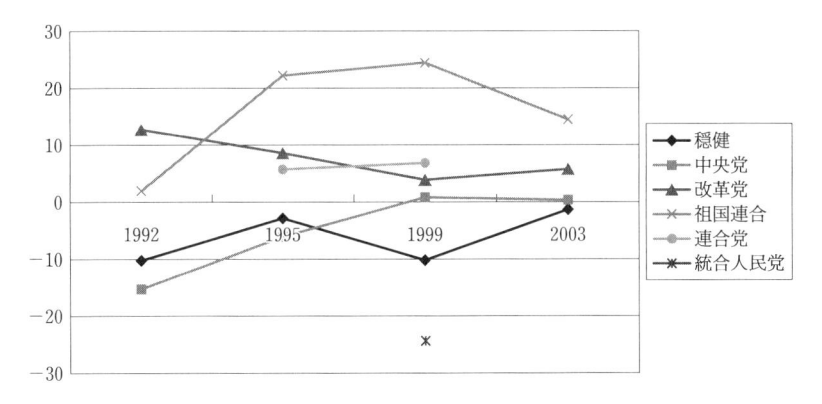

図7-2　エストニア諸政党の政策位置
出典）Klingemann, et al. (2006) より筆者作成。

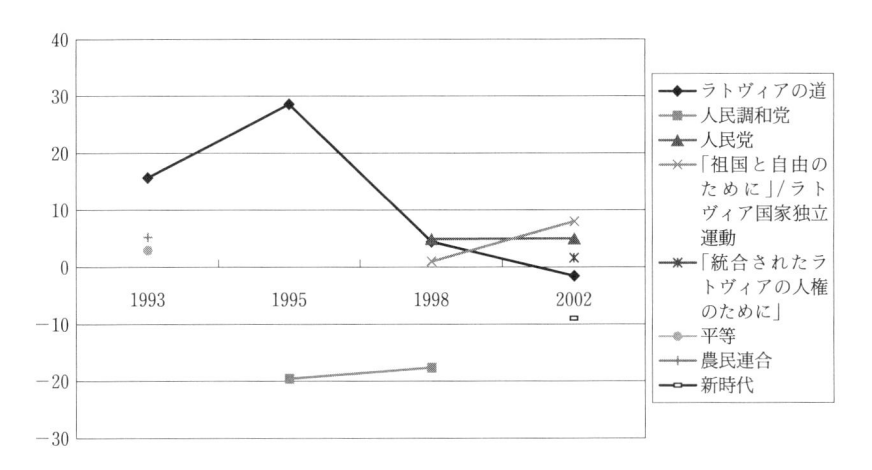

図7-3　ラトヴィア諸政党の政策位置
出典）Klingemann, et al. (2006) より筆者作成。

「新党」に求める機運を表している[24]。一方ラトヴィアでは，選挙ごとの新規参入がほぼ常態化している。これもまた既存政党の中に有権者にとっての選択肢がないことの表れであるが，それは，後で述べる理由から，政権が交代しても与党の構成がほとんど変わらない状況があるためでもある。

では，もはやロシア語系住民の存在は政治状況に影響を及ぼしていないの

だろうか。このことを明らかにするために,次節では組閣のパターンを検討する。その検討を通じて,政策距離からはあらゆる政党の組み合わせが可能であるように見えるにもかかわらず,実際にはそれが起きていない状況の説明を試みてみたい。

## 4.2. エストニアにおける選挙と組閣

エストニアでは,独立回復後5回の選挙を経て,中央党,改革党,「穏健」(2004年以降社民党),人民連合,祖国連合(2006年以降祖国・「共和国」連合)の5党体制がほぼ固まりつつあるといえる[25]。表7-3に1992-2007年の選挙結果を示した。表7-4は各党の入閣回数である。

4.1.で整理した政治的争点と組閣の関係を見てみよう。独立回復直後の(2)の時期に当たる1992年の選挙後には,民族主義的主張を掲げる祖国を中心に「穏健」,民族独立党の3党からなる連立政権が発足した。民族感情の高まりだけでなく,独立回復前後の経済状況の急激な悪化の責任が,1990-1992年に政権を担った人民戦線に負わされたことも,これに対立していた3党による中道右派政権発足の理由のひとつである。続く1995年選挙では,祖国を中心とする連立政権時代の急進的な経済改革への批判から,連合党と地方人民連合の選挙連合が支持を集め,連合党のティート・ヴァヒ(Tiit Vahi)が政権を率いた。同党は中央党と連立政権を発足させたが,エトカル・サヴィサール(Edgar Savisaar)中央党党首の盗聴スキャンダルが総辞職を招き,連立のパートナーを改革党に変えたものの長続きせず,結局,連合党・地方人民連合の単独少数派内閣となった。

(3)の時期の連立政権は,次の4つの組み合わせからなる。第1は,祖国連合,「穏健」/社民党,改革党,第2は,改革党と中央党,第3は,「共和国」党,改革党,人民連合,第4は改革党,中央党,人民連合である。すなわち,改革党と人民連合以外は中央党との連立に成功していない。他方,祖国連合は改革党ならびに「穏健」/社民党以外との連立には参加していない。

この連立政権に参加した政党の組み合わせから,一方に中央党,他方に祖国連合および「穏健」/社民党が配置される対立があることがわかる。この

**表 7-3** 1992-2007 年の選挙結果（エストニア）

| | 2007 | 2003 | 1999 | 1995 | 1992 |
|---|---|---|---|---|---|
| 中央党 | 29 | 28 | 28 | 16 | 15 |
| 改革党 | 31 | 19 | 18 | 19 | 29 |
| 祖国・「共和国」連合 | 19 | 7 | 18 | 8 | 10 |
| | | 28 | — | — | — |
| 社会民主党 | 10 | 6 | 17 | 6 | 12 |
| | | | | 5 | — |
| エストニアの緑 | 6 | — | — | — | — |
| 人民連合 | 6 | 13 | 7 | 41 | — |
| 連合党 | — | — | 7 | | 17 |
| 憲法党 | 0 | 0 | 6 | 6 | — |
| エストニアの国民 | — | — | — | 0 | 8 |
| 王制主義者党 | — | — | — | 0 | 8 |
| 選挙連合「緑」 | — | — | — | | 1 |
| 企業家党 | — | — | — | | 1 |

出典）http://www.erakonnad.info.ee/valimised.html より，筆者作成（ホームページは 2010 年 12 月 10 日接続確認）。

**表 7-4** 政党別入閣回数（エストニア）

| | |
|---|---|
| 改革党 | 6 |
| 人民連合 | 5 |
| 祖国連合 | 4 |
| 「穏健」 | 4 |
| 中央党 | 3 |

出所）筆者作成。

対立は，一見して明らかなように，ロシア語系住民問題が政治的争点であった時期と同種の対立である。それは，祖国連合，改革党，「穏健」／社民党の 3 党間の支持の配分は，おおむね社会経済政策に基づいて行われているにしろ，依然として，ロシア語系住民の大部分が中央党を支持していることを理由のひとつとしている[26]。「穏健」／社民党は，社会経済的弱者の支持を得やすい政策を掲げてはいても，従来，親ロシア語系住民的政策を提唱してきた

中央党を支えるロシア語系の票田をそれだけでは切り崩せていない。結果として，有権者の投票行動は，民族的要因にある意味で規定されている。すなわち，エストニア人の多くは祖国連合，改革党，「穏健」／社民党の3党のうちのいずれかを支持し，ロシア語系住民の大部分は中央党を支持している。この民族的分断の解消には，政策位置の比較的近い，中央党と「穏健」／社民党による連立形成の実現が必要である。ところがそれはこれまでのところ成功してない[27]。そこに政策距離以外の要因が大きく作用している可能性を指摘できる。

エストニア人政治学者のルースは，そうした組閣の組み合わせの偏りに関し，根拠は示していないものの，政党指導者の個人的な対立関係を指摘する(Ruus 2003, p.63)。エストニアの政党政治における個人および集団(政党より小規模)の利害関係に基づいたネットワークの重要性はミッケルによっても指摘されている(Mikkel 2006, p.39)。

個人的な対立関係は，主として中央党のサヴィサールのよくいえば個性的な，批判者にとっては独善的な政治手法を原因として生じているものの，その起源はペレストロイカ期の対立関係に見出すことができると考えられる。すなわち，中央党との連立を行わない「穏健」／社民党ならびに祖国連合は，ともにペレストロイカ末期に独立回復への道筋ならびにその後の青写真をめぐって，中央党の前身である人民戦線とは異なる立場をとっていた[28]。その対立は独立回復によって解消されるものではなく，憲法制定会議を経て，形を変え，現在まで脈々と続いている。こうした確執の継続を支える要因として，祖国連合の結党以来の指導者の一人であるマルト・ラール(Mart Laar)に代表される主義主張と中央党の掲げる国家性との衝突が考えられる[29]。ここでいう国家性とは，隣国ロシアとの関係やロシア語系住民のエストニアにおける位置づけをめぐる問題である。

エストニアでは独立回復後，一見すると中道右派政権が続いているように見える。その原因のひとつとして，本節で述べたような理由により，比較的左に位置する中央党[30]と「穏健」／社民党間の協力がこれまで実現しなかったことが指摘できるだろう。他方，中央党を含む政権と含まない政権の両方

が成立を見ていることから，エストニアでは実質的な与野党の交代が起こっているといえる。しかしながらそこに大きな政策的変化は見られない。これまでのところ，中央党を含む連立政権の成立には，経済政策上右に位置する改革党の参加が不可欠であったからである。

こうして，最も柔軟に組閣交渉に臨みうる右派の改革党が，エストニアの政治において相対的に大きな発言力を維持し続けてきた。実際，最多入閣回数を誇るのが改革党である。しかしこの構図に変化が生じつつある。先に述べた第二次世界大戦の記念碑移設をめぐって2007年に起きた四月事件により，改革党は明確に反ロシア語系住民的政党に位置づけられ，中央党との協力が，少なくとも当面，ほぼ不可能になったからである[31]。

### 4.3. ラトヴィアにおける選挙と組閣

ラトヴィアでは，1998年選挙以降，有力な中道右派政党が複数結成され，政党配置図の中道右派の空間に多数の政党がひしめきあう状況にある[32]。独立回復後の選挙結果を表7-5に，各党の入閣回数を表7-6に示した。

ラトヴィアでは，エストニアとは異なりロシア語系政党が一貫して支持を集め続け，なかでも，2002年選挙では勢力を結集して第二党になったにもかかわらず，一度も政権に参加していない。その理由としては，第1に，ラトヴィア人とロシア語系住民の間の政治的分断が克服されていないこと，第2に，複数の中道右派政党が存在し，それらの議席数を合わせると安定した中道右派連立政権の形成が可能になることが挙げられる。ラトヴィアの政党配置は民族軸と経済軸の2つを縦横の軸としており，経済軸の左の空間にはロシア語系住民政党[33]，右の空間にはラトヴィア系の主要政党が位置づけられる。こうして形成される左右の政党群のうち，左は総獲得議席数の点で常に少数派であり，右派政権との協力の実現ないし強力なラトヴィア系左派政党の登場がない限り，政権の交代は左右の交代ではなく，右から右への交代になる。唯一の例外は，1995年選挙後の組閣であった。

1995年選挙では，人民運動「ラトヴィアのために」(以下，「ラトヴィアのために」)，民主党「サイムニエクス」(＝「主人」の意)，ラトヴィア統一党(以下，

表 7-5　1993-2006 年の選挙結果（ラトヴィア）

| | 2006 | 2002 | 1998 | 1995 | 1993 |
|---|---|---|---|---|---|
| 人民党 | 23 | 20 | 24 | — | — |
| 「祖国と自由のために」／ラトヴィア国家独立運動 | 8 | 7 | 17 | 14 | 6 |
| | | | | | 15 |
| 緑の党 | 18 | 12 | 0 | 8 | |
| 農民連合 | | | 0 | 8 | 12 |
| キリスト教民主連合 | | | | | 6 |
| 「ラトヴィアの道」・第一党選挙連合 | 10 | 0 | 21 | 17 | 36 |
| | | 10 | — | — | — |
| 新党 | — | — | 8 | — | — |
| 新時代 | 18 | 26 | — | — | — |
| 人民調和党 | 17 | 25 | 16 | 6 | 13 |
| 社会党 | | | | 5 | |
| 政治組織「統合されたラトヴィアの人権のために」 | 6 | | | | |
| 「平等」 | | | | | 7 |
| 社民連合 | 0 | | 14 | | |
| 人民運動「ラトヴィアのために」 | — | | | 16 | |
| 統一党 | — | | | 8 | |
| 民主党「サイムニエクス」 | — | | | 18 | |
| 民主中央党 | | | | | 5 |

出所）http://www.cvk.iv/ より筆者作成（ホームページは 2010 年 12 月 10 日接続確認）。

表 7-6　政党別入閣回数（ラトヴィア）

| | |
|---|---|
| ラトヴィアの道 | 11 |
| 農民連合 | 10 |
| 「祖国と自由のために」／ラトヴィア国家独立運動 | 8 |
| 人民党 | 7 |
| 緑の党 | 7 |
| 新時代 | 5 |
| 第一党 | 5 |

出所）筆者作成。

統一党)が新たに議席を獲得した。「ラトヴィアのために」はポピュリスティックな政党に分類される。後二者は，中道左派に位置づけられる点で同じであるが，統一党は農村部の利益を代表する政党である。これらの政党がそれぞれ，16, 18, 8議席を獲得したために，選挙後の組閣交渉は難航した。「ラトヴィアのために」が当初の民族ブロック（「祖国と自由のために」，ラトヴィア国家独立運動，緑の党）から左派ブロックへ乗り換えたために，どちらのブロックも国会の過半数の票を抑えることができなくなったのである。このときの左派ブロックには，ロシア語系政党の人民調和党が含まれていた。すなわち，ある時期までブロック形成は経済軸を優先して民族軸上の対立をこえて行われていたのである。しかしながら，2回の組閣失敗を受けて，首班指名権を有するウルマニス大統領(Guntis Ulmanis)が指名したのは，無党派で国会議員ではないアンドレス・シュチェーレ(Andres Skęle)であった。シュチェーレは，人民調和党と「ラトヴィアのために」を除く，左から右までの政党の広範な参加によるいわゆる虹色内閣を実現させた[34]。

1998年選挙以降，政治的争点が社会経済問題に移っているにもかかわらず，左派ブロックが再結成されることはなかった。それは，ひとつには，左派系政党の中でも，ロシア語系住民政党とそれ以外の政党との間に協力を阻む亀裂があったからである。他方，中道右派政党間の政策位置は比較的近く，支持基盤もほぼ重なっている。入閣する政党を左右しているのは，背後にある産業分野とそれを代表する企業との関係であろう(Apals, et al. 2000, pp. 115-120)。これらの政党間での票の奪い合いや議席数の多寡はあるものの，中道右派全体として75％程度を抑えている状況の中で，ラトヴィア系中道右派政党の中での政権交代が常態化しており，実質的な与野党交代のない状況が続いている。

## 5. 中道右派政権の継続とロシア語系住民

前節で見たように，エストニアとラトヴィアでは，独立回復以来，中道右派政権が続いている。これは，共産党の流れを汲む政党も政権につくことが

あり，左右政権の交代のある(リトアニアも含めて)他の中東欧諸国との大きな違いである。とはいえこの2国の間でも，それを可能にしている要因には共通点と相違点があり，その実態も，必ずしも同一であるとはいいがたい。こうした実態の違いに，本章で比較してきたロシア語系住民の歴史社会的状況の違いが影響を及ぼしていることは明らかであろう。

繰り返しになるが，エストニアでは，ロシア語系住民自体を対象とした政策はもはや争点となっていないにもかかわらず，ロシア語系住民の支持を受ける中央党とその他の諸政党との間の協力が困難な状況にある。政党間ないし政治エリート間の対立がその根本的な原因と見られるが，ロシア語系住民の圧倒的多数が中央党を支持しているというその事実が，流動的な政治状況の中でこの対立を一層深いものにしている。これに対しラトヴィアでは，民族別の政党支持傾向に変化が起こっておらず，依然としてラトヴィア人はラトヴィア系政党に，ロシア語系住民はロシア語系政党に投票する状況が続いている。どちらの国でも政党の別なく，ロシア語系住民のさらなる統合のための政策を打ち出しているが，「エストニア人の」あるいは「ラトヴィア人の」政党に対するロシア語系住民の不信感は簡単にはぬぐえないようである。エストニアの中央党は人民戦線の時代から包摂的な国籍・言語政策を掲げており，その姿勢は一貫しているが，同党だけがロシア語系住民からのこれほど大きな支持を集めている理由については，さらなる考察が必要であると考えられる。

中道右派政権が継続している理由については，ソ連時代にまつわる否定的な記憶により，エストニアでもラトヴィアでも社民系の政党が負のイメージを背負っていることも，最後に指摘しておきたい[35]。ロシアとロシア語系住民，さらには親ロシア・ロシア語系政党を同一視する傾向は，両国の歴史的経験と現在のロシアとの良好ならざる関係によって構築，再生産されている。

本章で考察してきた歴史的要因の政治状況への影響をさらに明らかにするためには，ペレストロイカ期のみを対象とした考察では不十分である。ペレストロイカ期の政治勢力関係には，例えば，1959年に断行されたラトヴィア人共産党エリートの粛清のように，それ以前の政治状況が大きくかかわっ

ているからである。歴史的要因について，ペレストロイカ期をこえて時代を遡った包括的な研究が必要とされるゆえんである。

1) 代表的な文献として，Berglund, et al. (2004)。
2) 例えば，Meleshevich (2007)。
3) 本章でロシア語系住民というのは，日常的にロシア語を使用する人々であり，民族的ロシア人，ウクライナ人，ベラルーシ人の他に，ラトヴィアではポーランド人，エストニアではロシア語化したフィン系の人々も含む。
4) Runcis (2005) の研究は，ラトヴィアの政党政治を理解するために，その歴史的背景を再構築し，社会的亀裂を把握することを試みたものである。
5) なお，ラトヴィアではこの第2の代議機関の役割はさほど大きくなかった。エストニアの4グループに目を向ければ，人民戦線と急進的民族主義派の関係は，人的側面から見れば重なりや移動もありこの両者の間に物理的な意味で明確な境界線を引くことはできないものの，国家の青写真をめぐっての対立は次第に激化していき，独立回復後の政治状況に看過できない意味を持つに至ったことは指摘しておきたい。他方，反独立派，すなわち，ソ連邦への残留を強固に支持したインテル(＝インターナショナル＝「族際」)運動は，エストニアでは脇役にすぎなかった。
6) 例外として，こうしたエストニア会議の立場を支持し，事前登録を行った者については，この条件を満たしていなくても有権者になることができた。
7) カルクリンスによれば，1990年9月の調査でロシア語系住民のうち(調査回答者)インテルフロントを支持していたのは27.7％(1991年6月には同22％)であった(Karklins 1994, p. 82)。
8) 1989年の全ソ連国勢調査(Itogi Vsesoiuznoy perepisi naseleniia 1989 goda, T. 7, ch. 2)。
9) エストニアの公式文書ではソ連国民であった「国籍未定者」と無国籍者を区別しているが，実質的に両者は現段階ではほぼ重なるので，本章では無国籍者を使用する。
10) Eesti Koostöö Kogu(http://www.kogu.ee/statistics-on-citizenship/) (2010年12月10日接続確認)。
11) ラトヴィアにおけるロシア国籍者数3万1113人，これを含む外国籍者数は4万8871人(2010年1月1日現在，ラトヴィア中央統計局)。
12) 近年見られるロシア国籍取得者の増加については，後述の2007年4月の戦争記念碑をめぐる衝突で表面化したような歴史認識をめぐる民族間摩擦も原因として考えられる。
13) 1995年選挙では，選挙連合「我が家はエストニア」への参加政党として議席を獲得。
14) 1995年から1998年の間に，約5万人のロシア語系住民が国籍取得により有権者になった(Berg 1999, p. 68)。

15) いまひとつ投票選好を説明する要因として，ロシア語系住民とエストニア人の心理的接近を指摘しておく。そうした傾向がすでに1995年選挙で認められていることは社会学者のティトマらによって考察されているが(Titma and Rämmer 2006)，より長いスパンでもそれが検証されている。ただし，2004年以降，歴史認識をめぐって再び分離が起こっているという(Ehala 2009)。

16) 都市部でロシア語系住民が多数派を占めるラトヴィアの状況を見れば，地方議会選挙で国籍非保有者に投票権を与えた場合にロシア語系住民が市政を握る可能性が高いことから，ラトヴィアの躊躇は理解できないわけではない。

17) とはいえ，記念碑移設反対を掲げた憲法党(統合人民党の後継政党)は，ロシア語系住民の支持を集めやすい状況であったにもかかわらず，2007年の総選挙では1%の得票しか得られず，移設を支持する改革党とそれに反対する中央党の対立となった。

18) このウィンドウ制度は，1998年のロシアとの関係悪化が政治情勢の不安定化を招き，EU等の勧告を受け，国民投票を経て廃止された。

19) Mednis (2007)をはじめとする多くの文献でこの3党がロシア語系政党に分類されているが，ラトヴィアには民族動員はないとするKolstø and Tsilevich (1997)の指摘もある。注33で述べるように，党員や候補者にラトヴィア人も含まれている。特に人民調和党については，この分類に一定の留保が必要であると考える。

20) Dautkom TVを週に5〜7回見る人の割合は，22.5%，1〜4回は37.9%。その他に視聴者の多いテレビ局は，第1バルト・チャンネル，ロシアの各テレビ局，ラトヴィアではTV3+(Stratēģiskās analīzes komisija)。

21) Mikkel (2006)はそれぞれ(1)独立に向けて，(2)脱共産主義，(3)政党システムの安定化，と性格づけている。

22) エストニアの民族主義的政党である祖国は，1992年選挙で選挙連合として29議席を獲得しているが，続く選挙では，8(1995年)，18(1999年)，7(2003年)と獲得議席数の増減が激しい。ラトヴィアでは，「祖国と自由のために」／ラトヴィア国家独立運動がこれに当たるが，1998年の17議席から7(2002年)，8(2006年)と議席を減らしている。

23) ミッケルも政党間の政策距離の縮小を指摘している(Mikkel 2006, p. 39)。

24) いうまでもなく，新党に対する投票は政策位置の接近からだけでは説明できない。政党間，政治家個人間の争いに食傷気味であることも新党に期待を寄せる原因となっている。

25) 政党の変遷について詳しくは，Raitviir (1996)およびGrofman, et al. (2000)を，選挙制度および選挙結果については，ポスト社会主義諸国の政党・選挙データベース作成研究会編(2009a)を参照。

26) 2009年8月の調査によれば，非エストニア人有権者中の中央党支持者の割合は91%(エストニア人では15%)であった(*Postimees*, September 13, 2009)。

27) ただし，地方レベルを見ると，2009年10月の地方選挙の結果，タリン市で中央党と社民党の連立が初めて実現した。これをサヴィサール中央党党首は，国政につなが

るブレークスルーであると評価している。また，ラトヴィアでも2009年6月の地方選挙の結果，リーガ市で，「ラトヴィアの道」・第一党選挙連合と調和センターの連立が実現した。前者は左派政党ではないが，他のラトヴィア系政党との政治スタイルの違いが，調和センターとの協力を可能にしたとされている。

28) ただし「穏健」には人民戦線の中心的メンバーであった政治家が少なくない。
29) とはいえ，中央党の親ロシア・ロシア語系住民的政策は一貫したものではない。ここでいう主義主張の対立とは，中央党のアド・ホックな発言や行動が，祖国連合，「穏健」／社民党，改革党の3党をいらだたせる場面が少なからずあるという意味である。
30) 中央党は，例えばToomla (2005) などでは中道右派に位置づけられており，必ずしも一貫した左派政党というわけではない。
31) 正確には，協力が不可能になったというよりは，中央党との競合関係ゆえに，改革党が記念碑の移設という民族主義的政策に打って出た可能性も高い。
32) 政党，選挙制度，選挙結果については，ポスト社会主義諸国の政党・選挙データベース作成研究会編(2009b)を参照。
33) ただし，ロシア語系政党からの立候補者がすべてロシア語系住民であるわけではない。例えば2002年選挙の「人権のために」からの立候補者の内訳は，ラトヴィア人23，ロシア人36，ポーランド人3，ウクライナ人3，ユダヤ人1などであった(Mednis 2007, p. 392)。
34) 1995年選挙とその後の組閣については，Plakans (1997) に詳しい。
35) 「穏健」がより直截的に政党の性格を示す社民党に党名変更するのをためらっていた理由がここにある。

## 参 考 文 献

Apals, Gints, Guntars Catlaks, Janis Ikstens, Artis Pabriks and Valts Sarma (2000), *Politika Latvijā: Politika un tiesības vidusskolām 1. dala*, Rasa ABC.
Berg, Eiki (1999), "Vene erakonnad 1999. aasta märtsivalimistel," in Rein Toomla, ed., *Riigikogu valimised 1999*, Tartu.
Berglund, Sten, Joakim Ekman and Frank H. Aarebrot (2004), *The Handbook of Political Change in Eastern Europe*, Edward Elgar.
Blūzma, V., Ojārs Celle, Tālavs Jundzis, Ditris Andrejs Lēbers, Egils Levits and Ļubova Zīle (1998), *Latvijas valsts atjaunošana 1986-1993*, Rīga.
Central Statistical Bureau of Latvia (2005), *Demography 2005*, Rīga.
Dreifelds, Juris (1996), *Latvia in Transition*, Cambridge University Press.
Ehala, Martin (2009), "The Bronze Soldier: Identity threat and maintenance in Estonia," *Journal of Baltic Studies*, Vol. 40, No. 1, pp. 139-158.
Grofman, Bernard, Evald Mikkel and Rein Taagepera (2000), "Fission and Fusion of

Parties in Estonia, 1987-1999," *Journal of Baltic Studies*, Vol. 31, No. 4, pp. 329-357.
Itogi Vsesoiuznoy perepisi naseleniia 1989 goda, T. 7, ch. 2, East View Publication, Minneapolis 1993.
Karklins, Rasma (1994), *Ethnopolitics and Transitions to Democracy: The Collapse of the USSR and Latvia*, Woodrow Wilson Center Press.
Klingemann, Hans-Dieter, Andrea Volkens, Judith Bara, Ian Budge and Michael McDonald, eds. (2006), *Mapping Policy Preferences II: Estimates for Parties, Electors, and Governments in Central and Eastern Europe, European Union and OECD 1990-2003*, Oxford University Press.
Kodakondsus-ja Migratsioomamet (2003), *KMA aastaraamat 2003*, Tallinn.
Kolstø, Paul and Boris Tsilevich (1997), "Patterns of Nation Building and Political Integration in a Bifurcated Postcommunist State: Ethnic Aspects of Parliamentary Elections in Latvia," *East European Politics and Societies*, Vol. 11, No. 2, pp. 42-48.
Mednis, Imants (2007), *Partiju laiki Latvija (1988-2002)*, Drukatava.
Meleshevich, Andrey A. (2007), *Party Systems in Post-Soviet Countries: A Comparative Study of Political Institutionalization in the Baltic States, Russia, and Ukraine*, Palgrave Macmillan.
Mertelsmann, Olaf (2007), "Ida-Virumaale sisserändamise põnjused pärast Teist maailmasõda," *Ajalooline ajakiri*, Vol. 1, No. 119, pp. 51-74.
Mikkel, Evald (2006), "Patterns of Party Formation in Estonia: Consolidation Unaccomplished," in Susanne Jungerstam-Mulders, ed., *Post-communist EU Member States: Parties and Party System*, Ashgate, pp. 23-50.
Mikko, Lagerspetz and Henri Vogt (2004), "Estonia," in Sten Berglund, Joakim Ekman and Frank H. Aarebrot, eds., *The Handbook of Political Change in Eastern Europe*, Edward Elgar, pp. 57-93.
Pabriks, Artis and Aiga Štokenberga (2006), "Political Parties and the Party System in Latvia," in Susanne Jungerstam-Mulders, ed., *Post-communist EU Member States: Parties and Party System*, Ashgate, pp. 51-68.
Pettai, Vello and Külliki Kübarsepp (2003), "Erakondade nimekirjad: valimistoodete võrdlev analüüs," in Rein Toomla ed., *Riigikogu valimised 2003: Kas muutuste lävel?* Tartu, pp. 123-140.
Plakans, Andris (1997), "Democratization and Political Participation in Postcommunist Societies: the Case of Latvia," in Karen Dawisha and Bruce Parott, eds., *The Consolidation of Democracy in East-Central Europe*, Cambridge University Press, pp. 245-289.
Raitviir, Tiina (1996), *Eesti Üleminekuperioodi valimiste (1989-1993) võrdlev uur-*

*imine; Elections in Estonia during the Transition Period (1989–1993): A Comparative Study*, Tallinn.

Raun, Toivo (2001), *Estonia and Estonians*, updated second edition, Hoover Institution Press.

Runcis, Andris (2005), "Parties and Party Politics in Latvia: Origins and Current Development," in Anatoly Kulik and Susanna Pshizova, eds., *Political Parties in Post-Soviet Space: Russia, Belarus, Ukraine, Moldova, and the Baltics*, Praeger, pp. 161–182.

Ruus, Jüri (2003), "Koalitsiooniteooriad: Eesti näide," in Rein Toomla, ed., *Riigikogu valimised 2003: Kas muutuste lävel?*, Tartu, pp. 43–72.

Sikk, Allan (2003), *A Cartel Party System in a Post-Communist Country? The Case of Estonia*, Paper prepared for the ECPR General Conference, Marburg 18–21 September, 2003.

Smith-Sivertsen, Hermann (2004), "Latvia," in Sten Berglund, Joakim Ekman and Frank H. Aarebrot, eds., *The Handbook of Political Change in Eastern Europe*, Edward Elgar, pp. 95–131.

Stratēģiskās analīzes komisija (2007), *Daugavpils kā attīstības ceļvedis*, Riga.

Taagepera, Rein (1994), "Estonia's Constitutional Assembly, 1991–1992," *Journal of Baltic Studies*, Vol. 25, No. 3, pp. 211–232.

Taagepera, Rein (1995), "Estonian Parliamentary Election, March 1995," *Electoral Studies,* Vol. 14, No. 3, pp. 328–331.

Titma, Mikk and Andu Rämmer (2006), "Estonia: Changing Value Patterns in a Divided Society," in Hans-Dieter Klingemann, Dieter Fuchs and Jan Zielonka, eds., *Democracy and Political Culture in Eastern Europe*, Routledge, pp. 277–307.

Toomla, Rein (1999), *Eesti erakond*, Tallinn.

Toomla, Rein (2005), "Political Parties in Estonia," in Anatoly Kulik and Susanna Pshizova, eds., *Political Paraties in Post-Soviet Space: Russia, Belarus, Ukraine, Moldova, and the Baltics*, Praeger, pp. 137–159.

小森宏美(2009)『エストニアの政治と歴史認識』三元社。

ポスト社会主義諸国の政党・選挙データベース作成研究会編(2009a)『ポスト社会主義諸国政党・選挙ハンドブックⅠ (CIAS Discussion Paper No. 9)』京都大学地域研究統合情報センター。

ポスト社会主義諸国の政党・選挙データベース作成研究会編(2009b)『ポスト社会主義諸国政党・選挙ハンドブックⅡ (CIAS Discussion Paper No. 12)』京都大学地域研究統合情報センター。

# 第 3 部
## 比較政治経済の視点から

# 第8章　東欧における経済的後進性について
――ルーマニアおよびブルガリアを例として――

上 垣　　彰

## 1. 経済的後進性

### 1.1. 経済的後進性論の意義

「後進性」(backwardness)は，微妙な，その使用に慎重さを要する言葉である。不用意にこの言葉を使用する者は，「差別主義者」か，せいぜい「運命論者」とされるかもしれない。例えば，もし筆者が東欧の1国を「後進国」と呼んだら，筆者は，当該国の「民主化」や「市場経済化」の真摯な努力をあざ笑う者と非難される可能性がある。すなわち，「後進国だから何をやっても限界がある，無駄である」と筆者が考えていると見なされかねないのである。しかし，それにもかかわらず，「後進性」は考慮に値する概念である。特に，東欧の現在を歴史的視点から考察しようとするときには，各国の「後進性」の諸相を正面から見据え，それを考慮に入れることによって，政策の立案やその結果の評価をすることが重要な手続きとなる。それなしには，「『改革』が進まないのは反民主的な政権がそれを阻止しているからである」といったいわゆるワシントン・コンセンサス的な見解から脱却できないからだ。むしろ我々は「反民主的」な政権を選ぶ社会のあり方そのものを内生化する必要があるのだが，この内生化に際して，鍵(キー)概念となるのが「後進性」なのである。

ここでは，「後進性」といっても「東欧」の「経済的後進性」を考察の対象とする。なぜなら，それがその複雑さゆえに我々に数々の興味深い知見を

もたらす豊かな土壌だからである。「東欧」は，ボヘミアのような相対的に「先進的」な地域からアルバニアのような「後進的」な地域まで含み，その就業構造，農業生産性，工業分野別生産高等は，各国でまちまちであり，そのことが，各国の民営化や EU との貿易関係の構造に影響を与えている。本章ではこの関係を，「東欧」の中で比較的経済規模が大きく，「経済的後進性」の度合いは強いとされるルーマニアとブルガリアを例に挙げて，解明していきたい。ただし，その前に，「経済的後進性」概念の理論的整理を行っておきたい。

### 1.2. ガーシェンクロン

「経済的後進性」を真正面から取り上げ，その理論的・実証的考察を行った最も重要な研究者はガーシェンクロン(Alexander Gerschenkron)である。ウクライナ生まれのユダヤ人であるガーシェンクロンは，ロシア革命後ウィーンに逃れ，さらに 1938 年 3 月のナチス・ドイツによるオーストリア併合後はオーストリアをも逃れ，アメリカにたどり着いた。後に彼は，ハーヴァード大学教授となり，多くの後進を育てながら，自らもヨーロッパ(ロシア・東欧を含む)経済史の理論的・実証的研究を行った[1]。彼の主著は 1962 年に出版された『歴史的展望の中の経済的後進性』(Gerschenkron 1962)であるが，この書によって彼は「経済的後進性」の意味とそのはらむ問題点を初めて包括的に学問的対象として取り上げたのである。

彼の文章は，複雑に絡み合う論理がヨーロッパ知識人特有のペダンティックな語句を用いて展開されていく，難解なものであるが，丹念に読むと，その主張は意外に単純である。

まず彼が主張する第 1 の命題は，「後進性の利益(advantages of backwardness)」説である。ガーシェンクロンは，「より進んだ国では，工業発展の先行条件として貢献したものが，より後進的な国ではまさしく欠如している」にもかかわらず，なぜそれら諸国は「どうにかこうにかして工業化の過程を開始したか」と問い，その理由は，後進諸国では工業化過程において「代替の型」が生じたからであると主張する。その「代替の型」とは，技術

知識，熟練労働，資本財，そして資本を先進国から輸入することによって，それらをゼロから作り出すためのコストを軽減するような工業化の型である（ガーシェンクロン 2005, pp. 47, 51)[2]。このような「型」を採用することができるという意味で後進諸国には「後進性の利益」が存在するのである。ガーシェンクロンはこの説によって，19世紀に多くの「先行条件」の異なるヨーロッパ諸国が，工業化を達成していった（ただし，一挙にではなく順々に）理由を解き明かそうとしたのである。

　ガーシェンクロンの第2の命題は，筆者が「工業化の歪み」説と名づけているものである。ガーシェンクロンは確かに，後進国の工業化の可能性を主張したが，その工業化は先進国のそれとは異なる様相を帯びていることにも注意を喚起した。彼によれば，後進国工業化は，先進国のそれと比較して速度が異なるのみならず，その初期段階で工業の生産構造および組織構造が異なっていた点で，また多くの場合，先進諸国には存在しない特殊な「制度的用具(institutional instruments)」が利用された点で，さらに，工業化推進において精神やイデオロギーが強力に作用した点で，先進国のそれと異なっていたと主張する（ガーシェンクロン 2005, p. 4）。これらは，工業化が達成された後にも「特殊な様相(specific features)」として，ドイツにおける企業と銀行の関係がそうであるように，残存したのである（ガーシェンクロン 2005, p. 17)。ガーシェンクロンには「後進性の段階(gradations of backwardness)」という考え，すなわち，後進性にも度合いがある，という考えがあり，後進性の度合いが深いほど，工業化の過程もその結果も特殊な様相を帯びると主張する。その悲劇的な例はソヴィエト・ロシアのそれである。ロシアは帝政時代から，後進性の度合いがあまりにも深いゆえに，工業化のために，他国とは異なる「制度的用具」[3]の利用を図らざるを得なかった国であり（ガーシェンクロン 2005, pp. 13-14)，したがって「政府の強制的な機構」や「工業化の知的かつ感情的な車輪に油をさす」「強烈なイデオロギー」が必要とされた（ガーシェンクロン 2005, pp. 17, 23)。そのことが結局はソヴィエト・ロシアの独裁に帰結するのである。「ソ連政府は，ロシアの経済的後進性の産物」なのであり，「経済的後進性，急速な工業化，権力の冷酷な行使，そ

して戦争の危険はますますソヴィエト・ロシアの中に，ときほぐすことができないほど織込まれたのである」(ガーシェンクロン2005, pp. 26-27)。すなわち，どのような後進国も工業化を実現することは可能であるが，その国が後進的であればあるほど，それはある種の社会の「歪み」(最先進国を基準にして)に帰結する可能性が高いのである。

　以上のように，ガーシェンクロンは，後進国の工業化の可能性を認めた点では「楽観論者」であるが，後進国における工業化の「歪み」の可能性を指摘した点では「悲観論者」である。この複眼的視点こそガーシェンクロン理論の本質であろう。今日の観点からいえば，工業化の内実に関してせいぜい20世紀中葉までの重化学工業化しか想定しておらず，コンピュータとバイオテクノロジー時代の新しい工業化の形を考慮できないという理由で，彼の理論は根本的批判を浴びるだろう。新しい工業化は彼の予想とは全く別の形で訪れるかもしれない。しかし，本章の課題である東欧における経済的後進性の内実とその克服という問題関心からは，彼の複眼的視点がなお有効である。東欧の後進国家，例えばルーマニアとブルガリアでは，社会主義時代を通じて強行的な工業化が試みられ，表面的にはそれが実現したかに見えながら，社会に大きな歪みを残し，それが，1990年代以降の市場経済化の過程にも特殊な影響を与えているからである。

## 2. ルーマニアとブルガリアの経済的後進性

### 2.1. 東欧の後進性，バルカンの後進性

　表8-1は両大戦間の一時期における東欧の人口と所得をドイツ，フランスのそれと比較している。ここからまず明らかなことは，チェコスロヴァキアからアルバニアまでどの東欧国家[4]も，ドイツやフランスと比較するとその工業化の進展が遅いということである。ここで工業化の進展とは，農業従事者の減少(すなわち工業従事者の増加)，工業分野の生産性上昇をさすとすれば，チェコスロヴァキアのような比較的高度な工業を持っていたと見られる

表8-1 両大戦間の東欧における人口と所得

|  | 農業依存人口 | 1人当たりの純国民所得 | 労働者1人当たりの純生産 | |
| --- | --- | --- | --- | --- |
|  | 1930-31 % | 1938年 米ドル | 農業(1938年) 米ドル | 工業(1938年) 米ドル |
| アルバニア | 80 | .. | .. | .. |
| ブルガリア | 75 | 68 | 180 | 300 |
| チェコスロヴァキア | 33 | 176 | 200 | 450 |
| ハンガリー | 51 | 112 | 150 | 340 |
| ポーランド | 60 | 104 | 130 | 400 |
| ルーマニア | 72 | 65-70 | 80 | 290 |
| ユーゴスラヴィア | 76 | 77 | .. | .. |
| ドイツ | 20 | 337 | 290 | 790 |
| フランス | 29 | 236 | 280 | 580 |

出典）Kaser and Radice, 1985, p. 31.

地域でさえ，西ヨーロッパの大農業国フランスと比較して，農業従事者の比重は高く，1人当たりの工業部門生産性は低い。このような工業化の過程は，農業生産性の向上，および，国民全体の所得の上昇につながっていくわけだが，この点に関しても，表8-1によれば，東欧諸国とドイツ，フランスとの格差が歴然としている。ときおり，チェコスロヴァキアやハンガリーは，本来ルーマニアやブルガリアといったバルカン諸国とは異なる発展を遂げていたのであり，チェコスロヴァキアやハンガリーを「後進地域」と一括して「東欧」と呼んではいけない，「中欧」と呼ぶべきである，との見解が表明されることがあるが，筆者がこのような見解に与できないのは表に示されるような事実が厳然として存在するからである[5]。

とはいえ，東欧の中に格差が存在することも事実である。アルバニア，ブルガリア，ルーマニア，ユーゴスラヴィアのバルカン諸国では，工業化の進展が，他の東欧3国と比較して遅れていることは明らかである。実はガーシェンクロンは，「経済的後進性」そのものの定義を積極的に行っているわけではない。むしろイングランドには存在したような工業化の「先行条件」の欠如そのものを「後進性」と捉え，そのような「先行条件」の欠如した後進国にも工業化は可能か，そして可能ならその過程と結果はどのような様相を帯びるかに関心を集中した。このとき援用されたのが上記の「代替」論で

あり，また有名な「6つの命題(six propositions)」[6]である。実際，彼は「後進性の程度」を正確に計測することの困難性を指摘した上で，「生産水準，達成された技術進歩の程度，人々の技能，人々の識字の程度，正直の基準，企業家の時間的見通し」等々を基準に各国を配置することは一応是認しながらも，工業化を，最初にどこかの国で起こったことの繰り返しではなく，後進的工業化に伴う特殊性に応じて特徴づけられた各国の個々の「後進性段階」の連鎖として描き出そうとした(ガーシェンクロン 2005, pp. 43-45)[7]。例えば，ドイツでは工業投資銀行が工業化を促進する道具として利用されたが，ロシアでまがりなりにもその工業化が達成できたのは，国家の直接的な役割の結果であり，その意味でロシアの「後進性の程度」は，ドイツのそれよりもさらに深いのである。このような観点からバルカン諸国のデータを見ると，1930年代のバルカンはなお，「後進国工業化」の出発点に達していない国と考えることができる。

　表8-2は，アンガス・マディソンが，ゲアリー・ケイミス・ドル(Geary-Khamis Dollar)という彼独自の購買力平価為替レートを用いた単位で1人当たりのGDPを計算した資料から，東欧各国，ロシア・ソ連および日本の数字を抜粋したものである。これを見るとブルガリア，ルーマニア，ユーゴスラヴィアの3国が20世紀初頭から第二次世界大戦の前夜まで経済発展のきっかけを摑むことができずに，チェコスロヴァキア，ハンガリー，ポーランドの3国では達成できた2000ドルの水準をついに超えることができなかったことがわかる。この表は同時に，日本では一進一退を繰り返しながらも長期的には着実な経済発展が実現していたことを示している。日本の1人当たりのGDPは1930年代半ばにはソ連およびポーランドの水準を超えていた可能性がある。日本では起こったことがバルカン諸国では起こらなかったのである。

　このことをさらに工業構造の中に立ち入って考えてみよう。表8-3は両大戦間における東欧各国および先進ヨーロッパ諸国の1人当たりの商品生産額を示している(ここではユーゴスラヴィアに関するデータは存在しない)。この指標は労働生産性の指標と見てよいと考えられるが，これによれば，東欧

表8-2 マディソン推計による東欧，ロシア・ソ連および日本の1人当たり GDP

(単位：1990年ゲアリー・ケイミス・ドル)

| | ブルガリア | チェコスロヴァキア | ハンガリー | ポーランド | ルーマニア | ソ連[1] | ユーゴスラヴィア | 日本 |
|---|---|---|---|---|---|---|---|---|
| 1900 | | 1729 | 1682 | | | 1218 | | 1135 |
| 1913 | 1498 | 2098 | | | | 1488 | 1029 | 1334 |
| 1920 | | 1933 | | | | | 1054 | 1631 |
| 1921 | | 2085 | | | | | 1064 | 1789 |
| 1922 | | 2006 | | | | | 1079 | 1762 |
| 1923 | | 2151 | | | | | 1116 | 1741 |
| 1924 | 909 | 2353 | 1912 | | | | 1173 | 1767 |
| 1925 | 922 | 2606 | 2279 | | | | 1212 | 1714 |
| 1926 | 1169 | 2575 | 2162 | | 1258 | | 1271 | 1801 |
| 1927 | 1255 | 2752 | 2237 | | 1241 | | 1240 | 1799 |
| 1928 | 1219 | 2977 | 2415 | | 1225 | 1370 | 1321 | 1917 |
| 1929 | 1180 | 3042 | 2476 | 2117 | 1152 | 1386 | 1367 | 1949 |
| 1930 | 1284 | 2926 | 2404 | 1994 | 1219 | 1448 | 1325 | 1780 |
| 1931 | 1454 | 2809 | 2268 | 1823 | 1229 | 1462 | 1273 | 1768 |
| 1932 | 1444 | 2680 | 2192 | 1658 | 1144 | 1439 | 1154 | 1887 |
| 1933 | 1450 | 2552 | 2374 | 1590 | 1184 | 1493 | 1169 | 2042 |
| 1934 | 1309 | 2443 | 2370 | 1593 | 1182 | 1630 | 1191 | 2019 |
| 1935 | 1236 | 2410 | 2471 | 1597 | 1196 | 1864 | 1161 | 2040 |
| 1936 | 1493 | 2599 | 2618 | 1625 | 1194 | 1991 | 1279 | 2159 |
| 1937 | 1567 | 2882 | 2543 | 1915 | 1130 | 2156 | 1284 | 2227 |
| 1938 | 1595 | | 2655 | 2182 | 1242 | 2150 | 1360 | 2356 |
| 1939 | 1603 | | 2838 | | | 2237 | 1412 | 2709 |
| 1940 | 1548 | | 2626 | | | 2144 | | 2765 |

注1) 1990年のソ連の領域(1913年以前は主にロシア)。
出典) マディソン2000, pp. 297-298, 302。

表8-3 1人当たりの商品生産 (米ドル：時価)

| | 全商品 1938年 | いくつかの工業製品 1939年 | | |
|---|---|---|---|---|
| | | 金属加工品 | 繊維 | 化学品 |
| フランス | 136 | 17.9 | 18.9 | 38.1 |
| ドイツ | 189 | 42.3 | 45.0 | 47.0 |
| 英国 | 182 | 30.2 | 25.2 | 59.5 |
| 全ヨーロッパ | 113 | | | |
| ブルガリア | 43 | 2.2 | 1.1 | 5.6 |
| チェコスロヴァキア | 103 | 14.5[1] | 27.0[1] | 19.4[1] |
| ハンガリー | 63 | 8.3 | 15.6 | 7.8 |
| ポーランド | 62 | 5.0 | 13.5 | 7.6 |
| ルーマニア | 38 | 2.1 | 6.0 | 5.0 |

注1) おそらくミュンヘン協定以前の領土に関するものであろうとKaserとRadiceは推測している。
出典) Kaser and Radice, 1985, p. 279.

諸国の労働生産性の向上が，先進ヨーロッパ諸国と比較して大きく立ち後れていることがわかる[8]。特に，ルーマニアおよびブルガリアの工業製品製造分野の低生産性が際立っている。

ここで興味深いのは，ルーマニアの「化学品」に関する数字である。ルーマニアでは他国と比して化学産業の比重が大きく1937年において化学産業の全製造業における就業者シェアが10.1%，産出高シェアが22.9%を占めていた (Kaser and Radice 1985, pp.248-249. 商品別データである表8-3とは異なって産業別のデータをもとにしている)。もちろんこれはルーマニアが産油国であることが影響している。しかし，このようなルーマニアの特性を生かした産業分野においてさえ，労働生産性の絶対水準が，ヨーロッパ先進国どころか，他の東欧諸国と比較しても，はるかに低いということを表8-3は示している。これはルーマニアの製造業全体の生産性の低位の証左である[9]。

ブルガリアに関しては，「繊維」の数字に注目すべきである。実はブルガリアは農業国であることが影響して，製造業においても「食品加工業」が圧倒的地位を占めていた。1921年において「食品加工業」が占める就業者シェアは58.9%，生産高シェアは84.5%という高い水準だった。これが1938年になると大きく下がって，それぞれ42.1%，47.0%となる (Kaser and Radice 1985, pp.248-249)。この低下を穴埋めしたのが，「繊維・衣服業」である。このようにブルガリア政府が国家のモノカルチャー的構造から脱却するために期待を託した分野が「繊維・衣服業」であったわけだが (Gerschenkron 1962, pp.208-213)[10]，その労働生産性は1930年代末においても表8-3から明らかなように非常に低かった。

農業分野についてはいわゆる「農業過剰人口」を示した表8-4が興味深い。バルカン諸国では，技術水準の低位のために，先進ヨーロッパと比較すると過剰な労働力が農業に投入されており，それが農業における低労働生産性に結果していた。「農業過剰人口」は経済問題のみならず農村社会の疲弊を通じて他の社会問題を引き起こす可能性のある社会の病[11]であり，当該国指導者が解決を図るべきものであるが，表8-4は両大戦間においてこの問題はバルカン諸国の社会に深く根ざしたものであったことを示している[12]。

表 8-4 農業過剰人口の推計(1930 年代初頭:最新の技術を導入すれば不要になる農業従事者;Moore による推計)

|  | 農業従事者 1 人当たりの農業生産(ヨーロッパ平均=100) | 農業過剰人口 (%) | 人口密度(1 km² 当たり,調査年) |
|---|---|---|---|
| アルバニア | 22 | 77.7 | 38(1930) |
| ユーゴスラヴィア | 38 | 61.5 | 62.2(1930) |
| ブルガリア | 47 | 53.0 | 58(1934) |
| ルーマニア | 48 | 51.4 | 61(1930) |
| ポーランド | 49 | 57.3 | 86(1934) |
| ハンガリー | 78 | 22.4 | 93.4(1930) |
| チェコスロヴァキア | 105 | －4.7 | 107(1934) |
| トルコ | 35 | 65.0 | |
| ギリシャ | 50 | 50.3 | |
| ポルトガル | 53 | 46.9 | |
| イタリア | 73 | 27.1 | |
| スペイン | 88 | 11.9 | |
| エストニア | 100 | －0.4 | |
| ラトビア | 111 | －10.9 | |
| オーストリア | 134 | －34.0 | |
| ドイツ | 196 | －96.0 | |

出典) Kaser and Radice, 1985, p. 90 [本表の原データは W. E. Moore, *Economic Demography of Eastern and Southern Europe*, League of Nations, Geneva, 1945, pp. 63-64, 182-192].

　ハンガリーの経済史家ベレンドとラーンキは「バルカン諸国では,1900年代初めに産業革命のほんの出発点がみられただけであるが,20 年代の高揚もその出発段階を大きく超えるような効果的な刺激を与えていなかった」(ベレンド,ラーンキ 1978, p. 290)といっているが,表 8-3,表 8-4 のデータは彼らの評価が正しかったことを示している。ブルガリアに関してガーシェンクロンははっきりと「(ブルガリアの)発展は,後進性の程度がかなり深いという条件下で生じる工業発展の『大突進』[13] が普通もつはずの特別な諸特徴を示していない」(Gerschenkron 1962, p. 213)といっている。もちろんガーシェンクロン理論が今日の経済史学の検証に耐えうるかどうかは議論のあるところなので,「大突進」がブルガリアにあったかなかったかといった考察を詳細に行うこと自体にはあまり意味がないだろう。しかし,これまでの 4 つの表のデータが示しているのは,バルカン諸国は,工業化の進展という観点からいって,「遅れた」東欧の中でも特に「遅れた」地域であり,もし工業化

が何らかの不連続な出発点を持つとしたら，バルカンには第二次世界大戦以前には，まだその出発点は訪れていなかった，という点である。

このバルカンの後進性を社会主義システムの45年間はどのように改変したか，この点につき，以下ではルーマニアとブルガリアに焦点を当てて論じよう。

### 2.2. ルーマニアおよびブルガリアにおける「社会主義的工業化」

表8-5は，1980年および1989年(東欧における社会主義政権最後の年)における各国の就業構造を示している。ここで驚かされるのは，ルーマニアおよびブルガリアにおける「工業」就業比率がチェコスロヴァキアのそれに匹敵する水準であることだ。スパルバーが1957年に出版した著作の中でまとめたデータによれば，1939年前後のルーマニアおよびブルガリアにおける「鉱工業」就業比率はそれぞれ9.1%，8.0%であったし(Spulber 1957, p.5)，別の資料によれば，1950年においても「工業」従事者比率はブルガリアで11%，ルーマニアで12%であった(Tampke 1983, p.90)から，両国の社会主義政権下の「工業」の拡大は非常に急速度であったことがわかる。

この両国における「社会主義的工業化」は，「農業」から「工業」への労働力の移動によってもたらされたといえるが，その過程の具体的様相は両国において若干異なる。ブルガリアでは，「工業」従事者の増加は，「農業」従

表8-5 社会主義期の就業構造　　　　　　　　　(%)[1]

|  | 工業[2] 1980年 | 1989年 | 農業[3] 1980年 | 1989年 | 非生産的部門[4] 1980年 | 1989年 |
|---|---|---|---|---|---|---|
| ブルガリア | 43.2 | 46.3 | 24.5 | 19.3 | 16.9 | 18.5 |
| ルーマニア | 43.8 | 45.1 | 29.8 | 27.9 | 12.4 | 13.0 |
| ハンガリー | 41.4 | 37.4 | 22.0 | 20.0 | 19.0 | 22.6 |
| ポーランド | 40.8 | 37.2 | 26.3 | 26.4 | 17.2 | 20.9 |
| チェコスロヴァキア | 47.8 | 47.9 | 14.2 | 11.5 | 19.9 | 22.2 |

注1) 年平均就業者数による。
2) 鉱山業，建設業を含む。
3) 林業を含む。
4) 「住宅・生活サービス」，「科学」，「教育・文化・芸術」，「保健・社会保障・体育・旅行」，「金融・信用・保険」，「行政」。
出典) SEV, 1981, pp.403-405; SEV, 1990, pp.67-76.

表8-6 ブルガリア，ハンガリー，ルーマニアの対先進工業国[1]貿易

(1000 US$；1980年)

|  |  | 食料・生きた動物[2] | 機械・運輸機器[3] |
|---|---|---|---|
| ブルガリア | 輸出 | 102,822 | 55,862 |
|  | 輸入 | 154,958 | 438,766 |
|  | 商品グループ別収支 | −52,136 | −382,904 |
| ハンガリー | 輸出 | 567,066 | 287,371 |
|  | 輸入 | 100,028 | 891,658 |
|  | 商品グループ別収支 | 467,038 | −604,287 |
| ルーマニア | 輸出 | 200,463 | 200,233 |
|  | 輸入 | 511,467 | 927,785 |
|  | 商品グループ別収支 | −311,004 | −727,552 |

注1) 先進工業国とは，オーストリア，西ドイツ，フランス，イタリア，日本，英国，アメリカ合衆国の7カ国をさす。
2) 国連の貿易商品分類SITC(1桁)の0番。
3) 国連の貿易商品分類SITC(1桁)の7番。
出典) VICE, 1982, pp. 303, 309, 339, 345, 363, 369.

事者の激しい減少を伴った。1950年には73％程度であった「農業」従事者比率は，約40年間にハンガリーの水準(1950年に51％であった。Tampke 1983, p.90)を下回るまでに低下したのだった。このような「工業化」は，どのような経済構造に帰結したか，それを示唆するのが表8-6である。これは1980年のデータであるが，ブルガリアの工業は機械類(SITC 7番)を先進工業国に大量輸出するほどの力をこの段階で獲得できていない。もちろん，ハンガリーの機械貿易も大幅な赤字であるが，絶対額でブルガリアの5倍以上の輸出力を持っていた点に注目すべきであろう。他方，農産物貿易に注目するなら，両国の違いはさらに明瞭となる。ハンガリーでは農産物貿易(SITC 0番)が対先進工業国に対して大幅な黒字創出部門となっていたのに，19世紀以来の農業国ブルガリアは，この時点で，対先進工業国に対して農産物純輸入国になっていたのである。工業部門に大量の労働力をつぎ込む形で実行されたブルガリアの「社会主義的工業化」は，ハンガリーのそれにははるかに及ばない工業競争力しか実現できなかった一方，農産物の輸出余力を低下させた。実は，対コメコン諸国貿易も含めたブルガリアの貿易全体で見

ると，機械類貿易(ここではコメコン貿易商品分類CTN 1番として計算)は，1970年代末以来出超であった。また，農産物貿易(CTN 6, 7, 8番として計算)も1960年以来出超であった(VICE 1982, p. 48)。すなわち，ブルガリアは，先進工業国では競争力を持たない機械類をコメコン諸国に販売することによってかろうじて黒字を作り出す一方で，農産物に関しては，コメコン諸国(および発展途上国)に大量輸出することによって黒字を確保し続けたのである。コメコン内国際分業において特殊な地位を占めることによってブルガリアはその「工業国」としての外見を維持していたのである。

　表8-6から明らかなように，ルーマニアに関してもほぼ同様のことを指摘できるが，細かい点でいくつか違いもある。1981年以降，ルーマニアのチャウシェスク(Nicolae Ceaușescu)政権は，西側先進工業国からの融資を基盤とした工業化に終止符を打ち，内向きの強権体制を強化していくが，この政策転換以前のルーマニアは，産油国でありながらその地位に甘んじることなく，機械類を先進諸国にさえ輸出できるような生産力も持った工業国に成長すべく，奇妙な強行的政策をとり続けていた。コメコン内の異端派としてソ連に対して反抗的態度をとり続けたルーマニアは，ブルガリアにとってコメコン諸国，特にソ連が果たした役割を，西側先進工業国からの融資に求めていたからである。しかし，1970年代の10年間にルーマニアの貿易構造は以下のようなものであった。まず，機械・原材料貿易においては，ルーマニアは西側先進工業国に対して大幅赤字だった。ルーマニアは西側先進国へガソリン等の石油製品を輸出していたが，機械・原材料貿易の赤字を補えなかった。他方，発展途上国との貿易は，原油の大量輸入のために大幅赤字であり[14]，発展途上国への機械・原材料輸出は，それをカバーできなかった。西側先進国の資金と技術を導入して増産した機械と化学品は発展途上国にしか輸出できず，その黒字は他の赤字を補填する量には達しなかったのである(上垣 1995, p. 192)[15]。1980年代初め，債務問題が顕在化しリスケジューリング(債権国との債務繰り延べ交渉)が日程に上るとチャウシェスクは従来の工業化路線を打ち捨ててしまう。いびつな工業化の内実が債務問題をきっかけとして白日のもとにさらされたのである。

ルーマニアの「社会主義工業化」において特徴的なことは,「農業」従事者の減少は急速であるものの,ブルガリアにおける減少ほど激しくなかったこと,その代わり,「非生産的部門」の就業者比率が低位のままであったことである。ここで「非生産的部門」とは,社会主義期の経済統計に独特の概念であって,表8-5の注にもあるように,「住宅・生活サービス」,「科学」,「教育・文化・芸術」,「保健・社会保障・体育・旅行」,「金融・信用・保険」,「行政」のすべてを包括するものである。コーリン・クラーク(Colin Clark)は近代経済発展の過程で各国の主要産業は,「第1次産業(農業,水産業,林業,鉱山業)」から「第2次産業(工業,建設,電力・ガス業)」へ,さらに「第3次産業」へと順次転換していくと考えたが,この第3次産業は,我々の「非生産的部門」であると考えることが可能である[16]。表8-5の数字は,ルーマニアが,この発展経路の第2の転換(第2次産業から第3次産業へ)に失敗したことを物語っている。「非生産的」という表現はマルクス経済学の価値論に由来するのだろうが,この部門が「非生産的」どころか,機能的に作動する市場経済に必須のものであることを強調しておきたい。というのも,効率的な金融システム,透明な情報網,柔軟な労働市場,快適な都市アメニティ,時代の要請に即応した教育システム等からなる経済社会の「ソフト・パワー」[17]が,市場経済を円滑に発展,作動させる力として重要であることは誰しも認めるであろうが,この「ソフト・パワー」強化の基礎となるのが,「非生産的部門」の厚みであると考えられるからである。ブルガリアでは,農業部門の労働力減少があまりにも激しかったので,「非生産的部門」の比重も幾分の上昇を見たが,その水準がポーランド,ハンガリー,チェコスロヴァキアより低位にあることに変わりはない。ルーマニアおよびブルガリアでは,労働力の配置という側面ではある種の「工業化」は達成されたのだが,その「工業化」の速度があまりに速かった結果,機能的に作動する市場経済を生み出す原動力となる「ソフト・パワー」が醸成されなかったといえる。このことを公式データから裏付けることのできるひとつの例を示そう。表8-7は1989年における各国の人口1万人当たりのラジオ・テレビ契約視聴者数を示している。ブルガリア,ルーマニアの両国でこの指標は,

表8-7　ラジオ・テレビ契約視聴者数
(1989年；人口1万人当たり)

|  | ラジオ | テレビ |
|---|---|---|
| ブルガリア | 802 | 1849 |
| ハンガリー | 2406[1] | 2783 |
| ポーランド | 2932 | 2651 |
| ルーマニア | 1069 | 1596 |
| チェコスロヴァキア | 2694 | 2978 |

注1) 1979年のデータ。
出典) SEV, 1990, p.139.

他の3カ国と比較して大きく劣っている。もちろん、この指標にはラジオやテレビの生産台数のようなハードの生産力の問題も関係しているだろうが、それ以上に放送網の整備状況(修理、保全システムを含む)と住民のそれに対する態度、政府のマスコミに対する規制の度合いといった総合的な情報インフラの発達度が重要な決定要因になっていると考えられる。これらは筆者のいう「ソフト・パワー」の構成要素なのである。表に示されたような状況は、市場経済化の進展を遅らせる重要な原因となるはずである。

　東欧後進国家で実施された「社会主義工業化」のもうひとつの帰結は、社会の「傷つきやすさ(vulnerability)」の増大である。このことは、ブルガリアよりもルーマニアによく当てはまる。ルーマニアでは1980年代を通じて乳児死亡率が、ハンガリー、ポーランド、チェコスロヴァキアと比較して格段に高かった(SEV 1990, p.65)。1965年以来のチャウシェスクによる工業化路線の中で、住民への医療・健康サービス(まさに「非生産的部門」)の整備がないがしろにされたことがその原因と考えられるが、1981年以降の孤立路線の中で状況は改善しなかった。住民1万人当たりの医師数で見ても、1980年および1989年において東欧で最低水準であった(SEV 1990, p.141)[18]。国民全体に対する年金支給額が生産国民所得に対してどの程度の比率をなすかを計算してみると、1989年においてハンガリーでは11.07％、ポーランドでは7.52％、チェコスロヴァキアでは10.10％であったのに対して、ルーマニアでは6.07％であった[19]。このような状況下では、激しい社会変動を伴う市場移行策が、国民の健康や生命に直接甚大な影響を及ぼす可能性がある。

　社会の「傷つきやすさ」という観点からいうとブルガリアの状況はルーマ

ニアほど悪くない。乳児死亡率，医師数，年金支出額で見ると，1989年においてブルガリアはハンガリーに匹敵するか，むしろ良好な指標を記録している(SEV 1990, pp. 43, 65, 141, 146)。大量の労働者が農業から工業へと移転するという激しい社会変動の中で，ブルガリア政府はかろうじて国民の健康，医療，福祉の水準を守ったといえるが，問題はそのような政策を可能にしたものは何かという点である。ここで我々はブルガリアがコメコン体制の中で特殊な優遇的地位にあった点を考慮せざるを得ない。もしコメコン体制の後ろ盾を失ったら，ブルガリア社会もまたその「傷つきやすさ」を露呈した可能性が高い。東欧の体制転換と同時に起こったコメコンの崩壊の影響を最も激しく受けたのは，ブルガリアである。体制転換直前の1987年から1989年の3年間と直後の1990年から1992年の3年間の貿易動向を比較してみると，チェコスロヴァキア，ポーランド，ハンガリーでは，輸出入ともほぼ横ばいかむしろ増加しているのに対して，ブルガリアでは，輸出入ともに約半分に激減した(ルーマニアでは輸出は半減したが，輸入は増加した)。特に輸入の激減は市民生活の安定を脅かしかねないものであった(ECE 2000, pp. 234-235)。

## 3. ルーマニアおよびブルガリアにおける市場経済移行と経済的後進性――民営化を例にして

### 3.1. ルーマニアの民営化[20]

ルーマニアでは，民営化は1990年7月に採択された「国営企業の公社および会社への再編に関する法律」によって開始された。また，1991年8月に採択された「会社民営化法」は，この民営化の具体的手続きを定めた。2つの法律から伺われるルーマニアにおける民営化の特徴は，戦略的企業を民営化対象から外した保守性と，総資本額の30％に当たる部分(一旦「国家所有ファンド」の所有になる)を「所有証書」方式による無償配布に，残りの70％に当たる部分(一旦「民間所有ファンド」[21]の所有になる)を有償販売に向けるという折衷性にあった。しかし，このように早く開始された民営化策

は，その後順調に進まなかった。IMF は1993年末のスタンドバイ協定締結にあたって，早くも「民営化の加速」を強く求めた。民営化加速策は紆余曲折を経て，1995年5月に「民営化加速法」として上下両院で採択された。この法律は「大衆民営化法」とも呼ばれたが，それは，すでに分配されている「所有証書」に加えて記名式の「クーポン」[22]を発行し(その総価値は民営化されるべき会社の総価値の30％)，18歳以上のルーマニア国民に配布するものである(Jeffries 2002, p. 329)。

　この「民営化加速法」に先立って，1994年6月に「民営化される会社の従業員および経営陣の組合に関する法律」が採択されている。この法律は，従業員・経営陣による自社株買い取りによる民営化，いわゆる MEBO(Management-Employee Buyout)を促進するためのものである。1995年の「民営化加速法」は，この MEBO 促進政策と表裏一体のものとして実行されることとなったのである。

　ルーマニアでは1996年11月の大統領選挙で社会民主党(旧救国戦線)のイオン・イリエスク(Ion Iliescu)は敗れ，反社会民主党系のアンブレラ組織ルーマニア民主会議(Romanian Democratic Convention)が推すエミル・コンスタンチネスク(Emil Constantinescu)が当選した。コンスタンチネスクの下で政府を率いたヴィクトル・チョルベア(Victor Ciorbea)は，1997年2月，IMF の協力を得て，大胆な民営化策を発表した。この民営化策で強調されたのは，直接売却方式への転換，外国投資家への開放である。新政策は1998年第4四半期ごろから勢いをつけ始め，ロムテレコム(通信)，ルーマニア開発銀行，ペトロミデア(石油精製)などの株の相当部分が戦略投資家へ売却されることが決定した。1999年6月にはダチア自動車がフランスのルノーに売却されることとなった(Jeffries 2002, pp. 330-335)。2003年以降，外国直接投資の流入が加速化し，それに伴い，民営化も一段と進むこととなった。欧州復興開発銀行(EBRD)の推計によれば，2007年においてルーマニアの GDP に占める民間部門の比重は70％に達している(EBRD 2007, p. 176)。この水準は，ハンガリー，ポーランド，チェコ共和国にはやや劣るものの，クロアチア，ラトヴィア，スロヴェニアの水準に匹敵する。

## 3.2. ブルガリアの民営化

ブルガリアの包括的な民営化政策は，1992年5月に採択された「国営企業・市営企業の民営化に関する法令」(以下,「民営化法」)によって開始された。政治の混乱によってその開始はルーマニアより2年も遅れたのである(Frydman, et al. 1993, pp. 24-26)。採択された法を見ると，2つの問題に関し妥協的であったことがわかる。まず，民営化される企業の株式の少なくとも20％は政府に保持され，社会保険ファンドの財源や旧所有者への補償に使われることとなった。他方，民営化企業の株式の20％までは，当該企業の従業員に割引価格で与えられることが可能となった。また，従業員の50％以上が賛成票を投ずれば，その企業の競売買い取りに際し，従業員側は30％の割引価格で企業買収を行うことができた(Jeffries 2002, p. 142)。

この法律に基づく民営化の第1波では，総価値1800億レヴァに相当する500の大企業(武器，交通，石油精製，発電等の戦略的大企業を除く)，中企業が対象となるはずだった。第2波では，700の企業が続くはずだった。その他，1993年には，種々の形態による個別取引プログラムによって(直接売却，入札，オークション，経営陣買い取り(MBO))3485社の民営化が開始された。しかし，民営化の進行は実際には遅々たるものであった。1994年半ばまでに16の大企業のうちわずか1社が民営化されたにすぎず，また，870の中企業のうち17社が民営化されたにすぎない。1996年半ばになっても国有企業資産の6％しか民間セクターに移転していなかったという統計も存在する(Jeffries 2002, p. 143)。

このような事態を打開するために試みられたのが，ヴァウチャー・現金および「不良債権ボンド」による買い取りを組み合わせた「大衆民営化プログラム」である。このプログラムの策定は，ベロフ(Lyuben Berov)政権が1994年9月に崩壊した後，暫定首相についた民主勢力同盟(The Union of Democratic Forces)に近いエコノミスト，インゾヴァ(Reneta Indzhova)首相によって準備が進められたが，1994年12月の総選挙で社会党(The Bulgarian Socialist Party)が勝利し，同プログラムの議会通過・実行は同

党のヴィデノフ(Zhan Videnov)政権の責任となった。同政権の作業は遅れに遅れ、ヴァウチャーが配布されだしたのが1996年初め、ヴァウチャー等を用いた企業株式へのビットが開始されたのが1996年10月であった。この民営化プログラムは1997年7月に一旦終了し、1999年1月に第2波の「大衆民営化プログラム」が開始された(Jeffries 2002, pp. 19, 144-146；難波 1996, pp. 88-89)。この間、ブルガリアでは1997年2月に総選挙が実施され、民主勢力同盟が再び政権についた。民主勢力同盟政権は、IMFの支援を受けながら、急進的な市場経済改革を進めた。特に重要なことは、1997年7月にカレンシー・ボード制を導入したことである[23]。新政権の政策によって、激しいインフレーションが収束する一方、補助金削減の影響もあって、失業率は高まった(Valev 2004, pp. 411-413)[24]。

　ブルガリア民営化の第2波の特徴は、外国人の投資が可能となったこと、「経営陣・従業員買い取り(MEBO)」方式が主流となったことである。1999年半ば頃からブルガリアの民営化は急展開を始めた。それまで民営化から除外されていた大企業が次々と民営化されていったからである。その後の進展はルーマニアのそれと同様である。すなわち、外国直接投資の流入と民営化率の上昇が手を携えて進行したのである。EBRDは2007年におけるブルガリアのGDPに占める民間部門の比重を75%と推計している(EBRD 2007, p. 116)。

### 3.3. 「後進国型民営化」

　こうしてみると、ブルガリアとルーマニアの民営化の過程には、初期法制の保守性・折衷性(大衆民営化でも直接売却でもなく、旧国営企業の所有権が温存された)、第2段階において遅れて開始された「大衆民営化」路線、そこにおけるMEBOの強調、1990年代末から新世紀初めになって初めて活発化した外国直接投資流入とそれによる民営化の深化、という共通点を見出すことができる。さらに、ブルガリアおよびルーマニアの民営化の過程で注目すべきもうひとつの事態は、民営化が腐敗の温床となった点である。『ガーディアン』紙は「外交官や政治評論家が認めるところによれば、ブル

ガリアの国営企業は，その資産を，旧共産党員と密接な関係を持つ経営者層や私的ビジネスマンに，包括的に剥ぎ取られた」という。『ファイナンシャル・タイムズ』紙はいう。「公式の民営化はゆっくりと進行したが，国営・市営企業は『隠れた民営化』の餌食となった。……損失は国家化し，利益は私物化するという現象は旧ソヴィエト・ブロックでは広範に広がったものだが，最も露骨にそれが行われたのはブルガリアとルーマニアである」(以上，Jeffries 2002, pp. 146-147 より引用)。

　このような両国の民営化の特徴は，初期段階から公開売却方式の民営化を採用し，特に，1995年以降は外資への売却を優先し，銀行，ガス，テレコムなど多くの基幹産業が外資の手に渡ったハンガリーの民営化(溝端 2004, p. 71)とは大きく異なる。チェコスロヴァキア(1993年以降チェコ共和国[25])では，クーポン方式(国民にクーポンを配布し，それによって株式会社化された国有企業の株式を買い取らせる)による大胆な大衆民営化方式が初期の段階から主流となったが[26]，これもルーマニア，ブルガリア両国の民営化とは異なる。チェコでは，MEBOのような従業員・経営陣による持ち株制や優先購入制は導入されず，アメリカ型の企業統治構造の設立が目指されたので(池本 2001, pp. 118-123)，この点でもルーマニア，ブルガリアとは異なる。ポーランドでは，政治的混乱による民営化実施の遅れ，MEBOの強調，1990年代後半期からの外資による直接民営化方式の重視等，ルーマニア，ブルガリアの民営化と似通った側面が多い。しかし，ポーランドの民営化には，この両国ともまたチェコスロヴァキア，ハンガリーとも異なる特徴がある。それは，ポーランドには社会主義政権下においてかなり広範な非国家セクターが存在したことである。耕地の8割を耕していた個人農，従業員数人程度の町工場，従業員数人程度の商店，サービス業がそれである。体制転換後の民営化の進展にこれら部門で働く人々が積極的な役割を果たしたことは疑いない(吉野 1996, p. 17)[27]。

　このような他国との比較を通じて我々は，ルーマニアおよびブルガリアの民営化を「後進国型民営化」と名付けることが可能である。ここで「後進国型」とは，所有権と企業統治権とを完全には民間のイニシアティブに委ねる

ことができずに，いつまでも国家行政と経済との複雑な混合物が存続していること，その結果，企業経営に不透明性が残り，より高い利益率を求めて最新の機械と経営技術を導入し生産力を高めていくような企業体制が整わないことを意味する。しかし，この「後進性」は，体制転換後の両国の政治指導者が保守的で，「ラジカル」な政策をとる勇気がなかったから生じたのではない。むしろ，体制転換後の1990年初時点で両国の経済社会が抱えていた後進性，すなわち「ソフト・パワー」の弱さと社会の「傷つきやすさ」が，この「後進国型」を生み出したのである。

「ソフト・パワー」の弱さは，まず，民営化手順の設計と実行を担うインテリ層の希薄さに現れる。明快な構想力に基づいてクーポン民営化を主導したチェコのヴァーツラフ・クラウス（Václav Klaus）やそれを迅速に実行に移したテクノクラート層は，両国には存在しなかった。ハンガリーでは1968年以来の経済改革の過程で，国際金融市場の状況に精通した専門家を生み出していたが，両国にはそのような者もいなかった。そこに存在したのは，今後何が起こるのかに関する想像力に欠ける国家官僚層であって，彼らは過度に自己防衛的であった。積極的に時代に対応しようとした者も存在はしたが，彼らはむしろ犯罪行為に手を染めてしまった。他方，民衆の側でも新しい時代を受け入れる用意に欠けていた。もちろん，歴史的な大転換に際して，どの国の人々も明確な将来展望を描くことはできなかったであろうが，ルーマニア，ブルガリア両国の人々は，情報から遮断され，また，ポーランドの小営業者のように市場のシミュレーションを行う経験にも乏しかった結果（これらこそ「ソフト・パワー」の弱さといえる），その傾向が特に強かった。両国には，株を買う資金も，知識も，そして，自ら企業家になろうとする人材も，他国に比して相対的に不足していた。これらが相まって，両国における民営化初期法制の保守性・折衷性に帰結したのである。

他方，社会の「傷つきやすさ」は，大量失業に対する恐怖感となって現れた。もし戦略的投資家が企業の株式を買い取ってリストラクチャリングを開始したら，自分たちの身分はどうなるのだろうと考えた旧経営陣および労働者集団のプレッシャーが，政権の保守的・折衷的民営化路線を後押しした。

民営化の進行が遅滞していると国際機関等から批判を浴びてなんとか民営化率の数字を上げる必要のあった政権が，1990年代中盤になって旧経営陣・労働者の発言力の保持を目指したMEBOを取り入れた大衆民営化路線に進んでいったのも，社会の「傷つきやすさ」を背景に考えると理解しやすい。もちろん，リベラリズムの立場からは，そのような政策は問題の先送りにすぎず，長期的にはかえって住民を大きく「傷つける」ことになるのだと主張がなされるであろう。しかし，そのような主張を首尾一貫した政策に練り上げ，それを政治の場で実現するようなリーダーシップを期待するのは「ソフト・パワー」の弱い両国には困難であった。

なお，民営化の進展に大きな意義を持つものに，民間企業の新規開業がある。この新規開業の状況が東欧「先進国」と東欧「後進国」でどう異なるのか，それが市場経済化全般に対してどのような影響を及ぼしているかに関してはなお検討の余地がある。たとえ，「後進国」における方が新規開業の数が多くても，それが市場経済化の深化にとってどのような意味を持つかは簡単にはいえない。新規開業が多い経済部門が何であるか，新規開業が体制転換のすぐ後に活発化したのか，それとも幾分のタイムラグを持って活発化したのかによって，その持つ意味は大きく異なるからである[28]。

## 4. おわりに

第二次世界大戦の開始時点においてルーマニア，ブルガリアの両国では，ガーシェンクロンがいう「後進国工業化」もまだ開始されていなかったと評価できる。社会主義政権下の45年間は，この両国を，就業者比率という基準で見るなら一種の「工業国」に改造した。しかし，その内実は，対先進工業国貿易においては，機械品のみならず，農産物に関してさえ大幅な赤字を計上するような脆弱なものだった。体制転換直前の両国に我々が見出すのは，他の東欧諸国と比較しても，「ソフト・パワー」が弱く，社会の「傷つきやすさ」が大きい経済社会の姿である。ガーシェンクロンは(筆者の言葉でいう)「工業化の歪み」説を唱えたが，ルーマニアおよびブルガリアの社会主

義政権は，このような意味で「歪んだ」工業化を実施した。このような「工業化」の帰結は，1990年以降の市場経済化のあり方を大きく規定したというのが，筆者の主張である。例えば，両国の民営化は種々の側面で「後進国型」の様相を帯びた。本章では論じることができなかったが，マクロ経済政策[29]に関して同様のことがいえる。また，新世紀に入ってから外国直接投資が急速大量に入ってきた後の対EU貿易構造を見ても，両国は，プリミティヴな工業製品を先進工業国に供給する下請け的役割に甘んじている(Uegaki 2009)。両国の経常収支赤字の対GDP比は，チェコ共和国，スロヴァキア，ハンガリー，ポーランドと比較して突出して大きい(EBRD 2007, p. 40)。

では，両国の市場経済化は，現に行われた以外の方法では実施できなかったのだろうか。「後進国」である限り，西欧で実現しているような市場経済を作り上げることはできないのであろうか。また，「後進国」では，生産効率を高める民営化は不可能であり，「民営化」は実施すべきでなかったのだろうか。筆者はそのようには考えていない。「後進国」で市場経済を作り出すことは可能であるし，民営化それ自体は否定すべき政策ではない[30]。しかし，両国で実際に起こった事態は，原理主義的志向の強い自由化論者(外国人を含む)と自己利害の保全を図る旧エリート層との両極端の戦いであった。結果的には後者の勝利に終わることが多かったとはいえ，個々の分野では，政策の一貫性が確保されず，人々も長期的な展望を持つことができなかった。もし，自国の「後進性」に関する深い理解を基礎に，人々の高度な妥協を促進するような政治が実施されたなら，事態は大きく異なっていたであろう。

1) ガーシェンクロンの伝記にDawidoff (2002)がある。著者ダウィドフはガーシェンクロンの孫であり，本書には興味つきないエピソードがちりばめられている。なお，「ガーシェンクロン」は英語的な発音のカタカナ表記であり，日本では「ゲルシェンクロン」と表記する場合もある。
2) ガーシェンクロンからの引用指示は訳書(ガーシェンクロン2005)のページ数で行う。ただし，訳文は必ずしも訳書どおりでない場合がある。なお，この訳書はGerschenkron (1962)およびGerschenkron (1968)から数章ずつ選択して，再構成したものである。
3) ドイツで「制度的用具」となったのは，工業投資銀行であるが，それが利用可能で

あったのは、「後進性がある限界を越えな」かったからであり、「限界を越えた国」ロシアでは、国家が前面に登場したのだった（ガーシェンクロン 2005，pp. 11-14）。
4) 筆者は、「東欧」諸国家とは、ポーランド、ハンガリー、チェコおよびスロヴァキア、ルーマニア、ブルガリア、アルバニア、旧ユーゴスラヴィア諸国をさすものと考えている。その歴史的意味については、上垣(2009, pp. 42-45)を参照せよ。
5) ただし、チェコ西部地域はハプスブルク帝国時代から特殊な重工業化（特に武器生産）を実現した地域として、区別して考える必要がある（Kaser and Radice 1985, pp. 225-226）。
6) 「ある国が後進的であればあるほど」、「①突然の大突進(great spurt)をもって工業化が始められる」、またその工業化においては、「②工場と企業の双方で大きさが強調される」、「③消費財よりは生産財が強調される」、「④住民の消費水準を抑圧しようとする圧力が大きくなる」、「⑤独特の制度的要素(用具)が果たす役割が大きくなる」、「⑥成長する工業に拡大する市場を提供する農業の役割は小さくなる」（ガーシェンクロン 2005，pp. 80-81）。
7) ガーシェンクロン理論は、突き詰めれば、「後進性」そのものは明示的には定義できず、それは、特殊な「工業化」の型に顕在化するだけである、「工業化」の型を見ることによって「後進性」の度合いが計れるという説であると解釈できる。
8) ただし、チェコスロヴァキアに関しては、「金属加工」および「繊維」において先進諸国に肉薄していたことも認められる。
9) ルーマニアの化学産業の生産高シェアが就業者シェアの2倍以上あるということは、ルーマニア国内においては化学産業が、他の産業と比較して、相対的に労働生産性の高い産業であることを示している。それにもかかわらず他国と比較するとその絶対水準は低いのである。
10) "Some Aspects of Industrialization in Bulgaria, 1878-1939" と題された章からの引用。この章は日本語版には訳出されていない。
11) ただし、都市の失業者の受け入れ先であったことも看過できない。その意味では社会問題を顕在化させないバッファーとしての役割を農村・農業が果たすこともある点は重要である。
12) ただし、ポーランドの「過剰人口」の高さにも注目する必要がある。ポーランドにおける農業問題はチェコスロヴァキアやハンガリーのそれとは別の角度から考察する必要がある。
13) 注6を参照せよ。
14) ルーマニアは産油国であるにもかかわらず、あまりにも石油精製設備を多く建設しすぎた結果、原油を輸入せざるを得なくなっていた。
15) なお、対社会主義国貿易においては機械・原材料、燃料の双方で赤字であった。
16) ただし、「商業」は「非生産的部門」ではなく「生産的部門」に含まれる。
17) この言葉は筆者の造語であり、国際政治学者ジョセフ・ナイのいう「ソフト・パワー」とは意味が異なる。

18) ただし，1989年においては，ルーマニアの数値よりポーランドの数値が低かった。
19) SEV (1990, p. 43 および p. 146) から筆者が計算。ただし，「年金支給額」の定義が各国で異なる可能性があるので，国民福祉の状況を正確に比較することのできる指標かどうかについては留保が必要である。
20) 3.1.節および3.2.節の主要部分は上垣 (2004, pp. 151-159) を要約したものである。
21) 個々の企業の株(の30%)は，5つ設立された「民間所有ファンド」のどれかの所有となった。同「ファンド」は，「民間」と名付けられているが，実質的には政府の管理下にあった (Earle and Telegdy 2002, p. 661)。
22) 民営化企業の株式と交換可能なこの種の有価証券は，国によって「クーポン」と呼ばれたり，「ヴァウチャー」と呼ばれたりする。両者に本質的な差はないものとして以下の議論を進める。
23) カレンシー・ボード制については上垣 (2004, p. 162) を参照せよ。
24) ただし，2001年6月の総選挙で民主勢力同盟は敗北した (Valev 2004, p. 415)。
25) 1993年1月1日チェコスロヴァキアから独立したスロヴァキア共和国では，1998年9月までのほぼすべての期間をメチアル (Vladimir Mečiar) 政権が権力を担い，拡張財政政策，私有化のペースダウン，社会保障の拡充という方針を追求した。民営化においては，チェコ流のクーポン私有化は撤回されて，直接売却方式が採用されたが，そこでは政権支持者などの縁故者への有利な売却が横行したといわれている。1998年10月の総選挙でズリンダ (Mikuláš Dzurinda) 政権が成立すると，従来の方針は転換されて，外資にも開放された私有化の進展が目指された (池本・松澤 2004, pp. 136-140)。
26) 実際にはクーポンは，民営化の過程で大量に設立された「投資ファンド」によって買い集められた。ここで大きな役割を演じた大規模投資ファンドの背後には大規模金融機関が存在し，さらに，その金融機関の大株主が旧国有企業の資産を管理する「国家資産基金」であったため，結果的には国家を頂点に銀行を媒介とした「金融資本主義」が出現したといわれている (池本・松澤 2004, pp. 122-123)。この意味では「真の民営化」はその後の大銀行の民営化をもって初めて完成したといえよう。なお，1998年以降は外部者(特に外資)買い取りによる直接民営化方式が重視されたので，この点ではルーマニア，ブルガリアと似ている。ただし，この方式で実施された民営化で最も重要なものは，外資による大銀行の買い取り＝民営化であった (Jeffries 2002, pp. 193-196)。
27) ポーランドの民営化は，「マルチ・トラック」方式 (Jeffries 2002, p. 282) とも呼ばれる。1996年6月の新民営化法後の国有企業は次の3つのどれかによって，非国有化される。①商業化(株式会社かあるいは有限会社化)された後に，国民に配布されたヴァウチャーによって，国民投資基金を通じて，それら企業の株式が購入される方式，②直接外部者に売却(あるいは移転，リース)される直接民営化方式(「民営化を目的とした清算」と呼ばれる)，③企業資産を清算してしまう(破産させる)「経済的理由による清算」(吉野 1996, pp. 19-33；渡辺 2004, pp. 82-83)。

28) Bilesen and Konings (1998) は，ルーマニア，ブルガリア，ハンガリーの企業レベルのデータを用いた実証研究で，国有企業や民営化された旧国有企業と比較して，新規開業企業(de novo firms)の雇用創出効果が大きかった，ただし，1994 年の時点でその効果はルーマニアやブルガリアにおける方が，ハンガリーにおけるよりも大きかった，その理由はハンガリーではその効果は体制転換の直後にすでに発現していたからである，と主張している(pp. 436-437)。
29) カレンシー・ボード制を導入した1997 年以降のブルガリアの政策は例外である。ただし，カレンシー・ボード制は，ブルガリア通貨レヴァの過大評価につながり，それがブルガリアの経常収支赤字累積に結果した(Crespo-Cuaresma, et al. 2005, pp. 853-854)。
30) Earle and Telegdy (2002) は，ルーマニアの2354 に及ぶ工業企業のミクロデータ(1998 年までをカバー)を用いた計量分析によって，外部大資本家の大量一括買い取りであれ，大衆(ヴァウチャー)民営化であれ，MEBO であれ，程度の差はあるが，どの民営化も労働生産性の向上に寄与した，と結論づけている(p. 679)。

**参 考 文 献**

Bilesen, Vilentijn and Jozef Konings (1998), "Job Creation, Job Destruction, and Growth of Newly Established, Privatized, and State-Owned Enterprises in Transition Economies: Survey Evidence from Bulgaria, Hungary, and Romania," *Journal of Comparative Economics*, Vol. 26, pp. 429-445.

Crespo-Cuaresma, Jesus, Jarko Fidrmuc and Maria Antoinette Silgoner (2005), "On the Road: The Path of Bulgaria, Croatia and Romania to the EU and the Euro," *Europe-Asia Studies*, Vol. 57, pp. 843-858.

Dawidoff, Nicholas (2002), *The Fly Swatter; How My Grandfather Made his Way in the World*, New York: Pantheon Books.

Earle, John S. and Almos Telegdy (2002), "Privatization Methods and Productivity Effects in Romanian Industrial Enterprises," *Journal of Comparative Economics*, Vol. 30, pp. 657-682.

EBRD (2007), European Bank for Reconstruction and Development, *Transition Report: People in Transition*, London.

ECE (2000), Economic Commission for Europe, United Nations, *Economic Survey of Europe*, 2000 No. 1, New York and Geneva.

Frydman, Roman, Andrzej Rapaczynhski and John S. Earle, et al. (1993), *The Privatization Process in Central Europe*, Budapest, London and New York: Central European University Press.

Gerschenkron, Alexander (1962), *Economic Backwardness in Historical Perspective, A Book of Essays*, Massachusetts: Belknap Press of Harvard University Press,

Cambridge.
Gerschenkron, Alexander (1968), *Continuity in History and Other Essays*, Massachusetts: Belknap Press of Harvard University Press, Cambridge.
IMF (2000), *Bulgaria: Selected Issues and Statistical Appendix, IMF Staff Country Report*, No. 00/54, April, Washington, D.C.
Jeffries, Ian (2002), *Eastern Europe at the Turn of the Twenty-first Century, A Guide to the Economies in Transition*, London and New York: Routledge.
Kaser, Michael C. and E. A. Radice (1985), *The Economic History of Eastern Europe 1919-1975, Volume I, Economic Structure and Performance between the Two Wars*, Oxford: Clarendon Press.
Kaser, Michael C. and E. A. Radice (1986), *The Economic History of Eastern Europe 1919-1975, Volume II, Interwar Policy, the War and Reconstruction*, Oxford: Clarendon Press.
SEV (Various years), Sovet ekonomicheskoi vzaimopomoshchi, Sekretariat, *Statisticheskii ezhegodnik stran-chlenov soveta ekonomicheskoi vzaimopomoshchi*, finansy i statistiki, Moskva.
Spulber, Nicolas (1957), *The Economics of Communist Eastern Europe*, Westport, Connecticut: Greenwood Press.
Tampke, Juergen (1983), *The People's Republics of Eastern Europe*, London and Canberra: Croom Helm.
Uegaki, Akira (2009), "EU Integration and the 'Backwardness' of New Member States: the Case of Romania and Bulgaria," in Tadayuki Hayashi and Atsushi Ogushi, eds., *Post-Communist Transformations: The Countries of Central and Eastern Europe and Russia in Comparative Perspective*, Sapporo: Slavic Research Center, pp. 73-96.
Valev, Neven (2004), "No Pain, No Gain: Market Reform, Unemployment, and Politics in Bulgaria," *Journal of Comparative Economics*, Vol. 32, pp. 409-425.
VICE (1982), Vienna Institute for Comparative Economics Studies, *COMECON Foreign Trade Data, 1982*, London: The Macmillan Press, 1983.
池本修一(2001)『体制移行プロセスとチェコ経済』梓出版社。
池本修一・松澤祐介(2004)「チェコの体制転換プロセス――疑似『金融資本主義』の破綻と『正常化』へ向けての模索」西村可明編著『ロシア・東欧経済』日本国際問題研究所，111-135頁。
岩林彪(1999)「ブルガリア」小山洋司編『東欧経済』世界思想社。
上垣彰(1995)『ルーマニア経済体制の研究――1944-1989』東京大学出版会。
上垣彰(2004)「後進東欧諸国における経済移行の到達点――ブルガリア，ルーマニアを例にして」西村可明編著『ロシア・東欧経済』日本国際問題研究所。
上垣彰(2009)「比較の意義について――経済学の立場から」『比較経済研究』第46巻第

1号，35-51頁。
ガーシェンクロン，アレキサンダー(2005)『後発工業化の経済史——キャッチアップ型工業化論』(絵所秀紀・雨宮昭彦・峯陽一・鈴木義一訳)，ミネルヴァ書房。
難波修(1996)「ブルガリアの経済改革」日本国際問題研究所『東欧諸国の経済改革の動向』82-95頁。
ベレンド，I. T.，G. ラーンキ(1978)『東欧経済史』(南塚信吾監訳)，中央大学出版部。
マディソン，アンガス(2000)『世界経済の成長史1820-1992年——199カ国を対象とする分析と推計』(金森久雄監訳)，東洋経済新報社。
溝端佐登史(2004)「国有企業の民営化と企業統治」大津定美・吉井昌彦編著『ロシア・東欧経済論』ミネルヴァ書房，61-83頁。
吉野悦雄(1996)「ポーランドの民営化過程」日本国際問題研究所『東欧諸国の経済改革の動向』15-34頁。
渡辺博史(2004)「ポーランドの経済体制移行」西村可明編著『ロシア・東欧経済』日本国際問題研究所，55-85頁。

# 第9章 ポスト社会主義の中東欧諸国における福祉制度の多様性
——あるいは「体制転換研究」と「福祉政治研究」の架橋の試み——

仙 石   学


## 1. 福祉政治研究と体制転換
　——福祉政治の理論は中東欧諸国に適用できるか[1]


　本章は，これまで主として西欧諸国の福祉制度に相違が生じた理由を説明するために用いられてきた福祉政治の理論を，体制転換期の中東欧諸国における福祉枠組みの分析に利用することを通して，体制転換期に再編された中東欧諸国の福祉枠組みの特質を既存の理論との関連から位置づけるとともに，従来の分析枠組みを，その理論が想定していない事例に適用することで，福祉政治に関するこれまでの議論の妥当性についても検討することを，その目的としている。
　福祉国家の展開およびその相違を説明する理論としては，各国ごとの福祉を求めるアクターの影響力の違いに着目して，福祉制度の整備を求める左派政党および労働組合の影響力が大きいほど，包括的・普遍的な福祉国家が構築されるという議論を提起する「権力資源論」と，国際的な競争において優位となる技能・技術の国ごとの違いに着目して，特定の産業や企業に固有の技能が必要とされる国ほど，労使が協調して普遍的な福祉の整備が進められるという議論を提起する「多様な資本主義論（あるいは階級連合論）」とが，並存している状態にある[2]。そして当然のことながら，福祉枠組みの整備に際して階級間の対立関係を重視する権力資源論と，条件によっては労使協調の可能性があることを指摘する多様な資本主義論とは対立する関係にあり，

最近でも英文誌『世界政治(World Politics)』において，それぞれの立場からの議論および相手方への反論を提起した論文が掲載されている(Korpi 2006 および Iversen and Soskice 2009)。

　ただしこの2つの議論は，いずれも福祉制度の整備を「リスクへの対処」という視点から捉えてはいるものの，それぞれが想定しているリスクに違いがあるために，両者の間の論争には齟齬が生じている(cf. Korpi 2006, pp. 177-181)。まず多様な資本主義論は，福祉について形式的には「製品市場戦略，労働者の技能トラック，そしてその両者を支える社会的・経済的・政治的諸制度の一式」(Estevez-Abe, et al. 2001, p. 146(翻訳 p. 168))と規定しているものの，実際には福祉の範囲について，技術の習得と密接に連関する，雇用の確保や失業時の生活保障などの労働者の保護にかかわるシステムに限定した議論を提起している[3]。特定の領域に固有の技術は汎用性が低く，労働者がこれを習得することには将来の職業選択の可能性を狭くする，あるいは失業の際に他の職種や企業に移動することを困難にするリスクが伴う。そのため汎用性の低い特殊な技能・技術が必要となる製造業が比較優位にある国では，そのような技術の習得を促進するために，雇用保護や失業給付，あるいは職業教育といった，労働保護に関連した制度が拡充されるようになる。これに対して，金融や情報産業など特定の企業や産業固有の技術よりも汎用性の高い技術が必要となる産業が優位にある国では，雇用の保護よりもフレキシブルな労働市場の形成の方が優先されるために，一般に労働保護のレベルは低くなる。ここから主要国における技術と福祉の連関について，以下の2つの理念型が提起されることとなる。

　(1)　リベラル市場経済(Liberal market economies (LMEs))：一般的で汎用性の高い技術を利用する産業が優位となっている諸国。ここでは必要とされる技術を習得することが，就業機会を増やしまた失業リスクを回避することにつながるため，技術の習得に関するリスクはそれほど大きくなく，基本的には技能習得は個人の責任となる。加えて労働者の技術習得支援や労働保護を行う必要がないことから労働市場の柔軟性が高くなり，他方で福祉の提供は労働の困難な層に対する残余

的なものとなる。
(2) 調整型市場経済(Coordinated market economies (CMEs))：企業ないし業種に特殊な技術を利用する産業が中心となっている諸国。ここでは労働者は，必要とされる技術を習得することが将来の職種選択の制約や失業時の生活危機といったリスクと結びついているため，そのままではこれを回避する可能性が高い。他方で雇用者の側は，労働者が特殊技術を習得しようとしなければ，必要な技術を習得した労働者を確保することが困難になる。そこからこれらのリスクを低減するために，この諸国では労働市場における雇用保護や失業時の賃金保障などを重視するとともに，リスクを個人や個別の企業でなく社会全体で負担するような普遍的な福祉制度が形成される[4]。

これに対して権力資源論は福祉をより広く，人生全般のリスクに対処するためのものとして捉えている。人生のリスクは自らが属する階級により異なっていて，一般的には自らは人生リスクにさらされる可能性が少なく，かつ利潤を追求することを最大の目的としてきた生産者が自発的に福祉の拡充を求める可能性は低いのに対して，自らが有する経済資源が少なく，他方でより多くの人生リスクにさらされる可能性が高い労働者(被用者)ほど，福祉の拡充を求める可能性が高くなる。そこから普遍的な福祉国家が形成されるためには，さまざまなリスクにさらされる可能性が高い労働者の意向を代表する，労働組合と左派政党が影響力を行使できることが不可欠となる。

だがこれらの議論は，いずれもある程度福祉制度が継続的に発展してきた西欧諸国における福祉制度の展開を主たる対象とするもので，同じヨーロッパの中でも，体制転換という急激な変動を経験したポスト社会主義の中東欧諸国の事例をその対象に含むものではない[5]。この点について，既存の福祉政治に関する議論とポスト社会主義国における福祉制度の整備の連関を議論したアイドゥカイトは，ウィレンスキーの提起した産業化アプローチから後の福祉政治研究は，社会主義およびポスト社会主義の事例を考慮していないことで，理論的にも経験的にも不十分なものとなっていること，およびこれまでの議論をさらに発展させるためには，中東欧諸国の事例をも分析対象に

含める必要があることを主張している(Aidukaite 2009a, 特に pp. 35-36)。ただアイドゥカイテは, 従来の議論のみでは中東欧の事例を十分に説明できないということを指摘するところにとどまっている。これに対して, 本章ではこの議論を進めて, 権力資源論と多様な資本主義論を中東欧諸国の事例分析に用いることにより, 従来の福祉政治の理論の中で体制転換の事例を位置づけることを試みるとともに, この作業を通して福祉政治の理論の問題点や, あるいはその発展の可能性についても検討していくこととしたい。

全体の構成は以下のとおりである。まず第2節において多様な資本主義論の視点から, 中東欧諸国における「優位な技術」と技術習得のリスクに関する労働保護との連関についての分析を行う。ついで第3節において権力資源論の視点から, 人生の長期的なリスクと連関する福祉制度となる年金制度, 医療保険, および育児支援の枠組みを取り上げ, これらの制度が整備されている程度と政党および労働組合の影響力との関係を検討する。そしてこの2つの分析の結果をもとに第4節において, 中東欧諸国では多様な資本主義論および権力資源論の想定のいずれとも異なる福祉制度の展開が見られること, ただしそのことはこれらの議論が中東欧諸国には適用できないことを意味するものではなく, それぞれの議論の想定を拡張することで, いずれの議論もその適用可能性が広がることを提起していく。

## 2. 多様な資本主義論と中東欧諸国

近年では多様な資本主義論においても, 先の2つのパターンに当てはまらない事例として, 南欧や中東欧および旧ソ連の事例を取り上げる研究が現れ始めている(cf. Hancké, et al. 2007; Lane and Myant, eds. 2007 など)。だがこれまでの研究は中東欧や旧ソ連の事例について, 多様な資本主義論が想定する技術と福祉の連関そのものについて検討するよりも, 例えば市場経済への移行の程度が低いことや国家の役割が西欧諸国に比べて大きいこと(Lane 2007), もしくは技術形成や雇用を外資に多く依存していることを理由として(Bohle and Greskovits 2007; King 2007), これらの諸国を当初から他の事例とは異なる

「新興市場経済(Emerging market economies (EMEs))」というカテゴリーとして扱ってきた。そのため実際に多様な資本主義論に基づく議論が成立するかどうかは，必ずしも確認されていない状態にある。

そのようななかでエストニアとスロヴェニアに関しては，両国をそれぞれリベラル市場経済と調整型市場経済に相当する事例として取り扱う比較研究が，いくつか存在している(Feldmann 2006; 2007; Buchen 2007; Adam, et al. 2009)。これらの研究は総じて，エストニアでは労働集約型の産業が中心であることから高度な技術水準が必要とされず，その結果として柔軟な労働市場と残余的な福祉に基づくリベラル市場経済が形成されたのに対して，スロヴェニアでは技術・資本集約型の産業が中心となり，そこから労働保護の程度が高い包括的福祉に基づく調整型市場経済が形成されたという議論を提起している[6]。だがここでの比較分析は基本的には2つの国を比較するというレベルにとどまっていて，そこから発展してポスト社会主義における生産様式と福祉の関係を総体的に論じる議論やデータを提起するには至っていない。

そこで本章では，ひとまず2004年にEUに加盟した8カ国を対象として，多様な資本主義論において用いられる指標に依拠して各国の現況を具体的に位置づけるところから，作業を始めることとしたい。その際の指標となるのは，OECD諸国における生産技術と労働保護の連関について分析を行ったエステベス・アベらが用いた，雇用保護，失業保護，および技術プロファイルの指標である(cf. Estevez-Abe, et al. 2001, p. 170, Table 4.3(翻訳 p. 196))。ただポスト社会主義国の事例において，エステベス・アベらが用いた指標と全く同じデータに基づく比較を行うことはできなかったため，いくつかの指標については近似的な他のデータを用いている。

まず中東欧諸国の技術プロファイルは，表9-1に概要を整理している。エステベス・アベらは企業特殊技術の必要性を示すデータとして，特定の企業における「中位の在職期間」，中等教育における職業・技術教育比率，職業教育の形式，および高等教育の比率の4つの指標を利用しているが(Estevez-Abe, et al. 2001, pp. 169-172(翻訳 pp. 193-198))，この中で中位の在職期間については，中東欧諸国に関してはOECDに加盟しているヴィシェグラード4カ

表9-1 中東欧8カ国の技術プロファイル

| | 平均在職期間(年) | 職業教育比率(%) | 職業訓練システム | 高等教育進学率(%) |
|---|---|---|---|---|
| チェコ | 10.0 | 73.5 | デュアルシステムによる訓練生制度 | 53 |
| エストニア | ― | 29.6 | 職業学校 | 39 |
| ハンガリー | 9.8 | 61.5 | デュアルシステムによる訓練生制度 | 73 |
| ラトヴィア | ― | 34.7 | 職業学校 | 95 |
| リトアニア | ― | 26.8 | 職業学校 | 52 |
| ポーランド | 11.2 | 53.9 | 職業学校＋部分的デュアルシステム | 78 |
| スロヴァキア | 10.1 | 73.7 | 職業学校＋部分的デュアルシステム | 70 |
| スロヴェニア | ― | 62.0 | 混合型(デュアルシステム＋学校) | 45 |

出典）平均在職期間はOECDの統計システムOCED Stat Extractsにおける2007年の値(スロヴァキアは2001年の値)、職業教育比率は2004年のデータでUNICEF (2007, p. 46)、職業訓練システムはKogan (2008, pp. 13-22)、高等教育進学率はUNESCO (2008, p. 103)による2008年のデータで、大学型教育プログラムの国際基準とされるISCED 5Aに進学した比率。

国のデータ、かつそれもエステベス・アベらが利用した「中位の在職期間」ではなく「平均在職期間」のデータしか存在していないため、ここでは参考としてデータを掲載するにとどめている。職業・技術教育の比率は、バルト3国が全体として職業教育の比率が低いのに対して、ポーランド以外のヴィシェグラード諸国とスロヴェニアは職業教育の比率が高く、そしてポーランドは両者の中間となっていることがわかる。職業訓練のシステムについては、チェコ、ハンガリー、スロヴェニアの3カ国では、伝統的な職業学校と企業での訓練の両者を結びつけたデュアルシステムが主体であるのに対して、バルト3国は学校ベースが中心となり、ポーランドとスロヴァキアは両者の併用型となっている(cf. Kogan 2008, pp. 21-22)。これらのデータからは一応の傾向として、チェコ、ハンガリー、スロヴァキア、およびスロヴェニアの各国では企業および産業特殊的な技能が重視されているのに対して、バルト3国とポーランドでは相対的に一般的な技能が重視されている可能性が高いように見える。ただし高等教育への進学率に関しては、特殊技能が優位な国は職業教育の比率が高くなることの裏返しとして一般的な高等教育を受ける比率が低くなる（逆に汎用的な技能が重視される国ではより高度な技術を求めるため進学率が高くなる）とされるが、ラトヴィアやポーランドの進学率が高

表9-2 中東欧8国の輸出品の，必要とされる資本による分類

(2003年，単位%)

|  | Heavy-basic | Heavy-complex | Light-complex | Light-basic |
| --- | --- | --- | --- | --- |
| チェコ | 27 | 32 | 25 | 16 |
| エストニア | 29 | 15 | 22 | 34 |
| ハンガリー | 18 | 29 | 42 | 11 |
| ラトヴィア | 26 | 7 | 9 | 58 |
| リトアニア | 37 | 24 | 11 | 28 |
| ポーランド | 32 | 31 | 15 | 22 |
| スロヴァキア | 30 | 40 | 13 | 17 |
| スロヴェニア | 26 | 27 | 25 | 22 |

出典) Greskovits 2008, p. 22.

い一方でチェコやスロヴェニアの進学率が低いという点についてはこの連関が認められるものの，エストニアの進学率の低さおよびスロヴァキアの進学率の高さは，このパターンからは外れている[7]。

技術面での相違を他の角度から確認するために，ここでは各国の国際市場における相対的な競争優位を表すと考えられる，各国の輸出製品についても検討を加えておく。中東欧諸国の技術優位の違いについては，グレスコヴィッツがまとめた投入資本の相違による輸出製品の比率の相違に関するデータから確認することができる(Greskovits 2008, pp. 21-23)。グレスコヴィッツは，輸出製品の生産に必要な資本を，インフラや機械などにかかる本来の意味での資本(physical capital)と，調査研究にかかわるホワイトカラーや特殊技能を有する熟練労働者などの人的資本(human capital)とに区別した上で，各国の輸出品を(1)両者を必要とする産業領域(自動車，航空機，重機械など。グレスコヴィッツの用語では「ヘビー・コンプレックス」)，(2)人的資本への投資が中心となる領域(電気・電子，軽機械などの「ライト・コンプレックス」)，(3)設備投資が中心となる領域(農業，鉱業，冶金などの「ヘビー・ベイシック」)，そして(4)いずれもそれほど必要としない領域(アパレルや木材加工などの「ライト・ベイシック」)の4つに分類し，各国においてどの分野が輸出において優位を占めているかを比較した(表9-2)。このデータを用いると，チェコ，ハンガリー，スロヴァキア，スロヴェニアの4

表 9-3 中東欧諸国の技術プロファイルのスコア

| | 職業教育比率 | 職業訓練システム | Complex 輸出合計 | 標準化スコア平均 |
|---|---|---|---|---|
| チェコ | 73.5 | 3 | 57 | 1.09 |
| エストニア | 29.6 | 1 | 37 | −0.86 |
| ハンガリー | 61.5 | 3 | 71 | 1.16 |
| ラトヴィア | 34.7 | 1 | 16 | −1.20 |
| リトアニア | 26.8 | 1 | 35 | −0.95 |
| ポーランド | 53.9 | 1.5 | 46 | −0.06 |
| スロヴァキア | 73.7 | 1.5 | 53 | 0.42 |
| スロヴェニア | 62.0 | 2 | 52 | 0.40 |

注) スコア化の基準は以下のとおり。
1) 職業訓練システム—デュアルシステム：3, 混合システム：2, 職業学校：1, ただし部分的にデュアルシステムがあるポーランドとスロヴァキアは1.5としている。
2) Complex 輸出合計—表9-2の Heavy-complex と Light-complex の合計値。
3) 標準化スコア平均—3つのデータの標準化を行い，その平均をとったもの。
出典) 本文および表9-1, 表9-2参照。

カ国では，人的資本への投資が必要とされる，つまりそれだけ産業および企業特殊的な技能が重視される「コンプレックス」製品の輸出が半分以上を占めているのに対して，バルト3国とポーランドでは人的資本への需要が少ない「ベイシック」製品の輸出が高い比率を占めているという対比があることがわかる。

　以上の職業教育と輸出産業のあり方をもとに，各国の技術プロファイルについて主なデータを標準化してスコア化を行ったのが表9-3である。このスコアからは，チェコ，ハンガリー，スロヴァキア，スロヴェニアでは比較的特殊技術への指向が強いのに対して，逆にバルト3国は一般技術指向が強く，そしてポーランドは両者の中間となることが確認できよう。

　次に労働にかかわる領域についてであるが，これについては雇用保護と失業時給付，およびそれらと連関する労使関係の指標からスコア化を行った。雇用保護に関しては表9-4に各国の「雇用保護法制度インデックス」を挙げている。このデータからは，一般的にはリベラルとされるバルト3国の雇用保護の度合いは，少なくとも正規雇用に関してはスロヴェニアと同程度の高いレベルにあること，一方でヴィシェグラード諸国については，正規雇用の保護に手厚いチェコ，スロヴァキアと，全体として雇用保護が低くなってい

表 9-4 中東欧諸国の雇用保護法制度インデックス

|  | 正規雇用保護 | 一時雇用保護 | 集団解雇 | 雇用保護法制度インデックス・総合 |
| --- | --- | --- | --- | --- |
| チェコ | 3.3 | 0.5 | 2.1 | 1.9 |
| エストニア | 2.7 | 1.3 | 4.0 | 2.3 |
| ハンガリー | 1.9 | 1.1 | 2.9 | 1.7 |
| ラトヴィア | 2.3 | 2.1 | 4.0 | 2.5 |
| リトアニア | 2.9 | 2.4 | 3.6 | 2.8 |
| ポーランド | 2.2 | 1.3 | 4.1 | 2.1 |
| スロヴァキア | 3.5 | 0.4 | 2.5 | 2.0 |
| スロヴェニア | 2.7 | 2.3 | 3.3 | 2.6 |

注）データはヴィシェグラード4カ国が2004年，バルト3国とスロヴェニアが2005年。なお雇用保護法制度インデックスは0から6の数値で表されるもので，数値が高いほど保護度が高くなる。
出典）Gebel 2008, p. 55.

表 9-5 中東欧諸国の失業時給付制度

|  | 失業手当支給条件（被保険者期間） | 待機期間 | 当初3カ月の賃金代替率[a] | 平均賃金に対する代替率 | 支給期間 | カバー率[b] |
| --- | --- | --- | --- | --- | --- | --- |
| チェコ | 過去3年に12カ月加入 | 0日 | 50 | 48 | 6カ月 | 28 |
| エストニア | 過去3年に12カ月加入 | 7日 | 50＋資産調査分 | 46 | 360日 | 25 |
| ハンガリー | 過去4年に12カ月加入 | 0/90日[c] | 60 | 28 | 270日 | 23 |
| ラトヴィア | 過去1年で9カ月加入 | 0/2カ月[c] | 60 | 53 | 9カ月 | 50 |
| リトアニア | 過去3年で18カ月加入 | 0/3カ月[c] | 最大40 | 最大41 | 6カ月 | 22 |
| ポーランド | 過去18カ月で12カ月加入 | 7日 | 定額 | 24 | 6カ月 | 13 |
| スロヴァキア | 過去4年で36カ月加入 | 0日 | 50 | 50 | 6カ月 | 9 |
| スロヴェニア | 過去18カ月で12カ月加入 | 0日 | 70 | 60 | 9カ月 | 22 |

注）a）失業前の賃金に対する手当の比率，エストニアは当初100日，b）登録失業者のうち，失業手当を受給した人の比率，c）/の右側は自己都合退職の場合，左側はそれ以外の場合。
出典）Noelke 2008, p. 85.

るハンガリー，ポーランドとに分かれることがわかる。失業時給付は表9-5にデータを挙げているが，これによるとラトヴィアではカバー率と賃金代替率の両方で他国より寛大な制度が導入されていて，チェコ，エストニア，スロヴェニアも（カバー率は4分の1程度に低下するが）おおむねこれに近いのに対して，ポーランド，ハンガリー，リトアニアは両者とも低い値にあり，そしてスロヴァキアは賃金代替率は高いがカバー率は最低という点で，例外

表9-6 労使関係に関する主要指標

| | 組合組織率(%) | 団体交渉カバー率(%) | 賃金交渉集権度 | 賃金交渉調整度 |
|---|---|---|---|---|
| チェコ | 25.1 | 35.0 | 0.27 | 1.0 |
| エストニア | 16.6 | 22.0 | 0.25 | 1.0 |
| ハンガリー | 19.9 | 42.0 | 0.26 | 2.0 |
| ラトヴィア | 20.0 | 20.0 | 0.30 | 1.5 |
| リトアニア | 16.0 | 15.0 | 0.23 | 1.0 |
| ポーランド | 14.7 | 35.0 | 0.20 | 1.0 |
| スロヴァキア | 35.4 | 50.0 | 0.33 | 2.0 |
| スロヴェニア | 41.0 | 100.0 | 0.43 | 4.0 |

注) 賃金交渉集権度は完全に分権的な場合が0, すべて中央で決定される場合が1, 賃金交渉調整度は, 全国・産業レベルでの調整が最も高い場合が5, 全国・産業レベルでの調整が全く行われない場合を1とする。
出典) Gebel 2008, p. 57.

表9-7 中東欧諸国の労働保護のスコア

| | 労使交渉集権度 | | 雇用保護 | | 失業時給付 | | 標準化した平均 |
|---|---|---|---|---|---|---|---|
| | 団体交渉カバー率 | 賃金交渉集権度 | 正規保護 | 集団解雇 | 平均賃金代替率 | カバー率 | |
| チェコ | 35 | 0.27 | 3.3 | 2.1 | 48 | 28 | −0.03 |
| エストニア | 22 | 0.25 | 2.7 | 4.0 | 46 | 25 | 0.01 |
| ハンガリー | 42 | 0.26 | 1.9 | 2.9 | 28 | 23 | −0.60 |
| ラトヴィア | 20 | 0.30 | 2.3 | 4.0 | 53 | 50 | 0.43 |
| リトアニア | 15 | 0.23 | 2.9 | 3.6 | 41 | 22 | −0.22 |
| ポーランド | 35 | 0.20 | 2.2 | 4.1 | 24 | 13 | −0.62 |
| スロヴァキア | 50 | 0.33 | 3.5 | 2.5 | 50 | 9 | 0.12 |
| スロヴェニア | 100 | 0.43 | 2.7 | 3.3 | 60 | 22 | 0.91 |

出典) 表9-4から表9-6のデータのうち, 上のデータを標準化してその平均を算出。

をなしていることがわかる。最後に労使関係に関する指標は表9-6に整理しているが, ここではスロヴァキアとスロヴェニアの包括度が他国に比べて高いことと, バルト3国における集団交渉のカバー率が低いことが確認できる[8]。

以上の労働面における相違をスコア化した結果が, 表9-7である。これと表9-3との結果を合わせると, 中東欧諸国の生産様式と労働保護について,

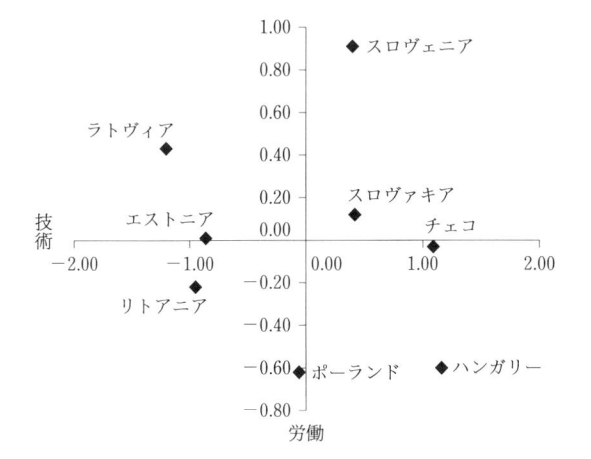

図 9-1　中東欧諸国の技術と労働の連関
出典）表 9-3 および表 9-7。

以下のような関係を確認することができる(図 9-1 も参照)。
1) チェコとスロヴァキア，スロヴェニアについては，基本的に産業・企業に特殊な技能が用いられる産業が優位にあり，労使協議もある程度集権化されていて，それに呼応する雇用保護および失業保護がおおむね整備されている点で，いわゆる調整型市場経済に近い枠組みを形成している。なおチェコは集団解雇に関するスコアが低いことで労働保護のスコアがやや低くなっているが，それ以外のスコアから判断するならば，基本的にはこのグループに属すると考えてよいであろう。
2) ポーランドとハンガリーについては，両国とも労働保護の程度が他国に比べて低くなっている点では共通しているが，一般的な技能が優位という点で多様な資本主義論の想定に合致するポーランドと，理論の想定とは異なり特殊な技能への指向が強いハンガリーという相違がある[9]。
3) バルト 3 国に関しては一般的な技能への指向が強い点では共通しているが，反面でリトアニア以外は労働保護のスコアが相対的に高く，ハンガリーとは逆の形で多様な資本主義論が想定する技能と労働保護の連関とは異なる関係が表れている。

ここから多様な資本主義論を中東欧諸国に適用した結果として，中東欧諸国の間では技術と労働保護に関して明確な相違があり，これを「新興市場経済型」のような形でひとつの類型として取り扱うことは適切ではないこと，および一般的な技術が優位であると考えられるバルト3国においてある程度労働者を保護する傾向が存在し，逆にハンガリーでは特殊技能が優位であるにもかかわらず労働者の保護が弱くなっているというように，中東欧諸国では優位な技術と労働保護との連関が理論の想定どおりに表れているとは限らない事例もあることが確認できるであろう。

## 3. 権力資源論と中東欧諸国[10]

多様な資本主義論には，不完全ながらも中東欧をも対象に含める試みがあるのに対して，権力資源論や福祉レジーム論を中東欧諸国の事例に適用した研究は，これまでのところほとんど存在していない[11]。そのためここでもひとまず，各国における現在の福祉枠組みと左派政党および労働組合の影響力との連関をデータで確認するところから，作業を始めることとしたい。

まず人生全般におけるリスクについては，基本的には加齢や病気，事故，貧困，もしくは家族形成などが主たる対象となるが(Korpi 2006, p.177)，ここでは分析の対象として，寿命の延びに伴う退職後の人生リスクに対処する年金制度，病気や事故に伴う人生リスクに対処する公的医療保険と病気の際の休業補償，そして子育てに伴うキャリアの中断や生活困窮といったリスクに対処する育児支援制度を取り上げることとする[12]。あわせて福祉制度の現況を「リスクへの対処」という視点から捉え，これらの制度が国家ないし社会全体でリスクを負担するように構築されているか，あるいは個人がリスクを負うことを基本とする制度となっているかという視点から，国ごとの相違を整理していく[13]。

まず将来の離職後の生活を保障する年金制度については，年金制度がカバーする範囲と，年金制度の給付保障の程度から，そのリスクを判断することとする。年金のカバーする範囲については，(1)広く国民全体を対象とし

表9-8 中東欧諸国の年金制度

| | 対象 | 基礎年金 | 付加年金 | 保険料上限[e] | 平均賃金に対する代替率[f] | 平均賃金2倍に対する代替率[f] |
|---|---|---|---|---|---|---|
| チェコ | ほぼ全住民[a] | 確定給付 | 任意 | なし | 44.4 | 25.4 |
| エストニア | 全住民 | 確定給付 | 基金型／強制 | なし | 51.6 | 48.2 |
| ハンガリー | ほぼ全住民[a] | 確定給付 | 基金型／強制 | 225% | 75.4 | 75.4 |
| ラトヴィア | ほぼ全住民[a] | 確定拠出 | 基金型／強制 | 500% | 58.2 | 58.2 |
| リトアニア | 被用者 | 確定給付 | 基金型／強制[d] | 500% | 53.4 m[g] | 45.2 m[g] |
| ポーランド | 被用者[b] | 確定拠出 | 基金型／強制 | 300% | 56.9 m[g] | 56.9 m[g] |
| スロヴァキア | 被用者 | 確定給付 | 基金型／強制[d] | 250% | 48.6 | 48.6 |
| スロヴェニア | 広く被用者[c] | 確定給付 | 任意 | 最低賃金9倍 | 68.7 | n.a. |

注) a)「ほぼ全住民」とは，被用者のみでなく自営業者や失業者，学生，育児期間など年金の対象が広く認められている事例。
b) ポーランドにおいては，農民を対象とした別の年金制度が存在している。
c)「広く被用者」には，自営業者と農民，失業者が含まれるが，(a)と異なり働いていない人(学生など)は対象に含まれない。
d) リトアニアとスロヴァキア(2008年から)においては，第2段階について「オプト・アウト」の権利が認められている。
e) 平均賃金に対する保険料の上限。これが高いほど，高所得層の所得補償も公的年金で行うこととなる。
f) いずれもネットの代替率。
g) リトアニアとポーランドにおいては，男女で支給基準が異なっている。ここは男性の場合を挙げている。
出典) Sengoku 2009およびMISSOC。

ているか，それとも被用者(とその家族)を主たる対象としているか，(2)基礎保障が中心で中間層は制度の対象外としているか，比例報酬が厚く中間層も対象とした制度が整備されているか，という2つの視点を考える必要がある。前者は資格により，後者は所得代替率や上限保険料の程度により判断することができるが，この2つの基準をもとにすると，中東欧諸国の年金制度がカバーする範囲については，次の4種類に分けることができる(表9-8も参照)。

1) 広い範囲の住民をカバーし，保険料の上限もしくは所得の高い層の所得代替率を高くすることで，中間層をも対象とする制度を導入している：エストニア，ラトヴィア，スロヴェニア
2) 広い範囲の住民をカバーしているが，保険料の上限もしくは所得代替

率が低く，中間層の利用を想定していない制度が導入されている：チェコ，ハンガリー
3) 基本的には被用者を対象としているが，保険料の上限もしくは所得代替率が高く，ある程度所得のある層も公的年金を利用することを想定した制度を導入している：リトアニア
4) 被用者を主たる対象とし，保険料の上限もしくは所得代替率が低く抑えられていることで，年金給付の範囲を限定した制度が導入されている：ポーランド，スロヴァキア

次に年金制度の給付保障については，中東欧諸国の場合は以下の3つのタイプに分類することが可能である(cf. 仙石 2007)。
1) 確定給付型の年金のみ(基金型は任意加入)：チェコ，スロヴェニア
2) 確定給付型の基礎年金と基金型付加年金の組み合わせ：エストニア，ハンガリー，リトアニア[14]，スロヴァキア[15]
3) 概念上の拠出立て(NDC)方式の基礎年金と基金型付加年金の組み合わせ：ラトヴィア，ポーランド

ここで確定給付型のみのタイプは，基本的に社会主義期以来の年金制度を保持していて，2)，3)と進むにつれて市場型制度の導入度合いが高いことを考慮すると，チェコとスロヴェニアでは一定額の年金給付を国家が保障しているのに対して，ラトヴィアとポーランドの年金は市場に依拠する部分が大きく，その他の国はこの両者を組み合わせていることがわかる。

次に公的医療保険に関してであるが，ここでは制度のカバーの範囲を医療保険の対象，および給付保障の程度を休業補償の賃金補償度で判断し，両者の組み合わせからその特質を検討していく(表9-9参照)。まず公的医療保険のカバーする範囲については，次の3つのパターンが存在する。
1) 全国民を対象とする医療保険が存在する[16]：チェコ，ラトヴィア，スロヴァキア
2) 保険加入者を対象とするが，加入者の範囲を広くとっている[17]：エストニア，スロヴェニア
3) 被用者とその扶養者を中心とする[18]：ハンガリー，リトアニア，ポー

表 9-9 中東欧諸国の公的医療保険および疾病休業補償

| | 対象 | 疾病給付の賃金代替率 | 給付上限 | 給付期間 |
|---|---|---|---|---|
| チェコ | 全住民 | 最大 72% | 1日606コルナ | 原則1年 |
| エストニア | 広く保険料負担者 | 80% | なし | 90日 |
| ハンガリー | 被用者と家族 | 最大 70% | なし | 1年 |
| ラトヴィア | 全住民 | 最大 80% | なし | 52週(1年) |
| リトアニア | 保険料負担者 | 最大 85% | 平均賃金の350% | 182日 |
| ポーランド | 被用者と家族 | 原則 80% | 平均給付の200% | 6カ月 |
| スロヴァキア | 全住民 | 最大 80% | 1日350コルナ[a] | 1年 |
| スロヴェニア | 広く保険料負担者 | 最大 100% | 被保険者の給与 | 1年 |

注) a) ユーロ導入(2009年1月)以前の値である。
出典) Sengoku 2009 および MISSOC。

ランド

また疾病による休業補償の程度は，以下の4つに類型化できる。

1) 給付額の上限が高く(賃金代替率80%以上で上限が緩い)，かつ長期(1年ないしそれ以上)の給付期間あり：ラトヴィア，スロヴェニア
2) 給付額の上限は高いが，支給期間は短い(1年未満)：エストニア，リトアニア
3) 給付額の上限は低いが(賃金代替率80%未満，またはそれ以上でも上限が低い)，支給期間は長期：チェコ，ハンガリー，スロヴァキア
4) 給付額の上限が低く，支給期間も短い：ポーランド

この両者を合わせると，バルト3国は疾病に伴う各種のリスクに対して，ある程度公的な負担で対処をしようとしているのに対して，ポーランドでは個人の負担が大きくなっていて，その他の諸国は両者の中間にあると見ることができる。

最後に各種の育児支援については，これも子育てに関するリスク，例えば育児によるキャリア継続への障害の発生や貧困化の可能性への対処という視点から検討すると，以下のような分類が可能となる(表9-10参照)。

1) 在宅育児支援と公的育児制度の両方が整備され，キャリア継続と生活支援の両方が考慮されている：エストニア，ラトヴィア，ハンガリー
2) 在宅育児支援が整備され生活支援は考慮されているが，キャリア継続

表 9-10　中東欧諸国の育児支援制度

| | 在宅育児支援<br>(家庭育児への給付) | | 育児休暇制度<br>(被用者の育児参加支援) | | 公的就学前教育<br>カバー率[a] | | 育児期間の<br>年金制度で<br>の考慮 |
|---|---|---|---|---|---|---|---|
| | 制度有無 | 手当額 | 制度有無 | 所得補償 | 0-2歳 | 3-5歳 | |
| チェコ | ○ | 定額[c] | × | | 2 | 70 | ○ |
| エストニア | ○ | 定額 | ○ | 100% | 12 | 76 | ○ |
| ハンガリー | ○ | 定額 | ○ | 70% | 7 | 79 | ○ |
| ラトヴィア | ○ | 定額 | ○ | 70%[d] | 18 | 69 | 母親のみ○ |
| リトアニア | × | | ○ | 100%[e] | 11 | 56 | × |
| ポーランド | × | | ○ | 定額 | 2 | 30 | △[f] |
| スロヴァキア | ○ | 定額 | ○ | 定額 | 3 | 67 | |
| スロヴェニア | × | | ○ | 100% | 24 | 77 | × |

注) a) 週30時間未満と30時間以上の合計の割合，b) 過去1年の平均収入に対する代替率，c) 期間と額の選択が可能で，2年間で月額を多く受給するか，最長4年で代わりに月額を少なくするかを選択する，d) 2年目は定額，e) 2年目は85%，f) 就労者が育児休暇を取得した場合のみ，非就労者の在宅育児は対象外。
出典) 仙石2009およびWientzek and Meyer 2009。

への考慮が不十分である：チェコ，スロヴァキア[19]

3) 公的育児制度が整備されキャリア継続は考慮されているが，在宅育児への生活支援が不十分である：リトアニア，スロヴェニア

4) いずれの面でも育児支援の整備が不十分である：ポーランド

第1のパターンであるエストニア，ラトヴィア，ハンガリー，および第3のパターンのリトアニアとスロヴェニアは，家庭外保育の拡充により子育てのリスクを家庭のみに負わせず，ある程度社会全体で負担する仕組みを導入しているといえる。ただし第1のパターンが在宅育児も含めて多様なライフスタイルを容認し，いかなる選択をしてもある程度は社会的な支援を受けられるようになっているのに対して，第3のパターンは支援が働く人に限定されているために，働かずに育児に専念するという選択は制限されているという相違がある。これに対して，第2のパターンは在宅育児を重点的に支援するという点で，社会が育児に対して一定の支援を行ってはいるものの，育児の責任そのものは実質的に家庭，特にその中の女性が負うこととなり，そして第4のパターンでは，育児に対する社会的な支援が弱いことで子育てのリスクはほぼ個人が負うことになる(cf. 仙石2009)。

表 9-11 中東欧諸国の福祉制度のスコア

|  | 年金 制度 | 年金 カバー | 医療 保険 | 医療 休業補償 | 育児 在宅支援 | 育児 キャリア支援 | 標準化した平均 |
|---|---|---|---|---|---|---|---|
| チェコ | 3 | 2 | 3 | 2 | 2 | 1 | 0.02 |
| エストニア | 2 | 3 | 2 | 2 | 3 | 3 | 0.49 |
| ハンガリー | 2 | 2 | 1 | 2 | 3 | 2 | −0.11 |
| ラトヴィア | 1 | 3 | 3 | 3 | 2.5 | 3 | 0.63 |
| リトアニア | 2.5 | 2 | 1 | 2 | 1 | 2 | −0.39 |
| ポーランド | 1 | 1 | 1 | 1 | 1 | 2 | −1.17 |
| スロヴァキア | 2.5 | 1 | 3 | 2 | 2 | 2 | −0.04 |
| スロヴェニア | 3 | 3 | 2 | 3 | 1 | 3 | 0.58 |

注) スコア化の基準は以下のとおり。
1) 年金：制度―確定給付のみ：3，確定給付と基金型の組み合わせ：2，NDCと基金型の組み合わせ：1。
　　　選択可能性のあるリトアニアとスロヴァキアは 2.5 としている
　　　カバー―対象が国民全体で，給付においてある程度所得の高い層も対象としている場合：3
　　　対象が国民全体だが所得の高い層を排除している場合，ないし被用者が対象だが高所得層も対象の場合：2
　　　対象が被用者で，高所得層を制度から排除している場合：1
2) 医療：保険―全国民を対象：3，保険加入者が対象だが，保険の範囲を広くとる場合：2，被用者と家族が主たる対象の場合：1
　　　休業補償―長期の十分な給与補償：3，長期だが給与補償に上限，または給与補償は十分だが短期：2，給与補償が不十分で期間も短期：1
3) 育児：在宅支援―就労者・非就労者両方の在宅支援(育児休暇と在宅育児の並存および年金期間換算)：3，非就労者の在宅支援中心(在宅育児と年金期間換算)：2，非就労者への在宅育児制度欠如：1
　　　なおラトヴィアは育児期間の年金換算が女性のみのためこれを 0.5 と換算
　　　キャリア支援―育児休暇制度と公的就学が整備されている場合：3，いずれか一方のみの場合：2，両方とも不十分な場合：1
　　　なお公的就学の整備は，「0〜2歳児でカバー率10％，3〜5歳児で60％以上」の両方を達成していることを基準とする
4) 標準化した平均：上の6つのスコアを標準化した値の平均値
出典) 表9-7から表9-9のデータのうち，上のデータを標準化してその平均を算出。

以上の相違について標準化によるスコア化を行った結果が表 9-11 である。これによると，エストニアとラトヴィア，スロヴェニアでは相対的に普遍的で，個人でのリスク負担を軽減する制度が導入されているのに対して，リトアニア，ポーランド，ハンガリーでは個人がリスクを負担する余地が大きい制度が導入されていて，そしてチェコとスロヴァキアは両者の中間となっている。

表9-12　1993年から2007年の間の，中東欧諸国における左派政党の与党期間

| チェコ | 7.8 | リトアニア | 6.9 |
| エストニア | 0 | ポーランド | 6.8 |
| ハンガリー | 6.9 | スロヴァキア | 2.4 |
| ラトヴィア | 0 | スロヴェニア | 1.7 |

出典）Berglund, et al., eds. 2004 に，近年の分は「ポスト社会主義国の選挙・政党データ」を利用して補足。左派政党のみの1年間の政権を1として，連立政権の場合は議席比率に応じて期間をあてている。
なお対象とした「左派政党」は以下のとおり。
チェコ：社会民主党(ČSSD)
ハンガリー：社会党(MSzP)
リトアニア：民主労働党(LDDP)および社会民主党(LSDP)
ポーランド：民主左派同盟(SLD)および労働連合(UP)
スロヴァキア：民主左翼党(SDL')および方向(SMER)
スロヴェニア：スロヴェニア社会民主党(SDSS)・社会民主党(SD)・社会民主主義統一リスト(ZLSD)および民主党(SDS)
エストニアとラトヴィアについては，該当する政党が存在しない。

　この福祉制度のあり方と左派政党および労働組合の影響力との間には，権力資源論が想定するような連関が存在しているのであろうか。まず労働組合に関しては，表9-6のデータが参照基準となるが，これによると組織率が相対的に高いのはチェコ，スロヴァキア，そしてスロヴェニアであり，その中でスロヴァキアとスロヴェニアは団体交渉のカバー率や賃金交渉の集権度も高くなっている。だが福祉に関しては，スロヴェニアでは権力資源論が想定する労働組合の影響力と制度の整備の連関が見られるものの，スロヴァキアの福祉は必ずしも普遍的なものではなく，この点で権力資源論の想定と異なる結果が生じている。これとは逆に，組合の組織率や交渉の集権度が低いエストニアおよびラトヴィアにおいて，ある程度国家および社会全体でリスクを負担する制度が形成されているという点も，やはり権力資源論の想定とは反している。

　この点は政党政治に関しても，同様のことが指摘できる。表9-12は中東欧の8カ国において1993年から2007年までの左派政党が与党であった期間を示すデータであるが，これに基づくと福祉が比較的充実しているスロヴェニア，エストニアにおける左派政党の政権参加期間が短い反面，個人のリス

ク負担が大きい制度が導入されているハンガリーやリトアニア，ポーランドで相対的に左派の政権参加期間が長いというように，左派政党の影響力と福祉制度の整備についても権力資源論が想定するような連関が存在しているわけではないことが確認できる。

このように，現在の中東欧諸国の福祉制度の展開に関しては，多様な資本主義論，および権力資源論のいずれも，それだけでは現状を適切に説明できるものではないことが明らかにされた。ただしこのことは，直ちにこれらの議論の有効性そのものを失わせるわけではない。むしろこの両者の議論に欠けているポイントを修正することで，現在の中東欧諸国における福祉制度の多様性を適切に説明することは，十分に可能であると考えられる。次節ではこの点について論じることとしたい。

## 4．多様な資本主義論と権力資源論の接合
――分析枠組みの拡張可能性を考える

第1節で示したように，多様な資本主義論と権力資源論はそれぞれ異なるリスクの問題を「福祉」として捉えているために，それぞれの議論の射程には相違が存在している。しかもここまで検討してきたように，中東欧諸国の事例に関してはいずれの議論も，単独では適切な説明を与えるものではない。だがこの両者の議論を対立するものではなく補完的なものとして考え，両者の議論を折衷的に利用すると，中東欧諸国の事例を説明する有効な議論を提起することができる。

この点を確認するために，まずそれぞれの議論が提起する想定と中東欧諸国の現状との連関を整理すると，およそ以下のような関係があることがわかる。

1) 権力資源論と多様な資本主義論の両方において，おおむね想定どおりの結果が現れている：スロヴェニア
2) 多様な資本主義論ではおおむね想定どおりの結果が現れているが，権力資源論では必ずしも想定どおりの結果となっていない：チェコ，リト

アニア,ポーランド,スロヴァキア
3) いずれの議論においても,理論が想定する状況と異なる結果が現れている:エストニア,ハンガリー,ラトヴィア

まずスロヴェニアに関しては,おおむね両方の理論が想定する状況が現れていると考えられる。スロヴェニアの場合は,左派政党の与党期間こそ短いものの,2004年までは左派的な指向を有するスロヴェニア社会民主党(SDSS,後に民主党(SDS)に改名)および社会民主主義統一リスト(ZLSD,後に社会民主党(SD)に改名)のいずれかないし両方が継続して連立政権に参加していたことに加えて,政党の左右軸における位置づけとは別に,主要政党は福祉政策の推進に関しては対立がなかったこと(Fink-Hafner 2006, p. 213),および企業・産業に特有な技能が中心であることから労働組合に一定の影響力があり,かつ左派政党のみならず主要政党は三者協議などを通して労働組合の意向もある程度受け入れてきたことで,福祉の拡充という点での主要政党間の対立は少なかった(仙石2008, p.57)。そこからスロヴェニアでは両方の議論に沿う形で,調整型市場経済のもとで普遍的な福祉枠組みが構築されることとなる。

次に多様な資本主義論ではおよそ想定どおりの結果が現れているが,権力資源論の想定とはずれている事例についてであるが,ここでは特殊技能が中心のチェコ,スロヴァキアと,一般技能が中心のリトアニア,ポーランドとを分けて考える必要がある。まずチェコとスロヴァキアについてであるが,この両国では特殊な技能が中心であることから労働組合が一定の影響力を有していて,また労働者を保護する制度も整備されている点で多様な資本主義論がある程度当てはまる一方で,労働組合と結びついた左派政党が政治的な影響力を有しているにもかかわらず,福祉の整備は必ずしも十分なレベルのものとなっていない点で,権力資源論の想定とはずれが生じている。このような状況が生じた理由のひとつとして,この両国においては左派政党と労働組合が影響力を有している一方で,これに抵抗する政党の影響力も強く,そこから福祉が政策の対立軸となっていることが作用している。両国では労働組合と左派政党は古典的な再分配指向の福祉を追求しているものの,他方で

これらの勢力と対立し，ネオリベラル的な路線を追求する政党も一定の影響力を保持している。そのためにこの両国では，保守・リベラル系中心の政権ができると福祉の市場化や支出削減が行われ，左派系の政権に交代するとそのような変革が修正されるというように，政権交代と制度の変更が結びついていた。この数回に及ぶ政権交代の累積から，両国では市場的な制度と普遍的な制度の混在する折衷的な——福祉の整備の程度で見た場合「中程度の」——枠組みが構築されることとなる[20]。また両国においては，労働組合が基本的に男性の熟練労働者が中心であることから，現在の労働者の利益を守るという指向が強い反面で，女性の就労に関してはこれを強く支持するインセンティブを有していないことで，育児支援のように女性を主たる対象とする福祉を含めた場合，その整備の程度が低く評価されるという要因も作用している(仙石 2009，pp. 187-189)。

次にリトアニアとポーランドに関しては，両国とも一般技能の方が優位で，そこから労働保護の程度が低くなっている点では多様な資本主義論の提起するリベラル型市場経済に近い状況にあるが，反面で左派政党の与党期間がある程度あるにもかかわらず福祉の整備が必ずしも十分ではないという点で，権力資源論とはずれが生じている。この点について，まずリトアニアに関しては，「左派」となる共産党の後継政党である民主労働党(LDDP)の政策指向が影響を与えている可能性が高い。民主労働党は確かに与党期間は長いものの，同党はいわゆる「浄化政策」を政策の対立軸としないために，経済面では市場化や民営化などで他の政党と妥協してリベラルな政策を支持してきたことで(Clark and Pranevičiūte 2008, p. 458)，ここでは福祉の拡充が政策課題とはならなかった。これに加えて一般的な技能が中心であることから労働組合の影響力も弱いこともあり，リトアニアでは左派政党の与党期間の長さと福祉枠組みとが結びつかない状況が現れることとなる[21]。

他方のポーランドについては，21世紀に入ってからの変化を考える必要がある。ポーランドにおいては，体制転換直後の1990年代には社会民主主義的な福祉の整備を求める民主左派同盟(SLD)と，労働組合「連帯」の系譜を引きキリスト教的な福祉を追求する諸政党とが，それぞれ支持基盤とな

る労働組合(旧官製労組および労働組合「連帯」)の意向を反映する形で，いずれも福祉にある程度配慮する姿勢を示していた。ただこの時期には，いずれの側も福祉に関して明確なポリシーを有していたわけではなく，むしろ直接的な現金給付により選挙で支持を獲得することを優先していたため，「現金給付」以外の制度の整備は遅れていた(Siemieńska and Domaradzka 2009, pp. 395-396)。そのような状況の中 21 世紀に入ると，「連帯」選挙行動(AWS)に結集した諸政党と民主左派同盟がそれぞれ，自らが与党のときに財政規律の回復や EU 加盟を目的として福祉給付の削減を行い，その結果としてポーランドの福祉は残余型に近い福祉へと改編されることとなった(仙石 2010)。加えてこの時期に，経済構造の転換により製造業の比率が低下したことに伴う労働組合の組織率の低下や，各種の政治スキャンダルの発生といった事態が重なり，民主左派同盟も連帯系の諸政党も選挙での支持を大きく失うこととなった。その後のポーランドの政党システムにおいては，いずれもイデオロギー的に福祉指向が弱い，リベラルの「市民プラットフォーム(PORP)」と保守系の「法と正義(PiS)」が中心となっていることで，選別的な福祉枠組みが存続することとなる。

　最後に，権力資源論と多様な資本主義論の両方の想定からずれている事例について検討していく。まずハンガリーに関しては，左派政党の与党期間は長いにもかかわらず福祉の整備は十分ではなく，特殊技能が中心であるにもかかわらず労働保護の程度が低いという状況にある。このような状況が生じたのには，ハンガリーにおける特殊な政党間対立のあり方が作用している。ハンガリーでは二大政党の社会党(MSzP)と保守のフィデス(Fidesz)のいずれも福祉の整備を求めてはいるものの，両者とも通常想定される再配分的な福祉を求めているわけではないという点で，特殊な状況にある。まずフィデスの側は，中間層の支持を獲得するために，普遍的な児童手当や子育て家庭への税制優遇など，中間層の子育て家族への重点的な支援の実施(これは自らのイデオロギー的な立場とも親和的となる)や，所得比例の程度の高い年金制度の導入を進めたが，同時にその他の福祉に関しては福祉と労働のリンク化や普遍的手当の金額削減(税制優遇重視)などにより，貧困層には厳しい

改革を進めてきた(Tausz 2009, pp. 246-247)。他方の社会党の側は，社会民主主義的な福祉政策として障がい者の機会均等や児童保護に関する制度の整備を進めているものの，他方で経済危機への対処に伴う緊縮財政的な政策の実施にあわせて，年金制度の部分的民営化や失業給付の厳格化などを通して，福祉を通した給付を抑制するリベラル的な政策を実施しているために，こちらも福祉による再配分指向は弱くなっている。加えてハンガリーでは，主要な労働組合である全国連合(MSZSOZ)は，本来ならば提携関係にあるはずの社会党とは1990年代半ばの社会党政権によるリベラル改革以降距離を置いている一方で，フィデスは基本的に組合を敵対視していて，労働保護の削減も1998年から2002年の間のオルバン(Viktor Orban)政権の時期に実施しているために，こちらとも提携できないという状況にある(仙石2008, p.59)。このためハンガリーでは，労働組合の政治過程に対する影響力も限定されていて，そのことが労働保護の規制緩和をもたらすこととなった。このような事情からハンガリーでは，いずれの議論も想定していない状況が現れることとなる[22]。

　他方でエストニアとラトヴィアでは，左派政党の与党期間は短いが福祉はある程度整備されていて，また一般的な技能が中心であるが労働保護の程度は高いという点で，ハンガリーとは逆の形で両方の議論が成立しない状況となっている。このような状況が現れた背景としては，両国におけるロシア語系住民をめぐる政治を考慮する必要がある(cf. Vanhuysse 2009, 本書第7章も参照)。まず政党政治のレベルでは，エストニアとラトヴィアでは左派政党および労働組合の影響力は限定的であるものの，そのことゆえに中道政党や右派政党が，左派政党との対抗関係を考慮することなく「福祉」に依拠して有権者の支持を獲得する戦略をとることが可能となっていた。そこから両国においては再配分指向とは異なる，均等な機会を与えるという形での普遍的な福祉枠組みが整備されることとなる(Sengoku 2009, pp. 164-168)。だがこのような普遍的な福祉の整備は，同時に両国におけるロシア語系住民の福祉からの排除とも結びついている(Vanhuysse 2009, pp. 60-67; Bohle and Greskovits 2009, pp. 55-58)。両国の主要政党は基本的に，独立当初の制度改革以降ロシア語系の

住民を市民権から排除し「自国民」を優遇することで,自らの支持を確立すると同時に経済の急激な変革に伴う社会の不満(特に貧困層の不満)を緩和する政策を,これまで実施してきた。そのために表面的には普遍的な福祉が整備されているが,実際にはロシア語系住民はそこから排除されることとなる。

　この点は体制転換期の経済構造の変革を考慮すると,さらに明確になる。エストニアとラトヴィアにおいて一般的な技能が優位となったのは実は体制転換後のことで,それ以前は他の中東欧諸国と同様に,特殊技能が優位な状態にあったとされる。この点について先に挙げたグレスコヴィッツは,1992年段階では「コンプレックス」製品の輸出の割合においてバルト3国とヴィシェグラード諸国の間に大きな相違はなく,両者の間でその差が生じるのは1990年代中期以降であることを指摘している(Greskovits 2008, pp. 26-28)。そしてそのような相違が体制転換期に生じた理由として,両地域における社会主義期の工業製品の市場の相違が影響していることを挙げている。ヴィシェグラード諸国では基本的には一国単位での工業化が進められ,またその製品が対象とする市場には西側市場をも含む通常の国際市場も含まれていたことで,体制転換後も従来の工業基盤をある程度活用することが可能であった[23]。これに対してバルト3国の場合,工業製品の輸出先はそのほとんどが旧ソ連内部であったため,ソ連邦の解体により主たる輸出先を喪失したのみならず,ヴィシェグラード諸国とは異なり国際市場への対応が可能な技術に基づく生産を行っていなかったために,体制転換後にそれまでの工業基盤を利用することも困難な状態にあった。このためバルト諸国においては,一般的技術を利用する産業への転換が進むこととなった(cf. Bohle and Greskovits 2007)。そしてこのような技術の転換は同時に,社会主義体制の下で従来は高い福祉と賃金を保障されていた重工業部門に従事していたロシア語系住民からその職を奪うことで,転換のコストをこのグループに負担させる作用をも果たしていた(Bohle and Greskovits 2009, p. 56)。このように,エストニアとラトヴィアに関しては転換期における少数派をめぐる政治過程の作用が大きく,そのために権力資源論や多様な資本主義論がそのままでは説明ができない状況が現れることとなる[24]。

以上の中東欧諸国に関する事例分析を踏まえるならば，権力資源論，および多様な資本主義論はそれぞれ一定の修正を加えることでその議論をこれらの諸国にも適用することは可能であり，また両者を組み合わせて利用することでそれぞれのケースにおいて生じたことをより適切に説明することが可能となることが，ここでの分析により明らかにされたと考えられる。

まず権力資源論に関しては，従来は左派政党および労働組合の影響力と普遍的な福祉の拡充を連関させてきたが，この直線的な議論に対しては以下のような拡張が考えられる。

1) 政党や労働組合の福祉に対する指向性の検討：左派政党は必ずしも福祉利益を追求する勢力となるとは限らず，逆に左派政党以外の政党が必ず福祉に敵対するとは限らない。また労働組合が福祉を求めるとしても，どのような福祉を求めるかは労働組合の置かれた状況などにより異なっている。

2) 政党システムの視点の導入：福祉の拡充を求める有力な政党が政党システムに存在していても，そのことが直ちに福祉の整備と結びつくわけではない。左派政党の影響力が限定的であったとしても，政党システムに参加する他の政党が全体として普遍的な福祉の整備に合意していれば，普遍的な福祉の拡充が進む可能性が高いし，逆に影響力のある政党が福祉制度の整備を追求しようとしても，これに抵抗する勢力の影響が大きければ福祉の整備は困難になる。

権力資源論における左派政党や労働組合の福祉指向に関しては，これまでも労働組合や左派政党などを福祉を追求する「一枚岩」の勢力として想定する議論に対しては，批判は提起されていた(Carnes and Mares 2007, pp. 872-875)。だがそのことは，「福祉を求める勢力の影響力の有無が福祉制度の整備の程度と連関している」という，権力資源論の基本的な考え方そのものの否定にまでつながるわけではない。むしろ権力資源論の議論を上の2つの視点に基づいて拡張すると，中東欧諸国の相違についても，以下のように整理することが可能となる。

1) 主要な政党(と労働組合と)が福祉の整備で合意していて，そのため比

較的に普遍的な制度が導入されている事例：エストニア，ラトヴィア，スロヴェニア

2) 福祉を指向する有力な(左派)政党や労働組合が存在するが，これに抵抗する政党の影響力も強く，そのために折衷的な制度が導入されている事例：チェコ，スロヴァキア

3) 主要な政党の福祉指向が限定的なため，残余的ないしそれに近い制度となっている事例：リトアニア，ポーランド

4) 政党が特殊な福祉指向を有しているため，通常の再配分的な福祉と異なる制度が構築されている事例：ハンガリー

次に多様な資本主義論に関しては基本的に技術と労働保護の連関を歴史的に形成された固定的なものとしているが，これについても以下のように，政治的要因を含めた議論の拡張を考えると，中東欧諸国の事例を説明することが可能となる。

1) 政治との連関の検討：技術のみが労働組合の影響力や労働保護のあり方を一義的に規定するわけではなく，政治過程の作用により技術から想定される福祉とは異なる福祉が形成される場合も存在する。

2) 技術の転換の可能性の検討：優位な技術そのものも，その時点での外部環境や政治的リーダーシップにより変化する可能性がある。

多様な資本主義論における政治と優位な技術との連関については，近年アイヴァーセンやソスキスなどにより，選挙制度に着目した議論が提起されてはいる(Iversen 2007; Iversen and Stephens 2007; Soskice 2007; Iversen and Soskice 2009 など)。選挙制度においては，中間的な指向を有する投票者のインセンティブの違いから，多数代表制(小選挙区制)は中道と右派の連携を導きやすいのに対して，比例代表制では中道と左派の連携が導かれやすい。そこから特殊技術が優位な調整型の事例では，リスク回避の観点から包括的な福祉の整備が求められ，これは比例代表制による代表選出と親和的となるのに対して，一般的な技術が優位なリベラル型の事例では個人による対処が優先されることから再配分指向の強い福祉の整備には反対が強くなり，選挙制度においても多数代表制が選択される可能性が高くなるとされる[25]。だが中東欧諸

国の場合，体制転換後の制度としてほとんどの国で比例代表制を導入しているため[26]，選挙制度からは各国の相違を説明することができない。加えてこの議論でも，制度と技術が歴史的経緯を経た固定的なものと考えられているために，現在の政治過程の作用を考慮することができないという問題もある[27]。

これに対して多様な資本主義の視点に権力資源的な政治過程の視点を取り込むことにより，「なぜあるときには技術から想定される労働保護が形成され，別の場合にはそのようにならないのか」を，より具体的に説明することが可能となる。多くの場合，一般的な技術が優位な場合には福祉の残余化が進み，逆に特殊技能が優位な場合にはある程度普遍的な福祉が整備されるという議論そのものは，ある程度妥当性があると考えられる。だがこれが必ずしも当てはまらない事例もあり，そのような場合は各国における特有の政治過程，特に「いかなる層を取り込み，いかなる層を排除するか」をめぐるプロセスが，影響を与えている可能性が高い。これは中東欧諸国の場合，例えばハンガリーにおける労組の政治過程からの排除，あるいはエストニア，ラトヴィアにおけるロシア語系住民をめぐる政治に見ることができる(cf. Vanhuysse 2009)。そしてときには，この政治過程が他の要因と結びついて優位な技術を変更させる場合もある。このような形で議論を拡張することで，多様な資本主義の議論をより精緻なものとしていくことが可能となる。

## 5. さらなる比較のために

以上本章では，権力資源論と多様な資本主義論のそれぞれの視点から，中東欧諸国の福祉および労働保護に関する枠組みの現状を検討し，そこからこの地域における福祉制度の展開について，現状ではいずれかの議論で説明ができるものではないこと，ただしそのことは権力資源論や多様な資本主義論が有効ではないということを意味するのではなく，権力資源論に関しては，政党間の相互作用を軸とする政党システムの視点も導入すること，多様な資本主義論に関しては，政治との接合，および優位な技術の変化に関する視点

を含めることにより，中東欧の事例にも適用することが可能となることを示してきた。この議論を通して，既存の枠組みを用いて中東欧諸国の特質を整理するとともに，既存の分析枠組みの再検討をも行うという本章の目的は，一応は達成されたと考えられよう。ただし今回の整理は，あくまでもポスト社会主義の中東欧の事例のみを対象としていて，西欧諸国の事例に対する議論拡張の可能性については論じていない。この点を補うために，今後はここで得られた知見を仮説として，西欧諸国と中東欧諸国の体系的な比較分析を行うことが必要となるであろう。

　最後に補足として。本章で行ったような，体制転換期の事例を一般的な枠組みを用いて比較するという作業は，一般論としても「変化」について分析するための有効な視座を提供するものと考えられる。通常の政治や経済に関する議論は，一般的に現状を固定的なもの，ないし累積的に変化するものとして考える傾向があり，そこから福祉政治においてもこれまでは，固定的なレジームや政治経済システムの存在とその歴史的な発展を前提とした議論が提起されてきた。だが体制転換という，これまで経験がない大規模かつ短期間の政治・経済の変動を分析の枠組みに取り込むことにより，静態的，もしくは歴史的継続性を重視する傾向がある既存の議論に動態的な側面を加え，議論をより一般的なものとして発展させることができるようになる。このような視点からも，当面は体制転換研究と既存の研究をさまざまな形で交錯させていくことが，理論および実証研究の両方の発展のために不可欠となるであろう。カーンズとマーズは，方法論的な折衷主義と多様な比較分析の蓄積が福祉国家研究では強みとなっていることを指摘しているが(Carnes and Mares 2007)，ここに体制転換研究を加えるならば，その強みはより確かなものとなるはずである。

1) なおここでの「中東欧諸国」は，2004年にEUに加盟した8カ国(チェコ，エストニア，ハンガリー，ラトヴィア，リトアニア，ポーランド，スロヴァキア，スロヴェニア，いわゆるEU-8)と，2007年にEUに加盟したブルガリア，ルーマニア，そしてEU加盟候補国のクロアチアを一応の範囲と想定している(序章の注1を参照)。ただし本章の分析対象は，ある程度データと研究の蓄積がある，2004年にEUに加盟

第 9 章　ポスト社会主義の中東欧諸国における福祉制度の多様性　291

した 8 カ国に限定している。
2) 福祉制度の展開に関する議論としては，他にピアソンなどにより提起された，既存の福祉枠組みにおける受益層の改革への抵抗に注目する「新しい福祉政治」論もある (Pierson 1996)。ただしこの議論は，既存の福祉枠組みの相違がその後の福祉改編の実施形態の違いと結びついていることを提起するもので，福祉枠組みそのものの相違が生じた理由を説明する枠組みではないこと，および仮に社会主義型福祉の存在を出発点として中東欧諸国の現状を他の福祉枠組みとは異なるものとして説明することを試みるにしても，後に見るように中東欧諸国の間での相違が大きく，そのために以前のシステムと現状とを直線的に結びつけることができないことから，ここでの議論の対象からは外している。
3) これらの枠組みをエステベス・アベらは「社会保護」と称しているが (Estevez-Abe, et al. 2001)，本章ではこの多様な資本主義論が対象とする，福祉の中で主として労働者の雇用に関連する領域について，以下では「労働保護」と称することとする。
4) なお調整型市場経済については，その類型の中で全国レベルでの調整を行う事例と企業レベルでの調整を行う事例を区分する研究 (Martin and Thelen 2007) や，キリスト教民主主義の影響の有無を区分する議論 (Iversen and Stephens 2007) もあるが，これらはいずれも，手厚い社会保障と柔軟な労働市場の組み合わせとなる北欧諸国と，職種別の社会保障および雇用保護が主体となるヨーロッパ大陸諸国とを区分する議論となっている。
5) ようやく最近になって，ポスト社会主義国を含めた EU に加盟している 27 カ国の福祉枠組みを制度的な相違などをもとに類型化する試みが現れ始めたが (Bazant and Schubert 2009 など)，今のところは現状の整理以上の体系的な議論は提起されていない。
6) ただしアダムらは，このような両国の相違は，スロヴェニアにおけるリベラル化とエストニアにおける福祉の見直しにより現在では収斂しつつあり，これを過度に強調するのは適切ではないとも指摘している (Adam, et al. 2009)。
7) なおエストニアに関しては，大学以外の高等教育機関に分類される ISCED 5B への進学率が 30% と他の中東欧諸国に比べて高く，ISCED の 5 A と 5 B の進学率を合わせると，全体としての高等教育機関への進学比率は 69% となる (UNESCO 2008, p. 103)。このような状況が生じているのは，エストニアではロシア語系の高等教育機関が「大学」として認可されていないことも影響しているとされる (小森宏美氏の教示による)。
8) 労使関係を含む中東欧 8 カ国の社会協議システムについて，詳しくは仙石 (2008) を参照。なお労働組合の影響力については，従来はこれを限定的なものとする議論がほとんどであったのに対して，近年では企業の余剰人員削減や世代交代により組合の主体が中堅の熟年労働者が中心となってきたことで，組合が本来の意味で労働者の利益を守る組織に転換しつつあるとする，オストの指摘がある (cf. Ost 2009)。
9) ポーランドでは団体交渉のカバー率がやや高くなっているが，これは政府 (労働・社

会政策省)が複数の企業で締結された協定を同じ産業の他の労働者にも適用する権限を有していることによる(仙石2008, p. 53)。
10) この節における福祉制度の整理は，Sengoku (2009) に整理したデータに依拠している。ただし近年の変更はSchubert, et al., eds. (2009) の各章およびMISSOCを利用して補足している。
11) 計量分析などにより，中東欧諸国は従来議論されてきた福祉レジームとは異なる「ポスト社会主義レジーム」となる可能性が高いことを指摘する論文が，数本ある程度である(Bulracu 2007; Fenger 2007; Aidukaite 2009b など)。
12) 本来であれば前節で取り上げた労働保護も広く福祉に含めるべきであるが，ここでは両者の議論の差異を明確にするため，労働保護は対象外としている。これにより，第4節で議論するように「労働組合が求める福祉」の特質を明確にできるという利点もある。
13) このリスクへの対応の相違という視点は，近年の福祉政治に関する議論で見られる「新しい社会的リスク(New social risks)」の議論を利用している。新しい社会的リスク論，およびその視点からの中東欧諸国の家族政策の分析については，ひとまず仙石(2009)を参照。
14) リトアニアについては，付加年金からの「オプト・アウト(選択的離脱)」が認められている(Sengoku 2009, pp. 156-157, Table 5)。
15) スロヴァキアについては，第2段階の基金型付加年金は改革当初は強制加入であったが，2008年から第2段階からの脱退(第1段階の確定給付の基礎年金のみへの移行)が認められるようになり，その結果特に45歳以上の労働者を中心に，第2段階から第1段階に戻る動きが見られたとされる(Wientzek and Meyer 2009, pp. 465-466)。
16) このうちラトヴィアは税方式，他の2カ国は保険方式という相違があるが，いずれもすべての国民を被保険者としている。
17) これらの諸国では，保険方式で保険料負担者を対象とする制度が導入されている点で，形式的には全国民を対象としているわけではないが，国庫負担などを通して実質的に無保険者が出ないような配慮をしている。
18) これらの諸国でも年金受給者や学生，あるいは生活支援を受けている人などは国庫負担で保険に加入できるが，上の諸国と異なり若年および中年層の非正規雇用者や未就労者などに国庫負担の加入制度がなく，無保険者が出る可能性が高くなっている。
19) このうちスロヴァキアでは，チェコと異なり被用者が利用できる育児休暇制度が導入されていて，かつ男女いずれも取得できるが，賃金補償が最低生活水準の90%という定額給付のため賃金が相対的に高い男性の休暇取得が進まず，そのため女性が育児休暇を取得することが一般的になっているとされる(Wientzek and Meyer 2009, p. 469)。そのため本章では，スロヴァキアをチェコと同じ類型としている。
20) 一例として。スロヴァキアでは福祉制度の改編が遅れ，体制転換後も長く社会主義期の制度がそのまま存続していたが，2002年以降はズリンダ(Mikuláš Dzurinda)政権の下で財務大臣となったミクロス(Ivan Miklos)が中心となり，年金制度の多層化

や医療費の一部窓口負担導入、あるいは最低生活保障の削減など、福祉制度に市場要素を導入する改革が進められた（この改革については Ringold and Kasek (2007, p.18 Box.3) を参照）。だがこの改革に対しては労働組合が特に強く抵抗し、その結果として 2006 年の選挙では与党は選挙で敗北、労働組合の支持を受けた左派の「方向 (SMER)」を軸に、民族派の国民党 (SNS)、人民党＝民主スロヴァキア運動 (L'S-HZDS) による反リベラルのフィツォ (Robert Fico) 政権が成立した。そしてこの政権の下で、労働法の改編による労働保護の再強化や、福祉政策における市場化からの路線転換（年金制度における基金型年金からの離脱の容認や、医療保険での窓口一部負担の廃止など）が進められた。ただしフィツォ政権は年金制度の三層制や一律税率の税制など、前政権が導入した市場的な経済・福祉の枠組みそのものの改編を行ったわけではないことから、スロヴァキアでは保護的な仕組みと市場的な仕組みとが折衷的に並存することになる (Wientzek and Meyer 2009, pp. 470-475)。

21) 参考までに、リトアニアの現在の福祉制度は、年金制度および保険制度がいずれも被用者を対象としていて、また育児支援では就労者に対する育児休暇や公的ケアはあるものの在宅育児支援がないという点などに現れているように、働く人を対象とする低水準の福祉枠組みという、実質的に社会主義型に近い福祉枠組みが存続している（表 9-8 から表 9-10 も参照, cf. Aidukaite 2003）。この点については、クラウス期のチェコの経済政策でも現れていたことだが、リベラルな経済政策の追求が、社会主義期の非効率的な制度の改編ではなく「放置」と結びついている例と見ることもできる。

22) ちなみにハンガリーでは中東欧諸国の中で唯一普遍的な所得補償の制度がないなど、低所得者層に対する福祉は不十分な点が多い反面、家族政策を中心に子供を有する中間層を主たる対象とした福祉制度が整備されている点で、単なる選別型の福祉とは異なる枠組みが構築されている。この点について詳しくは仙石(2010)を参照。

23) ポーランドに関しては、社会主義期の主要な輸出産業として鉱業部門（石炭）および農業部門という「ヘビー・ベイシック」部門の比重が他のヴィシェグラード諸国と比べて大きかったために体制転換による作用を強く受け、これが結果として（バルト3国ほどではないにしても）一般的な技術を利用する産業への転換を促したと考えられる。

24) 労働市場の保護の程度が高いのに柔軟化しているという現状については、結局のところ特に民間部門において、労働保護規制が必ずしも遵守されていないことが影響しているという指摘もある (Eamets and Masso 2005)。この点については、ラトヴィアでは職の保障された公的部門でラトヴィア人の雇用が確保される一方で、雇用の不安定な民間部門にロシア語系住民が多く流れるという状況が現れているという指摘とも関連している可能性が高い (Bohle and Greskovits 2009, p. 57)。

25) この議論について詳しくは Iversen and Soskice (2006) を参照。中道政党（中間層）は左派（労働者）と組んで右派（富裕層）から「搾取」する（富裕層の税率を上げその分を福祉により再配分する）か、逆に右派と組んで全体的に税率を下げるかの選択がありえるが、小選挙区制においては「事前に」提携を行う必要があることから、左派と

提携した場合選挙後に「左派の裏切り」により税率を上げられる可能性があるため，右派と組んで税率を下げる選択を行う可能性が高いのに対して，比例代表制では提携は「選挙の結果」により行われることから，中道勢力は「左派の裏切り」を恐れることなくこれと連携することが可能となるとする．
26) 中東欧諸国の場合国会議員の選挙(二院制の国の場合は下院議員選挙)においては，ハンガリーとリトアニア，および2009年からのブルガリアが小選挙区比例代表並立制を採用している他は，どの国も比例代表制を採用しているため，選挙制度の相違では例えばスロヴェニアとポーランドの相違を説明できないという問題がある．なお中東欧諸国の選挙制度について詳しくは，京都大学地域研究統合情報センターの「ポスト社会主義国選挙・政党データベース」を参照のこと(このデータベースの元データは，筆者の個人ホームページにも置かれている)．
27) 最近のアイヴァーセンとソスキスの論文では，調整型のシステムが導入された地域ではもともと農村共同体や職業組合といった経済利益の影響力や自立的な調整機能が強く，それを反映させるために比例代表制が導入されたのに対して，組織的な経済利益の活動が欠けていたリベラル型のシステムでは，最初に導入された多数決型の選挙制度がそのまま存続したという形で，両者の発展が19世紀後半から進んだという議論が提起されている(Iversen and Soskice 2009)．だが当然ながらこのような歴史的な議論を導入しても，体制転換期の中東欧諸国の事例が有効に説明されるわけではない．

**参 考 文 献**

Adam, Frane, Primož Kristan and Matevž Tomšič (2009), "Varieties of capitalism in Eastern Europe (with special emphasis on Estonia and Slovenia)," *Communist and Post-Communist Studies*, Vol. 42, No. 1, pp. 65-81.

Aidukaite, Jolanta (2003), "From universal system of social policy to particularistic?: the case of the Baltic states," *Communist and Post-Communist Studies*, Vol. 36, No. 3, pp. 405-426.

Aidukaite, Jolanta (2006), "Reforming family policy in the Baltic states: the views of the elites," *Communist and Post-Communist Studies,* Vol. 39, No. 1, pp. 1-23.

Aidukaite, Jolanta (2009a), "Old welfare state theories and new welfare regimes in Eastern Europe: challenges and implications," *Communist and Post-Communist Studies*, Vol. 42, No. 1, pp. 23-39.

Aidukaite, Jolanta (2009b), "The transformation of welfare systems in the Baltic states: Estonia, Latvia and Lithuania," in Alfo Cerami and Pieter Vanhuysse, eds., *Post-Communist welfare pathways: theorizing social policy transformations in Central and Eastern Europe,* Basingstoke: Palgrave Macmillan, pp. 96-111.

Bazant, Ursula and Klaus Schubert (2009), "European welfare systems: diversity beyond existing categories," in Klaus Schubert, Simon Hegelich and Ursula Bazant, eds., *The handbook of European welfare systems*, Abingdon: Routledge, pp. 513–534.

Berglund, Sten, Joakim Ekman and Frank H. Aarebrot, eds. (2004), *The handbook of political change in Eastern Europe* (Second edition), Cheltenham: Edward Elgar.

Bohle, Dorothee and Béla Greskovits (2007), "Neoliberalism, embedded neoliberalism and neocorporatism: towards transitional capitalism in Central-Eastern Europe," *West European Politics*, Vol. 30, No. 3, pp. 443–466.

Bohle, Dorothee and Béla Greskovits (2009), "East-Central Europe's quandary," *Journal of Democracy*, Vol. 20, No. 4, pp. 50–63.

Buchen, Clemens (2007), "Estonia and Slovenia as antipodes," in David Lane and Martin Myant, eds., *Varieties of capitalism in post-communist countries*, Basingstoke: Palgrave Macmillan, pp. 65–89.

Bulracu, Irina (2007), "Welfare state regimes in transition countries: Romania and Moldova compared," *CEU Political Science Journal*, Vol. 2, No. 3, pp. 302–318.

Cantillon, Bea, Natascha van Mechelen and Bernd Schulte (2008), "Minimum income policies in old and new member states," in Jens Alber, Tony Fahey and Chiara Saraceno, eds., *Handbook of quality of life in the enlarged European Union*, London: Routledge, pp. 218–234.

Carnes, Matthew E. and Isabela Mares (2007), "The welfare state in global perspective," in Carles Boix and Susan C. Stokes, eds., *The Oxford handbook of comparative politics*, Oxford: Oxford University Press, pp. 868–885.

Clark, Terry D. and Jovita Pranevičiūte (2008), "Perspectives on communist successor parites: the case of Lithuania," *Communist and Post-Communist Studies*, Vol. 41, No. 4, pp. 443–464.

Eamets, Raul and Jaan Masso (2005), "The paradox of the Baltic states: labour market flexibility but protected workers?" *European Journal of Industrial Relations*, Vol. 11, No. 1, pp. 71–90.

Estevez-Abe, Margarita, Torben Iversen and David Soskice (2001), "Social protection and the formation of skills: a reinterpretation of the welfare state," in Peter A. Hall and David Soskice, eds., *Varieties of Capitalism: the institutional foundations of comparative advantage*, Oxford: Oxford University Press, pp. 145–183（マーガリタ・エステベス-アベ，トーベン・アイヴァーセン，デヴィット・ソスキス（藤田奈々子訳）「社会保護と技能形成──福祉国家の再解釈」ピーター・A・ホール，デヴィット・ソスキス編『資本主義の多様性──比較優位の制度的基礎』ナカニシヤ出版，2007 年，167-210 頁）．

EuroFound (2007), *Gender and career development*, Dublin: Eurofound.

Feldmann, Magnus (2006), "Emerging varieties of capitalism in transition countries: industrial relations and wage bargaining in Estonia and Slovenia," *Comparative Political Science*, Vol. 39, No. 7, pp. 829-854.

Feldmann, Magnus (2007), "The origins of varieties of capitalism: lessons from post-soviet transition in Estonia and Slovenia," in Bob Hancké, Martin Rhodes and Mark Thatcher, eds., *Beyond varieties of capitalism: conflict, contradictions, and complementarities in the European economy*, Oxford: Oxford University Press, pp. 328-350.

Fenger, H. J. M. (2007), "Welfare regimes in Central and Eastern Europe: incorporating post-communist countries in a welfare regime typology," *Contemporary Issues and Ideas in Social Science*, Vol. 3, No. 2, 〈http://journal.ciiss.net/index.php/ciiss/article/view/45/37〉(2010年8月25日接続).

Fink-Hafner, Danica (2006), "Slovenia: between bipolarity and broad coalition-building," in Susanne Jungerstam-Mulders, ed., *Post-communist EU member states: parties and party politics*, Aldershot: Ashgate, pp. 203-231.

Gebel, Michael (2008), "Labour markets in Central and Eastern Europe," in Irena Kogan, Michael Gebel and Clemens Noelke, eds., *Europe enlarged: a handbook of education, labour and welfare regimes in Central and Eastern Europe*, Bristol: The Policy Press, pp. 35-62.

Greskovits, Béla (2008), "Leading sectors and the variety of capitalism in Eastern Europe," in John Pickles, ed., *State and society in post-socialist economies*, Basingstoke: Palgrave Macmillan, pp. 19-46.

Hancké, Bob, Martin Rohdes and Mark Thatcher (2007), "Introduction: beyond varieties of capitalism," in Bob Hancké, Martin Rhodes and Mark Thatcher, eds., *Beyond varieties of capitalism: conflict, contradictions, and complementarities in the European economy*, Oxford: Oxford University Press, pp. 3-38.

Huber, Evlyne and John D. Stephens (2001), "Welfare state and production regimes in the era of retrenchment," in Paul Pierson, ed., *The new politics of the welfare state*, Oxford: Oxford University Press, pp. 107-145.

Iversen, Torben (2007), "Economic shocks and varieties of government responses," in Bob Hancké, Martin Rhodes and Mark Thatcher, eds., *Beyond varieties of capitalism: conflict, contradictions, and complementarities in the European economy*, Oxford: Oxford University Press, pp. 278-304.

Iversen, Torben and David Soskice (2006), "Electoral institutions and the politics of coalition: why some democracies redistribute more than others," *American Political Science Review*, Vol. 100, No. 2, pp. 165-181.

Iversen, Torben and David Soskice (2009), "Distribution and redistribution: the shadow of the nineteenth century," *World Politics*, Vol. 61, No. 3, pp. 436-486.

Iversen, Torben and John D. Stephens (2007), "Partisan politics, the welfare state, and three worlds of human capital formation," *Comparative Political Studies*, Vol. 41, No. 4-5, pp. 600-637.

Kasza, Gregory (2002), "The illusion of welfare 'regimes'," *Journal of Social Policy*, Vol. 31, No. 2, pp. 271-287.

Keman, Hans, Kees van Kersbergen and Barbara Vis (2006), "Political parties and new social risks: the double backlash against Social Democracy and Christian Democracy," in Klaus Armingeon and Giuliano Bonoli, eds., *The politics of post-industrial welfare states: adating post-war social policies to new social risks*, London: Routledge, pp. 27-51.

King, Laurence P. (2007), "Central European capitalism in comparative perspective," in Bob Hancké, Martin Rhodes and Mark Thatcher, eds., *Beyond varieties of capitalism: conflict, contradictions, and complementarities in the European economy*, Oxford: Oxford University Press, pp. 307-327.

Kogan, Irena (2008), "Educational systems of Central and Eastern European countries," in Irena Kogan, Michael Gebel and Clemens Noelke, eds., *Europe enlarged: a handbook of education, labour and welfare regimes in Central and Eastern Europe,* Bristol: The Policy Press, pp. 7-34.

Korpi, Walter (2006), "Power resources and employer-centered approaches in explanations of welfare states and varieties of capitalism: protagonists, consenters, and antagonists," *World Politics*, Vol. 58, No. 2, pp. 167-206.

Korpi, Walter and Joakim Palme (1998), "The paradox of redistribution and strategies of equality: welfare state institutions, inequlity, and poverty in the Western countries," *American Sociological Science Review*, Vol. 63, No. 5, pp. 661-687.

Korpi, Walter and Joakim Palme (2003), "New politics and class politics in the context of austerity and globalizaion: welfare state regress in 18 countries," *American Political Science Review*, Vol. 97, No. 3, pp. 425-446.

Lane, David (2007), "Post-state socialism: a diversity of capitalism?" in David Lane and Martin Myant, eds., *Varieties of capitalism in post-communist countries*, Basingstoke: Palgrave Macmillan, pp. 13-39.

Lane, David and Martin Myant, eds. (2007), *Varieties of capitalism in post-communist countries*, Basingstoke: Palgrave Macmillan.

Manning, Nic (2004), "Diversity and change in pre-accession Central and Eastern Europe since 1989," *Journal of European Social Policy*, Vol. 14, No. 3, pp. 211-232.

Martin, Cathie Jo and Kathleen Thelen (2007), "The state and coordinated capitalism: contributions of the public sector to social solidarity in postindustrial

societies," *World Politics*, Vol. 60, No. 1, pp. 1-36.
Noelke, Clemens (2008), "Social protection, inequality and labour market risks in Central and Eastern Europe," in Irena Kogan, Michael Gebel and Clemens Noelke, eds., *Europe enlarged: a handbook of education, labour and welfare regimes in Central and Eastern Europe*, Bristol: The Policy Press, pp. 63-95.
Ost, David (2009), "The end of postcommunism: trade unions in Eastern Europe's future," *East European Politics and Societies*, Vol. 23, No. 1, pp. 13-33.
Pierson, Paul (1996), "The new politics of the welfare state," *World Politics*, Vol. 48, No. 2, pp. 143-179.
Ringold, Dena and Leszek Kąsek (2007), *Social assistance in the new EU member states: strengthening performance and labor market incentives*, Washington D.C.: The World Bank.
Ripka, Vojtěch and Miroslav Mareš (2009), "The Czech welfare system," in Klaus Schubert, Simon Hegelich and Ursula Bazant, eds., *The handbook of European welfare systems*, Abingdon: Routledge, pp. 101-119.
Schubert, Klaus, Simon Hegelich and Ursula Bazant, eds. (2009), *The handbook of European welfare systems*, Abingdon: Routledge.
Sengoku, Manabu (2009), "Welfare state institutions and welfare politics in Central and Eastern Europe: the political background to institutional diversity," in Tadayuki Hayashi and Atsushi Ogushi, eds., *Post-communist transformations: the countries of Central and Eastern Europe and Russia in comparative perspective*, Sapporo: Slavic Research Center (Hokkaido University), pp. 145-178.
Siemieńska, Renata and Anna Domaradzka (2009), "The welfare state in Poland: transformation with difficulties," in Klaus Schubert, Simon Hegelich and Ursula Bazant, eds., *The handbook of European welfare system*, London: Routledge, pp. 378-397.
Soskice, David (2007), "Macroeconomics and varieties of capitalism," in Bob Hancké, Martin Rhodes and Mark Thatcher, eds., *Beyond varieties of capitalism: conflict, contradictions, and complementarities in the European economy*, Oxford: Oxford University Press, pp. 89-121.
Tausz, Katalin (2009), "From state socialism to a hybrid welfare state: Hungary," in Klaus Schubert, Simon Hegelich and Ursula Bazant, eds., *The handbook of European welfare system*, London: Routledge, pp. 244-259.
UNESCO (2008), *Global education digest 2008: comparing education statistics across the world*, Montreal: UNESCO Institute for Statistics.
UNICEF (2007), *TransMONEE 2007 features: data and analysis on the lives of children in CEE/CIS and Baltic states*, Florence: UNICEF.
Vanhuysse, Pieter (2009), "Power, order and the politics of social policy in Central

and Eastern Europe," in Alfo Cerami and Pieter Vanhuysse, eds., *Post-Communist welfare pathways: theorizing social policy transformations in Central and Eastern Europe*, Basingstoke: Palgrave Macmillan, pp. 53-70.

Wientzek, Olaf and Hendrik Meyer (2009), "The slovak welfare system: neo-liberal nightmare or welfare pioneer of middle-eastern Europe," in Klaus Schubert, Simon Hegelich and Ursula Bazant, eds., *The handbook of European welfare systems*, Abingdon: Routledge, pp. 462-477.

仙石学(2007)「東欧諸国の年金制度──比較政治学の視点からの多様性の説明の試み」『西南学院大学法学論集』第39巻第4号，143-168頁。

仙石学(2008)「EU-8の社会協議システム」『大原社会問題研究所雑誌』第595号，48-63頁。

仙石学(2009)「中東欧諸国の家族政策──『新しい社会的リスク(NSRs)』の視点から」『西南学院大学法学論集』第41巻第3／4合併号，171-195頁。

仙石学(2010)「中東欧諸国における福祉枠組みの再編──政党政治の視点から」仙石学・林忠行編『体制転換の先端的研究(スラブ・ユーラシア研究報告集 No. 2)』北海道大学スラブ研究センター，63-90頁。

〈参照したホームページ(いずれも2010年12月1日付で接続を確認)〉

Eurostat:
　　http://epp.eurostat.ec.europa.eu/

MISSOC (Mutual Information System on Social Protection: Database on social protection system in EU member states):
　　http://ec.europa.eu/employment_social/spsi/missoc_en.htm

OCED Stat Extracts:
　　http://stats.oecd.org/

ポスト社会主義国の選挙・政党データ：
　　http://www.seinan-gu.ac.jp/~sengoku/database/(筆者個人ページ)
　　http://www.cias.kyoto-u.ac.jp/index.php/database_p01(京都大学地域研究統合情報センターのデータベース)
　　http://src-h.slav.hokudai.ac.jp/election_europe/(北海道大学スラブ研究センターのデータページ)

# 第 10 章　ロシア財政制度の資本主義化

田畑伸一郎

## 1. 財政制度の資本主義化の課題

### 1.1. 体制転換開始時の課題

　本章では，体制転換の側面のひとつとして財政制度を取り上げ，旧ソ連・東欧諸国などとの国際比較を念頭に置いて，ロシアの財政制度の資本主義化の過程を分析する。1980年代末から1990年代初めにかけての体制転換が始まった時期において，財政制度の資本主義化には次の3つの課題があったと考えられる。第1は，制度改革以前の問題として，財政を安定化させることである。第2は，社会主義的な財政制度に代わる資本主義的な財政制度の確立である。第3は，安定的な経済成長を保証できるような財政制度の確立である。こうした課題は，すべての旧ソ連・東欧諸国に共通するといえるが，対処の仕方には大きな違いが生じた。そこには，どのような主義主張の政権が体制転換を主導したのか，特に，それらの政権が国際的な機関(IMF(国際通貨基金)などの国際金融機関やEUなどの国際組織を含む)とどのような関係にあったのかといった要因が大きく作用した[1]。さらには，当該国の産業構造も大きな影響を及ぼした。特に，ロシアをウクライナやベラルーシなどの旧ソ連諸国と比較した場合に，新たな財政制度の確立において大きな違いを生み出す決定的な要因となったのは，やはりロシアが石油・ガス大国であるという要因であったといえる。単純化するならば，国際的な機関が勧める普遍的な制度と，各国が引き継いできた固有の産業構造との対抗関係の中

で，各国における財政制度の資本主義化が進展したわけである。ロシアの場合，経済の石油・ガス依存という特異性があまりにも強いため，結局のところ，石油・ガスに大きく依存する形の財政制度が形成されることになった。

1990年代以降のロシアや東欧諸国の財政制度改革，あるいは，財政パフォーマンスを包括的に扱った文献は，管見の限り，田畑(2004)くらいであるが，同文献は2000年代初期までしかカバーしていない[2]。本章は2008年までを視野に入れるが，2008年9月に表面化した世界金融危機のロシア・東欧諸国への影響を考慮した上で，これらの諸国のこれまでの財政制度改革を再評価するような作業を行うことはできていない。また，財政制度改革の中で大きな位置を占める中央と地方との関係の問題も本章では扱っていない。

本節の次項以下では，上記の財政制度の資本主義化の課題がどのようなものであったのかについてもう少し詳しく説明し，次節以降では，これらの課題がどのように遂行されたのかについて順番に検討する。

### 1.2. 財政の安定化

1980年代後半に，多くのソ連・東欧諸国において財政赤字の拡大と過剰流動性の進展の問題が深刻化した[3]。社会主義経済システムが行き詰って歳入が増えないなかで，企業への補助金や価格差補給金に代表される社会主義的な財政支出を続けたために財政赤字が拡大し，それを通貨発行によって賄ったためにインフレが高進したのである。ソ連においては，さらに，原油価格の低迷や，ペレストロイカにおける中途半端な企業制度改革の影響も重なって，財政赤字の問題が初めて顕在化し，「隠されたインフレ」としての物不足が激化した。

このような財政の破綻状況は，体制崩壊をもたらした直接的な要因のひとつであったといえよう。そうであれば，旧ソ連・東欧諸国の体制転換後の政権が，経済あるいは財政の安定化を経済政策における最優先課題としたのは当然のことであった。いわゆるショック療法の適用も，基本的には，市場経済化，資本主義化の方法というよりは，財政安定化の手段のひとつであった。ロシアにおいても，財政赤字と過剰流動性問題が深刻化するなかで，1991

年末に独立国家として発足した新政権は，ショック療法によるこの問題の克服を目指すこととなった。

## 1.3. 資本主義的財政制度の導入

市場と私有制度を認める資本主義経済システムの下では，この2つを否定する社会主義経済システムの下で成立した財政制度は存続不能であり，資本主義的な財政制度の確立が課題となったのは当然のことであった。社会主義的な財政制度は，次の2つの特徴を有する。第1に，価格が国定価格であることに起因する取引税と価格差補給金の存在である。卸売価格と小売価格がともに基本的に国によって定められるため，小売価格が卸売価格を上回る場合は，その差額が取引税として国に納められ，小売価格が卸売価格を下回る場合は，その差額が価格差補給金として国から補填された。取引税は，後述する国有企業利潤支払と並ぶ社会主義国の重要な財源であり，肉や牛乳などの価格差補給金は，社会主義政権の正統性の基礎のひとつといえるものであり，歳出の中で大きな比重を占めた。第2に，企業が事実上すべて国有企業であることに起因する国有企業の利潤の扱いにかかわる収入と支出である。すなわち，国有企業に利潤が発生した場合は，基本的にほぼすべてが国有企業利潤支払として国に納められ，逆に，投資資金や補助金が国から支出された。社会主義の下では，基本的に投資が国によって行われ，また，倒産することのないシステムであったので，企業の利潤についてこのような扱いになったのである。

ソ連においても，1990年の時点で，国家予算歳入の25.7%を取引税が占め，24.7%を国有企業利潤支払が占めた[4]。ソ連が東欧諸国と異なっていたのは，この他に，対外経済活動収入が15.9%という大きな比重を占めていたことである。この収入は，貿易の国家独占制度によって生じたものであった。社会主義経済においては，国内企業と外国企業が直接取引することはなく，国家貿易独占組織である貿易公団が介在した。国内通貨建て国内価格と外貨建て国際価格との差額がこの貿易公団の収入あるいは支出となり，純益が国に納められた。社会主義国においては輸出入関税が明示的には存在しなかっ

たが，この対外経済活動収入は，実質的に輸出入関税収入から輸出入補助金支出を差し引いたものであると理解される。ソ連においてこの対外経済活動収入が大きな額になった理由は，ソ連の主要輸出品目である原油の国際価格が1970年代以降高騰したからにほかならない。

　歳入の面から考えたとき，以上のような社会主義の下での歳入は，特異な社会主義経済システムを前提とするものであり，資本主義の下で維持できないことは明白である。資本主義的な財政制度の下では，直接税としての法人税や個人所得税，間接税としての付加価値税などが主要な財源となる。歳出の面では，1990年に国有企業の投資資金，国有企業への補助金，価格差補給金を含む国民経済費がソ連国家予算の歳出の38.5％を占めたが，資本主義的な財政制度においては，これもありえないことであった。さらに，社会主義国においては，財政赤字の補填方法が確立していなかったことも問題であった。ソ連の場合，財政赤字は，ゴスバンク（国立銀行）からの借入で賄われていたが，これはまさに通貨の増刷を意味し，1980年代後半に過剰流動性をもたらした主因のひとつであった。

## 1.4. 安定的成長のための財政制度の確立

　体制転換の出発点においてどこまで意識されたかはさておいて，資本主義経済として経済発展を遂げていくのであれば，安定的な成長を可能とするような財政制度の確立が最終的な課題であったことは当然であろう。すなわち，形式的に資本主義的な財政制度に移行するだけでなく，それが健全な形で機能するということである。より端的にいえば，財政赤字が継続することのないような財政制度を確立できるかという問題である。財政赤字の問題は，ロシア・東欧諸国が1990年代において苦しめられた問題のひとつであり，IMFなどの国際金融機関との関係やEU加盟との関係において，最も重視された問題のひとつであった。

## 2. 財政の安定化

### 2.1. ショック療法の適用とその失敗

既述のように，社会主義経済の下では，価格の多くが国定価格であるため，過剰流動性は，インフレとしてではなく，激しい物不足として現れる。今から振り返ると，あまりにも稚拙な発想といわざるを得ないが，ロシアでは，この過剰流動性を一掃し，価格体系の歪みを解消する方法として，1992年1月2日からの価格自由化を皮切りとするショック療法が実施されることとなった。石油・ガスなどのエネルギー価格やパン・牛乳などの食品が自由化の例外品目とされたが，それらの国家規制価格も3〜5倍引き上げられることになっていたので，3〜5倍程度のインフレが生じることは十分に予測できたことであった。それに対しては，財政・金融の緊縮策により対応できるという発想であった。

実際には，1992年の1年間に消費者価格指数は26.1倍上昇した。前年までの通貨（ルーブル）のだぶつきは1月の価格自由化により瞬時に消滅したが，3〜4月時点で財政・金融の緊縮策が維持できなくなり，1992年を通じて国家予算から企業に対して巨額の補助金が与えられることになった。国家予算の赤字は，従来どおり，中央銀行からの借入で賄われたので，インフレ高進に直結したのである。

財政・金融の緊縮策が維持できなくなったのは，国有企業の財務状況が悪化し，企業間債務が著しく増加したからである。価格自由化による原材料費の高騰，商業の自由化による販路の喪失，さらには，国家予算からの補助金等の削減という状況下で，企業が原材料等の代金を支払うことができないという問題が経済全体を覆ったのである。一方で，こうした国有企業を倒産させることはできなかったので，結局，国がこれらの企業を救済せざるを得なくなり，財政・金融の緊縮策が放棄されたのであった。

## 2.2. 1998年までの状況

ショック療法が事実上放棄されて以降の政策は、どっちつかずのものとなった。一方で、インフレを収束させるためにも、野放図に財政支出を増加させることはできなかった。他方で、企業間債務問題に対処するために、企業救済措置を断続的にとる必要があった。現時点から振り返るならば、1992-1994年の時期は、あまりにも多くの課題をこなさなければならなかった時期であり、ロシアで生じたような大混乱は、避けることができなかったものなのかもしれない。財政の問題に限っても、安定化という大きな課題とともに、後述するように、税制度を抜本的に改定するという大事業が遂行された。ショック療法の準備は1991年の秋頃から始められたとはいえ、ソ連の崩壊が確実となったのは12月であり、税制度改革の準備が十分にできたとはとても思われない。

財政赤字の状況については、図10-1に示した。ロシアの公式財政統計については、2004年までは国家予算(地方予算を含む)のみが示されていたのに対し、2005年からは社会保障関係の基金の予算を含む一般政府予算が示されるようになり、データがつながらないという問題がある。そこで、本章では、2005年からの定義にあうように2004年までの財政データを独自に再編成した[5]。しかし、この財政データに限らず、1992-1993年の統計データには、信頼性やその後のデータとの整合性の点で多くの問題があることに留意する必要がある。例えば、1992-1993年の歳出には巨額の輸入補助金が含まれていないという問題が指摘されている[6]。そうした点を考慮するとしても、1994年の財政赤字の対GDP比9.2％は相当大きい数字であるといえよう。既述のように、財政赤字が中央銀行からの無利子同然の貸付で賄われたため、インフレ率は、1992年の26.1倍からは下がったものの、1993年に9.4倍、1994年に3.2倍という水準であった。

ロシアでは、1999年まで財政赤字が継続した。図10-1の対GDP比データで見ると、財政赤字の原因は、歳出が依然として大きかったことにあるように見えるが、実質値データを見ると、この時期にはGDPが大きく縮小し

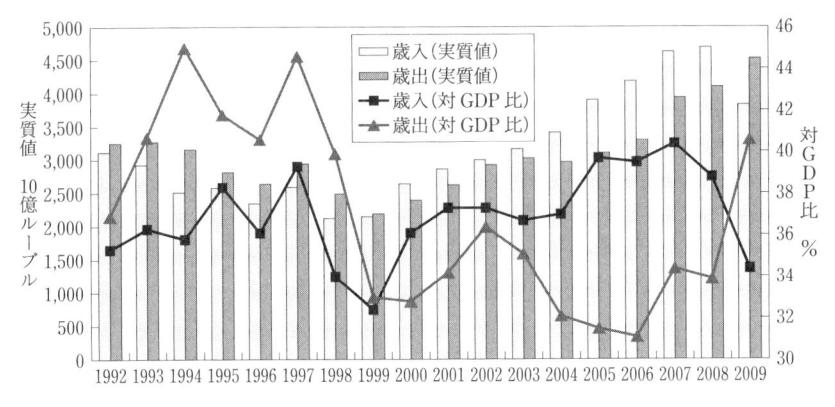

図10-1 ロシアの一般政府予算

注) 2004年以前の国家予算の公表値は予算外基金を含んでいないので，年金基金，社会保険基金，強制医療保険基金(連邦・地域)の歳入，歳出を加えた(連邦予算等からの移転部分は，データが得られる限り控除した)。歳入・歳出の実質値は，GDPデフレータによる2000年価格換算値。歳入・歳出のGDP比は各年名目値による計算値。
出所) *RSE*(各年版)；*Finansy Rossii*(各年版)；ロシア財務省未公刊資料(国家予算実績データ)；ロシア統計局ウェブサイト(GDPデータ)(http://www.gks.ru/)(2010年12月14日に接続を確認)より作成。

たために歳入が伸び悩んだこともその原因であることがわかる。そのようななかで，ロシアでは，1995年からIMFなどの勧告を容れて，財政赤字の補塡が短期国債と国際金融機関からの貸付で賄われるようになった。財政赤字自体は，1995-1997年に対GDP比3〜5％程度とそれほど下がっていないものの，インフレ率が1995年に2.3倍，1996年に21.8％，1997年に11.0％と下がったのは，この財政赤字補塡方法の変更によるところが大きい。ただし，問題は，この短期国債が次第に外国投資家によって購入されるようになったことである。また，ロシアの銀行が，外国の銀行から資金を借りて，国債に投資することも次第に増えていった。1997年には，国際金融機関からの貸付，外国投資家による短期国債購入，外国の銀行からの貸付を原資とするロシアの銀行による短期国債購入の3つを合わせると，財政赤字補塡額のほぼ8割に達していた[7]。こうした異常な状況が，1998年の通貨・金融危機の背後にあった。

　ロシアと同じような一気の価格自由化は，ハンガリーやチェコを除く多く

の東欧諸国でも実施された。このため，これらの諸国では，ロシアと同じように，1990年代初めの時期において高いインフレ率が記録されることとなった。その後の推移には，国によって大きな差がある。財政状況についても国ごとに相当大きな差があり，一般化することは難しい[8]。EBRD(欧州復興開発銀行)の統計によれば，1990年代前半に，ハンガリーやブルガリアでは対GDP比5％を超えるような財政赤字が継続したが，ポーランドやルーマニアではそれは2〜3％程度であり，チェコでは1〜2％であった。

## 3. 資本主義的財政制度の導入

### 3.1. 歳入構造の変化

体制転換後の財政において，主要な歳入源として期待されたのは，付加価値税と法人税の2つである(図10-2)[9]。この2つは，それぞれ，それまでの取引税と国有企業利潤支払に代わるものと位置づけられていた。このうち，付加価値税は，一般消費税として世界的に最も普及している税金である。ロシアでは，当初，税率が一律32％として導入されたが，高すぎるという批判が多く，早くも1992年2月に基礎的食料品について15％とされた。1993年初めには税率が一気に20％に引き下げられ(2004年以降は18％)，また，基礎的食料品や子供用製品について10％の低減税率が適用された。特定品目に対する低減税率の適用も，世界の多くの国が行っていることである。付加価値税は，1992年においては一般政府予算歳入の29.8％を占めたが，1993年に税率が引き下げられたこともあり，歳入に占める比重は，1990年代後半に17〜20％程度で推移している。なお，個別消費税としては，酒類，タバコ，乗用車，ガソリンなどに対する物品税が導入された。これは従来の取引税の機能の一部(奢侈品・高級品に対する課税)を引き継ぐもので，世界各国でも導入されているものであるが，ロシアの場合，後述する輸出関税の廃止に関連して，原油・天然ガスに対する物品税課税が一時期強化された。図10-2において，物品税収入が1996-2003年において比較的大きな比重と

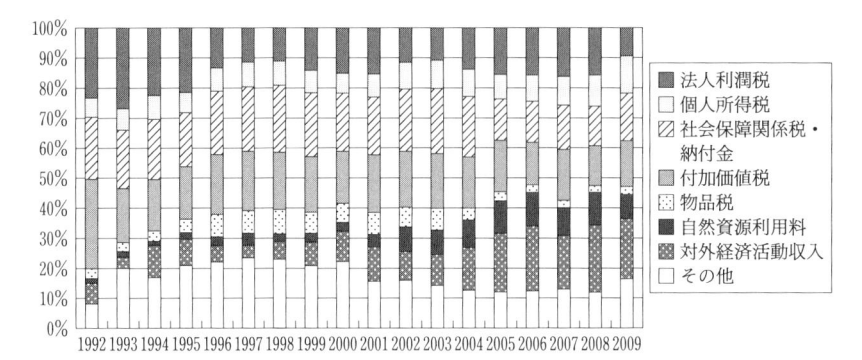

図 10-2 ロシアの一般政府予算の歳入構造

注) 2004年以前については，国家予算の歳入に，図10-1の注に挙げた予算外基金の収入を加えた。
出所) *RSE*（各年版）；*Finansy Rossii*（各年版）；ロシア財務省未公刊資料（国家予算実績データ）；ロシア出納局ウェブサイト(http://www.roskazna.ru/)より作成(2010年12月14日に接続を確認)。

なっているのは，このためである。

　法人税については，その税率が1992年時点では32％とされていたが，1994年に35％に引き上げられ，1999年に30％に引き下げられた後，2001年に再び35％に戻された。その後は，2002年に一気に24％に引き下げられ，2009年からは20％に引き下げられている。一般政府予算の歳入に占める比重は，1990年代前半には20％を超えていたが，1996年以降は11～16％程度で推移している（1996年における法人税のシェアの急落は，不況の継続とインフレの沈静化（インフレは減価償却費の過小評価をもたらしていた）による企業利潤の減少によるものである）。もうひとつの直接税である個人所得税については，1992年に基本（最低）税率が12％，最高税率が60％の累進税として導入された。ロシアの場合，兼業が多いことから，個人の所得総額を確定することは非常に困難であり，個人所得税の捕捉率は低かった。

　なお，東欧諸国においても，法人税と付加価値税の導入など，基本的に同じような方向での税制改革が進められた[10]。

　ロシアにおいて1990年代前半に税制をめぐって議論となったのは，輸出関税の是非に関してであった。輸出関税は，輸出価格の引き上げをもたらす

ため，世界で導入している国は，資源輸出国など極めて少数である。ロシアでは，価格自由化後も残る内外価格差を埋めるものとして1992年初めから多くの輸出品について導入された。この輸出関税がないと，当該輸出品の生産者にとって，国内で売るよりも，外国に輸出した方が，利益が大きくなることが多かった。輸出が基本的に自由化されたなかで，輸出に対する制限措置という役割をも担ったわけである。また，特に，鉱物資源の輸出関税は比較的徴税が容易であり，一定の税収を確保できるというメリットも大きかった。これに対して，IMFなどの国際金融機関は執拗に輸出関税の撤廃をロシアに迫った。輸入関税と同様に，貿易自由化に反するというのがその理由であった。この結果，輸出関税の適用品目は次第に減らされ，1996年7月には輸出関税が撤廃されることとなった。1990年代前半には，特に，化石燃料の輸出に対するさまざまな制限が次第に廃止されたが，輸出関税の撤廃もその一環であった[11]。

## 3.2. 歳出構造の変化

一般政府予算の歳出構造については，1992-1994年，1995-2004年，2005-2008年の3つの時期で統計方法・分類が異なることの影響が大きいため，図10-3ではできるだけ歳出費目の定義の統一化を図ったものの，厳密な比較は難しい[12]。しかし，以下の諸点は読み取ることができよう。第1に，1994年までの時期と1995-1998年の時期を比較するならば，国民経済費の比重が減少傾向にある。1994年までの国民経済費は，住宅・公営事業を含んでいたと考えられるが，それを考慮しても，国民経済費の減少傾向は明らかである。国民経済費のかなりの部分を占めているのは投資資金であることから(例えば，2008年の連邦予算当初案では約4割を占めた)，このことは，投資の大半を国家財政によって賄うという従来の拡大再生産メカニズムが崩壊したことを反映するものであろう[13]。上述のように，1990年に国民経済費がソ連の国家予算歳出の38.5％を占めていたことを想起するならば，1990年代に大きな変化が生じたことは明白である。なお，国民経済費が2000年代に再び増えていることは，プーチン政権下での再国有化や国家的投資プロ

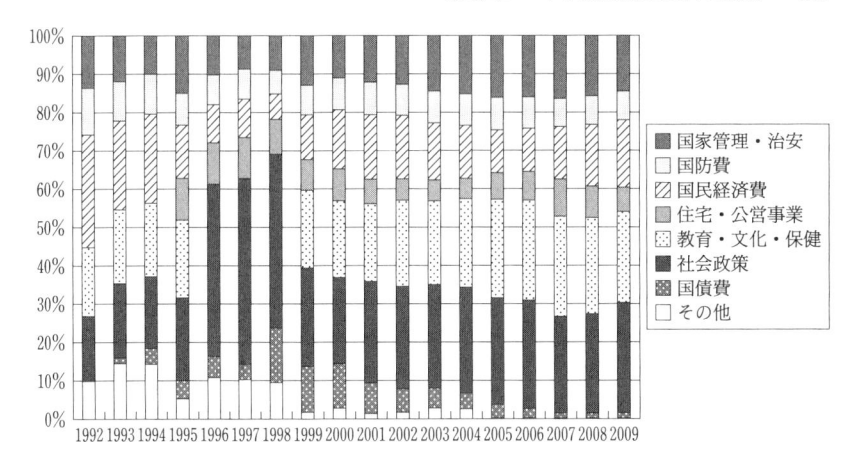

図 10-3 ロシアの一般政府予算の歳出構造

注) 2004年以前については，国家予算の歳出に，図10-1の注に挙げた予算外基金の支出を加えた。1994年以前の国民経済費は住宅・公営事業を含む。1996-1998年の社会政策は教育・文化・保健を含む。
出所) 図10-2に同じ。

ジェクト重視の影響であると考えられる。

　第2に，社会・文化費，特に，社会政策費の比重が増加傾向にある。これには，社会政策費の支出の過半を占める年金基金の支出増加と国家予算からの社会政策費(諸々の社会保障費を含む)の増加が寄与している。1990年代の前半には，厳しい経済・財政状況の中で社会主義期の所得再分配メカニズムが見直されたのに対し，その後少しずつ配慮がなされるようになったことが関係すると考えられる[14]。一方，2005年以降は，教育・文化・保健費の比重の増加が顕著であり(特に，教育と保健)，プーチン政権2期目におけるこれらに関係する分野での国家的プロジェクトの実施が反映されていると考えられる。

　第3に，国債費の比重が1998年に著しく増大し，2001年以降急速に減少している。これは，1998年の通貨・金融危機により国債の返済・利子払いの負担が増大したこと，税収の増大等により2000年代に国債の返済が急速に進んだことなどによるものである。

## 4. 安定的成長のための財政制度の確立

### 4.1. 税収の増大

ロシアの場合，税収が拡大して，安定的な財政が確立されるのは1998年の通貨・金融危機を経た後である。これについては，次の3つの契機を指摘できよう。第1に，1995-1998年においては，ロシアは財政赤字の補填や対外債務の返済の面で国際金融機関への依存度が高かったため，財政政策について，国際金融機関の方針に縛られる面が大きかった。象徴的なのは，既述の輸出関税の廃止であった。1998年の通貨・金融危機は，IMF主導のロシアの財政再建策の破綻を意味したので，1999年以降は，ロシアはこの面でフリーハンドを持つこととなった。ここでも象徴的なのは，1999年からの輸出関税の復活である。第2に，個別の税法を集大成した税法典が1998年から順次採択されたことをはじめとして，抜本的な税制改革が行われたことである。とりわけ，石油・ガスなどのエネルギーに対する税制改革は，2000年代以降の税収増大の基礎を築くものであった。第3に，1999年以降，原油価格の高騰を背景に，経済成長が始まったことである。図10-1の対GDP比データからは，財政の黒字化には，歳入の増大よりも歳出の抑制が寄与したように見えるが，同図の実質値データが示すように，2003年の歳出の実質値はすでに1992-1998年の平均を上回っており，歳入の実質値は一層大きな増加となっている。

以下では，大きな意味を有した税制改革として，エネルギー税制と個人所得税について検討してみたい。エネルギー税制の中心は，原油にかかわる課税制度である。これには，輸出関税と鉱物資源採掘税がある。前者は，1999年1月に再導入され，2002年2月からは，税率が原油の国際市場価格に連動する方式が適用されるようになった。後者は，2002年1月に，それまでに存在したいくつかの税金を統合する形で導入された。税率については，やはり，原油の国際市場価格に連動する方式が採用された。この2つの税収は，図10-2では，対外経済活動収入と自然資源利用料に含まれている。これら

の税収が2000年代に急増していることが明らかである。原油からの税収は，1990年代には物品税としても徴収されたが，1996年以降，輸出関税が廃止されており，1997年に国家予算歳入に占めた比重は5%にも満たなかった[15]。原油価格の高騰は，原油の輸出関税と採掘税の税収を自動的に増加させたため，2008年にはこの2つの原油税収だけで一般政府予算歳入の20.8%(連邦予算歳入では35.3%)を占めたのである[16]。この原油からの徴税制度は，2007年の時点で，油価が1バレル当たり1ドル上がると87セントまでが自動的に国庫に納められるものであった。2000年代のロシアの税収の増大については，原油価格高騰という要因のみが強調されがちであるが，プーチン政権の下で初めてこのようなエネルギー税制を確立できたという要因を見逃すことはできない。その背景には，ユコス事件に象徴されるような，国家と石油・ガス部門の関係の再編があった[17]。

　個人所得税については，2001年初めに抜本的な修正がなされた。それまでの累進課税が廃止され，13%の税率が一律に適用されるようになったのである(それまでの最低税率は12%)。一連の旧ソ連・東欧諸国においても，いわゆるフラット・タックスが自由主義的な政策として導入されたが，ロシアでは目的がかなり異なっていた[18]。ロシアの場合，複数の職場で就業する者が多いなかで，所得の合計額を把握するのが困難であることに関係していた。累進課税は全く機能していなかったわけである。一律の税率の導入は，これまで所得の一部を申告していなかった者が申告するようになることを期待した措置でもあった。2001年初めには，それまでの年金基金，社会保険基金，強制医療保険基金への別々の納入に代えて，それらを統合した統一社会税が導入されたが，これも賃金支払額への課税であり，2002年初めからの年金改革の実施が迫るなかで，当局が個人所得をしっかりと捕捉することが必要だったのである[19]。個人所得税収は，2001年に前年と比べて46.3%も増え，一般政府予算歳入に占める比重も前年の6.6%から7.7%に増加した。一律の個人所得税率の導入は，一定の成果を上げたと見なされている。

### 4.2. 財政黒字の積み立て

　ロシアでは，財政黒字が続くなかで，将来，油価が下がり，歳入が不足する事態が生じたときに備える安定化基金が設けられることとなった。同基金は，原油の採掘税と輸出関税の税収を財源とするもので，2004年に設立された[20]。油価が空前の水準にまで高騰し，原油税収が著しく増加するなかで，同基金は，本来の目的に加えて，次の2つの役割を果たすこととなった。ひとつは，対外債務の返済である。ロシアは，1990年代前半に借り入れたパリクラブに対する対外債務について2005年と2006年に完済するなど(計366億ドル)，安定化基金により相当額の対外債務を返済することができた。もうひとつは，インフレの抑制という機能である。ロシアでは，原油価格の高騰によって経常収支の黒字が拡大したために，ルーブルの実質レートが著しく上昇する事態となった。過度のルーブル高は，国内産業にとって望ましくないと判断され，ロシア中央銀行は為替市場でドル買い介入を強力に行うこととなった。その結果，ルーブルの供給量(マネーサプライ)が増え，インフレが高進したのである。そのようななかで，安定化基金は，税収の一部を使わないで貯めておくことを意味するので，インフレ抑制の効果を及ぼしたのである。特に，2004-2006年において，安定化基金が存在したことによる一般政府予算歳出の抑制効果が大きかったことは，図10-1からも確認される。安定化基金の収入は2004-2006年の平均で対GDP比5.3%を占めた。

　2008年初めに，安定化基金は予備基金と国民福祉基金に再編成され，いわゆる政府系ファンドの色彩を強めている。また，基金の収入源についても，原油だけでなく，天然ガスと石油製品が含まれるなど，拡大が図られた。2008年秋からの世界金融危機の影響がロシアにも及び，2009年のロシアの一般政府予算は1999年以来の赤字となった(図10-1)。この財政赤字はほぼすべてが予備基金によって賄われており，安定化基金設立当初の想定どおりの使い方となった。予備基金と国民福祉基金の残高の合計は，2008年末現在の2251億ドルから，2009年末現在には1521億ドルに減少したが，2009年のGDPの11.8%に相当する額である。

2004年5月にEUに加盟した東欧8カ国にとっては、ユーロ参加が次の目標となっている。しかし、そのための条件の1つが財政赤字を対GDP比3%以下に抑えることとされているため、財政赤字をこの水準以下に抑える見込みが立たなかったポーランド、ハンガリー、チェコでは、2010年以前のユーロ参加は目標とされていなかった[21]。これらの国々で財政赤字が大きい原因については、1人当たり所得が同程度の国と比較して、対GDP比で見た一般政府予算歳出規模がなお大きいことが指摘されており[22]、当面、歳出削減の方向での財政再建を考える他はなさそうである。

1) 国際的な制約の強弱が、ロシアと東欧諸国における税制改革の違いを生じさせた大きな要因であることについては、Appel (2006), Appel (2008, p. 316), Martinez-Vazquez and McNab (2000, p. 277) などで強調されている。
2) 旧ソ連・東欧諸国における税制改革のみを比較した文献は少なくない。例えば、これら諸国全体を比較したものとしては Martinez-Vazquez and McNab (2000)、旧ソ連諸国の比較としては Ebrill and Havrylyshyn (1999)、中欧3カ国の比較としては Appel (2006) などがある。
3) ソ連については、田畑(1992)参照。
4) 本段落と次段落でのソ連財政データの出所は、*Narkhoz* (1991, pp. 15-16)。
5) 同図の注に示した以外にも予算外基金は存在したが、額が小さいので考慮に入れていない。一般政府予算の推計について詳しくは、田畑(2010)参照。
6) 久保庭(1996, pp. 61-64), 田畑(1999, pp. 47-48)。
7) 田畑(2004, p. 101)。
8) 田畑(2004, pp. 94-96)。
9) ロシアでは、法人税は、当初は企業利潤税と呼ばれ、2001年8月6日付連邦法第110号により税法典に組み込まれて以降は、法人利潤税と呼ばれている。
10) Martinez-Vazquez and McNab (2000, pp. 278-285), 田中(2007, pp. 187-189)。
11) 金野(2006), 上垣(2005, pp. 13-26)参照。
12) 同図で、特に1996-1998年に「その他」が大きいのは、同期について詳しい国家予算データ(ロシア財務省未公刊資料)が得られていないことに関係している。詳しくは、田畑(2010)参照。
13) 田畑(1999, pp. 48-49)参照。
14) 大津・田畑(2006, pp. 207-209, 229)参照。
15) 田畑(2007, p. 217)。そこでは、一般政府予算ではなく、国家予算で議論している。
16) ロシア出納局のウェブサイト(http://www.roskazna.ru/)データからの計算値(2010年12月14日に接続を確認)。

17) Appel (2008).
18) 旧ソ連・東欧諸国におけるフラット・タックスの導入については，松澤(2008)参照。ロシアにおける特殊な事情とフラット・タックス導入の成果の解釈については，Gaddy and Gale (2005)，Ivanova, et al. (2005) 参照。
19) ロシアの年金改革については，大津・田畑(2006)参照。なお，2010年から統一社会税が廃止され，個々の基金への保険料納入方式に戻っている。
20) 以下の記述について，詳しくは田畑(2008，pp. 92-97)参照。
21) 田中(2007，pp. 280-283)。2004年にEUに加盟した国々の中では，スロヴェニアが2006年に，スロヴァキアが2009年にユーロに参加している。
22) Heinz (2007, pp. 56-57).

**参 考 文 献**

Appel, Hilary (2006), "International Imperatives and Tax Reform: Lessons from Postcommunist Europe," *Comparative Politics*, Vol. 39, No. 1, pp. 43-62.
Appel, Hilary (2008), "Is It Putin or Is It Oil? Explaining Russia's Fiscal Recovery," *Post-Soviet Affairs*, Vol. 24, No. 4, pp. 301-323.
EBRD (European Bank for Reconstruction and Development), *Transition Report*, London, various years.
Ebrill, Liam and Pleh Havrylyshyn (1999), *Tax Reform in the Baltics, Russia, and Other Countries of the Former Soviet Union* (IMF Occasional Paper 182), Washington DC: IMF.
*Finansy Rossii*, Moscow: Rosstat, various years.
Gaddy, Clifford and William Gale (2005), "Demythologizing the Russian Flat Tax," *Tax Notes International*, March 14, pp. 983-988.
Heinz, Frigyes Ferdinand (2007)「中・東欧諸国のユーロ導入への課題と展望」国際通貨研究所『中・東欧諸国に関する研究会』(財務省委嘱)。
Ivanova, Anna, Michael Keen and Alexander Klemm (2005), "Russia's 'Flat Tax'," *Economic Policy*, Vol. 20, No. 43, pp. 397-444.
Martinez-Vazquez, Jorge and Robert McNab (2000), "The Tax Reform Experiment in Transitional Countries," *National Tax Journal*, Vol. 53, No. 2, pp. 273-298.
*Narkhoz (Narodnoe khoziaistvo SSSR v 1990 g.)* (1991), Moscow: Goskomstat SSSR.
*RSE (Rossiiskii statisticheskii ezhegodnik)*, Moscow: Rosstat, various years.
上垣彰(2005)『経済グローバリゼーション下のロシア』日本評論社。
大津定美・田畑伸一郎(2006)「ロシアの年金改革」西村可明編著『移行経済諸国の年金改革——中東欧・旧ソ連諸国の経験と日本への教訓』ミネルヴァ書房，207-235頁。
久保庭真彰(1996)「独立後のロシア財政の制度及び動向」日本輸出入銀行海外投資研究所『ロシアの財政』(調査資料，No. 28)，5-133頁。

金野雄五(2006)「ロシアの石油・ガス輸出制度とWTO加盟問題」『比較経済研究』第43巻第2号，1-13頁。

田中素香(2007)『拡大するユーロ経済圏』日本経済新聞出版社。

田畑伸一郎(1992)「旧ソ連の過剰流動性問題」『ソ連研究』第14号，58-79頁。

田畑伸一郎(1999)「国民所得と経済成長」久保庭真彰・田畑伸一郎編著『転換期のロシア経済——市場経済移行と統計システム』青木書店，23-59頁。

田畑伸一郎(2004)「財政・金融制度の改革と現状」大津定美・吉井昌彦編著『ロシア・東欧経済論』ミネルヴァ書房，85-106頁。

田畑伸一郎(2007)「ロシアの市場経済化とエネルギー貿易」池本修一・岩﨑一郎・杉浦史和編著『グローバリゼーションと体制移行の経済学』文眞堂，202-220頁。

田畑伸一郎編著(2008)『石油・ガスとロシア経済』北海道大学出版会。

田畑伸一郎(2010)「ロシアの一般政府予算の推計(1992〜2008年)」mimeo.

松澤祐介(2008)「市場経済移行国の税制改革——スロヴァキアの『フラット・タックス』を巡って」『西武文理大学研究紀要』第13号，33-40頁。

# 終　章　体制転換研究の意義
──研究の成果と残された課題──

仙　石　　学

## 1. 体制転換研究を進めるために──本書の知見から

　序章でも述べたように，本書はそれぞれの執筆者のスタイルで体制転換にかかわる政治あるいは政治経済の比較分析を行い，そこから体制転換の特質を明らかにすること，および体制転換を分析するための方法を検討することを目的として編纂されたものである。それぞれの章が題材とするテーマはさまざまであり，また当然ながらそれぞれの論者が提起する議論や結論にも章ごとに相違がある。だがここでこれらの分析を総括することで，体制転換の特質，およびこれを分析するための方法について，重要な手がかりを得ることができる。以下では全体の議論を，簡単にまとめておくこととしたい。

　まず最初の論点として，体制転換には各国の歴史から導かれたもので，かつ旧体制の解体が歴史の痕跡を消失させ「白紙状態」をもたらすものではない以上は，各国の歴史的経緯や，あるいはそれぞれの国・地域が置かれた環境──いわゆる「コンテクスト」に着目することが不可欠となるということがある。この論点については，社会主義体制の特質の違いが主要勢力間の資源配分の相違をもたらし，その違いが体制転換直後の制度選択に作用したことを指摘する平田論文や，共産主義システムにおける共産党と閣僚会議の二頭制が現在のロシアの半大統領制に引き継がれていることを指摘する大串論文，社会主義期におけるロシア系住民の「入り方」の違いが，体制転換後の制度選択や政党システムの発展に異なる影響を与えていることを指摘する小

森論文，あるいは社会主義期の工業化の特殊性が，体制転換後の経済改革への消極的な対応と結びついていることを指摘する上垣論文などに見ることができる。しかもこの歴史にかかわる問題は，体制転換以前の歴史に触れていない論文においても（明示的にではないかもしれないが）重要な論点となっている。例えば体制転換後のプロセスのみをフォローしているように見える久保論文でも，体制転換直前の共産党の路線選択の違いが，その後の政党対立軸の相違と連関していることが提起されている。これらの議論からは，体制転換を分析する際のポイントのひとつとして，例えば合理的選択論のような一般性を過度に重視する議論のみを用いるのは適切ではないこと，一般的な議論を利用するにしても，その適用に際しては各国の置かれた歴史・社会的なコンテクストを踏まえる必要があることを，確認することができるであろう。

ただしこのことは，体制転換は事例ごとの特殊性を確認すれば事足りる——別の表現をすれば，体制転換研究とは個別の事例分析の集積にすぎず，「総体としての」体制転換研究というものは成立しない，ということを意味するわけではもちろんない。確かにここまでにも確認したように，中東欧および旧ソ連諸国の体制転換はそれぞれ特有の要素を有していて，またその過程では国ごとに異なる状況が現れていることから，これらを体制転換研究としてひとくくりにすることには，意味がないように感じられる。だが本書で取り上げた諸国については，一党独裁と計画経済に依拠する社会主義体制を起源とし，冷戦後の流動的な国際政治および経済状況の中でシステムの変革を進め，最終的には新しい政治および経済制度をまがりなりにも構築したという点で，他の諸国とは明確に区別される「コンテクスト」を共有しているのは事実である。このようにコンテクストを多く共有する諸国の間で国ごとに違いが現れている理由を考えるためには，やはりさまざまな体制転換に関する事例を取り上げ，これを包括的に比較することが不可欠となるであろう。

次の論点として，体制転換においては確かに各国固有のコンテクストも作用するものの，それが体制転換の結果に対して決定論的に作用するわけではない——過去の遺産や経路依存のみが現状に作用するわけではなく，体制転

換の過程におけるアクターの行動や，体制転換期の国際関係あるいは経済状況などの外的な要因も，歴史的経緯と同じように，あるいはときにはそれを超越する形で，体制転換の帰趨に影響を与えているということがある。序章でも論じたように，従来の体制転換に関する研究の多くは初期の民主化論などへの反省もあり，制度的な遺産や歴史的経緯を重視する議論が中心となっていた。だが歴史的な要因の作用は無視することはできないものの，それは現在の政治過程に直接的な影響を及ぼすものではない。特に体制転換期のような急激な変化の時期には，歴史的な経緯が逆に「経路離脱(path-departure)」をもたらすことも十分に考えられる[1]。この現在のプロセスと過去の経緯の連関をめぐる問題については，社会主義体制，もしくはそれ以前の体制が歴史的な経路を制約したというよりも，歴史的な経緯が発展の制約を取り除き，体制転換の後に民主化を含む多様な政治展開の可能性を開いたと考える必要性を提起する平田論文が直接の議論を展開しているが，他にも政党システムの確立のプロセスの中で，それまでの歴史的経緯を離れた「二極競合」を軸とする政党間関係が徐々に構築されつつあることを指摘する中田論文，大統領の交代という権力移行の不安定な時期におけるエリートの動きが，その後の政党システムの安定化ないしその欠如と連関することを指摘する溝口論文，あるいは当初は国際金融機関の推奨するネオリベラル型の経済改革を追求していたロシアが，金融危機以後は，自国が比較優位を有するエネルギー産業に依拠する経済政策へと回帰したことで逆説的ながら財政の資本主義化が進んだことを指摘する田畑論文なども，体制転換の「プロセス」にかかわる要因と歴史的な要因との連関にかかわる問題を議論している。これらの議論からは，歴史的な要因の作用の程度，もしくはその「作用のしかた」には，各国における体制転換期固有の要因も影響を与えていることが，確認できるであろう。

　最後の論点として，本書の議論からは，体制転換の分析に際しては，これまで他の地域の事例を分析するために用いられてきた政治・経済の分析手法を利用することも十分に可能であることが明らかにされたということがある。この点については，民主化論や移行論のように理論を「プロクルステスの寝

台」のように利用するのとは異なり,体制転換に関する事例を十分に踏まえた上で,既存の政治学あるいは経済学の枠組みを体制転換の事例分析に用いるならば,体制転換後の諸国の状況と他の地域の事例との共通性,ないし体制転換を経験した諸国の独自性を明確にすることができるとともに,従来の議論についてもその限界や問題点を明らかにして,そのさらなる発展について考えることが可能であることも,本書の各章において示されているということがある。この点は特に,「欧州化」という視点からヴィシェグラード4カ国の地方制度改革を検討し,地域区分をめぐる論争そのものには各国の固有の要因が強く作用しているものの,EU加盟という共通のコンテクストが各国における議論の方向性をある程度収斂させたことを指摘する林論文や,ガーシェンクロンの経済的後進性の議論をブルガリアおよびルーマニアの事例に適用し,ガーシェンクロンは十分に論じていない「歪んだ工業化」の「帰結」にかかわる問題を論じた上垣論文,あるいは福祉政治における権力資源論および多様な資本主義論と中東欧諸国の現状を連関させることで,既存の福祉政治関連の議論の限界とその発展の可能性を指摘する仙石論文などで意図的な議論が行われているが,当然他の論文においても,既存の方法論との連関についても考慮した議論が行われている。体制転換は確かに旧社会主義地域に固有の現象ではあるが,その固有性を理由として社会主義期のように他の事例との比較や一般的な議論の適用を否定するのではなく,逆にこれらの議論を通して体制転換の固有性と普遍性を明らかにしていくこと,およびそこから一般的な議論の可能性や限界について議論することが可能であることを明らかにしたことも,本書の重要な成果のひとつとなるであろう。

　結局のところ体制転換の特質は,コンテクストを共有する諸国の間で想定以上の多様性が存在していることにあり,この多様性を分析するさまざまな方法を利用し,多様な要因とその連関を明らかにしていくことが体制転換研究の意義となる。さらにこのような作業を行うことで,体制転換研究は政治学や経済学の方法論に対しても貢献を行うことが可能となる。以上が本書全体の暫定的な結論となるであろう。

　ただし本書で取り上げた議論は,すべて比較の視点を有しているものの,

その比較の範囲は中東欧諸国ないし旧ソ連諸国のいずれかの範囲内に限定されていて，中東欧諸国と旧ソ連諸国とを横断的に比較する研究が実質的に含まれていないという欠点がある[2]。そこで最後に，この両者を包括的に検討することにより，より総合的な体制転換研究を行うことは可能なのか，またそれが可能であるとして，そのような研究を行うことに意味はあるのか，これを残された課題として，簡単に検討しておくこととしたい。

## 2. 残された課題――あるいは「中東欧と旧ソ連は比較可能か？」

序章においてピアソンの二段階比較論に言及したが，本書の各章における旧ソ連ないし中東欧諸国のそれぞれの間での比較分析を第一段階とするなら，同じ旧社会主義国でも社会主義期以前の国家建設の経験や社会主義期の自律の度合いなどが異なる旧ソ連諸国と中東欧諸国を比較することは，今後体制転換を経験した事例を他の地域の事例と比較する「第二段階」に向けての準備作業ともなる，いわば「第一・五段階」の比較として扱うことができると考えられる。

旧ソ連と中東欧を横断的に比較した研究は，海外ではすでにいくつか存在している。一例として，マクフォールは民主化論で利用されるアクター中心的な枠組みを用いて旧社会主義国の体制転換を比較し，そこから民主化論が提起する，旧体制側と反対側の力関係が対等な場合に「協定」を通して権力分担に基づく民主主義が形成されるという議論は，旧社会主義国には適用できないことを明らかにした（McFaul 2004）。マクフォールは，旧社会主義国においては，旧体制側と反対側の力関係が対等な場合においては不安定ないし部分的な民主主義が導かれる可能性の方が高く，むしろ反対派が圧倒的に優位であった事例の方が民主主義の確立と結びついていること，逆に旧体制側が優位であった事例では民主主義ではなく独裁が導かれていることを示し，そこから体制転換後の政治体制については，パワーバランスにおいて優位な立場にあるグループの意向に沿った体制が形成されるという，通説とは異なる議論を提起している。これと同様の見方を提起しているものとして，旧社

会主義国が確立した民主主義になるか，表面的な民主主義(façade democracy)にとどまるか，もしくは非民主主義化するかは，移行期に主導的な立場にあるアクターの政治・イデオロギー指向に依拠していて，旧体制勢力が強固なままなら非民主主義的な体制に移行し，旧体制側から転向したナショナリストが主流となれば表面的な民主主義となる可能性が高く，そして反対側に一定の力があれば民主主義化するという見方を提起した，ジルの議論もある(Gill 2002)。

異なる角度からの分析として，体制転換と腐敗の連関について整理した，カークリンスの議論がある(Karklins 2005)。社会主義期のソ連，東欧諸国では，ハンガリーの経済学者コルナイが指摘する，社会主義経済システムに特有の「不足」の問題に対処するために，相互に非合法的な恩恵を供与しあうクライエンテリズム的なネットワークが形成され，そしてその中で特権的な地位を有するノメンクラトゥーラを軸にした権力集団である「パワー・カルテル」が形成されていた。このパワー・カルテルは体制転換期においても存続し，かつこれが現在でもその内部の者に排他的な利益を与えていることから，これが現在でも腐敗の温床となっている。ただし例えばロシアとポーランドでは腐敗の程度に相違が存在するが，これは体制転換期の制度改革，特に民営化と民間部門の育成のあり方の相違と連関している。すなわち，ポーランドのように民間部門の育成にかかわる改革が市場経済と適合するように行われれば腐敗は生じにくくなるが，これらの改革がロシアのようにパワーエリートの利益を温存するために行われれば，当然腐敗はより深刻なものとなる。カークリンスはこのような形で，旧ソ連と中東欧との相違を説明している。

比較政治経済的な視点から，旧ソ連と中東欧の比較分析を行った研究も多い。まずロシアと中東欧の生産レジームの相違について，いわゆる「多様な資本主義」の視点から分析を行ったレーンは，民営化率や株式市場資本化比率などいくつかの指標をもとに，ポスト社会主義国を大陸の調整型資本主義に近い中東欧と，「国家・市場の非調整型ハイブリッド資本主義(hybrid state/market uncoordinated capitalism)」の旧ソ連とに分類している(Lane

2007)。L. キングは中東欧と旧ソ連の間で資本主義の形に相違が生じた理由を検討し，前者では体制転換期のアクター間の力関係において共産党内テクノクラートが優位で，かつこれに反体制派インテリと変化を求める労働者が結びついたことから，市場経済に親和的な枠組みが形成されたのに対して，後者では体制転換期に共産党の党政治官僚が優位にあり，これと企業経営層，および環境の変化を恐れる労働者とが結びついたことで，市場の作用を抑制するような枠組みが形成されたことを指摘している(L. King 2007)[3]。クックはポーランド，ハンガリー，ロシア，ベラルーシ，そしてカザフスタンの5カ国の福祉制度に関する比較分析を行い，民主主義が確立している東欧2カ国は他の3カ国に比べて福祉の削減が抑えられていること，およびその理由として民主主義が確立した地域では選挙との関係で，福祉による受益者が一定の影響力を行使できる一方で，福祉に対する行政府の影響力は相対的に弱くなっていることが影響していることを提起している(Cook 2007)。左派政党の福祉に対する立場の違いについて，ポーランド，ハンガリーの左派政党とロシア共産党とを比較したクックとオレンシュタインは，旧共産党の改革派を基盤とし，選挙において中間層の支持に依拠するポーランド，ハンガリーの左派政党は社会民主主義的な路線を指向するのに対して，ロシア共産党は旧共産党の保守派が主体で，選挙においても改革に伴って不利益を受けた層の支持に依拠していることから，古典的な社会主義的福祉への復帰を強めるような政策を主張しているという議論を展開している(Cook and Orenstein 1999)。そして中東欧と旧ソ連の税制の違いについて検討したゲールバッハは，大規模製造業中心で，かつ市民の所得が低い旧ソ連諸国では，社会主義型の企業税および間接税が税収の中心となっているのに対して，過度の大規模製造業への依存がなくかつ市民の所得が相対的に高い中東欧では，個人所得税への税制転換が進められたという議論を展開している(Gehlbach 2008)。

　これらの研究は抽象論ではなく，実証分析と体系的な方法に依拠して中東欧と旧ソ連(主としてロシア)の体制転換の具体的な側面を比較することで，意味のある成果を導いていることから，旧ソ連と中東欧を比較するという作業そのものは，問題なく行うことが可能であると考えられる。だが他方で，

これらの分析から得られた結論はことごとく，中東欧と旧ソ連は別であるという見方を提示していることを踏まえると，今度はこの両者を比較することの意味について，あらためて考える必要がある。もし旧ソ連と中東欧という枠をこえて，例えば旧体制期の政治官僚が強力で，これが他のアクターと強いパトロン・クライアント関係を形成していて，その結果として民主主義の発展が抑えられている事例が両方の地域にあるならば，ポスト社会主義を総体として比較することも意味のある作業となろう。だがそのような事例は旧ソ連諸国にしか存在していないということになると，旧ソ連と中東欧を比較することは，当初から明確に違うものを比較して違うという結論で終わるだけになり，そこからそもそもこの両者を比較することに意義があるのかが問われる可能性が高くなる。そこから体制転換研究に関しては，旧ソ連と中東欧を無理に同一のカテゴリーとして扱うよりも，中東欧諸国は西欧諸国と政党政治や政策過程の比較分析を行い，旧ソ連諸国は他の開発途上国と民主化の可能性や民主化していない諸国の特質について議論をする方が有効であるという見方が出てくることも考えられる。そのような研究も当然必要ではあるが，ではそのことが体制転換研究，あるいはポスト社会主義の総合的な比較の意味を失わせるものとなるのか。

　この問題について議論を行っているのが，C. キングである。C. キングは，ラテン・アメリカや南欧の事例とは異なり，ポスト社会主義地域では体制転換の帰結そのものに多様性があること，そしてこれまでポスト社会主義地域に関する比較研究は多く出ているものの，その大半は「進んだ」中東欧を事例とするもので，理論的展開の不十分な「後進地域」である旧ソ連は体系的な比較分析が行われていないことを示し，そこから「ポスト社会主義（C. キングの表記では「ポスト共産主義」）」という地域区分は現在のままでは意味を持たないと主張している（C. King 2000）。ただし C. キングは，ポスト社会主義という枠組みそのものを否定しているわけではない。C. キングが問題としているのは，ポスト社会主義という枠組みを用いるのであれば，その枠組みにより何を，どこまで明らかにするのかを明確にする必要があり，ポスト社会主義という見方を所与のものとして考えるのは適切ではないというこ

とである。この議論に従うならば，ここでも中東欧と旧ソ連を包括的な対象として体制転換という研究を続けるためには，その意義を示しておくことが必要となると考えられる。

この点については，ここまで論じてきたポスト社会主義の「多様性」が重要なポイントになる。体制転換という共通のコンテクストを通して多様な結果が導かれたとすれば，そのような多様性が生じた理由を考える枠組みが必要となる。だがこれまでの一般的な政治学や経済学の議論のみでは，同じような状況に置かれた諸国の多様性を説明することは難しいことが，すでに明らかになっている。これに対して，ここに挙げたような体制転換諸国を事例とする比較研究は，「旧ソ連と中東欧はこのような理由で相違が生じた」ということについて，一応の体系的な視点を提起することに成功している。さらにいえば，本書の林論文や溝口論文，あるいは仙石論文が指摘しているように，中東欧も旧ソ連もそれぞれがまとまったグループとして存在しているわけではなく，むしろそれぞれの内部における相違も大きく，単純に旧ソ連と中東欧だから違う，とはいえない状況が現れている。このような旧ソ連と中東欧の相違，あるいはそれぞれのグループの中の相違に関してより深い議論を提起するためには，中東欧と旧ソ連を包括的に捉える比較を続けることが不可欠となると考えられる。

加えて，旧ソ連と中東欧の枠をこえて体制転換の比較を行うことには，理論の問題点を指摘し，その修正を行うという作業をより徹底した形で進めることができるという利点も存在する。例えば体制転換のプロセスについて，中東欧のみではなく旧ソ連の事例も含めて考えることで，それまでの民主化理論が想定していなかった「民主化に向かわない」事例についても分析の必要があることが明らかにされている (McFaul 2004, pp. 93-94)。既存の理論では想定の範囲外にある体制転換の事例について包括的な比較分析を行うことは，仮にそれが中東欧と旧ソ連の相違を明確にするだけのものであったとしても，そこから理論的知見を得ることやあるいはこれまで通説とされてきたことに対する反論を提起することが可能となる。この点で旧ソ連と中東欧の総合的な比較を行うことには，方法論的にも意味がある作業となると考えられる。

この意味で今回の研究では，旧ソ連と中東欧の体系的な比較分析を行う研究が行われなかったことが「残された課題」となっている。研究の次の段階としては，何らかの形でより包括的な旧ソ連と中東欧の比較分析を行うことが不可欠となるであろう。

1) この点は最近出版された中東欧諸国の新たな福祉制度の構築に関する論文集『ポスト共産主義の福祉経路』(Cerami and Vanhuysse, eds. 2009，特にその第1章)においても指摘されている。
2) バルト3国については，旧ソ連に属してはいたものの，戦間期には独立国として国家建設の経験を有していることや，第二次世界大戦の過程において社会主義体制を強制された点などで，歴史的な経験に関しては他の旧ソ連諸国より中東欧諸国との共通性が高いこと，および体制転換後には中東欧諸国とともにEU加盟国となっていることから，ここでは中東欧のカテゴリーに含めている。
3) ちなみにL. キングは中東欧の資本主義を，外資に技術教育を依存する「リベラル依存型ポスト共産主義資本主義(Liberal dependent post-communist capitalism)」，旧ソ連の事例を，国家と企業のパトロン・クライアント関係が中心となる「世襲型ポスト共産主義資本主義(Patrimonial post-communist capitalism)」と分類している。

**参考文献**

Cerami, Alfio and Pieter Vanhuysse, eds. (2009), *Post-Commnist welfare pathways: theorizing social policy transformations in Central and Eastern Europe*, Basingstoke: Palgrave Macmillan.

Cook, Linda J. (2007), *Postcommunist welfare states: reform politics in Russia and Eastern Europe*, Ithaca: Cornell University Press.

Cook, Linda J. and Mitchell A. Orenstein (1999), "The return of the left and its impact on the welfare state in Poland, Hungary, and Russia," in Linda J. Cook, Mitchell A. Orenstein and Marilyn Rueschemeyer, eds., *Left parties and social policy in postcommunist Europe*, Boulder: Westview Press, pp. 47-108.

Gehlbach, Scott (2008), *Representation through taxation: revenue, politics, and development in Postcommunist states*, Cambridge: Cambridge University Press.

Gill, Graeme (2002), *Democracy and post-Communism: political change in the post-Communist world*, London: Routledge.

Karklins, Rasma (2005), *The system made me do it: corruption in Post-Communist societies*, Armonk: M. E. Sharpe, Inc.

King, Charles (2000), "Post-postcommunism: transition, comparison, and the end of 'Eastern Europe'," *World Politics*, Vo. 53, No. 1, pp. 143-172.

King, Lawrence P. (2007), "Central European capitalism in comparative perspective," in Bob Hancké, Martin Rhodes and Mark Thatcher, eds., *Beyond varieties of capitalism: conflict, contradictions, and complementarities in the European economy*, Oxford: Oxford University Press, pp. 307–327.

Lane, David (2007), "Post-state socialism: a diversity of capitalism?" in David Lane and Martin Myant, eds., *Varieties of capitalism in post-communist countries*, Basingstoke: Palgrave Macmillan.

McFaul, Michael (2004), "The fourth wave of democracy and dictatorship: non-cooperative transitions in the Postcommunist world," in Michael McFaul and Kathryn Stoner-Weiss, eds., *After the collapse of Communism: comparative lessons of transition*, Cambridge: Cambridge University Press, pp. 58–95.

## 付表　本書で取り上げた国の主要政党一覧表

| 略記 | 現地語の政党名 | 日本語訳 |
|---|---|---|
| 〈ブルガリア〉 | | |
|  | Атака | アタカ |
| БСП | Българска социалистическа партия | ブルガリア社会党 |
| ГЕРБ | Граждани за европейско развитие на България | ヨーロッパ発展のためのブルガリア市民 |
| ДПС | Движение за права и свободи | 権利と自由のための運動 |
| НДСВ | Национално движение стабилност и възход<br>(旧 Национално движение Симеон Втори) | 安定と進歩の国民運動<br>(旧「シメオン2世国民運動」) |
| СДС | Съюз на демократичните сили | 民主勢力同盟 |
| 〈ボスニア〉 | | |
| HDZ | Hrvatska demokratska zajednica BiH | クロアチア民主同盟 |
| HDZ1990 | Hrvatska demokratska zajednica 1990 | クロアチア民主同盟1990 |
| PDP | Partija demokratskog progresa Republike Srpske | セルビア人共和国・民主進歩党 |
| SBiH | Stranka za Bosnu i Hercegovinu | ボスニア・ヘルツェゴビナ党 |
| SDA | Stranka demokratske akcije | 民主行動党 |
| SDP | Socijaldemokratska partija Bosne i Hercegovine | 社会民主党 |
| SDS | Srpska demokratska stranka | セルビア民主党 |
| SNSD | Savez nezavisnih socijaldemokrata | 独立社会民主主義者同盟 |
| SPRS | Socijalistička partija Republike Srpske | セルビア人共和国・社会党 |
| SRS | Srpska radikalna stranka Republike Srpske | セルビア急進党 |
| ZB | Narodna stranka radom za boljitak | 人民党－よりよい生活のために |

〈クロアチア〉

| | | |
|---|---|---|
| DC | Demokratski centar | 民主センター |
| HB | Hrvatski blok | クロアチア・ブロック |
| HDZ | Hrvatska demokratska zajednica | クロアチア民主同盟 |
| HNS | Hrvatska narodna stranka | クロアチア国民党 |
| HSLS | Hrvatska socijalno-liberalna stranka | クロアチア社会自由党 |
| HSP | Hrvatska stranka prava | クロアチア権利党 |
| HSS | Hrvatska seljačka stranka | クロアチア農民党 |
| HSU | Hrvatska stranka umirovljenika | クロアチア年金者党 |
| IDS | Istarski demokratski sabor | イストリア民主会議 |
| SDP | Socijaldemokratska partija Hrvatske | クロアチア社会民主党 |
| SDSS | Samostalna demokratska srpska stranka | 独立民主セルビア人党 |

〈チェコ〉

| | | |
|---|---|---|
| ČSSD | Česká strana sociálně demokratická | チェコ社会民主党 |
| KSČM | Komunistická strana Čech a Moravy | ボヘミア・モラヴィア共産党 |
| KDU-ČSL | Křesťanská a demokratická unie - Československá strana lidová | キリスト教民主連合＝チェコスロヴァキア人民党 |
| ODA | Občanská demokratická aliance | 市民民主同盟 |
| ODS | Občanská demokratická strana | 市民民主党 |
| SPR-RSČ | Sdružení pro republiku - Republikánská strana Československa | 共和国連盟－チェコスロヴァキア共和党 |
| SZ | Strana zelených | 緑の党 |
| TOP 09 | TOP 09 (Tradice Odpovědnost Prosperita 09) | トップ09(伝統・責任・繁栄09) |
| US | Unie svobody | 自由連合 |
| VV | Věci veřejné | 「公共」 |

〈エストニア〉

| | | |
|---|---|---|
| | Eesti Keskerakond | エストニア中央党 |
| | Eestimaa Rahvaliit | エストニア人民連合 |
| ERSP | Eesti Rahvusliku Sõltumatuse Partei | エストニア民族独立党 |
| EÜRP | Eesti Ühendatud Rahvapartei | エストニア統合人民党 |
| EER | Erakond Eestimaa Rohelised | 政党エストニアの緑 |

|  |  |  |
|---|---|---|
|  | Erakond Isamaa ja Res Publica Liit | 祖国・「共和国」連合 |
|  | Isamaaliit | 祖国連合 |
|  | Konstitutsioonierakond | 憲法党 |
|  | Koonderakond | 連合党 |
|  | Mõõdukad | 「穏健」 |
|  | Reformierakond | 改革党 |
|  | Sotsiaaldemokraatlik Erakond | 社会民主党 |
|  | Vene Erakond Eestis | エストニアのロシア党 |
|  | Ühendus Vabariigi Eest - Res Publica | 「共和国」党 |

〈ハンガリー〉

| | | |
|---|---|---|
| Fidesz | Fidesz [- Magyar Polgári Szövetség] | フィデス[＝ハンガリー市民連盟] |
| FKgP | Független Kisgazdapárt (Független Kisgazda-, Földmunkás-, és Polgári Párt) | 独立小農業者党(独立小農業者・農業労働者・市民党) |
| Jobbik | Jobbik Magyarországért Mozgalom | ヨッビク・ハンガリーのための運動 |
| KDNP | Kereszténу Demokrata Néppárt | キリスト教民主人民党 |
| LMP | Lehet Más a Politika | 違う政治が可能 |
| MDF | Magyar Demokrata Fórum | ハンガリー民主フォーラム |
| MSzP | Magyar Szocialista Párt | ハンガリー社会党 |
| SzDSz | Szabad Demokraták Szövetsége | 自由民主連盟 |

〈ラトヴィア〉

| | | |
|---|---|---|
| TB/LNNK | Apvienība "Tēvzemei un Brīvībai"/LNNK | 「祖国と自由のために」/ラトヴィア国家独立運動 |
| DPS | Demokrātiskā partija "Saimnieks" | 民主党「サイムニエクス」 |
| JL | Jaunais laiks | 新時代 |
| LPP | Latvijas Pirmā Partija | 第一党 |
| LVP | Latvijas Vienības partija | ラトヴィア統一党 |
| LZP | Latvijas Zaļā Partija | ラトヴィア緑の党 |
| LZS | Latvijas Zemnieku savienība | 農民連合 |
|  | Līdztiesība | 「平等」 |
| PCTVL | Politisko organizāciju apvienība "Par cilvēka tiesībām vienotā Latvijā" | 政治組織連合「統合されたラトヴィアの人権のために」 |

| | | |
|---|---|---|
| SC | Saskaņas Centrs | 調和センター |
| LC | Savienība "Latvijas ceļš" | ラトヴィアの道 |
| | Tautas kustība Latvijai (Zīgerista partija) | 人民運動「ラトヴィアのために」（ジーゲリスト党） |
| TP | Tautas partija | 人民党 |
| TSP | Tautas saskaņas partija | 人民調和党 |

〈リトアニア〉

| | | |
|---|---|---|
| DP | Darbo Partija | 労働党 |
| JL | Jaunoji Lietuva | 青年リトアニア |
| LiCS | Liberalų ir centro sąjunga | 自由中道同盟 |
| LCS | Lietuvos Centro Sajunga | リトアニア中道同盟 |
| LDDP | Lietuvos Demokratinė Darbo Partija | リトアニア民主労働党 |
| LKD | Lietuvos krikščionių demokratų partija | リトアニアキリスト教民主党 |
| LLRA | Lietuvos Lenkų Rinkimų Akcija | リトアニア・ポーランド人選挙運動 |
| LLS | Lietuvos liberalų sąjunga | リトアニア自由（リベラル）同盟 |
| LRS | Lietuvos Rusų Sąjunga | リトアニア・ロシア人同盟 |
| LSDP | Lietuvos socialdemokratų partija | リトアニア社会民主党 |
| LVLS | Lietuvos Valstiečių Liaudininkų Sąjunga | リトアニア農民人民同盟 |
| LVP | Lietuvos Valstiečių Partija | リトアニア農民党 |
| NS(SL) | Naujoji Sąjunga (Socialliberalai) | 新同盟〈社会自由党〉 |
| NKS | Nuosaikiųjų Konservatorių Sąjunga | 穏健保守同盟 |
| PTiT | Partija Tvarka ir Teisingumas | 政党「秩序と正義」 |
| TPP | Tautos Prisikėlimo Partija | 国民復興党 |
| TS | Tėvynės Sąjungas | 祖国同盟 |
| TS-LK | Tėvynė Sąjunga- Lietuvos Konservatoriai | 祖国同盟－リトアニア保守党 |
| TS-LKD | Tėvynė Sąjunga- Lietuvos Krikščionys Demokratai | 祖国同盟－リトアニアキリスト教民主党 |
| VNDS | Valstiečių ir Naujosios demokratijos partijų sąjunga | 農民新民主党同盟 |

〈マケドニア〉

| | | |
|---|---|---|
| DOM | Демократска обнова на Македонија | マケドニア民主再生 |
| DPA | Демократска партија на Албанците | アルバニア人民主党 |
| DPT | Демократска партија на Турците во Македонија | トルコ人民主党 |
| DUI | Демократска Унија за Интеграција | 統合民主同盟 |
| LDP | Либерално-демократска партија | 自由民主党 |
| LP | Либерална партија на Македонија | 自由党 |
| NSDP | Нова социјалдемократска партија | 新社会民主党 |
| PDP | Партија за демократски просперитет во Македонија | 民主繁栄党 |
| SDSM | Социјал-демократски сојуз на Македонија | 社会民主同盟 |
| VMRO-DPMNE | ВМРО-Демократска партија за Македонско национално единство | 内部マケドニア革命組織-マケドニア民族統一民主党 |
| VMRO-NP | ВМРО-Народна партија | 内部マケドニア革命組織-人民党 |
| ZNPM | Земјоделска Народна Партија на Македонија | 農民人民党 |

〈モンテネグロ〉

| | | |
|---|---|---|
| DPS | Demokratska partija socijalista Crne Gore | 社会主義者民主党 |
| DS | Demokratski savez u Crnoj Gori | モンテネグロ民主連合 |
| DUA | Demokratska unija Albanaca | アルバニア人民主連合 |
| GP | Građanska partija | 市民党 |
| GZP | Grupa za promjene | 変革のためのグループ |
| LP | Liberalna partija Crne Gore | 自由党 |
| LS | Liberalni savez Crne Gore | 自由同盟 |
| NS | Narodna stranka Crne Gore | 人民党 |
| SDP | Socijaldemokratska partija Crne Gore | 社会民主党 |
| SNP | Socijalistička narodna partija Crne Gore | 社会主義者人民党 |
| SNS | Srpska narodna stranka | セルビア人民党 |

| | | |
|---|---|---|
| SRS | Srpska radikalna stranka | セルビア急進党 |
| 〈ポーランド〉 | | |
| AWS | Akcja Wyborcza "Solidarność" | 「連帯」選挙行動 |
| LPR | Liga Polskich Rodzin | ポーランド家族連盟 |
| MN(MnN) | Mniejszość Niemiecka | ドイツ少数民族 |
| PD-demokraci.pl | Partia Demokratyczna-demokraci.pl | 民主党-demokraci.pl |
| PiS | Prawo i Sprawiedliwość | 法と正義 |
| PORP | Platforma Obywatelska Rzeczypospolitej Polskiej | ポーランド共和国市民プラットフォーム |
| PSL | Polskie Stronnitcwo Ludowe | ポーランド農民党 |
| Samoobrona | Samoobrona Rzeczypospolitej Polskiej | ポーランド共和国「自衛」 |
| SLD | Sojusz Lewicy Demokratycznej | 民主左派(左翼)同盟 |
| UP | Unia Pracy | 労働連合 |
| UW | Unia Wolności | 自由連合 |
| 〈ルーマニア〉 | | |
| CDR | Convenţia Democrată Română | ルーマニア民主会議 |
| PDSR | Partidul Democraţiei Sociale din România | ルーマニア民主社会党 |
| P.D.S.R. | Polul Democrat Social din România | ルーマニア民主社会連合 |
| PER | Partidul Ecologist Român | ルーマニア環境党 |
| PNL | Partidul Naţional Liberal | 国民自由党 |
| PRM | Partidul România Mare | 大ルーマニア党 |
| PSD | Partidul Social Democrat | 社会民主党 |
| PSDR | Partidul Social Democrat Român | ルーマニア社会民主党 |
| PUNR | Partidul Unităţii Naţionale Române | ルーマニア民族統一党 |
| PUR | Partidul Umanist din România | ルーマニア人道党 |
| UDMR | Uniunea Democrată Maghiară din România | ルーマニアのハンガリー人民主連合 |
| 〈ロシア〉 | | |
| | Всероссийская политическая партия "Единая Россия" | 統一ロシア |
| | Всероссийское общественно-политическое движение "Наш дом - Россия" | 我らの家・ロシア |

|  |  |  |
|---|---|---|
|  | Выбор России | ロシアの選択 |
|  | Коммунистическая партия Российской Федерации | ロシア連邦共産党 |
|  | Либерально-демократическая партия России | ロシア自由民主党 |
|  | Межрегиональное движение "Единство" ("МЕДВЕДЬ")" | 統一(メドヴェージ(熊)) |
|  | Отечество - Вся Россия | 祖国・全ロシア |
|  | Российская объединенная демократическая партия "Яблоко" | ヤブロコ |
|  | Союз Правых Сил | 右派勢力同盟 |

〈セルビア〉

| | | |
|---|---|---|
| DHSS | Demohrišćanska stranka Srbije | セルビア・キリスト教民主党 |
| DS | Demokratska stranka | 民主党 |
| DSS | Demokratska stranka Srbije | セルビア民主党 |
| G17 | G17 plus | G17プラス |
| LDP | Liberalno-demokratska partija | 自由民主党 |
| NS | Nova Srbija | 新セルビア |
| SDP | Socijaldemokratska partija | 社会民主党 |
| SPO | Srpski pokret obnove | セルビア再生運動 |
| SPS | Socijalistička partija Srbije | セルビア社会党 |
| SRS | Srpska radikalna stranka | セルビア急進党 |
| SSJ | Stranka srpskog jedinstva | セルビア統一党 |

〈スロヴァキア〉

| | | |
|---|---|---|
| ANO | Aliancia nového občana | 新市民同盟 |
| DÚ | Demokratická únia Slovenska | スロヴァキア民主連合 |
| KDH | Krest'ansko-demokratické hnutie | キリスト教民主運動 |
| L'S-HZDS | L'udová strana-Hnutie za demokratické Slovensko | 人民党=民主スロヴァキア運動 |
| MOST-HÍD | Most-Híd | 「橋」 |
| SaS | Sloboda a Solidarita | 「自由と連帯」 |
| SDKÚ-DS | Slovenská demokratická a krest'anská Únia-Demokratická strana | スロヴァキア民主キリスト教連合=民主党 |
| SDL' | Strana demokratickej l'avice | 民主左翼党 |
| SMER | SMER-sociálna demokracia | 方向=社会民主 |

| | | |
|---|---|---|
| SMK-MKP | Strana maďarskej koalície-Magyar Koalíció Pártja | ハンガリー人連立党(連合党) |
| SNS | Slovenská národná strana | スロヴァキア国民党 |
| 〈スロヴェニア〉 | | |
| DeSUS | Demokratična stranka upokojencev Slovenije | スロヴェニア年金生活者民主党 |
| LDS | Liberalna demokratija Slovenije | スロヴェニア自由民主党 |
| NSi | Nova Slovenija - Krščanska ljudska stranka | 新スロヴェニア・キリスト教人民党 |
| SDS | Slovenska demokratska stranka | スロヴェニア民主党 |
| SLS | Slovenska ljudska stranka | スロヴェニア人民党 |
| SNS | Slovenska nacionalna stranka | スロヴェニア国民党 |
| SKD | Slovenski krščanski demokrati | スロヴェニア・キリスト教民主党 |
| SDSS | Socialdemokraska stranka Slovenije | スロヴェニア社会民主党 |
| SD | Socialni demokrati | 社会民主党 |
| SMS | Stranka mladih Slovenije | スロヴェニア青年党 |
| Zares | Zares - Nova politika | ザレス・新たな政治 |
| ZLSD | Združena lista socialnih demokratov | 社会民主主義統一リスト |
| ZS | Zeleni Slovenije | スロヴェニア緑の党 |
| 〈ウクライナ〉 | | |
| | Аграрна партія України | ウクライナ農業党 |
| | "Блок Юлії Тимошенко" | ユリヤ・ティモシェンコ・ブロック |
| | Виборчий блок політичних партій "За Єдину Україну!" | 統一ウクライナのために |
| | Всеукраїнське об'єднання "Громада" | フロマダ |
| | Комуністична партія України | ウクライナ共産党 |
| | Народно-демократична партія | 人民民主党 |
| | Народний рух України | 人民ルフ党 |
| | Народний союз "Наша Україна" | 我らのウクライナ |
| | Партія промисловців і підприємців України | ウクライナ産業家企業家党 |
| | Партія регіонів | 地域党 |
| | політична партія "Трудова Україна" | 労働ウクライナ党 |

| | | |
|---|---|---|
| | Прогресивна соціалістична партія України | 急進社会党 |
| | Соціал-демократична партія України (об'єднана) | 社会民主合同党 |
| | Соціалістична партія України | ウクライナ社会党 |

# 索　引

## あ 行

アカエフ　84
アキ・コミュノテール　60
アリエフ　84
アルバニア　236
育児支援　277, 278
移行様式　20, 33
イタ・ヴィル県(エストニア)　215, 216
イリエスク　38, 250
異論派　32, 42
インゾヴァ　251
インテルフロント(ラトヴィア)　209
ヴァイノ　208
ヴァウェンサ　34, 39
ヴァウチャー　251
ヴィデノフ　252
ウルマニス　225
エストニア会議　205, 206
エストニア統合人民党　212
エリツィン　79, 184
欧州化　50
オレンジ革命　177, 191
「穏健」(エストニア)　220
「穏健」／社民党(エストニア)　220-222

## か 行

改革党(エストニア)　213, 220, 223
外国人法(エストニア)　212
外国人法(ラトヴィア)　212
会社民営化法(ルーマニア)　249
家産制型共産主義体制　22, 31, 42
ガーシェンクロン　236
寡頭的議会制　24, 29
官僚制権威主義型共産主義体制　21, 31, 42
技術プロファイル　267, 268, 270
傷つきやすさ　248
キッチェルト　21, 23, 31, 32, 42

救国戦線(ルーマニア)　35, 37
共産党(ウクライナ)　189, 190, 196
共産党(チェコ)　115, 120, 128
共産党(ラトヴィア)　208
共産党(ロシア)　183, 188, 190, 196
「共和国」党(エストニア)　218
キリスト教民主運動(スロヴァキア)　57, 123, 133, 136
キリスト教民主連合(チェコ)　114, 120
キリスト教民主連合=チェコスロヴァキア人民党　55
クチマ　85, 186
クファシニェフスキ　54
クーポン(ルーマニア)　250
クーポン方式(チェコスロヴァキア)　253
クラウス　56, 254
クラーク　247
クラフチュク　84
クラン政党　191, 195
クロアチア　29, 38-40, 42, 43, 250
クロアチア民主同盟　38
経営陣買い取り(MBO)(ブルガリア)　251
経営陣・従業員買い取り(MEBO)(ルーマニア)　250
経路依存　20, 51
決定的な転機　20
憲法改正(ウクライナ)　191, 195
憲法制定会議(エストニア)　206
権力資源論　263, 265, 274-281, 287
権力党　182, 184, 196
工業化の歪み　236, 255
後進性の利益　236
公的医療保険　276, 277
国籍法(エストニア)　207, 211, 217
国籍法(ラトヴィア)　209, 213, 214, 217, 218
国民妥協型共産主義体制　21, 31
国民党(スロヴァキア)　124
国民投票(エストニア)　206, 207

コメコン　246
雇用保護　270, 271
ゴルバチョフ　81
混合体制　177
コンスタンチネスク　250
コンテクスト化された比較　8

## さ　行

最高会議(エストニア)　205, 206
最高会議(ラトヴィア)　209-211
財政赤字　302, 304, 306
サヴィサール　220, 222
四月事件(エストニア)　213, 223
失業時給付　271
支配政党　97, 98
市民合意党(スロヴァキア)　57
市民プラットフォーム(ポーランド)　284
市民民主党(チェコ)　34, 55, 113, 120, 129
市民民主同盟(チェコ)　55
社会党(ハンガリー)　58, 284
社会党(ブルガリア)　36, 38, 251
社会党(ラトヴィア)　214
社会民主主義統一リスト(スロヴェニア)　282
社会民主党(スロヴェニア)　282
社会民主党(チェコ)　34, 55, 114, 282
自由民主同盟(ハンガリー)　58
自由連合(チェコ)　56
自由連合(ポーランド)　54
シュチェーレ　225
シュミッター　43
ショック療法　302, 305
所有証書(ルーマニア)　249
新自由主義　55
人民戦線(エストニア)　205, 206, 217
人民戦線(ラトヴィア)　207-209, 218
人民調和党(ラトヴィア)　214, 218, 225
垂直権力　95
スタムボリースキ　28
ステパン　20
スネグル　84
スパルバー　244
ズリンダ　71
スロヴァキア　30, 32, 37, 40-43
スロヴァキア民主キリスト教連合　57

スロヴェニア　28, 29, 32, 38, 40-43, 250
政府党　96
セクショナリズム　91-93
セルビア　24, 28, 29
ゼロ・オプション　209
1937年憲法(エストニア)　206
1922年憲法(ラトヴィア)　209
選挙制度　33, 43
祖国・全ロシア　185
「祖国と自由のために」／ラトヴィア国家独立運動　218
祖国連合(エストニア)　217, 220-222
ソフト・パワー　247

## た　行

大衆民営化プログラム(ブルガリア)　251
大統領権限　36, 43
ダウガウピルス　216
多層ガバナンス　65
多様な資本主義論　263, 264, 266, 288
タリン　215
地域委員会(CoR)　65
地域主義　71
地域党　187, 193
チェコ　21, 24, 30, 32, 34, 36, 41, 43, 250
チェコスロヴァキア　19, 21, 25, 26, 30, 31, 33, 34, 37, 238
地方主義　93
地方制度改革　49
チャウシェスク　248
中央集権化　190, 195
中央・地方関係　182, 189, 195
中央(エストニア)　213, 217, 220-223, 226
超大統領制　87, 94
調和センター(ラトヴィア)　215
チョルベア　250
ツジマン　38
ティモシェンコ　193
『定例報告』　62
テル=ペトロシャン　84
統一(ロシア)　185
統一ウクライナのために　187
統一ロシア　95-97, 177, 189
統合されたラトヴィアの人権のために　214
統合プログラム　218

独立小農業者党(ハンガリー)　70

## な　行

ナザルバエフ　79
ナルヴァ　216
二極競合　109, 132, 135-137
二頭制　82, 93, 94, 98
二ブロック化　110
二ブロック競合　133, 136, 137
ネガティブ・キャンペーン　118
年金改革　313
年金制度　274-276
農業過剰人口　242
農民党(ポーランド)　53

## は　行

パトロン=クライアント関係　25
パトロン的大統領制　179
ハンガリー　19, 21, 24, 25, 27, 29-33, 35, 39, 41, 248
ハンガリー人連合党(連立党)(スロヴァキア)　57, 124, 136
半大統領制　79
ピウスツキ　27
比較歴史分析　23, 42
東ドイツ　19, 21, 31
「平等」(ラトヴィア)　209, 214, 218
フィデス=ハンガリー市民連合　58, 284
プーチン　79, 93-98, 177, 185, 186, 189-191, 310, 311, 313
フラット・タックス　313, 316
プリマコフ　185
ブルガリア　21, 28, 35, 36, 38-40
ベロフ　251
『包括的監視報告』　62
「方向」(スロヴァキア)　123, 133
法と正義(ポーランド)　284
ポスト全体主義体制　21
ボヘミア　236
ポーランド　19-21, 24-26, 29-34, 36, 39-41, 247, 253
ポーランド共和国「自衛」　70

## ま　行

マクロリージョン　68

マディソン　240
マフカモフ　82
緑の党(チェコ)　115, 129
民営化加速法(大衆民営化法)(ルーマニア)　250
民営化法(ブルガリア)　251
民間所有ファンド(ルーマニア)　249
民主化　178
民主キリスト教連合(スロヴァキア)　122, 133
民主左派同盟(民主左翼同盟)(ポーランド)　39, 53, 283, 284
民主左翼党(スロヴァキア)　57
民主スロヴァキア運動　37, 56, 124, 134, 136
民主勢力同盟(ハンガリー)　251
民主党(スロヴェニア)　282
民主フォーラム(ハンガリー)　58
民主労働党(リトアニア)　283
無国籍者　211, 212, 214
ムーゼリス　25
ムタリボフ　82
メチアル　37, 57
メドヴェージェフ　79, 190

## や　行

ヤヌコヴィチ　187, 188
ユーゴスラヴィア　28, 29
ユーシチェンコ　186, 188
輸出関税　309, 310, 312
ユリヤ・ティモシェンコ・ブロック　193
ユーロ　315

## ら　行

ラディチ　28
ラトヴィア　250
ラトヴィア会議　207
「ラトヴィアの道」　218
ラトガレ地方(ラトヴィア)　216
ラフモノフ　82
ラール　222
リーガ　216
リンケージ　110
リンス　20
ルビクス　208
ルーマニア　24, 29, 35-38, 40

ルーマニア民主協定　250
歴史の遺産　22, 33, 40, 42
連帯選挙行動(ポーランド)　53, 284
労使関係　272
ロシア語系住民　204, 208, 210, 215, 216, 285, 286
ロシア最高会議　85, 86
ロマン　38

## わ　行

ワシントン・コンセンサス　235

我らのウクライナ　186, 193

## アルファベット

EU　304, 315
EU 加盟交渉　50, 59
IMF　301, 307, 310, 312
NUTS　51

# 執筆者紹介

[編　者]

仙石　　学(せんごく　まなぶ)　序章・第9章・終章担当
　1964年生まれ。東京大学大学院総合文化研究科博士課程単位取得退学。現在西南学院大学法学部教授。最近の業績は，共編著『体制転換研究の先端的議論』(北海道大学，2010年)，共著 *Post-Communist Transformations: The Countries of Central and Eastern Europe and Russia in Comparative Perspective* (Hokkaido University, 2009) など。

林　　忠行(はやし　ただゆき)　序章・第2章担当
　1950年生まれ。一橋大学大学院法学研究科博士課程単位取得退学。現在北海道大学スラブ研究センター教授。最近の業績は，共編著 *Region in Central and Eastern Europe: Past and Present* (Hokkaido University, 2007)，論文「東中欧諸国における政党システムの形成──『基幹政党』の位置取りを中心にして」『比較経済研究』第46巻第1号(2009年)など。

[執筆者]

平田　　武(ひらた　たけし)　第1章担当
　1964年生まれ。東京大学大学院法学政治学研究科博士課程中途退学。現在東北大学大学院法学研究科教授。最近の業績は，論文「ビボー・イシュトヴァーンのヨーロッパ政治発展像──『恐怖なき生』・『支配なき社会』」『法学(東北大学法学会)』第72巻第6号(2009年)，「1956年革命とハンガリー現代史研究」『東欧史研究』第30号(2008年)など。

大串　　敦(おおぐし　あつし)　第3章担当
　1973年生まれ。グラスゴー大学博士課程修了(Ph.D.)。現在早稲田大学政治経済学術院助教。最近の業績は，著書 *The Demise of the Soviet Communist Party* (Routledge, 2008)，共編著 *Post-Communist Transformations: The Countries of Central and Eastern Europe and Russia in Comparative Perspective* (Hokkaido University, 2009) など。

中田 瑞穂(なかだ みずほ)　第4章担当
1968年生まれ。東京大学大学院法学政治学研究科博士課程単位取得退学，博士(法学)。現在名古屋大学大学院法学研究科教授。最近の業績は，共著『ヨーロッパのデモクラシー』(ナカニシヤ出版，2009年)，論文「議会制民主主義への突破と固定化――経路・課題・結果(1)(2)(3)(4・完)」『名古屋大学法政論集』第226号，第228号(2008年)，第237号(2010年)，第238号(2011年)など。

久保 慶一(くぼ けいいち)　第5章担当
1975年生まれ。ロンドン政治経済学院(LSE)博士課程修了(Ph.D.)。現在早稲田大学政治経済学術院准教授。最近の業績は，共著『ユーラシアの紛争と平和』(明石書店，2008年)，論文 "Why Kosovar Albanians Took Up Arms against the Selbian Regime: The Genesis and Expansion of the UÇK in Kosovo," *Europe-Asia Studies*, Vol. 62, No. 7 (2010) など。

溝口 修平(みぞくち しゅうへい)　第6章担当
1978年生まれ。現在東京大学大学院総合文化研究科国際社会科学専攻博士課程在籍。最近の業績は，共著『構造と主体――比較政治学からの考察』(東京大学社会科学研究所研究シリーズ，2010年)，論文「ロシアの『強い』大統領制？――『重層的体制転換』における制度形成過程の再検討」『ヨーロッパ研究』第11号(近刊)など。

小森 宏美(こもり ひろみ)　第7章担当
早稲田大学大学院文学研究科博士課程単位取得退学。現在京都大学地域研究統合情報センター准教授。最近の業績は，著書『エストニアの歴史と政治認識』(三元社，2009年)，共編著『地域のヨーロッパ：多層化・再編・再生』(人文書院，2007年)など。

上垣　彰(うえがき あきら)　第8章担当
1950年生まれ。東京大学大学院経済学研究科博士課程単位取得退学。現在西南学院大学経済学部教授。最近の業績は，著書『経済グローバリゼーション下のロシア』(日本評論社，2005年)，論文「比較の意義について」『比較経済研究』第46巻第1号(2009年)など。

田畑 伸一郎(たばた しんいちろう)　第10章担当
1957年生まれ。一橋大学大学院経済学研究科博士後期課程単位取得退学。現在北海道大学スラブ研究センター教授。最近の業績は，編著『石油・ガスとロシア経済』(北海道大学出版会，2008年)，共編著『CIS：旧ソ連の再構成』(国際書院，2004年)など。

北海道大学スラブ研究センター
スラブ・ユーラシア叢書 9

ポスト社会主義期の政治と経済――旧ソ連・中東欧の比較

2011 年 3 月 31 日　第 1 刷発行

編著者　　仙　石　　　学
　　　　　林　　　忠　行

発行者　　吉　田　克　己

発行所　　北海道大学出版会
札幌市北区北 9 条西 8 丁目北大構内（〒060-0809）
tel. 011（747）2308・fax. 011（736）8605・http://www.hup.gr.jp/

㈱アイワード　　　　　　　　　　　　Ⓒ2011　仙石学・林忠行

ISBN 978-4-8329-6740-3

スラブ・ユーラシア叢書について

「スラブ・ユーラシア世界」という言葉は少し耳慣れないかも知れません。旧ソ連・東欧地域と言えば、ああそうかと頷かれることでしょう。旧ソ連・東欧というと、どうしても社会主義と結びつけて考えたくなります。たしかに、二〇世紀において、この広大な地域の運命を決定したのはソ連社会主義でした。しかし、冷戦が終わり、社会主義がこの地域から退場した今、そこにはさまざまな新しい国や地域が生まれました。しかも、EU拡大やイスラーム復興のような隣接地域からの影響がスラブ・ユーラシア世界における地域形成の原動力となったり、スラブ・ユーラシア世界のボーダーそのものが曖昧になっている場合もあるのです。たとえば、バルト三国は冷戦の終了後急速にすたれ、その一部は北欧に吸収されつつあります。こんにちの南コーカサスの情勢は、イランやトルコの動向を無視しては語れません。このようなボーダーレス化は、スラブ・ユーラシア世界の東隣に位置する日本にとっても無縁なことではありません。望むと望まざるとにかかわらず、日本は、ロシア極東、中国、朝鮮半島とともに、新しい地域形成に関与せざるを得ないのです。

以上のような問題意識から、北海道大学スラブ研究センターは、平成一八年度より、研究成果を幅広い市民の皆さんと分かちあうために本叢書の刊行を始めました。今後ともお届けする叢書の一冊一冊は、スラブ・ユーラシア世界の内、外、そして境界線上で起こっている変容にさまざまな角度から光を当ててゆきます。

北海道大学スラブ研究センター

〈北海道大学スラブ研究センター スラブ・ユーラシア叢書1〉
国境・誰がこの線を引いたのか 岩下明裕 編著 A5・210頁 定価1600円
　　―日本とユーラシア―

〈北海道大学スラブ研究センター スラブ・ユーラシア叢書2〉
創像都市ペテルブルグ 望月哲男 編著 A5・284頁 定価2800円
　　―歴史・科学・文化―

〈北海道大学スラブ研究センター スラブ・ユーラシア叢書3〉
石油・ガスとロシア経済 田畑伸一郎 編著 A5・308頁 定価2800円

〈北海道大学スラブ研究センター スラブ・ユーラシア叢書4〉
近代東北アジアの誕生 左近幸村 編著 A5・400頁 定価3200円
　　―跨境史への試み―

〈北海道大学スラブ研究センター スラブ・ユーラシア叢書5〉
多様性と可能性のコーカサス 前田弘毅 編著 A5・246頁 定価2800円
　　―民族紛争を超えて―

〈北海道大学スラブ研究センター スラブ・ユーラシア叢書6〉
日本の中央アジア外交 宇山智彦 外編著 A5・220頁 定価1800円
　　―試される地域戦略―

〈北海道大学スラブ研究センター スラブ・ユーラシア叢書7〉
ペルシア語が結んだ世界 森本一夫 編著 A5・270頁 定価3000円
　　―もうひとつのユーラシア史―

〈北海道大学スラブ研究センター スラブ・ユーラシア叢書8〉
日本の国境・いかにこの「呪縛」を解くか 岩下明裕 編著 A5・264頁 定価1600円

〈価格は消費税を含まず〉

北海道大学出版会

| 書名 | 著者 | 仕様・価格 |
|---|---|---|
| 身体の国民化<br>—多極化するチェコ社会と体操運動— | 福田　宏 著 | A5・272頁<br>定価4600円 |
| ポーランド問題とドモフスキ<br>—国民的独立のパトスとロゴス— | 宮崎　悠 著 | A5・358頁<br>定価6000円 |
| 複数民族社会の微視的制度分析<br>—リトアニアにおけるミクロストーリア研究— | 吉野悦雄 著 | A4・192頁<br>定価12000円 |
| ソヴィエト農業1917-1991<br>—集団化と農工複合の帰結— | メドヴェーヂェフ 著<br>佐々木　洋 訳 | A5・412頁<br>定価6500円 |
| アジアに接近するロシア<br>—その実態と意味— | 木村　汎<br>袴田茂樹 編著 | A5・336頁<br>定価3200円 |
| 政治学のエッセンシャルズ<br>—視点と争点— | 辻　康夫<br>松浦正孝<br>宮本太郎 編著 | A5・274頁<br>定価2400円 |
| 初期アメリカの連邦構造<br>—内陸開発政策と州主権— | 櫛田久代 著 | A5・292頁<br>定価4500円 |
| 冷戦後日本の防衛政策<br>—日米同盟深化の起源— | 柴田晃芳 著 | A5・378頁<br>定価4700円 |
| 北樺太石油コンセッション<br>1925-1944 | 村上　隆 著 | A5・458頁<br>定価8500円 |
| サハリン大陸棚石油・<br>ガス開発と環境保全 | 村上　隆 編著 | B5・448頁<br>定価16000円 |

〈価格は消費税を含まず〉

北海道大学出版会

# ■2010年現在の中東欧および旧ソヴィエト連邦諸国